普通高等院校经济管理类"十三五"应用型规划教材
物流系列

山东省精品课程

INTRODUCTION TO MODERN
LOGISTICS MANAGEMENT

现代物流管理概论

主　编　胡海清
副主编　付宏华
参　编　常　杰

机械工业出版社
China Machine Press

图书在版编目（CIP）数据

现代物流管理概论 / 胡海清主编. —北京：机械工业出版社，2018.1（2021.11 重印）
（普通高等院校经济管理类"十三五"应用型规划教材·物流系列）

ISBN 978-7-111-58576-3

I. 现… II. 胡… III. 物流管理－高等学校－教材 IV. F252

中国版本图书馆 CIP 数据核字（2017）第 295061 号

本书是一本系统介绍物流管理理论、物流管理实践与物流管理前沿的物流管理专业基础教材，内容囊括物流管理理论、物流基本功能、物流设施设备、物流分析技术与方法、物流影响因素、行业物流、企业物流、新技术影响下的物流展望、新需求影响下的物流展望、新环境影响下的物流展望，同时在本书的多数章中设置了案例分析以及实践技能训练等教学内容。

本书立足于突出"以职业需求为导向、以实践能力培养为重点"的应用型人才培养定位，依据概论性课程的教学任务，强调教学内容的完整性，突出技能训练的重要性。本书适合作为应用型本科院校或高职高专的物流管理专业基础教材以及物流相关专业的专业教材，或作为物流行业从业人员的培训教材。

出版发行：机械工业出版社（北京市西城区百万庄大街22号　邮政编码：100037）
责任编辑：袁　银　　　　　　　　　　　责任校对：李秋荣
印　　刷：北京建宏印刷有限公司　　　　版　　次：2021年11月第1版第3次印刷
开　　本：185mm×260mm　1/16　　　　印　　张：18
书　　号：ISBN 978-7-111-58576-3　　　定　　价：39.00元

凡购本书，如有缺页、倒页、脱页，由本社发行部调换
客服热线：（010）88379210　88361066　　　　投稿热线：（010）88379007
购书热线：（010）68326294　88379649　68995259　　读者信箱：hzjg@hzbook.com

版权所有·侵权必究
封底无防伪标均为盗版
本书法律顾问：北京大成律师事务所　韩光 / 邹晓东

Preface · 前言

随着经济的发展和对外贸易的推进，工业结构的优化升级以及建设资源节约型、环境友好型社会的到来，全社会商品、信息和服务的流通速度正在不断加快。为此，社会对现代物流业的需求变得更迫切，对物流专业化水平的要求也变得更高。然而，目前物流人才供给不足。一方面，由于物流市场庞大、物流固定资产投资加速，社会对物流人才产生巨大的需求，尤其是随着物流需求层次的提高，社会对物流人才的要求也越来越高。另一方面，国内物流人才水平参差不齐，在大批物流企业中，现有从业人员很少接受过系统的物流培训。为了使物流职业教育符合现代物流发展的需要，满足物流人才实际操作技能培训要求，本书在编写时着重突出技能和能力的培养，并且在多数章后都附有案例与实训，做到讲练结合。

编者从 2007 年开始一直从事物流管理概论性课程的教学，在教学过程中不断探索概论性课程的教学目标。物流管理概论是物流管理专业的基础课，要为学生提供一张物流管理专业的地图，让学生了解物流管理专业包含哪些内容，这些内容之间的关系是什么。因此，为了保证知识体系的系统性，物流管理概论强调知识覆盖的广度，同时要照顾后续专业课程中没有包含的知识模块以及教学深度，教材内容不仅包含物流管理有什么，物业管理是什么，还要解决怎么办的问题。

提高学生对专业知识的兴趣是概论性课程的教学任务之一，在教学过程中我们发现提高学生的课堂参与度能够调动其学习积极性，提高学习效果，因此本书提供了资料链接、案例分析、实践技能训练等模块，教师可以通过学生读后感分享、案例讨论、技能展示等方式，提高学生的参与度，改善学生学习的积极性与主动性。

本书主要突出如下特点：

（1）突出了"以职业需求为导向、以实践能力培养为重点"的特点，将学习目标分为知识目标与能力目标，在理论知识够用的基础上，突出了技能的培养。

（2）突出了概论或导论性课程概念技能培养的特色，使概论性课程在专业课程体系中的作用更加清晰、更加明确。以学生形成现代物流理论地图、现代物流现实地图和现代物流发展地图的知识体系为目标，将本书结构分为第一篇物流理论与方法、第二篇现代物流实践和第三篇现代物流展望。

在本书的编写过程中，胡海清负责全书内容的统筹设计，并着重编写了第一篇与第三篇；付宏华负责第二篇的编撰；常杰负责全书的案例分析与实训技能设计，以及后期校对工作；苏帅负责部分资料的收集工作。

本书的编写得到了山东省教学改革研究项目"虚拟仿真技术在物流管理实践教学体系中的应用研究"的资助。

本书的编撰参考了乐美龙的《国际物流》、孙军的《物流经济学》、洪家祥和高阔的《现代物流管理》、约翰·科伊尔的《企业物流管理：供应链视角》、田中信哉的《物流入门》、郭跃和陶晶的《物流学概论》、张书源和张文杰的《物流学概论》、陈海权的《物流业知识读本》、华细玲的《现代物流概论》、高四维和吴刚的《现代物流管理导论》以及詹姆斯的《现代物流学》。本书中援引的案例有的来自上述正式出版的图书，有的来自互联网，由于篇幅以及追溯难度等原因，只注明了网址，没有标注原作者。

在此一并表示衷心的感谢！

本书在编写过程中，参阅了大量的文献和研究资料，书后列出了主要参考资料。限于编者的水平和时间，书中的缺陷在所难免，殷切期望能够得到读者和同行专家学者的批评与赐教，以便进一步修订和完善。

胡海清　付宏华　常杰
2017 年 11 月

Suggestion · 教学建议

本书是物流管理专业概论课,通过学习为后续的模块化知识学习搭建基础,是链接模块化知识的平台。通过本书的学习,学生能够对物流管理的知识体系有一个全面的认识,并了解行业发展状况和发展前沿。本书的具体学习任务包括:

(1)理解物流的基本概念、规律与一般理论。
(2)形成现代物流知识框架体系,建立专业知识地图。
(3)掌握影响物流行业的因素及相关分析技术的应用。

教学方式方法及手段建议

篇章	教学内容	教学重点	教学难点	教学要求与建议	学时分配
第一篇 物流理论与方法	1.物流概述 物流概念、物流系统、物流价值 2.物流管理理论 典型的物流学说、物流管理的特征、物流管理的主要目标 3.物流基本功能 运输、仓储、包装、装卸搬运、配送、流通加工、物流信息 4.物流设施设备 物流设施、物流设备 5.物流分析技术与方法 物流系统分析方法、物流和系统分析、物流系统分析技术	物流系统观、物流管理的主要目标、物流基本功能要素	物流系统观、物流管理的主要目标	通过作业让学生掌握物流系统观的分析思路,通过练习训练学生对系统分析方法与技术的熟练程度,同时通过实训项目让学生了解物流的基本功能	24
第二篇 现代物流实践	1.物流管理宏观视角 政治法律环境、经济环境、社会环境、技术环境 2.物流管理中观视角 物流行业分析技术、物流行业供求分析 3.物流管理微观视角 企业物流、物流与生产运营的交叉、物流与市场营销的交叉	物流行业影响因素,采购物流、生产物流与销售物流的关联	物流行业分析技术、企业生产物流、企业物流战略决策	通过案例分析让学生形成分析物流的宏观与中观视角,补充企业生产物流阅读资料	12

(续)

篇章	教学内容	教学重点	教学难点	教学要求与建议	学时分配
第三篇 现代物流展望	1. 新技术影响下的物流展望 冷链物流、智慧物流 2. 新需求影响下的物流展望 电子商务物流、物流金融 3. 新环境影响下的物流展望 绿色物流、再生资源物流、应急物流、逆向物流与废弃物流、国际物流	从物流的基础特征出发理解不同环境因素对物流的要求，以及物流的变革和物流金融	物流金融、国际物流	通过课前增加阅读资料让学生在课前理解物流前沿，在课堂中通过案例增加学生对前沿的熟悉度，课后继续强化相关资料的阅读，增加学生对前沿的理解	12

前　言
教学建议

第一篇　物流理论与方法

第一章　物流概述　2
- 学习目标　2
- 第一节　物流概念　2
- 第二节　物流系统　5
- 第三节　物流价值　7
- 补充资料　9
- 实践技能训练　17

第二章　物流管理理论　18
- 学习目标　18
- 第一节　典型的物流学说　18
- 第二节　物流管理的特征　21
- 第三节　物流管理的主要目标　23
- 案例分析　24
- 实践技能训练　26

第三章　物流基本功能　27
- 学习目标　27
- 第一节　运输　28
- 第二节　仓储　33
- 第三节　包装　38
- 第四节　装卸搬运　41
- 第五节　配送　47

　　　　第六节　流通加工　　　　　　　　　54
　　　　第七节　物流信息　　　　　　　　　58
　　　　案例分析　　　　　　　　　　　　　65

第四章　物流设施设备　　　　　　　　　　　75
　　　　学习目标　　　　　　　　　　　　　75
　　　　第一节　物流设施　　　　　　　　　75
　　　　第二节　物流设备　　　　　　　　　88
　　　　案例分析　　　　　　　　　　　　　107
　　　　实践技能训练　　　　　　　　　　　111

第五章　物流分析技术与方法　　　　　　　　112
　　　　学习目标　　　　　　　　　　　　　112
　　　　第一节　物流系统分析方法　　　　　112
　　　　第二节　物流和系统分析　　　　　　116
　　　　第三节　物流系统分析技术　　　　　117
　　　　案例分析　　　　　　　　　　　　　120
　　　　实践技能训练　　　　　　　　　　　121

第二篇　现代物流实践

第六章　物流管理宏观视角　　　　　　　　　124
　　　　学习目标　　　　　　　　　　　　　124
　　　　第一节　政治法律环境　　　　　　　124
　　　　第二节　经济环境　　　　　　　　　127
　　　　第三节　社会环境　　　　　　　　　129
　　　　第四节　技术环境　　　　　　　　　131
　　　　补充资料　　　　　　　　　　　　　132
　　　　案例分析　　　　　　　　　　　　　133
　　　　实践技能训练　　　　　　　　　　　135

第七章　物流管理中观视角　　　　　　　　　136
　　　　学习目标　　　　　　　　　　　　　136
　　　　第一节　物流行业分析技术　　　　　136
　　　　第二节　物流行业供求分析　　　　　141
　　　　案例分析　　　　　　　　　　　　　158
　　　　实践技能训练　　　　　　　　　　　160

第八章 物流管理微观视角 161

- 学习目标 161
- 第一节 企业物流 161
- 第二节 物流与生产运营的交叉 190
- 第三节 物流与市场营销的交叉 191
- 案例分析 194
- 实践技能训练 196

第三篇 现代物流展望

第九章 新技术影响下的物流展望 198

- 学习目标 198
- 第一节 冷链物流 198
- 第二节 智慧物流 203
- 案例分析 210
- 实践技能训练 211

第十章 新需求影响下的物流展望 212

- 学习目标 212
- 第一节 电子商务物流 212
- 第二节 物流金融 217
- 补充资料 229
- 案例分析 235
- 实践技能训练 237

第十一章 新环境影响下的物流展望 238

- 学习目标 238
- 第一节 绿色物流 239
- 第二节 再生资源物流 244
- 第三节 应急物流 259
- 第四节 逆向物流与废弃物流 265
- 第五节 国际物流 271
- 案例分析 273
- 实践技能训练 275

参考文献 276

第一篇 物流理论与方法

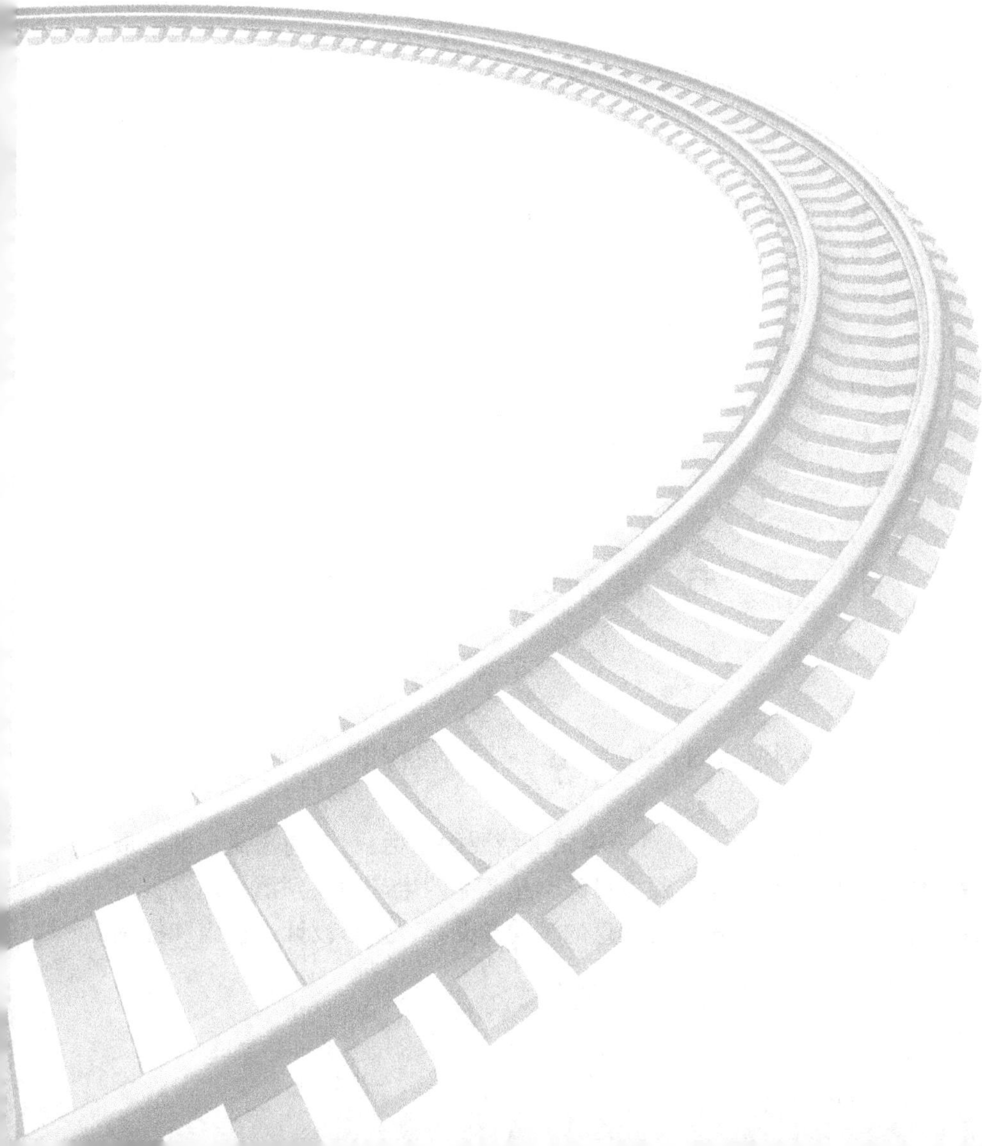

第一章 • Chapter 1

物 流 概 述

学习目标

【掌握】
1. 美国物流管理协会和中国物流术语标准对物流的定义。
2. 物流系统的构成。

【理解】
1. 物流作为服务所独有的特征：派生性、互补性与关联性。
2. 物流系统中存在的制约关系。
3. 物流的微观价值。

【了解】
1. 不同视角下物流的定义。
2. 物流的起源与发展。
3. 物流的宏观价值。

第一节 物 流 概 念

一、物流的定义

"物流"一词是从日文资料引入的外来词，源于日文资料中对"Logistics"一词的翻译"物流"。

1962年美国物流管理协会（CLM）对物流做了精要的概括："所谓物流，即以最高效率和最大成本收益，以满足顾客需要为目的，从商品的生产地点到消费地点，对包括原材料、在制品、最终成品及其相关信息的流动与储存，进行设计、实施和控制的过程。"

中国物流术语标准将物流定义为：物流是物品从供应地向接收地的实体流动过程中，根据实际需要，将运输、储存、采购、装卸搬运、包装、流通加工、配送、信息处理等功能有机结合起来实现用户要求的过程。

不同视角的物流定义如表 1-1 所示。

表 1-1　不同视角的物流定义

角度	定义
库存	运动或静止中的物料管理
客户	在正确的时间、正确的地点，以正确的成本向正确的消费者提供正确数量、正确状态的正确商品
字典	军事科学的分值，对物资、人员和装备进行采购、维护与运输
国际物流协会	对用于目标、计划和行动的资源进行要求、设计、供应及存储的，与管理、工程和技术活动有关的科学技术
效用或价值	为支持组织目标提供物资和服务的时间与空间效用或价值
供应链管理协会	在供应链中，为满足顾客需求而对商品、服务及相关信息，从产地到消费的高效率、低成本的流动和储存进行的规划、执行与控制过程
配件支持	为工厂进行的供应管理（进货物流）和为企业客户进行的配送管理（出货物流）
职能管理	物流的需求量决策、采购、运输、存货管理、仓储、物料搬运、工业包装、设施选址分析、配送、退货处理、信息管理、客户服务及其他所有与向内部客户（生产）提供原材料和向外部客户（零售店铺）提供产品有关的活动
共同文化	处理活动细节

二、物流的特征

一般认为物流是一种衍生需求，其产生取决于生产活动和消费活动的需要。因此，物流除了具备服务的共有特性，如服务的无形性、不可储存性、生产与消费同时进行外，还具有派生性、互补性和关联性的特征。

派生性特征是物流服务最重要的特征之一，物流服务需求的产生并不是因物流活动本身可以实现产品空间位移或时间变化的缘故，而是为了满足人们生产、生活或其他目的的需要，是由另一种或几种商品或服务的供给或消费所决定的。物流服务的需求派生性说明了其与生产和消费活动的密切相关性。

互补性特征根植于物流服务的派生性特征之上，派生性决定了物流服务对其他生产活动和消费活动的补充作用。物流服务作为生产活动的中间投入品，完成原材料和中间品的采购及分配，因此在生产过程中，物流服务体现除了派生性外的互补性特征。

关联性特征也依赖于物流服务的派生性特征，派生性决定了物流服务与其他生产、消费活动的相互联系。物流服务本身是一种综合性服务，包括采购、运输、仓储、包装、装卸搬运、流通加工、配送、信息服务、资金服务等，这些服务既需要相关生产活动或服务的支持，也会带动一系列相关生产活动或服务的发展。物流与其他产业的联系如图 1-1 所示。

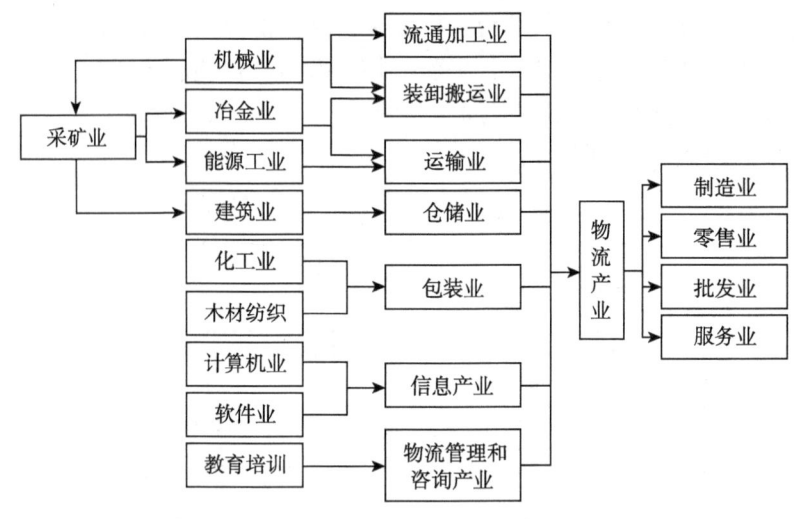

图 1-1　物流与其他产业的关联

资料来源：魏际刚．物流的经济分析：发展的视角 [M]．北京：人民交通出版社，2005：4．

物流业具有强大的产业关联带动效应、经济渗透能力和就业吸纳能力，是国民经济发展的动脉，经济发展的加速器，提高制造业效率、提升核心竞争力、降低企业物质消耗以及提高劳动生产率的"第三利润源"。物流不仅为与其关联产业的发展提供主要助力手段，也成为当前社会经济活动的新增长点。

资料链接 1-1　物流产生的原因

生产资料和生活资料的生产与耗用往往存在着时间及空间上的差异。人类社会自开始生产与商品交换以来，就存在着与生产和流通相适应的物流活动。随着生产力水平的提高、工业文明的兴起、社会化生产的出现，生产与消费的分离趋势不断扩大，使流通的地位初见端倪，物流活动的发展越来越壮大、活跃。

资料链接 1-2　物流的发展历程

现代物流作为一门新兴的综合性学科，源自于军事。在第二次世界大战（简称二战）期间，美英等盟军为保证作战的需要，围绕战争期间军需物资的供应建立了军事后勤部门，该部门对军用物资的运输、补给、调配等进行全面管理，为战争的胜利提供了物资保障。二战以后，物流得到进一步的发展和提炼。现代物流管理在美欧发达国家中大体经历了三个发展阶段：职能管理阶段（20 世纪六七十年代）、内部一体化阶段（20 世纪八九十年代）、外部一体化阶段（20 世纪 90 年代至今）。

课堂互动：扩展阅读三阶段的特征及演化的原因。

资料链接 1-3　物流的分类

由于物流对象、物流目的、物流方向及物流范围的不同，人们可以从不同的角度，采用不同的标准对物流进行分类。目前主要的物流分类方法有：按照系统性质分为社会物流、行业物流和企业物流；按照物流活动发生的先后次序分为供应物流、生产物流、销售物流、回收和废弃物流；按照物流执行者的角度可以分为企业自营物流、第三方物流和第四方物流。

课堂互动：扩展阅读各种类型物流的内涵及外延。

推荐阅读：王述英，王青，刘彦平. 西方物流理论发展与比较 [J]. 南开经济研究，2004（2）：107-112.

第二节 物流系统

一、系统概述

（一）系统的含义

系统的通用数学模型可以用下式表示。

$$S=f(A_1, A_2, A_3, \cdots, A_n)(n \geqslant 2) \tag{1-1}$$

式中　S——系统；

A_n——单元元素。

系统是由两个或两个以上相互区别或相互作用的单元有机地结合起来，完成某一特定功能的综合体。第一，系统由两个或两个以上要素组成；第二，各要素间相互联系，使系统保持相对稳定；第三，系统具有一定结构，以保持系统的有序性，从而使系统具有特定的功能。

（二）系统的一般模型

输入、处理、输出是系统的三要素。比如一个工厂输入原材料，经过加工处理，得到一定产品作为输出，这就是一个生产系统（见图1-2）。

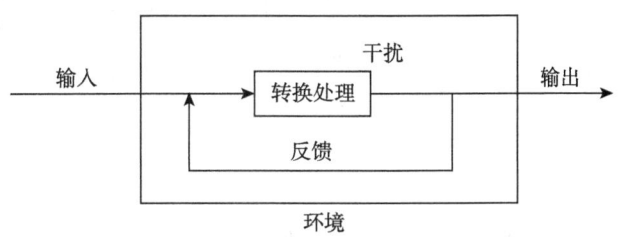

图1-2　系统的一般模型

（三）运用系统思想处理问题的基本原则

整体性原则，就是要把系统作为一个整体，不要见木不见林。总体大于各部分的总和，不仅是量变，也是质变。若干具有关联关系的企业通过共享信息，可以直接获得最终市场的需求信息，减少生产、采购、销售的盲目性，并协调生产能力，从而可以快速应对市场变化,减少库存、减少成本,捕捉市场机会,增强企业竞争力。要有全局观念,局部服从整体。

综合性原则,就是要把对象的属性、因素综合起来加以研究,不能顾此失彼、因小失大。

科学性原则,按照马克思的说法,一种科学只有成功地运用数学时,才算真正达到完善的程度。对于物流系统,数学方法至关重要,有助于系统进行合理配置。

二、物流系统概述

(一) 物流系统的构成

物流系统是由运输、包装、装卸、搬运、配送、流通加工、信息处理等各个环节所组成的。系统的输入是输送、储存、搬运、装卸、包装、物流情报、流通加工等环节所消耗和使用的劳务、设备、材料等资源,经过处理转化,变成全系统的输出,即物流服务。整体优化的目的就是要在满足一定要求的条件下(如服务水平、成本、投资额),使输入最少,作为输出的物流服务效果最佳。

(二) 物流系统中存在的制约关系

1. 物流系统服务水平和物流成本之间的关系

要提升物流服务水平,物流成本往往也要增加。比如提高现货率,即降低缺货率,必须增加库存,这样就会增加较多的流动资金且增加保管费用。仅就库存费用和缺货率的关系看,其相互制约关系如图 1-3 所示。

2. 不同物流功能子系统服务能力之间的制约关系

各子系统的能力如果不匹配,物流系统的整体能力将受到影响。比如装卸搬运能力很强,但运输能力不足,会造成设备和人力的浪费;反之如果搬运装卸环节薄弱,车船到达站港后不能及时卸货,也将带来巨大的经济损失。

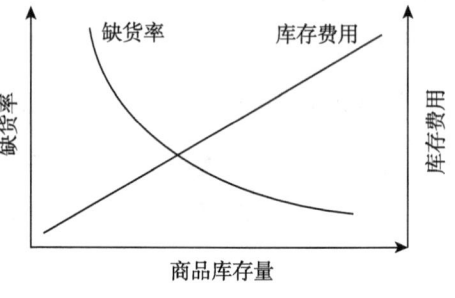

图 1-3 库存费用和缺货率的关系图

3. 不同物流功能子系统成本之间的制约关系

比如为了降低库存采取小批量订货,则因运输次数增加而导致费用上升,因此运费和保管费用之间有制约关系。

(三) 物流系统的功能

物流系统的功能主要是输入、处理(转化)、输出、限制(制约)、反馈,具体如下。

输入：通过提供资源、能源、设备、劳力等手段对某一系统产生作用。

处理（转化）：是指物流本身的转化过程，从输入到输出之间所进行的生产、供应、销售、服务等活动中的物流业务活动成为物流系统的处理或转化。其具体内容包括物流设施设备的建设，物流业务活动（如储存、运输、包装、装卸、搬运等），信息处理及管理工作。

输出：是物流系统与其本身所具有的各种手段和功能，对环境的输入进行各种处理后所提供的物流服务。其具体内容包括产品位置和场所的移动、各种劳务（如合同的履行及其他服务等）。

限制（制约）：是外部环境对物流系统的约束，包括资源条件、能源限制、资金和生产能力限制、价格影响、需求变化、仓库容量、装卸和运输的能力、政策的变化等。

反馈：是将输出结果反馈给输入，进行调整的过程，包括各种物流活动分析报告、各种统计报告数据、典型调查、国内外市场信息与有关动态等。

第三节 物流价值

一、物流的宏观价值

物流既是国民经济的基础，也是国民经济的重要组成部分。物流通过不断输送各种物质产品，使生产者不断获得原材料、燃料，以保证生产过程的正常运行，并不断将产品运送给不同需求者，以使这些需求者的生产、生活得以正常进行。这些互相依赖的存在，是靠物流来维系的，国民经济因此得以成为一个有内在联系的整体。经济体制的核心问题是资源配置，资源配置不仅要解决生产关系问题，而且必须解决资源的实际运达问题，物流正是保证资源配置最终实现的重要环节。物流还以其本身的宏观效益支持国民经济的运行，改善国民经济的运行方式和结构，促使其优化。

在特定条件下，物流是国民经济的支柱。在特定的国家或特定的产业结构条件下，物流在国民经济和地区经济中能够发挥带动与支持整个国民经济的作用，能够成为国家或地区财政收入的主要来源，是主要的就业领域，能成为科技进步的主要发源地和现代科技的应用领域。例如欧洲的荷兰、亚洲的新加坡和中国香港地区、美洲的巴拿马等，特别是日本以流通立国，物流的支柱作用显而易见。

一个新的物流产业可以有效改善国民经济的产业结构。物流产业是物流资源在各个领域重新整合后形成的一种复合型或聚合型产业，如运输资源的产业化就形成了物流运输业，仓储资源的产业化就形成了仓储业等。与此同时，这些物流资源也分散在多个领域，包括制造业、流通业等，把产业化的物流资源加以整合，就形成了新的物流服务业，它也是一种复合型产业。因此，物流产业可以有效改善国民经济的产业结构。

二、物流的微观价值

（一）物流的时间价值

"物"从供给者到需求者之间本来就存在一段时间差，由于改变这一时间差而创造的价值，称作时间价值。时间价值通过物流获得的形式有以下几种。

（1）缩短时间创造价值。缩短物流时间，可获得多方面的好处，如减少物流损失、降低物流消耗、增加物的周转、节约资金等。从全社会物流的总体来看，加快物流速度，缩短物流时间，是物流必须遵循的一条经济规律。

（2）弥补时间差创造价值。在经济社会中，需求和供给普遍地存在着时间差，例如，粮食的生产较集中，但消费是一年365天，天天有所需求，因而供给和需求之间出现时间差。物流便是以科学的、系统的方法去弥补、改变这种时间差，以实现其时间价值。

（3）延长时间差创造价值。通常加快物流速度，缩短物流时间，以尽量缩小时间间隔来创造价值，但是，在某些具体物流中也存在人为地、能动地延长物流时间来创造价值。例如，秋季集中产出的粮食、棉花等农作物，就是通过物流的储存、储备活动，有意识地延长物流的时间，以均衡人们的需求；配合待机销售的囤积性营销活动的物流便是通过有意识地延长物流时间、增加时间差来创造价值的。

（二）物流的场所价值

"物"从供给者到需求者之间有一段空间差，供给者和需求者之间往往处于不同的场所，由于改变"物"的不同场所而创造的价值称作场所价值。

物流创造场所价值是由现代社会产业结构、社会分工所决定的，主要原因是供给和需求之间的空间差，商品在不同地理位置有不同的价值，通过物流将商品由低价值区转到高价值区，便可获得价值差，即场所价值，以下是几种具体形式。

（1）从集中生产场所流入分散需求场所创造价值。现代化大生产的特点之一，往往是通过集中的、大规模的生产提高生产效率，降低成本。在一个小范围集中生产的产品可以覆盖大面积的需求地区，有时甚至可覆盖一个国家乃至若干国家。通过物流将产品从集中生产的低价位区转移到分散于各处的高价位区，有时可以从中获得很高的利益，物流的场所价值也依此决定。

（2）从分散生产场所流入集中需求场所创造价值。和上面相反的情况在现代社会中也不少见，例如粮食是在一亩地一亩地上分散生产出来的，而一个大城市对粮食的需求却相对大规模集中；一个大汽车厂的零配件生产分布非常广，但却集中在一个大厂中装配。这就形成了分散生产和集中需求，物流便依此取得了场所价值。

（3）从低价值生产流入高价值需求创造场所价值。在现代社会中供给与需求的空间差比比皆是，十分普遍。除了由大生产所决定之外，有不少是由自然地理和社会发展因素决定的，例如农村生产粮食、蔬菜而异地于城市消费，南方生产荔枝而异地于各地消费，北方生产高粱而异地于各地消费等。这么复杂交错的供给与需求的空间差都是靠物流来弥合的，物流也从中取得了利益。

在经济全球化的浪潮中，国际分工和全球供应链的构筑使得企业选择在成本最低的地区进行生产，通过有效的物流系统和全球供应链，在价值最高的地区销售。信息技术和现代物流技术为此提供了条件，使物流得以创造价值、得以增值。

（三）物流的加工价值

"物"通过加工而提高附加价值，取得新的使用价值，这是生产过程的职能。在加工过程中，物化劳动和活劳动的不断注入，增加了"物"的成本，同时也增加了其价值。在流通过程中，可以利用流通加工的特殊生产形式，使处于流通过程中的"物"通过特定方式的加工而增加附加价值，这就是物流创造加工价值的活动。

物流创造加工价值是有局限性的，它不能取代正常的生产活动，而只能是生产过程在流通领域的一种完善和补充。但是，物流过程的增值功能往往通过流通加工得以体现。所以，根据物流对象的特性，按照用户的要求进行加工活动，可以对整个物流系统的完善起到重要作用。尤其是在网络经济时代，物流作为基于用户的服务方式，依托信息传递的及时性和准确性，得以有效组织加工活动，因此它的增值作用也是不可忽视的。

（四）物流的利润价值

物流活动的合理化，可以通过降低生产企业的经营成本，间接提高利润，这只是物流利润价值的一个表现。对于专门从事物流经营活动的企业而言，通过有效的经营活动，可以为企业创造"第三利润源"，也就是说物流企业的有效服务，可以为生产企业创造利润。许多物流企业在为用户服务的同时，还可以成为自己的"利润中心"，可以成为企业和国民经济新的利润增长点。企业中的许多物流活动，例如连锁配送、流通加工等，都可以直接成为企业利润的来源。

（五）物流的服务价值

物流可以提供良好的服务，这种服务有利于参与市场竞争，有利于树立企业和品牌的形象，有利于和服务对象结成长期的、稳定的战略性合作伙伴，这对企业长远的、战略性的发展有非常重要的意义。物流的服务价值，实际上就是促进企业战略发展的价值。

【补充资料】

参考但不限于以下资料，思考：

1. 物流价值与物流功能之间的联系。
2. 以图表的形式提炼物流的发展沿革。

补充资料1   **物流价值的发现**

物流系统功能价值的发现。在二战期间，美军采用了托盘、叉车等后勤系统，这个系统贯穿军事物资从单元组合（集装）的装卸活动开始，高效连贯地搬运、运输、储存、再运输、搬运，直到按指定军事目标到达目的地为止的整个过程，有效地支撑庞大的战争机器。这就促使人们认识到物流作为一种系统的活动，能够实现以往由许多活动才能完成的各项功能，使人们认识到物流系统功能的价值。

物流经济活动价值的发现。二战以后，大量军事技术和军事组织方式转移到了民间，物流系统的思想方法和相关技术、相关管理方式实现了"军转民"，取得了巨大成功。这就使得人们认识到，"物流"不仅有重要的军事价值，而且也具备重要的经济活动价值，可以在经济界广泛地应用，可以为企业增加新的管理思想和管理模式。二战以后，像价值工程、物流等在战争期间形成的形态，都成功地实现了向经济领域的转移，从军事活动的价值转变为经济活动的价值。

物流利润价值的发现。二战以后，主要国家的经济发展面对的是一个"无限的市场"，只要能够快速地、顺利地实现产品向用户转移就能够获取利润。企业界采用物流技术和物流管理方式之后，有效地增强了企业的活力，提高了企业的效率和效益，从而增加了企业的利润。在产业革命以后，经济领域对于人力、原材料这两个利润源的挖掘已经有了相当长的历史，虽然现代社会仍可以用新的方式开发这两个利润源，但是，寻找新的利润源变得日益迫切。"物流"作为"第三利润源"就是在这种情况下被发现的，这是对物流利润价值的发现。

物流成本价值的发现。20世纪70年代初，世界爆发了"第一次石油危机"，这实际上是以石油为首的能源、原料、材料、劳动力价格的各方面上涨。传统的第一、第二利润源已经变成了企业的成本负担，在这种情况下人们发现，物流领域有非常大的降低成本的空间。当企业界和经济界有效地利用物流系统技术和现代物流管理方式之后，有效地减轻了原材料、能源、人力成本上扬的压力，从而使人们认识到"物流"还具备巨大的降低成本的价值。物流这一价值的发现，大大提高了物流在国际上的声誉。在石油危机期间，许多经济学家曾断言全世界的长期经济衰退并没有出现，这和经济领域成功地发掘物流的降低成本的价值有相当程度的关系。

物流环境价值的发现。物流系统的开发、物流合理化的广泛推行和系统物流管理的普遍实施，在有效地降低成本的同时，能够在合理地更节约使用物流设备的情况下完成资源配置任务。物流系统化以后，物流装备可以得到全面的、系统的开发，装备的效率大大提高而同时装备的能耗大大降低。这些努力汇集起来之后，人们惊喜地发现"物流"对改善环境、降低污染、实施可持续发展有重大作用，这就促使许多受现代城市病困扰的工业化城市对用"物流"这种系统经济形态来改善分立的、混乱的交通，减少交通阻塞、运输损失，降低污染，改善企业外部供应环境格外重视和关心。

物流战略价值的发现。20世纪80年代以后，企业普遍从过去那种狭窄的、短期的、微观的视野，从对当前利益和当前成本的考虑转向了对长期的、战略性发展的考虑。这个长期的、战略性的发展有两个非常重要的支持因素：一个是在现代信息技术的支撑下建立稳定的、高效的"供应链",以增强企业的本体能力；另一个就是贴近用户的服务,而这个服务是远远超出所谓的"售后服务"水平之上的、全面贴近用户的服务。在物流领域出现了广泛配送方式、流通加工方式以及更进一步的"准时供应系统""即时供应系统""零库存系统"等,这些都成功地促使企业获得了更长远的战略发展能力。

物流对国民经济价值的发现。1997年东南亚爆发了金融危机,危机过后,人们在分析和总结东南亚各国和各地区的情况时发现,以"物流"为重要支柱产业的新加坡、中国香港有较强的抗御经济危机的能力。物流作为一个产业,在国民经济中的地位是十分重要的,它能够起到完善结构、提高国民经济总体质量和抗御危机的作用。

物流对新经济价值的发现。网络经济在经过近几年的探索和发展之后,人们逐渐认识到,网上的虚拟运作和实际的物流相结合,才能形成一个完整的新经济形态。这一点在电子商务中反映得更为明显。

补充资料2   **物流发展沿革**

二战以后,物流得到进一步的发展和提炼。物流方面的工作对盟军取得二战的胜利做出了明确的贡献,类似地,在1990年到1991年的海湾战争中,具备有效率和有效地发送、储存供给品与人员的能力是美英联军成功的一个关键因素。随着企业对物流管理在降低成本、改善经营绩效和提升企业竞争能力等方面所起作用的认识的逐步提高,以及社会经济和技术的发展,企业中的物流管理职能和职责都不断地发生着变化。本资料将对物流管理在以美国为代表的西方发达国家中的演进阶段做一概述。现代物流管理在美欧发达国家中大体经历了三个发展阶段：职能管理阶段（20世纪六七十年代）、内部一体化阶段（20世纪八九十年代）、外部一体化阶段（20世纪90年代至今）。

1. 职能管理阶段（20世纪六七十年代）

20世纪60年代以后,绝大多数企业逐步认识到,物流管理并不仅仅是对运输、采购、仓储等活动的分割管理。在此阶段,物流活动被集成到两大物流管理职能当中,即物料管理（Material Management）和分销管理（Distribution Management）。物料管理是对与物料流入企业有关的所有活动进行计划、组织和控制,其具体管理范围包括采购原材料、在制品库存控制、厂内运输、生产计划等。分销管理负责控制产成品从工厂到顾客的有效率的输送,其管理范围包括运费控制、仓储、包装、顾客需求预测、成品库存控制、顾客服务等。

以集成式的物料管理和分销管理职能取代20世纪60年代以前对各项物流活动的分割式管理,无疑是一大进步。这种职能式管理使物流成本在两大职能中变得清晰而易于独立核算,为企业有效控制物流成本奠定了基础。

（1）本阶段企业管理中的相关变革如下。

1）计算机在企业管理中的广泛应用。计算机管理系统为企业管理人员快速准确地处理在物料管理和分销管理中产生的复杂问题提供了强有力的支持。物料需求计划（MRP）是一个典型的例子。MRP成功地解决了根据最终产品需求生成零部件需求计划的问题,将原材料和零部件物流与产成品物流联结起来,使人们的思路从追求实际意义并不很大的优化方法转到比较现实的轨道上来,利用计算机技术把生产库存管理得更好。同时,计算机系统帮助企业更加准确地识别和控制包括物流成本在内的各项成本,为物料管理和分销管理的集成提供了有力的支持。

2)顾客服务理念的流行。企业降低运输和分销成本的努力往往会对顾客服务产生负面影响。企业通过减少仓储设施、压缩库存、减少分销系统中存货的铺设等措施来降低成本的同时,很可能也降低了顾客服务水平。分销成本占到了大多数消费品总成本 50% 左右,然而如何正确地控制分销成本却是企业面临的一大难题,物流经理们同时也面临着越来越大的改善顾客服务的压力。为实现提高顾客服务水平并降低运作成本的目标,强化分销管理逐渐成为重要的企业战略。

很多企业对顾客服务的目标和标准缺乏正确的认识与实施的一贯性,导致库存、运输和仓储成本的上升。到 20 世纪 70 年代中期才逐步形成较为正确而全面的顾客服务理念与服务标准体系。企业开始关注顾客服务目标与分销成本之间的权衡关系,成本 – 效益权衡模型被广泛用于确定合适的顾客服务水平,ABC 分析工具也被广泛应用于对顾客的分类管理,顾客服务的研究证明了集成式分销管理确实能为企业带来更大的收益。

(2)物料与分销经理的职能。物流活动的集成是经理人员管理权限的放大,企业对物料和分销经理人员素质的要求也更高了。分割式管理在组织内部形成了成本管理的组织障碍,物料和分销经理管理权限的扩展可以在一定程度上消除这种障碍。物料经理统管采购、生产控制、物料进厂运输、原材料和在制品仓储、库存计划与控制、废弃物料的处理等。分销经理统管送货、分销设施、库存计划与控制、销售订单服务等。其管理职能要求这些经理人员掌握财务、数据处理、计划编制等方面的知识和技能。针对物料经理和分销经理的在职培训也十分流行。由于分销管理在企业管理中的重要性充分显现出来,分销经理在企业组织结构中的地位变得尤为重要和突出,一些企业直接由副总经理来主管分销。

(3)演进的动因。来自企业外部的压力导致分销经理的角色不断发生变化。两个明显的演进动因是分销管理中的高昂成本和政府对运输业管制的放松。

1)分销管理中的高昂成本。20 世纪 70 年代,分销成本变得十分高昂,其原因包括史无前例的通货膨胀、两位数的高利率,以及在 20 世纪 70 年代中期末发生的石油危机。这促使企业管理者集成物流管理,通过改善物流运作降低成本。

2)放松对运输业的管制。政府对运输业管制放松的结果是大量专业运输公司的出现,以及优秀运输公司经营规模和范围的扩展,企业与承运人之间的关系变得更加紧密,由松散的交易关系转向长期协作的合同关系。企业对运输服务的选择范围更大了,价格谈判更为灵活和复杂。到 20 世纪 70 年代末,越来越多的经理人员将物料管理与分销管理视为一个有机整体,从而物流的含义变得更加广泛了。

2. 内部一体化阶段(20 世纪八九十年代)

20 世纪 80 年代初,分销管理与物料管理逐步集成起来,并产生了全过程物流管理的概念。这种涵盖从原材料采购与运输到产成品分销的所有物流活动及相关的信息和控制系统的物流管理模式称为"集成式物流管理"或"一体化的物流管理"。它不仅包含了以往的物料管理和分销管理的全部内容，还涉足传统的市场营销和生产管理的一些职能（如生产计划、销售预测、原材料与在制品管理、顾客服务等）。这一阶段物流管理的集成仍限于企业内部，故称为"内部一体化"。

（1）影响内部一体化物流管理的主要因素。20世纪80年代物流管理人员所面临的变革加速了。放松管制使企业在市场中可获取的物流服务更加丰富；第三方物流企业成为各种物流服务的主要提供者；通信与信息处理能力大大增强，众多企业采用了电子数据交换（EDI）、条形码和个人电脑；顾客服务变得更加重要，企业将物流视为赢得市场竞争的有效途径。

1）放松管制后物流服务的扩展。货主将运输业务逐步集中到为数不多的几家运输公司，在加强协作的同时，增强了货主讨价还价的能力，也提高了运输活动的质量。另外，运输公司为争得足够的业务，努力改善其运营绩效，提供优良的顾客服务、增值服务、合理的运输费率。在传统企业逐步削减用于"非核心"能力投资的同时，一些专业运输公司扩展其运营范围，涉足各种运输、仓储、包装与流通加工等业务。这些能力使社会物流总成本大大降低。

2）第三方物流企业。第三方物流企业在20世纪80年代迅速发展起来。传统企业将一些原本由企业自身来实施的物流活动交给外部的专业公司来承担，通过与第三方物流企业的合作，企业可以将有限的资源进一步集中到其核心业务与核心能力上，降低大量投资于物流设施与设备而带来的财务风险，同时也可以实现更高效率的物流运作。

3）沟通与信息技术。20世纪80年代，企业非常热衷于提高快速沟通、货运跟踪与信息交换的能力。信息成为提供物流服务的关键要素，也是企业物流活动进一步集成的催化剂。快速的信息处理与信息交换使供应链实现"以信息换取库存"，几乎可以实时获取的库存和销售数据帮助生产商与零售商更加精确地预测未来的需求，从而降低为应付需求不确定性而设置的安全库存量。利用信息技术进一步集成物流管理职能，还可压缩物流活动的周期时间。

EDI的广泛应用，为企业提供实施分销资源计划（DRP）、准时制（Just in Time，JIT）生产与库存控制所需的重要信息。

4）分销资源计划（DRP）。DRP注重对产成品的分销进行管理，帮助管理人员对产成品在复杂的分销系统中的输送与调配做出正确的计划。配置DRP系统需要获取第一手的销售数据并输入到生产系统的主生产计划中。将市场需求预测与生产计划集成起来，可以降低库存投入，减少运输成本，加速库存周转，并提高存货可供率。DRP的实施对企业的物流管理职能有深远的影响，它使销售预测和生产计划等职能进一步集成并融入分销管理当中。

5）准时制（JIT）。企业管理活动的集成和信息技术的发展使JIT生产计划得到广泛应用。JIT作为一种企业哲学理念，强调追求卓越、不断降低库存并提高产品质量。JIT的采购管理要求供应商依据生产商的生产计划，在需要的时候提供符合质量和数量要求的产品。供求双方的JIT关系是一种长期密切合作的战略伙伴关系。JIT使物流活动的集成跨越了单个企业的界限，实现业务流程的改善和更高的效率。

6）顾客服务。顾客服务继续保持着在物流管理模式影响因素中的主导地位。对顾客服务的认识也演变为以最节省成本的方式使供应链实现增值，这种增值由包括顾客在内的所有供应链成员共同分享。

（2）物流经理的职能。随着物流成为企业赢得市场竞争的重要武器，物流经理获得更多的升职机会，他们的管理权限跨越了物料管理或分销管理而涵盖了所有的物流活动。物流经理在企业中级别的提升对经理人员的素质和技能也提出了更高的要求。

物料管理、生产计划、分销管理集成到物流经理的管理权限之内。在20世纪80年代，美国有56%的企业设置了副总经理级别的物流管理职位，这使得物流管理人员更好地参与公司战略决策的制定。物流经理需具备更为全面的物流管理知识和经验，以及在其他主要职能部门（如生产制造、市场营销、财务管理）的工作背景。

（3）演进的动因。

1）企业重组。为增强竞争优势、避免恶意收购，许多企业进行了重组，剥离不良资产，剔除业绩不良的经营业务，精简组织机构。一些企业的物流部门在企业并购的过程中被并入其他企业的物流部门，或者被废弃。

2）市场国际化。20世纪80年代美国企业加强了在国际市场上进行原材料和零部件的采购，获得成本优势。在国内市场日趋成熟和饱和的情况下，国际市场为许多企业提供了新的发展机遇，美国企业的产品越来越多地打入欧洲和亚洲市场。这种国际化的市场对企业的物流部门实施更长距离和更大范围的物流活动提出了更高的成本控制要求。

3）时间和质量。企业获取竞争优势的努力从单纯追求成本最小化，逐步转向在最短时间内以最小成本提供最大价值。通过缩短产品从生产线到达市场的时间，企业提高了生产率，降低了成本和风险，并扩大了市场份额。在物流过程中引入质量概念，意味着企业不断改进顾客服务。企业在顾客服务质量上的改进，如按时送货的改善、订单满足率的提高、准确的票据、订货提前期（又称订货周期）的缩短，以及整个物流系统生产率的提高等，是竞争对手所难以模仿的。

上述因素促使企业决策者寻求更新的技术和途径以进一步提升物流绩效。然而，经营业务的全球化、新技术的高成本，以及稀缺的人力资源等因素使得单个企业的努力往往半途而废，许多企业将目光转向外部一体化。

3. 外部一体化阶段（20世纪90年代至今）

20世纪七八十年代企业内部物流管理功能的集成强调实现本企业运营绩效最优化。到了20世纪90年代，供应链管理将功能集成的概念从单个企业拓展到供应链上的所有企业。单个企业的活动只是价值创造过程的一个部分。通过降低成本和风险，将企业资源在供应链成员之间进行平衡和调配等手段，提升整个供应链的效率，从而增强供应链以及其成员企业的竞争力。许多企业认识到，市场竞争不仅仅是单个企业之间的竞争，同时也是供应链之间的竞争，只有使整个供应链在市场上具有竞争力，成员企业才有生存与发展的空间。

20世纪90年代，企业经营业务全球化的趋势日益明显，发展中国家经济的强劲增长创造了巨大的市场需求和大量高素质的人力资源。跨国企业更加注重通过海外建厂和全球采购降低制造成本，同时努力拓展海外市场。竞争的压力促使企业提高顾客服务质量和物流系统效率。国际贸易的增长导致企业的物流管理发生进一步的变化，许多企业扩展其物流机构，在物流部门中专门设置负责国际物流业务的分部，另一些企业则在海外设立一些相对独立的物流分部负责当地市场的物流运作，大量跨国性或区域性的第三方物流企业是这种全球供应链的重要成员。这一时期信息和通信技术飞速发展，而信息技术的应用将单个企业的物流管理更深刻地融入供应链管理当中。

补充资料3　　　　　　　　　中国物流发展历程

我国物流发展历程可以划分为四个阶段。第一阶段：萌芽阶段，在20世纪80年代以前。第二阶段：学习和引进阶段，从20世纪80年代到90年代初。第三阶段：起步阶段，20世纪90年代。第四阶段：快速发展阶段，2000年至今。

1. 我国现代物流的萌芽阶段（20世纪80年代以前）

萌芽阶段所对应的社会环境基本上是计划经济条件下的社会环境。

我国在确立改革开放政策之前以及之后的一段时期内，仍然处于传统的计划经济体制条件下，当时物流就已经有了一定程度的萌芽。在"文化大革命"之后，交通运输业作为经济建设重点领域，其"现代化"被提上议事日程，这就形成了对现代物流初期的需求。在工业生产领域，即使是当时水平下的社会分工和专业化生产，也必须对具备协作关系的各方的物流联结做出安排。传统的仓库和储备形态，已不足以支持经济发展和企业生产的要求，将储运联结在一起实现一体化，自然成为一种选择。因此，在经济界和企业界已经自发出现了对于现代物流的需求。

2. 我国现代物流的学习和引进阶段（20世纪80年代至90年代初）

1978年十一届三中全会确立了"改革开放"国策之后，各个经济领域都开始了解发达国家的进展，除了一般的文化传播渠道之外，这个时期不同的政府部门相关领域的工作考察团，开始广泛地对国外进行考察。考察带有"对口"的性质，我国当时承担组织、领导和管理"物资流通"的国家物资总局（以后升格为物资部），便把在日本已经风行的"物流"领域作为考察的对口对象。从20世纪70年代末到80年代末的10年间，这个系统先后组织了出国考察和接待国外物流考察团40余次，尤其是和日本建立了物流领域的沟通关系。这些考察活动对国内产生了很大影响，不仅是考察报告和考察资料成为国内研究物流的重要信息资源，而且，更重要的是，通过考察培养了一批人才，前后参与考察的几百位领导、企业家、专家学者中的相当一部分成为研究和推行物流的第一批骨干力量。

可见，改革开放政策给现代物流进入我国奠定了政策基础，我国的经济体制改革容纳了现代物流这种管理模式；我国经济的发展感受到了现代物流的需求；个别为发达国家产品进入我国市场进行服务的物流企业率先接受了现代物流运作理念，其成功的运作逐渐产生了一定影响。国内进行现代物流探索和初期实践的领域，取得了经验和教训；理论界和政府推动营造了现代物流的舆论；物流以及物流有关的专业设置，确立了物流学科，造就了一批物流人才。

3. 我国现代物流的起步阶段（20世纪90年代）

我国现代物流的起步阶段开始于邓小平同志南方谈话前后。我国改革开放有了深化，这无疑给现代物流的发展带来了很大的活力，起步阶段一项非常重要的收获，是对现代物流的探索出现两个重要特点：多深领域的探索和从理论向实际运行与操作的转化。

20世纪70年代初发生世界性石油危机，我国可以站在观望的角度来审视这次危机。其实，我们可以清楚地看到推行物流合理化、实施现代物流是应对这次危机的有效方法。90年代末，东南亚发生金融危机，由于改革开放之后我国和东南亚存在密切的经济交往关系，我们对这次危机有了切身的感受，尤其是以现代物流为支柱产业的国家和地区表现出了比较强的抗御危机的能力，使过去将近20年的现代物流的理论准备迅速被经济界和管理层所接受，那个时期世界银行公布的一组对比性的数据（我国物流成本远远高于发达国家），使经济界震惊于我国物流的潜力。这些外在因素迅速触发了我国经济领域潜在的现代物流需求，现代物流在我国迅速启动。

我国现代物流起步阶段的主要工作是开始实质性的物流运作，重要标志是学术界全面系统地研究和推介现代物流；一些率先进行现代物流运作的企业取得了辉煌的成绩并且对经济界产生了实际的影响；有影响的、与物流相关的传统大企业，如中远集团、中外运，明确要向现代物流转型；改革开放之后引进的一批与现代物流运作有关的外国企业，已经对国内企业有了有效的推动；我国经济特区深圳制定了我国第一个区域性的物流规划，而且破天荒地明确了现代物流是深圳市三个"重要支柱企业"之一，在国内产生了巨大影响。

4. 我国现代物流的快速发展阶段（2000年至今）

我国现代物流进入发展阶段的主要标志是大规模、普遍的现代物流的建设，在全国迅速普及，有以下几大方面的重大进展。

（1）物流政策环境的建设。2001年国家经贸委等六部委出台了推进现代物流发展的《关于加快我国现代物流发展的若干意见》，2004年，国家发改委等九部委又出台了《关于促进我国现代物流业发展的意见》，这是非常重要的政策性文件，是我国物流政策环境建设的突破性进展，国内经济界和物流界给予了极高的评价，这标志着我国政府已经明确了我国发展现代物流的方针政策，是我国现代物流发展所必需的。

（2）物流规划工作。物流规划工作是这个时期极具特点的现代物流建设。包括北京、上海、天津、深圳等在内的全国50多个省、直辖市、中心城市开始或者已经制定了物流规划，数不清的产业和企业也通过制定物流规划切实地开始现代物流系统的建设。如此集中在同一时间、如此广泛、如此大规模地制定一个产业的发展规划，这在我国经济发展的历程中是很少有的事情，也是国际上的一项创举。在这些规划中，仅物流基地和园区就规划了 200 多个。

（3）物流平台建设。作为现代物流基础的物流平台建设，正在大规模地展开并取得了相当的进展。物流平台不仅是物流运作的物质基础，也是整个国民经济的基础，因此，多年来物流平台一直受到国家的重视，并且已经发挥了基础作用，达到了一定规模。进入 21 世纪之后，物流平台建设不仅在加速"做大"而且注重完善平台的结构。

进展最为理想的是物流信息平台。受惠于国家信息化建设，我国的信息基础网络和实用信息技术已经能够支持现代物流的信息运作需求：远程、及时的通信和数据交换，货物静态和动态识别，精确和便捷的定位，自动化和无人化的操作管理等。

铁路、公路线路的网络，在我国的东部和发达地区，已经完成了基本的布局，平台的建设迅速向全国尤其是西部地区推进，覆盖全国有效的物流平台远景已十分明朗。

（4）全社会都感知和开始重视物流。最近几年，物流已经明显成为我国国民经济的极大"热点"之一，几年前尚且不为人所知的物流行业，现在已经成为热门行业，物流业成为媒体的热点。我们可以看到资源向物流这个热点的明显倾斜：新建了大量的、各种类型的物流企业，几十亿、上百亿甚至上千亿的资本涌入物流领域，发达国家许多知名物流企业纷纷登陆我国。10 年前国内名牌大学还不愿涉足物流，仅有少数几所高等院校开设物流专业，现在已经多达 200 多所，清华大学、南开大学、同济大学、复旦大学、西南交通大学等名牌大学进入物流人才培养领域，标志着物流人才和物流学术的新发展局面。

【实践技能训练】

以图表的形式提炼物流的发展沿革。查阅资料论证物流与国民经济的关系，例如可以查找中国及其他国家近 5 年、10 年的物流总额与 GDP 数据进行分析比较。

实训要求

1. 学生分成几个小组，查找关于物流基本概述以及发展历程的知识。
2. 教师提前给学生指出调查方向，配合学生拟订调查计划。
3. 学生根据调查结果，进行结果分析并撰写调查总结报告。

第二章 • Chapter2

物流管理理论

学习目标

【掌握】
1. 物流的效益悖反。
2. 现代物流管理的特征。
3. 物流管理的主要目标。

【理解】
1. 物流是"第三利润源"。
2. 物流系统中的制约关系。

【了解】
1. "黑大陆"和物流冰山说。
2. 商物分流说。
3. 物流成本消减的乘法效应。

第一节 典型的物流学说

一、"黑大陆"和物流冰山说

著名管理学者彼得·德鲁克在《财富》杂志上发表了"经济的黑暗大陆"一文，强调了物流管理在流通领域中的重要作用，并称其为"一块未开垦的处女地"。"黑大陆"主要是指尚未被认识、尚未被了解的领域，如果理论研究和实践探索照亮了这块黑大陆，那么摆在人们面前的可能是一片不毛之地，也可能是一片藏宝地。由于在流通领域中物流活动的模糊性尤其突出，所以"黑大陆"主要是对物流认识的评价，即这个领域未知的东西还很多，理论与实践皆不成熟。

物流冰山说由日本早稻田大学西泽修教授提出，他在专门研究物流成本时发现，现行的财务会计制度和会计核算方法都不可能掌握物流费用的实际情况，因而人们对物流费用的了解是一片空白，甚至有很大的虚假性，他把这种情况比作"物流冰山"。冰山的特点是，大部分沉在水面下，而露出水面的仅是冰山的一角。物流是一座冰山，其中沉在水面以下的是我们看不到的黑色区域，而我们看到的不过是物流的一部分。

西泽修教授用物流成本的具体分析论证了德鲁克的"黑大陆"学说，事实证明，"黑大陆"和冰山的水下部分正是物流尚待开发的领域，也是物流的潜力所在。

二、商物分流说

商物分流是物流学赖以存在的先决条件。物流学正是在商物分流的基础上才得以对物流进行独立考察，进而形成的科学。

"商"指"商流"，即商业性交易，实际上是商品价值运动，是商品所有权的转让；"物"指"物流"，是商品实体的流通。所谓商物分流，是指流通中的两个组成部分（商业流通和实物流通）各自按照自己的规律与渠道独立运动。本来，商流、物流是紧密结合在一起的，进行一次交易，商品便易手一次，商品实体便发生一次运动，物流和商流是相伴而生并形影相随的，两者共同运动，过程相同，只是运动形式不同而已。二战以后，商业流通和实物流通出现了明显的分离，从不同形式逐渐形成了两个有一定独立运动能力的不同运动过程。所以，商物分流实际上是流通总体中的专业分工、职能分工的体现，是通过这种分工实现大生产式的社会再生产的产物。

三、第三利润源

"第三利润源"的说法主要出自日本。"第三利润源"是对物流潜力及效益的描述。经过半个世纪的探索，人们认可物流的"黑大陆"学说，认为物流虽有不清楚的领域，但绝不是不毛之地，而是一片富饶之源。尤其是经受了1973年石油危机的考验，物流的地位已经非常牢固。

从历史发展来看，人类历史上曾经有过两个大量提供利润的领域，第一个是资源领域，第二个是人力领域。资源领域起初是廉价原材料、燃料的掠夺或获得，其后则是依靠科技进步节约消耗、综合利用、回收利用，乃至大量人工合成资源而获取高额利润，习惯称之为"第一利润源"。人力领域最初是廉价劳动，其后则是依靠科技进步提高劳动生产率，降低人力消耗，或采用机械化、自动化来降低劳动消耗，从而降低成本、增加利润，这个领域习惯称作"第二利润源"。

在前两个利润源潜力越来越小、利润开拓越来越困难的情况下，物流领域的潜力被人们所重视，按时间顺序排为"第三利润源"。

这三个利润源注重于生产力的不同要素："第一利润源"的挖掘对象是生产力中

的劳动对象，"第二利润源"的挖掘对象是生产力中的劳动者，"第三利润源"则主要挖掘生产力要素中劳动工具的潜力，与此同时也挖掘劳动对象和劳动者的潜力，因而更具全面性。

"第三利润源"理论的最初认识基于两个前提条件：第一，物流是可以完全从流通中分化出来的，它自成一个独立运行的系统，有本身的目标、本身的管理，因而能对其进行独立的、总体的判断；第二，物流和其他独立的经营活动一样，它不是总体成本的构成因素，而是单独的盈利因素，物流可以成为利润中心型的独立系统。

"第三利润源"的理论，反映了日本人对物流的理论认识和实践活动，反映了他们与欧洲人、美国人的差异。一般而言，美国人对物流的主体认识可以概括为服务中心型，而欧洲人的认识可以概括为成本中心型。显然，服务中心和成本中心的认识与利润中心的认识差异很大。服务中心和成本中心主张的是总体效益或间接效益，而"第三利润源"利润中心的主张，指的是直接效益。但是如果广义理解"第三利润源"，不仅把"第三利润源"看成直接的谋利手段，而且特别强调它的战略意义，特别强调它是在经济领域的潜力将尽的情况下的新发现，是经济发展的新思路，也许会对今后的经济有推动作用，如同经济发展中曾有的廉价原材料的推动作用一样，这恐怕是现在学术界更多人的认识，"第三利润源"的真正价值恐怕是从直接利润延伸出来的战略意义。

四、效益悖反说和物流的整体观念

效益悖反是物流领域中很经常、很普遍的现象，是这一领域内部矛盾的反映和表现。

效益悖反指的是物流的若干功能要素之间存在着损益的矛盾，即某一个功能要素的优化和利益发生的同时，必然会存在另一个或几个功能要素的利益损失，反之也如此。这是一种此涨彼消、此盈彼亏的现象，虽然在许多领域中这种现象都是存在着的，但在物流领域中，这个问题似乎尤其严重。

效益悖反说有许多有力的实证予以支持，例如包装问题，在产品销售市场和销售价格都不变的前提下，假定其他成本因素也不变，那么在包装方面每少花1分钱，这1分钱就必然转到收益上来，包装费用越省，利润就越高。但是，一旦商品进入流通之后，如果节省的包装降低了产品的防护效果，造成了大量损失，就会造成储存、装卸、运输功能要素的工作劣化和效益大减，显然，包装活动的效益是以其他损失为代价的。我国流通领域每年因包装不善出现的上百亿元的商品损失，就是这种效益悖反的实证。

单纯认识到物流可以具有与商流不同特征而独立运动这一点，是物流科学走出的第一步。在认识效益悖反的规律之后，物流科学迈出了认识物流功能要素的一步，即寻求解决和克服各功能要素效益悖反现象的方法。当然，或许也曾有过追求各个功能要素全面优化的企图，但在系统科学已在其他领域形成和普及的时代，科学的思维必将导致人们寻求物流的总体最优化。不但要将物流细分成若干功能要素来认识物流，而且要将包装、运输、保管等功能要素有机联系起来，使之成为一个整体来认识物流，进而有效解决效益悖反的问题，追求总体效益，这是物流科学的一大发展。

五、物流成本削减的乘法效应理论

物流成本削减的乘法效应理论是指物流成本下降后会引起销售额成倍的增长。例如，假定销售额为100亿元，物流成本为10亿元，如果物流成本下降1亿元，就可得到1亿元的收益。现在假定物流成本占销售额的10%，如果物流成本下降1亿元，销售额将增加10亿元，这样，物流成本的下降会产生极大的效益。这个理论类似于物理中的杠杆原理，物流成本的下降通过一定的支点，可以使销售额获得成倍的增长。

物流成本削减的乘法效应源于物流对产品市场覆盖范围的影响，随着物流成本的下降，产品市场的覆盖范围可以不断扩大，从而引发销售量与销售收入的成倍增加。

第二节　物流管理的特征

随着现代物流的发展，现代物流管理表现出许多特点。

（一）以实现顾客满意为第一目标

现代物流基于企业经营战略基础，从顾客服务目标的设定开始，进而追求顾客服务的差别化战略。在现代物流中，顾客服务目标的设定优先于其他各项活动，并且为了使物流顾客服务能有效开展，在物流体系的基础建设上，要求具备与完善物流中心、信息系统、作业系统和组织构成等条件，要求物流体系必须做到以下几点。

（1）物流中心网络优化。它要求工厂、仓库、商品集中配送加工中心等的建设（规模、地理位置等）既要符合分散化原则，又要符合集约化原则，从而使物流活动能有利于顾客服务的全面展开。

（2）物流主体合理化。从生产阶段到消费阶段的物流活动主体，常常有单个主体和多主体之分，另外也存在着自营物流与外包物流等形式的区分，物流主体的选择直接影响物流活动的效果或实现顾客服务的程度。

（3）信息系统可视化。能及时、有效地反映物流信息和顾客对物流的期望。

（4）物流作业效率化。它是指在配送、装卸、加工等过程中应当运用适当的方法和手段，使企业能最有效地实现商品价值。

（二）关注整个流通渠道的商品运动

以往认为的物流是从生产阶段到消费阶段商品的物资运动，物流管理的主要对象是销售物流和企业内部物流。现代物流管理的范围不仅包括销售物流和企业内部物流，还包括调拨物流、退货物流以及废弃物物流。另外，现代物流管理中的销售物流概念也有新的延伸，即不仅是单阶段的销售物流（如从厂商到批发商、从批发商到零售商、从零售商到消费者的相对独立的物流活动），而且是一种整体的销售物流活动，也就是将销售渠道的各个参与者（厂商、批发商、零售商和消费者）结合起来，保证销售物流行为的合理化。

（三）以企业物流整体最优为目的

商品市场发生了新的变化，如商品生产周期的缩短，顾客要求高效而经济的运输，商品物流地域的扩大等。在这种状况下，如果企业物流仅仅追求"部分最优"和"部门最优"，将无法在日益激烈的企业竞争中取胜。从原材料的调拨计划到向最终消费者移动的物的运动等各种活动，不仅是部分和部门的活动，而且将各部分和各部门有效结合，使其发挥出综合效益。现代物流所追求的费用、效益，是针对调拨、生产、销售、物流等整体最优而言的。在企业组织中，以低价格购入为主的调拨理论，以生产增加、生产合理化为主的生产理论，以追求低成本为主的物流理论，以增加销售额和扩大市场份额为主的销售理论等，各理论之间仍然存在着分歧与差异。跨越这种分歧与差异，力图追求整体最优的正是现代物流理论。例如，从现代物流管理理念来看，海外生产的展开或多数工厂生产的集约化，虽然造成了输送成本的增加，但是由于这种生产战略有效降低了生产成本，提高了企业竞争力，因而是可取的。但是，追求整体最优化并不是可以忽略物流的效率化，物流部门在充分知晓调拨理论、生产理论、物流理论和销售理论的基础上，在强调整体最优的同时，应当与现实相对应，彻底实现物流部门的效率化。

（四）注重物流作业的效率和效果

现代物流管理首先在物流手段上，从原来重视物流的机械、机器等硬件要素转向重视信息等软件要素。在物流活动领域方面，从以前以运输、储存为主的活动转向物流整体运作，也就是向包含调拨在内的生产、销售领域或批发、零售领域的物流活动扩展。现代物流从原来的作业层次转向管理层次，进而向经营层次发展。在物流需求的对应方面，原来强调的是确保运力、降低成本等企业内需求的对应，现代物流则强调物流服务水准的提高等市场需求的对应，进而发展到重视环境、交通、能源等可持续发展的社会需求的对应。从成果的角度来看，有些活动虽然使成本上升，但如果它能有利于整个企业战略的实现，那么这种物流活动仍然是可取的。

（五）立足信息和需求的商品供应体系

现代物流认为物流活动不是单个生产、销售部门或企业的事，而是包括供应商、批发商、零售商等有关企业在内的整个统一体的共同活动，因而现代物流通过供应链强化了企业间的关系。企业计划的联结、企业信息的联结、在库风险承担的联结等机能的结合，使供应链包含了流通过程的所有企业，从而使物流管理成为一种供应链管理。所谓供应链管理，就是在从供应商到最终用户的整个流通过程中，全体商品运动的综合管理。如果说部门间的产销物结合追求的是企业内经营最优的话，那么供应链管理则是通过所有市场参与者的联合追求流通生产全过程效率的提高。供应链管理带来的一个直接效应是，产需的结合在时空上比以前任何时候都要紧密，并带来了企业经营方式的改变，即从原来的投机型经营（生产建立在市场预测基础上的经营行为）转向实需型经营（根据市场的实际需求生产），同时伴随着经营方式的改变。在经营、管理要素上，信息已成为物流管理的核心，因为没有高度发达的信息网络和信息支撑，实需型经营是无法实现的。

（六）有效实现对商品运动的一元化管理

现代物流是将从供应商到最终顾客的整个流通阶段所发生的商品运动作为一个整体来看待的。伴随着商品实体的运动，必然会出现"场所移动"和"时间推移"这两种物流现象，其中"时间推移"在当今产销紧密联系、流通整体化和网络化的过程中，已成为一种重要的经营资源。从物流时间形态上看，"时间推移"主要有从订货到送达消费者手中的时间、在库的时日数、材料工程滞留时间等。任何局部问题的解决都无法真正从根本上实现时间的效率化，只有整体地、全面地把握控制相关的各种要素和生产经营行为，并将之有效地联系起来，才能实现时间缩短的目标。显然，这要求物流活动的管理应超越部门和局部的层次，实现高度的统一管理。现代物流所强调的就是如何有效地实现一元化管理，真正把供应链思想和企业全体观念贯彻到管理行为中去。

第三节　物流管理的主要目标

物流管理在本质上还是要实现以下功能目标。

（一）快速响应

快速响应关系到一个厂商是否具有及时满足客户服务需求的能力。信息技术提高了企业在最短的可能时间内完成物流作业和尽快地交付所需存货的能力，这样就减少了传统的按预期客户需求过度储备存货的情况。快速响应的能力把作业的重点从根据预测和对存货储备的预期，转移到以从装运到装运的方式对客户需求做出反应的方面上来。不过，由于还不知道货主需求和尚未承担任务，存货实际上并没有发生转移，因此，企业必须仔细安排作业，不能存在任何缺陷。

（二）最小变异

变异是破坏系统表现的任何意想不到的事件，它可以产生于任何一个领域的物流作业，诸如客户收到订货的期望时间被延迟，制造中发生意想不到的损坏，货物到达客户所在地时被发现受损，或者把货物交付到不正确的地点——所有这一切都将使物流作业时间遭到破坏，对此，必须予以解决。物流系统的所有作业领域都容易遭受潜在变异，减少变异的可能性关系到内部作业和外部作业。传统的解决变异的办法是建立安全储备存货或使用高成本的溢价运输。当前，考虑到这类实践的费用和相关风险，利用信息技术积极主动地控制物流过程是更好的选择。减少变异能够提高物流生产效率，因此，物流绩效的基本目标就是要使变异减少到最低限度。

（三）最低库存

最低库存的目标涉及资产负担和相关的周转速度。在企业物流系统设计中，由于存货所占用的资金是企业物流作业的最大经济负担，在保证供应的前提下提高周转率，意味着存货占用的资金得到了有效的利用。因此保持最低库存的目标是要把存货配置减少到与客户服务目标相一致的最低水平，以实现最低的物流总成本。"零库存"是企业物流管理的理想目标，伴随着"零库存"目标的接近与实现，物流作业的其他缺陷也会显露出来，所以企业物流系统设计必须将库存占用和库存周转速度当成重点来控制。

（四）运输是最重要的物流成本之一

运输成本与产品的种类、装运的规模以及距离直接相关。许多具有溢价服务特征的物流系统所依赖的高速度、小批量装运的运输，是典型的高成本运输。要减少运输成本，就需要实现整合运输。一般而言，装运规模越大以及运输距离越长，则每单位运输成本就越低。组织就需要有创新的规划，把小批量的装运聚集成集中的具有较大批量的整合运输。这种规划必须通过整个供应链的协调来实现。

（五）质量保证

第五个物流目标是要寻求持续的质量改善。如果一个产品变得有缺陷或者服务承诺没有得到履行，那么物流并没有增加什么价值。事实上，当质量不合格时，物流服务绩效将被否定，需要返工。物流本身必须履行所需的质量标准。管理上要求实现的"零缺陷"对物流是极大的挑战，要求物流作业必须在一天24小时内的任何时间、任何地点予以实现。但由于绝大多数的物流作业是在监督者的视线外完成的，不正确的装运或运输中的损坏导致重新履行客户订单所花的费用，远比第一次就正确地履行所花的费用多得多。因此，物流是发展和维持全面质量管理不断改善的主要组成部分。

🌀【案例分析】

盛川物流为一汽大柴提供的物流服务方案

大连盛川物流有限公司（简称盛川物流）秉承国际先进的现代化物流管理经验，是一汽大连柴油机厂（简称一汽大柴）的第三方物流企业，为一汽大柴等100多家供应商提供物流服务，同时是一汽大柴密切的合作伙伴。

盛川物流不仅为一汽大柴带来降低作业成本、改进服务水平、集中核心业务、减少呆滞资产等多种益处，而且为一汽大柴提供过去传统的储运公司根本不可能提供的订单处理、需求预测、存货管理等多方面的服务内容。

盛川物流作为第三方物流企业为一汽大柴做了些什么？业务外包为一汽大柴带来许多好处。首先，把储备风险库存挪到第三方物流企业，减少了企业在库房、机械设备、人力、运力方面的再投资，避免了一些国有大中型企业的小而全、大而全的作风，把除生产以外的企业附属工作委托给第三方物流企业，有效利用企业资金，加快企业资金周转速度，减少企业不必要的投资。因而，物流中心真正成为一汽大柴的"第三利润源"。由物流中心实施，更加保证了企业的风险库存储备。

其次，减轻市场竞争的压力。面对日趋激烈的市场竞争，企业必须设法增强其核心竞争能力，降低企业生产成本。一汽大柴的核心能力应该定位在柴油机的新产品开发、设计和组装生产及市场开拓上，简化产前准备，加快生产速度。业务外包有利于一汽大柴将主要资源与注意力集中在其主要业务上。

最后，物流中心的建立是解决这些问题的根本所在。供应链管理有利于企业基本实现零库存，并简化生产准备业务，有利于实现 JIT。供应链管理对企业的管理水平有着更高的要求，企业必须采用科学的方法，合理地组织生产。

盛川物流存放的零配件不属于一汽大柴所有，但需要一汽大柴向供应商发出订单，才能送到物流中心，一汽大柴向物流中心发出要料计划，物流中心才能把一汽大柴所需配件送到厂内，因而这也是一汽大柴所谓虚拟仓库的概念。存放在虚拟仓库的配件，原来都占用着一汽大柴的资金，现在所有的配件在物流仓库里，都是供应商自己的，占用的也是供应商的资金，以备一汽大柴生产储备风险库存，物流中心的仓储费用由供应商负担。

同时，盛川物流作为第三方物流企业为供货方做到了什么？第一协调供求双方、提供信息共享、监控风险库存、避免库存过剩。为供货方制定科学的库存风险储备量，使库内货物总在风险储备上线、下线之间，不会影响一汽大柴的生产。第二为供货方提供实时的库存查询，如供货方所有配件的当日、当月以及一年的出入库明细、出入库合计和货物周转率。第三为供货方提供从物流中心到一汽大柴的短途配送服务，把配件拆包、工位器具直接送到一汽大柴的生产一线。第四为 100 多家客户实施长途运输，及时把配套厂家的货物运达物流中心库房，为供货方降低了运输成本。

盛川物流的物流分析机能：对库存物品的入库、出库、移动和盘点等操作进行全面的控制和管理，从级别、类型、批次、单件等不同角度管理库存物品的数量、库存成本和资金占用情况；管理者可及时了解和控制库存业务各方面的准确情况与数据；对各种数据进行统计，生成各类报表，为决策者提供依据；物流中心起到将供货方与需求方联系到一起的桥梁作用，及时反映双方的供需要求，缓解供需矛盾，减少不良资产的产生；及时将一汽大柴的需求信息反馈到供货方，反映供货方的要求，充分利用网络优势，真正达到信息共享。

盛川物流的信息服务：①网上信息服务。可提供在线下达指令、网上货物库存状态查询、客户意见反馈、企业之间的交流等服务。②库存查询服务。对仓库中数据的汇总及动态分析，包括库存周转率信息、出入库存量信息、安全库存信息、最大库存量信息及库存成本信息。决策者能实时、准确地根据业务处理的状态降低运营成本，抓住机遇，使之在激烈的市场竞争中立于不败之地。③库房信息服务。这一服务使多样化的静态和动态库存管理与科学化的库存管理手段融为一体，包括库位分配、库区调度、货物管理、出入库明细账及库存盘点。

通过为一汽大柴提供两年多的物流服务，盛川物流已逐渐摸索出一套适合国有大中型企业的物流管理模式，通过合理化调配，有效利用资源，达到成本最小化、利润最大化、服务最佳化的战略目标，增强仓库的吞吐能力，加快库存货物的周转速度，实现配送运输的可靠性、完美性和集约性。

目前，盛川物流的 EDI 系统、POT 系统及高架货位全面起动，成为能够为多家国有大中型企业承担生产型物流业务的专业物流基地。

资料来源：https://wenku.baidu.com/view/de64a6234b35eefdc8d333be.html?from=search###。

案例思考题

1. 分析盛川物流如何提供现代物流服务。
2. 结合案例试述现代物流管理的特点。

【实践技能训练】

通过网络搜索、图书馆查找来探索典型的物流学说，理解物流管理的主要目标，调查物流中的效益悖反现象，并出具实例佐证，列出数据分析表。

实训要求

1. 学生建立调查小组。
2. 教师提前给学生指出调查方向，配合学生拟订调查计划。
3. 学生根据调查结果，进行结果分析并撰写调查总结报告。

Chapter 3 · 第三章

物流基本功能

学习目标

【掌握】

1. 各种运输方式的优缺点。
2. 仓储合理化的概念。
3. 物流管理的主要目标。

【理解】

1. 影响运输合理化的因素及有效措施。
2. 仓储合理化的有效措施。
3. 包装合理化的有效措施。
4. 装卸搬运合理化的有效措施。
5. 配送合理化的有效措施。
6. 流通加工合理化的有效措施。

【了解】

1. 运输、仓储、包装、装卸搬运、配送在物流中的作用。
2. 仓库分类及库存商品的质量管理。
3. 装卸搬运的特点与分类。
4. 配送的分类与一般流程。
5. 常用的物流信息技术。

第一节 运　　输

一、运输的概念及在物流中的作用

(一) 运输的概念

运输是指劳动者通过使用运输工具和设备，实现人与货物在空间、场所上有目的的位移。它是在不同地域范围间，以改变"物"的空间位置为目的的活动，即对"物"进行空间位移。运输和搬运的区别在于，运输是较大范围的活动，而搬运是在同一地域之内的活动。

物流过程是由采购、生产、包装、运输、保管、装卸搬运、储存、流通加工等过程共同组成的。没有运输，也就没有商品的流通过程，商品的价值和使用价值就无法实现，社会再生产也不可能正常进行。

(二) 运输在物流中的作用

1. 运输是物流的主要功能要素之一

根据物流的概念，物流是"物"的物理性运动，这种运动既改变了"物"的时间状态，又改变了"物"的空间状态。运输是改变空间状态的主要手段，承担了改变空间状态的主要任务，运输再结合搬运、配送、储存等活动，就能圆满完成改变空间状态的全部任务。在现代物流观念未诞生之前，甚至就在今天，仍有不少人将运输等同于物流，其原因就在于运输是物流中的主要责任担负者。

2. 运输是社会物质生产的必要条件之一

马克思将运输称为"第四个物质生产部门"，是将运输看作生产过程的继续，这个继续虽然是以生产过程为前提的，但如果没有运输，生产过程就不能最终完成。所以，虽然运输不创造新的物质产品，不增加社会产品数量，不赋予产品以新的使用价值，只变动其所在的空间位置，但这一变动使生产能继续下去，使社会再生产不断推进，所以将运输看成一个物质生产部门。因此，我们可以认为，运输是联结生产和消费的纽带，是社会再生产的必备环节。

3. 运输可以创造场所效用

同种"物"由于空间场所不同，其使用价值的实现程度有所不同，其效益的实现也不尽相同。由于改变场所而最大限度地发挥使用价值，最大限度地提高产出投入比，就称之为场所效用。通过运输将"物"运到场所效用最高的地方，就能发挥"物"的潜力，实现资源的优化配置。从这个意义上讲，就相当于通过运输提高了"物"的使用价值。

4. 运输是"第三利润源"的主要源泉

物流被认为是企业的"第三利润源"，作为物流的主体和重要组成部分，运输便理所当然地成为企业"第三利润源"的主要源泉。

（1）运输是运动中的活动，它和静止的保管不同，要依靠大量的动力消耗才能实现这一活动，而运输又承担大跨度空间转移的任务，所以活动的时间长、距离长，消耗也大。消耗的绝对数量越大，其节约的潜力也就越大。

（2）从运费的构成看，运费在全部物流费用中的占比最高，一般综合分析计算社会物流费用，运输费在其中占接近50%的比例，有些产品的运费甚至高于产品的生产费，所以运费的节约潜力巨大。

（3）由于运输总里程大、运输总量大，企业通过运输合理化可大大缩短运输吨千米数，从而获得比较大的节约。

二、各种常见的运输方式以及特点

（一）铁路运输

铁路运输又称为火车运输，是现代主要的运输方式之一。我国目前有大约50%的货运量依赖铁路运输，铁路运输在国民经济中起着大动脉的作用。

（1）铁路运输的优点：铁路运输的承运能力强，适合大批量低值商品的长距离运输；铁路运输受气候和自然条件限制的程度较小，在运输的准时性方面占有优势；铁路运输可以方便地实现直达运输、集装箱运输及多式联运；铁路运输的安全系数大。

（2）铁路运输的缺点：铁路建设项目的投资较大、建设周期长；铁路运输的运输时间较长；铁路运输中的货损率较高；铁路运输不能实现最终的"门到门"运输。

（3）铁路运输的适用范围：大宗低值货物的中长距离运输；散装货物（如煤炭、矿石）、罐装货物（如石油化工产品）的运输；大量货物的一次性高效率运输；运费负担能力小、批量大、运输距离长的货物运输。

（二）公路运输

公路运输主要是指使用汽车或其他车辆，在公路上运送客货的一种运输方式。它主要承担近距离、小批量的货运，水路运输、铁路运输难以到达地区的长途、大批量货运，铁路运输、水路运输优势难以发挥的短途运输。由于公路运输有很强的灵活性，因此，在有铁路、水运的地区，运距较长与运量较大的货物也开始使用公路运输。

（1）公路运输的优点如下。
- 速度快。据统计，一般在中短途运输中，汽车运输的运送速度平均比铁路运输要快4~6倍，比水路运输快10倍。
- 灵活、方便。汽车除了可以沿公路网运行以外，还可以深入工厂、矿山、车站、码头、农村、山区、城镇街道及居民区，空间覆盖范围大，这一特点是其他任何运输工具所不具备的。

- 项目投资小，经济效益高。一般公路运输的投资每年可以周转一两次，而铁路运输三四年才周转一次。
- 操作人员容易培训。
- 可以提供"门到门"的直达运输服务。
- 近距离、中小量的货物运输的运费比较便宜。
- 能灵活制定运营时间表，运输中的伸缩性极大。
- 运输途中货物的撞击少，几乎没有中转装卸作业，因而货物包装比较简单，节省成本。

（2）公路运输的缺点：装载量小、运输成本高；燃料消耗大，环境污染比其他运输方式要严重得多。

（3）公路运输的适用范围：近距离的独立运输作业，主要为中短途运输（25千米以内为短途运输，25千米以上200千米以内为中途运输）；补充和衔接其他运输方式，实现最终的"门到门"运输。

（三）水路运输

水路运输简称水运，是指利用船舶在江、河、湖泊、人工水道以及海洋运送旅客和货物的一种运输方式。在现代运输方式中，水路运输是一种最古老、最经济的运输方式。

（1）水路运输的优点：利用天然水道进行大吨位、长距离的运输，运量大、成本低；与其他运输方式相比，水运对货物的载运和装卸要求不高，因而占地较少；对于海上运输而言，它的通航能力几乎不受限制。

（2）水路运输的缺点：船舶平均航速较低，影响了货物运输的时效性；水路运输过程受自然条件的影响较大，特别是受气候条件的影响较大，因而呈现较大的波动性及不平衡性，不能适应需求变化大、时效性强的商品运输。

（3）水路运输的适用范围：承担大批量货物的运输；承担原料、半成品等散货的运输；适合远距离、大运量的外贸货物运输；水路运输生产过程相当复杂，具有点多、线长、面广、分散流动、波动大等特点。

（四）航空运输

航空运输简称空运，是指用飞机或其他飞行器载运客货的一种现代化运输方式。

（1）航空运输的优点：高速直达性、较高的安全性、经济特性良好、包装要求低。

（2）航空运输的缺点：易受气候条件等的限制；可达性差，在通常情况下，航空运输难以实现客货的"门到门"运输，必须借助其他运输工具转运；运载量小，一般大型运输机的运载量低于100吨。

（3）航空运输的适用范围：国际的客货运输；适用于高附加值、重量轻和小体积的物品运输；适于时效性强、需求紧急的货物运输。

（五）管道运输

管道运输是主要利用管道，通过一定的压力差而完成商品（多为液体、气体货物）运输的一种现代运输方式。它是由埋设在地下的管线和地面上加温、加压等配套设备所组成的。管道运输一般指输送气体和液体货物的大型管道，如天然气管道、石油管道等。

（1）管道运输的优点：运量大；占地少，运输管道埋于地下的部分占管道总长度的95%以上，因而对于土地的永久性占用很少，分别仅为公路的3%、铁路的10%左右，对于节约土地资源意义重大；管道运输建设周期短、费用低，运营费用也低；管道运输安全可靠、连续性强；管道运输耗能少、成本低、效益好。

（2）管道运输的缺点：灵活性差；当运输量明显不足时，运输成本会显著增大。

（3）管道运输的适用范围：单向、定点、量大的流体状货物（如石油、油气、煤浆、某些化学制品原料等）的运输。

三、运输合理化

（一）合理运输的概念与意义

合理运输是指从物流系统的总体目标出发，运用系统理论和系统工程的原理与方法，充分利用各种运输方式，选择合理的运输路线和运输工具，以最短的路径、最少的环节、最快的速度和最少的劳动消耗，组织好物质产品的运输活动。

货物在发运地和目的地之间往往有多条运输路线和多种运输方式可供选择，一个区域的货物运输往往具有各种各样的货物、纵横交错的运输线路、千家万户的运输单位和各种运输方式。组织合理运输就是在保证货物满足社会需要的条件下，根据各种运输工具的特点和能力，结合货源的分布、货流的规律和货物的特性，做到经最少的环节、用最少的时间、走最短的路程、花最低的费用、以最高的效率，及时、准确、安全、经济地把货物从发运地送到目的地。

（二）影响运输合理化的因素

运输合理化的影响因素有很多，起决定性作用的有五个方面。

（1）运输距离。运输时间、货损、运费率、车辆或船舶周转等运输的若干技术经济指标，都与运距有一定的比例关系，运距长短是运输是否合理的一个最基本的因素。

（2）运输环节。每增加一次运输，不但会增加起运的运费和总运费，而且必须要增加运输的附属活动，如装卸搬运、包装等，各项技术经济指标也会因此下降。

（3）运输工具。各种运输工具都有其适用的优势领域，对运输工具进行优化选择，按运输工具的特点进行装卸运输作业，最大限度地发挥所用运输工具的作用，是运输合理化的重要一环。

（4）运输时间。运输是物流过程中需要花费较多时间的环节，尤其是远程运输，在全部物流时间中，运输时间占绝大部分，所以运输时间的缩短对整个流通时间的缩短有决定性作用。

（5）运输费用。运费的高低在很大程度上决定整个物流系统的竞争能力。实际上，运输费用的降低，无论对企业还是对运输公司而言，都是运输合理化的一个重要目标。

（三）运输合理化的有效措施

（1）充分利用运输能力。在不增加运力的条件下，可以通过合理积载、配载、合理包装等手段提高运输的效率。

（2）发展社会化的运输体系。发展运输的大生产优势，实现专业分工，打破企业自行运输体系的状况。

（3）铁路、公路合理分流。这一措施的重点是在公路运输经济里程范围内，尽量利用公路。这种运输合理化的表现形式主要有两点：一是对于比较紧张的铁路运输，用公路分流后，可以得到一定程度的缓解，从而加大这一区段的运输通过能力；二是充分利用公路速度快且灵活机动的优势，实现铁路运输服务难以达到的水平。

（4）尽量发展直线直达运输。直线直达运输是追求运输合理化的重要形式，其对合理化的追求要点是通过减少中转、过载、换载，从而提高运输速度，省却装卸费用，降低中转货损。

直达运输是指在商品运输过程中通过精简中转环节，越过非必要的批发仓库，把商品从产地或供应单位直接运达消费地区、销售单位或主要用户的一种作业措施。直线运输是指在选择运输路线时，按照商品的合理流向，采取最短的里程，消除迂回、对流等不合理运输方式，使商品运输实现直线化。在实际运输过程中，直达运输和直线运输往往是结合在一起进行的，减少了不必要的中间环节和缩短了运输里程。

（5）合理配载。配载运输是指充分利用运输工具的载重量和容积，合理安排装载的物资及载运方法以求得合理化的一种运输方式。配载运输也是提高运输工具实载率的一种有效形式。

不合理配载一般有以下几种表现：车辆容积和载重吨位不能充分利用；不可混装的货物进行了混装；易对货物造成机械损伤的配装，如将重的货物压在了轻的货上，将具有棱角或其他有突出物的商品与一般商品配装，造成商品运输过程中的损伤等。

（6）"四就"直拨运输。"四就"直拨是商品运输中所采取的就工厂直拨、就车站（码头）直拨、就仓库直拨、就车船直拨等作业措施的简称。其目的是减少中转运输环节，力求以最少的中转次数完成运输任务的一种形式。例如，就工厂直拨，是指商业物资批发部门从工厂收购产品，经在厂验收后，不经过中间仓库和不必要的转运环节，直接调拨给要货单位，或直接送到车站、码头，运往目的地。

（7）发展运输技术设备，提高运输信息化。依靠科技进步是运输合理化的重要途径。如条形码技术、射频识别技术（RFID）、全球定位系统（GPS）、地理信息系统（GIS）等电子化技术的应用，会大大提高运输效率和保证运输的准确率。

（8）通过流通加工，使运输更趋合理化。由于本身的特性问题，有些产品很难实现运输的合理化，如果进行适当加工，就能够有效解决运输合理化的问题。如将造纸材料在产地预先加工成干纸浆，然后压缩体积运输，就能解决造纸材料运输不满载的问题。

第二节　仓　　储

一、仓储的概念与作用

（一）仓储的概念

仓储是指产品在生产、流通过程中因订单前置或市场预测前置而暂时存放。它是集中反映工厂物资活动状况的综合场所，是连接生产、供应、销售的中转站。

"仓"即为仓库，为存放、保管、储存物品的建筑物和场地的总称。"储"即储存，表示收存以备使用。

（二）储存的作用

仓储在现代物流中的作用主要表现在如下几个方面。

（1）仓储是物流系统中不可缺少的重要环节。从供应链的角度看，物流过程由一系列的"供给"和"需求"组成，在供需之间既存在物的"流动"，也存在物的"静止"，这种静止是为了更好地使前后两个流动过程衔接，缺少必要的静止，会影响物的有效流动。仓储环节正是起到了有效"静止"的作用。

（2）仓储能保证货物进入下一环节前的质量。货物在物流过程中会通过仓储环节，对进入下一环节前的货物进行检验，可以防止伪劣货物混入市场。因此，为保证货物的质量和数量，把好仓储管理这一关是非常重要的。仓储管理的任务就是要最大限度地保证货物的使用价值。通过仓储来保证货物质量的关键环节，一是货物入库时的质量检验，二是货物储存期间的保养维护。因此，在仓储过程中，应严把入库质量关，严禁不合格货物或不适合储存的货物进入仓库，对已入库货物要严格保养维护，以确保储存环节货物质量的完好和数量的完整。

（3）仓储是保证社会再生产顺利进行的必要条件。货物仓储不仅是商品流通的必要保证，也是社会再生产顺利进行的必要条件。没有了仓储，流通过程便会终止，再生产过程也将因此而停止。因此，仓储发挥的是"蓄水池"的功效。

（4）仓储是加快商品流通、节约流通费用的重要手段。货物在仓库内的滞留，表面上是流通的停止，而实际上恰恰是保证了商品的流通。仓储的发展在减少生产和销售部门的库存积压、调剂余缺等方面都起到非常积极的作用。加快仓储环节的收发效率,将直接影响货物的流通时间。发达国家把物流领域的成本降低看作企业的"第三利润源",即强调把好商品成本的最后一关。因此,作为物流的一个重要环节,仓储费用的降低是节约整个流通费用的重要手段。

(5) 仓储为货物进入市场做好准备。仓储可以使货物在进入市场前完成整理、包装、质检、分拣、加标签等加工,以便缩短后续环节的作业时间,加快货物流通。

二、仓库的分类

仓库是保管、存储物品的建筑物和场所的总称。仓库的概念可以理解为是用来存放货物(包括商品、生产资料、工具或其他财产),及对其数量和价值进行保管的场所或建筑物等设施。从社会经济活动看,无论是生产领域,还是流通领域都离不开仓库。

从不同侧面考察仓库,可以得出仓库的不同分类方法。例如,我们可以从仓库的用途、货物的特征、仓库的构造、建筑材料、位置以及管理体制等方面对仓库进行分类。

(一) 按用途分类

仓库按照在商品流通过程中所起的作用,可以分为以下几种类型。

(1) 采购供应仓库:主要用于集中储存从生产部门收购和供国际进出口的商品。这类仓库一般设在商品生产比较集中的大中城市或商品运输枢纽所在地。

(2) 批发仓库:主要用于储存从采购供应仓库调进或在当地收购的商品。这类仓库贴近商品销售市场,是销售地的批发性仓库,它既从事批发供货业务,也从事拆零供货业务。

(3) 零售仓库:主要用于为商业零售业短期存货,以供商店销售。在零售仓库中存储的商品周转速度较快,而库场规模较小,一般附属于零售企业。

(4) 储备仓库:这类仓库一般由国家设置,以保管国家应急的储备物资和战略物资。货物在这类仓库中储存的时间往往较长,并且为保证储存物资的质量需定期更新储存的物资。

(5) 中转仓库:这类仓库是在货物运输系统的中间环节地存放那些待转运的货物。这类仓库一般设在铁路、公路的场站和水路运输的港口码头的附近。

(6) 加工仓库:在这种仓库内,除商品储存外,还兼营某些商品的挑选、整理、分级、包装等简单的加工业务,以便于商品适应消费市场的需要。

(7) 保税仓库:为满足国际贸易的需要,设置在一国国土之上,但在海关关境以外的仓库。外国货物可以免税进出这些仓库而无须办理海关申报手续,并且,经批准后,可在保税仓库内对货物进行加工、存储、包装和整理等业务。

在以上各类仓库中,采购供应仓库、批发仓库以及零售仓库在物流供应链中形成了前后衔接的关系。

（二）按保管货物的特征分类

（1）原料仓库：保管生产中使用的原材料的仓库。
（2）产品仓库：保管完成生产但尚未进入流通的产品。
（3）冷藏仓库：保管需要冷藏储存的货物，一般多为有特殊要求的农副产品、药品等。
（4）恒温仓库：为保持货物存储质量将库内温度控制在某一范围内的仓库。
（5）危险品仓库：专门用于保管易燃、易爆和有毒等危险品的仓库。
（6）水面仓库：利用货物的特征以及宽阔的水面来保存货物的仓库。

（三）按仓库的构造分类

（1）单层仓库：这是最常见的且使用很广泛的一种仓库建筑类型。这种仓库没有上层，不设楼梯。
（2）多层仓库：一般建在人口较稠密的、土地使用价格较高的市区，它采用垂直输送设备（如电梯或倾斜皮带输送机等）实现货物上楼作业。
（3）立体仓库：又称高架仓库，实质上是一种特殊的单层仓库，它利用高层货梁堆放货物。一般与之配套的是在仓库内采用自动化的搬运设备，形成自动化立体仓库。
（4）筒仓：用于堆放散装、袋装小颗粒或粉状货物的封闭式仓库，一般置于高架之上，如粮食、水泥和化肥等。
（5）露天堆场：用于货物露天堆放的场所。一般堆放大批量原材料，或不怕受潮的货物。

三、库存商品的质量管理

（一）货物的入库

货物的入库环节最重要的任务是做好验收、入库交接及货物的堆码工作。

1. 验收

验收是指仓库在物品正式入库前，按照一定的程序和手续，对到库物品进行数量和外观质量的检查，以验证是否符合订货合同规定的一项工作。由于到货的来源复杂、渠道繁多、产地和厂家不同，又都经过不同的运输方式和运输环节，货物有可能在数量、质量上发生变化，这就决定了对到货进行验收的必要性。

验收的主要任务是查明到货的数量和质量状态，防止仓库和货主遭受不必要的经济损失，同时对供货单位的产品质量和承运部门的服务质量进行监督。

验收过程中发现的数量和质量问题可能发生在各个流通环节，按照有关规章制度对问题进行处理，有利于分清各方的责任，并促使有关责任部门吸取教训，改进今后的工作。

2. 入库交接

（1）入库交接必须在入库物品经过点数、查验之后，方可安排装卸货、入库堆码、办理交接手续。办理完交接手续，意味着划清运输部门、送货部门和仓库的责任。

（2）编制货物储存计划。货物储存计划是通过合理规划库区，对库存进行分类保管，依据的是"分类分区、定位管理"原则，实现"物得其所、库尽其用"的储存管理目标，即存放在同一货区的物品必须在性质上不抵触，保管条件不同的不应混存，消防措施不同的不能混存。

3. 货物的堆码

堆码是指根据物品的包装、外形、性质、特点、重量和数量，结合季节和气候情况，以及储存时间的长短，将物品按一定的规律码成各种形状的货垛。堆码的主要目的是便于对物品进行保养维护和提高仓库利用率。

堆码的基本要求有"合理、牢固、定量、整齐、节约、方便"等。具体来说就是：货垛间距符合作业要求以及防火安全要求；大不压小、重不压轻、缓不压急，确保"先进先出"；货垛堆放整齐，垛形、垛高、垛距标准化和统一化，货垛上每件物品都摆放整齐、垛边横竖成列；物品外包装的标记和标志一律朝垛外；节约仓容，提高仓库利用率；妥善组织安排，做到一次性作业到位，避免重复搬倒，节约劳动消耗；合理使用苫垫材料，避免浪费；选用的垛形、尺度、堆垛方法应方便堆垛、装卸搬运作业，提高作业效率；垛形要方便理数、分票、查验物品，方便通风、苫盖等保管作业。常见的堆码方法有散堆法、重叠法、纵横交错法、压缝法等。

（二）货物的在库管理

对库存商品的养护要坚持"以防为主、防治结合"的保管保养核心，要特别重视物品损害的预防，及时发现和消除事故隐患，防止损害事故的发生。特别要预防发生爆炸、火灾、水浸、污染等恶性事故和造成大规模损害事故。在发生、发现损害现象时应及时采取有效措施，以防止损害扩大，减少损失。

（1）控制好仓库温湿度。应根据库存物品的保管保养要求，适时采取密封、通风、吸潮和其他控制与调节温湿度的办法，力求把仓库的温湿度保持在适宜物品储存的范围内。

（2）定期进行物品在库检查。由于仓库中保管的物品性质各异、品种繁多、规格型号复杂，进出库业务活动每天都在进行，而每一次物品进出库业务都要检查、验收、计量或清点件数，加之物品受周围环境因素的影响，物品可能发生数量或质量上的损失，因此对库存物品和仓储工作进行定期或不定期的盘点与检查是非常必要的。

（3）搞好仓库的清洁卫生。储存环境不清洁易引起微生物、虫类等繁殖，危害物品。因此，对仓库内外环境应经常清扫，彻底铲除仓库周围的杂草、垃圾等杂物，必要时还要使用药剂杀灭微生物和潜伏的害虫。对容易遭受虫蛀、鼠咬的物品，要根据物品性能和虫、鼠等的生活习性及危害途径，及时采取有效的防治措施。

（三）货物的出库

仓库必须建立严格的商品出库和发运程序，在仔细核对出库单证的同时，要严格遵循"先进先出"原则，尽量使出库工作一次完成，防止差错事故的产生。同时，需托运物品的包装还要符合运输部门对于包装的要求。

四、仓储合理化

（一）仓储合理化的概念

仓储合理化是用最经济的办法实现储存的功能。仓储的功能是对需求的满足，实现被储物的时间价值，这就要求货物必须有一定储量。但是，仓储的不合理往往表现在对仓储功能实现的过分强调，因而是过分投入仓储力量和其他仓储劳动所造成的。所以，合理仓储的实质是，在保证仓储功能实现前提下的投入最小化，也是一个投入产出的关系问题。

（二）仓储合理化的主要标志

1. 质量标志

保证被储物的质量，是完成仓储功能的根本要求，只有这样，商品的使用价值才能通过物流得以最终实现。在仓储中增加了多少时间价值或是得到了多少利润，都是以保证质量为前提的。所以，仓储合理化的主要标志首先应当是反映使用价值的质量。

现代物流系统已经拥有很多有效的维护物资质量、保证物资价值的技术手段和管理手段，也正在探索解决物流系统的全面质量问题，即通过物流过程的控制和工作质量来保证仓储的质量。

2. 数量标志

在保证功能实现的前提下有一个合理的数量范围。目前管理科学的方法已经在各种约束条件下，对合理数量范围做出决策，但较为实用的还是在消耗稳定、资源及运输可控的约束条件下，所形成的储存数量控制方法。

3. 时间标志

在保证功能实现的前提下，寻求一个合理的储存时间，这是和数量有关的问题，储存量越大而消耗速度越慢，则储存的时间必然越长，相反则必然短。在具体衡量时往往用周转速度指标来反映时间标志，如周转天数、周转次数等。

在总时间一定的前提下，个别被储物的储存时间也能反映合理程度。如果少量被储物长期储存，成了呆滞物，虽然反映不到宏观周转指标中去，但也标志着储存存在不合理。

4. 结构标志

结构标志是指从不同品种、不同规格、不同花色的被储物储存数量的比例关系对储存合理性的判断，尤其是相关性很强的各种物资之间的比例关系更能反映储存合理与否。由于这些物资之间的相关性很强，只要有一种物资出现耗尽，即使其他物资仍有一定数量，也会无法投入使用。所以，不合理的结构影响面并不仅局限在某一种物资上，而是有扩展性的。结构标志的重要性也可由此确定。

5. 分布标志

分布标志是指不同地区储存的数量比例关系，以此判断和当地需求相比，仓储对需求的保障程度，也可以此判断其对整个物流的影响。

6. 费用标志

费用标志是指仓租费、维护费、保管费、损失费及资金占用利息支出等，都能从实际费用上判断储存的合理与否。

第三节　包　　装

一、包装的概念与作用

（一）包装的概念

包装是指在物流过程中，为了保护产品、方便储运、促进销售，按一定技术方法采用的容器、材料及辅助物等的总称，也包括将物品包封并予以适当标志的工作过程。简言之，包装是包装物及包装操作的总称，是生产物流的终点，也是社会物流的起点。

商品包装具有从属性和商品性两种属性。包装是其内装物的附属品，包装所选用的容器、材料、包装技法都从属于内装货物的需要。商品包装是附属于内装货物的特殊商品，本身具有价值和使用价值两种属性。其价值包含在具体商品的价值中，随着商品的销售而实现，而且优良的包装不仅能保护货物，还能提高商品的艺术性和精美度，影响人们对商品的评价，从而提升商品的价值。

（二）包装的作用

1. 保护功能

保护功能是指包装具有保护货物，防止出现运输过程中的残损的功能。商品在运输、储存和销售过程中，会受到各种内外因素的影响，从而产生物理、机械、化学、电化学、生物学等质量变化，使已经形成的商品使用价值降低甚至丧失。我国每年在这方面的损失有近百亿元。所以，必须对商品进行科学的防护包装，以增加商品抵抗各种外界不利因素的影响的能力，从而保证和提高商品的质量。为实现商品包装的这一功能，必须从加强商品包装材料、包装技法和对包装容器的合理选择等方面进行研究。

2. 方便功能

方便功能是指包装具有方便运输、方便装卸、方便使用、方便销售等功能。商品包装是商品流通的工具之一。商品从出厂后要经过分配调拨、运输装卸、开箱验收、储存保管、展示销售等一系列流通环节，才能最终到达消费者手中，这无一不对运输的便利性提出了较高的要求。合理的包装、合理而固定的重量与尺码，提高货物在装卸搬运过程中的机械化作业水平，可以提高机械化的水平；包装外的各种标志（运输标志、包装储运指示标志、危险货物标志等），能起到正确的警示和指导作用，便于提高运输、装卸的安全性。为了提高商品包装的这一功能，必须加强对运输包装、集合包装、包装尺码系列标准、包装标志内容与要求等方面的研究。

3. 容纳功能

容纳功能使货物具备一定的形态。容纳功能使得散装货物变成件装货物，才能利于货物运输、保管、装卸时的理货与交接，才便于运输和保管。容纳功能使得货物的成组包装成为可能。成组包装是把许多相同或不同的货物个体或一些包装物组合在一起，作为一个整体运输单元的形式。这种成组包装形式可以化零为整、化分散为集中，能大大提高运输、装卸和销售的效率。容纳功能可以节省储运空间。容纳功能不仅可以充分利用包装容积，还能够方便装卸，提高运输效率和库房利用率，节省包装、储运费用。

4. 促销功能

商品的价格围绕商品价值波动，消费者承认的价格必须与商品质量相符合，并受同类商品市场竞争机制和供求关系的影响。商品包装是商品的外衣，在市场竞争中往往可以起到"掩蔽"或"放大"内在商品价值的作用；销售包装具有"沉默的推销员"的功效。许多出口商品由大包装改为小包装后可换回更多的外汇，这种现象说明改进商品包装可以增加商品价值，这并不违反商品价值规律，只是通过商品包装使其原有价值被人们重新认识。

二、包装的分类

包装的分类就是把包装作为一定范围的集合总体，按照一定的分类标准或者特征，将其划分为不同的类别。

(一) 按包装在物流中发挥的不同作用划分

（1）商业包装。商业包装也称销售包装、消费者包装或内包装、小包装，其主要目的就是为了吸引消费者，促进销售。一般来说，在物流过程中，商品越接近顾客，就越要求包装起到促进销售的效果。因此，这种包装的特点是造型美观大方，拥有必要的修饰,包装上有对于商品的详细说明,包装适合于顾客的购买以及符合商家柜台摆设的要求。

(2)物流包装。物流包装又称为工业包装或运输包装、外包装、大包装,是为了在商品的运输、存储和装卸过程中保护商品而进行的包装。其主要作用是保护商品和防止出现货损、货差。

(二)按照包装材料的不同划分

按包装材料的不同,可以将包装分为纸制品包装、塑料制品包装、木制容器包装、金属容器包装、玻璃陶瓷容器包装、纤维容器包装、复合材料包装和其他材料包装。

(三)按照包装保护技术的不同划分

按照商品包装保护技术的不同,可将包装分为防潮包装、防锈包装、防虫包装、防腐包装、防震包装以及危险品包装等。

三、包装合理化

(一)包装合理化的概念

包装合理化一方面包括了包装总体的合理化,这种合理化往往用整体物流效益和微观包装效益的统一来衡量;另一方面也包括包装材料、包装技术以及包装方式的合理组合及运用。

(二)包装合理化的要素

一般认为,包装合理化的要素如下。

(1)从物流总体角度出发,用科学方法确定最优包装。产品从生产到最终消费使用,要经历漫长的流通过程,在此过程中还要经过装卸搬运、堆存、运输等若干环节,这就对包装提出了要求。从现代物流观点看,包装合理化不单是包装本身合理与否的问题,而是在整个物流合理化前提下的包装合理化。

(2)防止包装过弱或包装过剩。包装强度过弱、包装材料不足等因素,易导致货物在流通过程中发生残损,但如果包装强度过高,保护材料选择不当而造成包装过剩,也会造成较大的浪费。

(3)不断改进包装,实现物流包装标准化。物流标准是指为实现标准化,提高物流效率,将物流系统各要素的基准尺寸体系化,其基础就是单元货载尺寸。单元货载尺寸是运输车辆、仓库、集装箱等能够有效利用的尺寸。采用这种运输包装系列尺寸,可以使货物不多不少地码放在托盘上,既不致溢出,也不留有空隙。卡车的车厢规格,也最好按单元货载尺寸的要求制造,使其装载货物时既不超出也不余空。

（4）包装大型化。随着交易单位的大型化和物流过程中搬运的机械化，单个包装也日趋大型化。如作为工业原料的粉粒状货物，就使用以吨为单位的柔性容器进行包装。包装大型化可以节省劳力，降低包装成本。

（5）包装机械化。包装机械化从逐个包装机械化开始，直到装箱、封口、捆扎等外包装作业完成。此外，还有使用托盘堆码机进行的自动单元化包装，以及用塑料薄膜加固托盘的包装等。包装机械化在节省劳力、货物单元化、提高销售效率等方面不可或缺。

（6）绿色包装。包装的寿命很短，多数到达目的地后便废弃了，随着物流量的增大，垃圾公害问题被提上议事日程。随着对"资源有限"认识的加深，包装材料的回收利用和再生利用受到了重视。今后应尽可能积极地采用绿色材料进行包装，推行包装容器的循环使用，并尽可能地回收废弃的包装容器予以再生利用。

第四节 装卸搬运

一、装卸搬运的概念与作用

（一）装卸搬运的概念

在同一地域范围内（如车站范围、工厂范围、仓库内部等）将改变"物"的存放、支承状态的活动称为装卸，将改变"物"的空间位置的活动称为搬运，两者全称装卸搬运。有时或在特定场合，单称装卸或单称搬运也包含了装卸搬运的完整含义。

在习惯使用中，物流领域（如铁路运输）常将装卸搬运这一整体活动称作"货物装卸"；在生产领域中，常将这一整体活动称作"物料搬运"。实际上，它们的活动内容都是一样的，只是领域不同而已。

在实际操作中，装卸与搬运是密不可分的，两者是伴随在一起发生的。因此，在物流科学中并不过分强调两者的差别而是将其作为一种活动来对待。

搬运的"运"与运输的"运"的区别之处在于，搬运是在同一地域的小范围内发生的，而运输则是在较大范围内发生的，两者是从量变到质变的关系，中间并无一个绝对的界限。

（二）装卸搬运的作用

（1）装卸搬运在物流活动的转换中起承上启下的连接作用。装卸搬运的功能包括对输送、保管、包装、流通加工等物流活动进行的衔接活动，以及在保管等活动中为进行检验、维护、保养所进行的装卸活动。装卸搬运是物流过程中的"节"，它是对运输、储存、配送、包装、流通加工等活动进行连接的中间环节。若没有装卸搬运，物流过程就会中断，无论是宏观物流还是微观物流都将不复存在。装卸搬运在物流过程中频频发生，占有相当大的比重，而且确是一项十分艰苦而又繁重的工作。为了提高装卸作业效率,降低劳动强度,发展装卸搬运机械化、自动化、连续化势在必行。

（2）装卸搬运在物流成本中占有重要地位。装卸活动的基本动作包括装车（船）、卸车（船）、堆垛、入库、出库以及连接上述各项动作的短程输送,是随运输和保管等活动而产生的必要活动。

在物流过程中,装卸活动是不断出现和反复进行的,它出现的频率高于其他各项物流活动,每次装卸活动都要花费很长时间,所以它往往成为决定物流速度的关键。例如,美国与日本之间的远洋船运,一个往返需 25 天,其中运输时间 13 天,装卸时间 12 天。装卸活动所消耗的人力很多,所以装卸费用在物流成本中所占的比重也较高。以我国为例,铁路运输的始发和到达的装卸作业费占运费的 20% 左右,船运占 40% 左右。因此,为了降低物流费用,装卸是个不可忽视的重要环节。

（3）装卸搬运是提高物流系统效率的关键。虽然装卸搬运在整个宏观物流中只是"节",然而从局部、微观的角度来研究它时,它本身就是一个令人不可忽视的系统。科学、合理地组织装卸搬运系统,可以减少作业环节与装机容量,优化工艺线路,以达到与先进技术装备配套的目的。装卸搬运机械化的实施,既可降低装卸搬运成本,节约费用,又可降低工人作业强度,保证装卸搬运质量。

此外,进行装卸操作时往往需要接触货物,因此,这是在物流过程中造成货物破损、散失、损耗、混合等损失的主要环节。例如袋装水泥纸袋破损和水泥散失主要发生在装卸过程中,玻璃、机械、器皿、煤炭等产品在装卸时最容易造成损失。由此可见,装卸活动是影响物流效率、决定物流技术经济效果的重要环节。

二、装卸搬运的特点

（一）装卸搬运是附属性、伴生性活动

装卸搬运是物流每一项活动开始及结束时必然发生的活动,因而有时会被人忽视,有时被看作其他操作不可缺少的组成部分。例如,一般而言的公路运输,实际上就包含了相随的装卸搬运,仓库中泛指的保管活动,也含有装卸搬运活动。

（二）装卸搬运是支持、保障性活动

装卸搬运的附属性不能理解成被动的特性,实际上,装卸搬运对其他物流活动有一定的决定性。装卸搬运会影响其他物流活动的质量和速度,例如,装车不当,会引起运输过程中的损失；卸放不当,会造成货物转换成下一步运输的困难。许多物流活动在有效的装卸搬运支持下,才能实现高水平作业。

（三）装卸搬运是衔接性活动

在任何其他物流活动互相过渡时,都以装卸搬运来衔接,因而,装卸搬运往往成为整个物流的"瓶颈",是物流各功能之间能否形成有机联系和紧密衔接的关键。

建立一个有效的物流系统，关键看这一衔接是否有效。比较先进的系统物流方式——联合运输方式，就是着力解决这种衔接而实现的。

三、装卸搬运的分类

（一）按装卸搬运施行的物流设施、设备对象分类

装卸搬运可分为仓库装卸、铁路装卸、港口装卸、汽车装卸、飞机装卸等。

仓库装卸配合出库、入库、维护保养等活动进行，并且以堆垛、上架、取货等操作为主。

铁路装卸是对火车车皮的装进及卸出，特点是一次作业就实现一车皮的装进或卸出，很少有在仓库装卸时出现的整装零卸或零装整卸的情况。

港口装卸既包括码头前沿的装船，也包括后方的支持性装卸搬运。有的港口装卸还采用小船在码头与大船之间"过驳"的办法，因而其装卸的流程较为复杂，往往经过几次的装卸及搬运作业才能最后实现船与陆地之间货物过渡的目的。

汽车装卸一般一次的装卸批量不大，由于汽车的灵活性，可以减少或基本减去搬运活动，而直接、单纯利用装卸作业达到车与物流设施之间货物过渡的目的。

飞机装卸一般对装卸物的包装规格有明确要求，需要与汽车装卸进行配合，通过专用的传送机、升降机进出飞机货仓。

（二）按装卸搬运的机械及机械作业方式分类

装卸搬运可分成使用吊车的"吊上吊下"方式、使用叉车的"叉上叉下"方式、使用半挂车或叉车的"滚上滚下"方式、"移上移下"方式及散装方式等。

（1）"吊上吊下"方式。采用各种起重机械从货物上部起吊，依靠起吊装置的垂直移动实现装卸，并在吊车运行的范围内或回转的范围内实现搬运，或依靠搬运车辆实现搬运。由于吊起及放下属于垂直运动，这种装卸方式属于垂直装卸方式。

（2）"叉上叉下"方式。采用叉车从货物底部托起货物，并依靠叉车的运动进行货物位移，搬运完全靠叉车本身，货物可不经中途落地直接放置到目的地。这种方式垂直运动不大而主要是水平运动，属于水平装卸方式。

（3）"滚上滚下"方式。它主要指港口装卸的一种水平装卸方式。利用叉车或半挂车、汽车承载货物，连同车辆一起开上船，到达目的地后再从船上开下，称为"滚上滚下"方式。利用叉车的"滚上滚下"方式，在船上卸货后，叉车必须离船，利用半挂车、平车或汽车，则拖车将半挂车、平车拖拉至船上后，拖车开下离船而载货车辆连同货物一起运到目的地，再原车开下或拖车上船拖拉半挂车、平车开下。"滚上滚下"方式需要有专门的船舶，对码头也有不同要求，这种专门的船舶称为"滚装船"。

（4）"移上移下"方式。在两车之间（如火车及汽车）进行靠接，然后利用各种方

式，不使货物垂直运动，而靠水平移动将货物从一个车辆推移到另一车辆上，称为"移上移下"方式。"移上移下"方式需要使两种车辆水平靠接，因此，需对站台或车辆货台进行改变，并配合移动工具实现这种装卸。

（5）散装散卸方式。该方式对散装物进行装卸。一般从装点直到卸点，中间不再落地，这是集装卸与搬运于一体的装卸方式。

（三）按被装物的主要运动形式分类

装卸搬运可分为垂直装卸、水平装卸两种形式。

（四）按装卸搬运对象分类

装卸搬运可分为散装货物装卸、单件货物装卸、集装货物装卸等。

（五）按装卸搬运的作业特点分类

装卸搬运可分为连续装卸和间歇装卸两类。连续装卸主要是同种大批量散装，或小件杂货通过连续输送机械，连续不断地进行作业，中间无停顿，货间无间隔。在装卸量较大、装卸对象固定、货物对象不易形成大包装的情况下适宜采取这一方式。

间歇装卸有较强的机动性，装卸地点可在较大范围内变动，主要适用于货流不固定的各种货物，尤其适用于包装货物、大件货物，散粒货物也可采取此种方式。

四、装卸搬运合理化

装卸搬运合理化，首先必须坚持装卸搬运的基本原则，其次要按照装卸搬运合理化的要求，进行装卸搬运作业。

（一）提高货物装卸搬运的灵活性与可运性

提高货物装卸搬运的灵活性与可运性是装卸搬运合理化的一项重要内容。装卸搬运的灵活性要求装卸搬运作业必须为下一环节的物流活动提供方便，即所谓的"活化"。因此，不断提高活化的程度是装卸搬运灵活性的重要标志。

装卸搬运的可运性是指装卸搬运的难易程度。影响装卸搬运难易程度的因素主要有物品的外形尺寸，物品的密度或笨重程度，物品形状，损伤物品、设备或人员的可能性，物品所处的状态，物品的价值和使用价值等。装卸搬运物料的可运性可用物品马格数值的大小来量度。

所谓"1个马格"，是指可以方便地拿在一只手中，相当密实，形状紧凑并可以码垛，不易损伤，以及相当清洁、坚固、稳定的物品。1马格物品最典型的例子，是一块经过粗加工的 10 立方英寸㊀大小的干燥木料。如果 10 件同一种物品可以方便地拿在一只手中，则每一物品为 1/10 马格。不断降低马格数值，就意味着物品不断提

㊀ 1 立方英寸 $=1.639\times10^{-5}$ 立方米。

高了可运性。因此，采取措施降低马格数，是提高装卸搬运可运性的重要方式，也是装卸搬运合理化的重要方式之一。

（二）利用重力作用，减少能量消耗

利用重力作用，减少能量消耗就是所谓的省力化原则：能往下则不往上、能直行则不拐弯、能用机械则不用人力、能水平则不上坡、能连续则不间断、能集装则不分散。

在装卸时考虑到重力因素，可以利用货物本身的重量，进行有一定落差的装卸，以减少或根本不消耗装卸的动力，这是合理化装卸的重要方式。例如，从卡车、铁路货车卸物时，利用卡车与地面或小搬运车之间的高度差，使用溜槽、溜板之类的简单工具，可以依靠货物本身重量，使其从高处自动滑到低处，这就无须消耗动力。如果采用吊车、叉车将货物从高处卸到低处，其动力消耗虽比从低处装到高处小，但是仍需消耗动力，两者相比较，利用重力进行无动力消耗的装卸显然是合理的。

在装卸时尽量消除或削弱重力的影响，也会实现减轻体力劳动及其他劳动消耗的合理性。例如在进行两种运输工具的换装时，可以采取落地装卸方式，即将货物从甲工具卸下并放到地上，一定时间之后或搬运一定距离之后，再将其从地上装到乙工具之上，这样起码在"装"时，要将货物举高，这就必须消耗改变位移的动力。如果进行适当安排，将甲、乙两工具进行靠接，从而使货物平移，从甲工具转移到乙工具上，就能有效消除重力影响，实现合理化。

在人力装卸时，一装一卸是爆发力，而搬运一段距离，这种负重行走，要持续抵抗重力的影响，同时还要行进，因而体力消耗很大，是出现疲劳的环节。所以，在人力装卸时如果能配合简单机具，做到"持物不步行"，则可以大大减轻劳动量，做到合理化。

（三）合理选择装卸搬运机械，充分利用机械，实现规模装卸

装卸搬运机械化是提高装卸效率的重要环节，装卸机械化程度一般分为三个级别。

第一级是使用简单的装卸器具，第二级是使用专用的高效率机具，第三级是依靠电脑控制实行自动化、无人化操作。以哪一个级别为目标实现装卸机械化，不仅要从是否经济合理的角度考虑，而且还要从加快物流速度、减轻劳动强度和保证人与物的安全等方面来考虑。

另外，装卸搬运机械的选择必须根据装卸搬运物品的性质决定。对以箱、袋或集合包装的物品可以采用叉车、吊车、货车装卸，散装粉粒状物品可使用传送带装卸，散装液体物品可以直接向装运设备或储存设备装取。

规模效益在装卸时的主要表现在于一次装卸量或连续装卸量要达到充分发挥机械最优效率的水准。为了更多地降低单位装卸工作量的成本，对装卸机械而言也有规模问题，装卸机械的能力达到一定规模，才会有最优效果。追求规模效益的方法，主要

是在通过各种集装实现间断装卸时一次操作的最合理装卸量,从而使单位装卸成本降低,也通过散装实现连续装卸的规模效益。

(四) 合理选择装卸搬运方式

在装卸搬运过程中,必须根据货物的种类、性质、形状、重量确定装卸搬运方式。在装卸时对货物的处理大体有三种方式:第一是"分块处理",即按普通包装对货物逐个进行装卸。第二是"散装处理",即对粉粒状货物不加小包装而进行的原样装卸。第三是"单元组合处理",即货物以托盘、集装箱为单位进行组合后的装卸。要实现单元组合,可以充分利用机械进行操作,其优点是操作单位大,作业效率高;能提高物流"活性";操作单位大小一致,易于实现标准化;装卸不触及货物,对物品有保护作用。但这种装卸搬运方式并不是对所有货物都适用。

(五) 改进装卸搬运作业方法

装卸搬运是物流过程中重要的一环。合理分解装卸搬运活动,对于改进装卸搬运各项作业、提高装卸搬运效率有着重要意义。例如,采用直线搬运,减少货物搬运次数,使货物搬运距离最短;避免装卸搬运流程的"对流、迂回"现象;防止人力和装卸搬运设备的停滞现象;合理选用装卸机具、设备等。在改进作业方法上,尽量采用现代化管理方法和手段,如排队论的应用、网络技术的应用、人机系统的应用等,实现装卸搬运的连贯、顺畅、均衡。

(六) 创建"复合终端"

近年来,工业发达国家为了对运输线路的终端进行装卸搬运合理化的改造,创建了所谓的"复合终端",即对不同运输方式的终端装卸场所,集中建设不同的装卸设施。例如,在复合终端内集中设置水运港、铁路站场、汽车站场等,这样就可以合理配置装卸、搬运机械,使各种运输方式有机地连接起来。"复合终端"的优点在于:第一,取消了各种运输工具之间的中转搬运,因而有利于物流速度的加快,减少装卸搬运活动所造成的货物损失;第二,由于各种装卸场所集中到"复合终端",这样就可以共同利用各种装卸搬运设备,提高设备的利用率;第三,在"复合终端"内,可以利用大生产的优势进行技术改造,大大提高转运效率;第四,减少了装卸搬运的次数,有利于物流系统功能的提高。

装卸搬运在某种意义上是运输、保管活动的辅助活动。因此,特别要重视从物流全过程考虑装卸搬运的最优效果。如果单独从装卸搬运的角度考虑问题,不但限制了装卸搬运活动的改善,而且还容易与其他物流环节发生矛盾,影响物流系统功能的提高。

(七) 防止无效装卸

无效装卸的含义是消耗于有用货物的必要装卸劳动之外的多余劳动。一般在装卸操作中，无效装卸具体反映在以下几方面。

（1）过多的装卸次数。在物流过程中，货损发生的主要环节是装卸环节，而在整个物流过程中，装卸作业又是反复进行的。从发生的频数来讲，装卸发生的频数超过任何其他活动，所以过多的装卸次数必然导致损失的增加。从发生的费用来看，一次装卸的费用相当于几十千米的运输费用，因此，每增加一次装卸，费用就会有较大比例的增加。此外，装卸会大大阻碍整个物流的速度，是降低物流速度的重要因素。

（2）过大的包装装卸。如果包装过大、过重，在装卸时会反复在包装上消耗较多的劳动，这一消耗不是必需的，因而形成无效劳动。

（3）无效物质的装卸。进入物流过程的货物，有时混杂着没有使用价值或对用户来讲使用价值不符的各种掺杂物，如煤炭中的矸石、矿石中的表面水分、石灰中的未烧熟石灰及过烧石灰等。在装卸时，会对这些无效物质反复消耗劳动，因而形成无效装卸。

由此可见，装卸搬运如能防止上述无效装卸，则可以大大节约装卸劳动，使装卸合理化。

第五节 配 送

一、配送与配送中心

（一）配送的含义

配送是指将从供应者手中接受的多品种、大批量货物，进行必要的储存保管，并按用户的订货要求进行分货、配货后，将配好的货物在规定的时间内，安全、准确地送交需求用户的一项物流活动。配送活动一般具有如下特点：

（1）配送是从物流据点至需求用户的一种特殊送货形式。
（2）配送是"配"和"送"的有机结合形式。
（3）配送是一种"门到门"的服务方式。

（二）配送中心的含义

配送中心是从事对特定用户提供送货业务的集货、加工、分货、拣选、配选和组织活动，以高水平实现销售或供应的现代流通服务场所和组织。配送中心的主要工作是进行货物的配备、供应或销售。它以现代装配和工艺为基础，对庞大的商品种类实行严格的管理，为了保证供应，避免脱销或缺货，它利用销售出库管理系统和采购入库管理系统不间断地进行订货、进货、配送作业。

配送中心是连接生产与消费的流通节点，是产生时间效用和空间效用的物流设施，在流通过程中发挥着调整生产和消费之间的时间差异、场所差异的作用，并有利于提高库存集约化及作业管理效率化，提高对顾客的服务水平，保证满足顾客需求的安全库存，降低运输成本，实现多样化流通加工中心的整体功能。

配送中心的功能一般有采购功能、存储功能、配组功能、分拣功能、分装功能、集散功能、加工功能等。

二、配送的作用与分类

（一）配送的作用

（1）配送是实现流通社会化的重要手段。社会化大生产的发展，必然要求与之相适应的流通社会化。配送是促使流通格局和流通形式发生改变，使原来小生产方式的流通向社会化流通发展的重要手段，对实现流通社会化具有重要意义。配送向用户提供的送货上门的社会性服务取代了一家一户的"取货制"，取代了层层设库、户户储运的分散、多元化物流格局，使原来条块分割、部门分割的流通体制向社会化大流通转变。配送实行的集中社会库存、集中配送等社会化流通形式，可以从根本上改变小生产式的流通方式，转变其分散的、低效率的运行状态，从而实现与社会化大生产相适应的社会化商品流通。

（2）配送通过集中库存使企业实现低库存或零库存，提高确保供应的程度。长期以来，层层设库、行行设库、库存结构分散、库存总量偏高的现实，使库存问题成为经济领域中一个沉重的包袱，是流通社会化难以逾越的一大障碍，而配送为从根本上解决库存问题找到了一条出路。配送使库存从小生产形态转变为社会化大生产形态，从分散的供应库存形态转变为集中的流通库存形态。依靠配送企业提供的准时配送，用户企业就不需要保持自己的库存或者只需要保持少量的风险储备，从而实现企业多年追求的"零库存"或低库存，解放出大量的储备资金，改善企业的财务状态，提高企业的经济效益。同时，集中库存能形成比单个企业安全库存大得多的安全库存，各级安全系数也大得多，因而提高了保证供应的程度，使用户企业避免出现呆滞和超储备库存。此外，配送企业通过其有效的服务，采取准时配送、即时配送等多种服务形式，保证用户的临时性、偶然性和季节性需求，使用户摆脱库存压力，减少储存量。配送在解决库存问题的同时，也实现了社会资源的合理流动与配置。

（3）配送有利于实现运输的合理化。商品生产与消费在空间上的分离决定了商品生产出来之后只有通过运输才能进入消费领域。最终消费具有的消费者分散和消费品种多样化、数量少的特点造成了商品运输批次多、批量小、送货地点分散的状况。如果为用户送货是有一件送一件，需要一点送一点，那么势必会产生大量的重复、对流等不合理运输，造成运力的浪费。配送通过将多个用户的小批量商品集中起来发货的方式，在货源上集零为整，扩大了运输批量，提高了车辆的载重率和利用率，使运输能以最经济的方式组织和进行。

（4）配送是为消费者提供方便、优质服务的重要方式。社会生产和经济的发展，人民生活水平的提高，使消费者对商品及与之相应的服务提出了越来越高的要求。不仅要求商品品种全、质量好，而且要求服务方便、周到。在现代化大生产的条件下，专业化生产程度越来越高，企业生产的产品品种越少，生产规模越来越大，生产出来的产品数量越来越多，而各个分散的消费者日常消费所需要的却是广泛的商品品种和较小的数量。通过流通过程中的配送等各环节，就可以对商品品种加以结合，变单一为多样；对其数量加以分散，化大为小、化整为零，满足消费者的需要，调节商品生产与消费方式的差别。在配送过程中辅以必要的流通加工，并将配好的商品送到顾客手中，从而为消费者提供方便、完善、优质的服务。

（二）配送的分类

（1）按实施配送组织者的不同可将配送分为：配送中心配送、仓库配送、商店配送、生产企业配送。

（2）按配送商品的种类和数量可将配送分为：单（少）品种、大批量配送，多品种、小批量配送，成套配套配送。

（3）按配送的时间和数量可将配送分为：定时配送、定量配送、定时定量配送、定时定路线配送、即时配送。

（4）按配送的组织形式可将配送分为：共同配送、集团配送、独立配送。

三、配送的一般流程及要素

（一）备货

备货是配送的准备工作，备货工作包括筹集货源、订货或购货、集货进货及有关的质量检查、结算、交接等。

（二）储存

配送中的储存有储备及暂存两种形态。

配送储备是按一定时期的配送经营要求形成的对配送的资源保证。这种类型的储备数量较大，储备结构也较完善，根据货源及到货情况，可以有计划地确定周转储备及风险储备结构和数量。

配送暂存是在具体执行日配送时，按分拣、配货要求，在理货场地所做的少量储备准备。由于总体储存效益取决于储存总量，所以这部分暂存数量只会对工作方便与否造成影响，而不会影响储存的总效益，因而在数量控制上并不严格。

还有另一种形式的暂存，即在分拣、配货之后，形成的发送货载的暂存，这种暂存主要是调节配货与送货的节奏，暂存时间不长。

（三）分拣

分拣是完善送货、支持送货的准备性工作，是不同配送企业在送货时进行竞争和提高自身经济效益的必然延伸。所以，也可以说分拣是送货向高级形式发展的必然要求。

(四)配装

在单个用户配送数量不能达到车辆的有效载运负荷时,就存在如何集中不同用户的配送货物,进行搭配装载以充分利用运能、运力的问题,这时就需要配装。配装和一般送货的不同之处在于,通过配装送货可以大大提高送货水平及降低送货成本,所以,配装既是配送系统中有现代特点的功能要素,也是现代配送不同于以往送货的重要区别之处。

(五)配送运输

配送运输属于运输中的末端运输、支线运输,和一般运输形态的主要区别在于:配送运输是较短距离、较小规模、较高频度的运输形式,一般使用汽车作为运输工具。与干线运输的另一个区别是,配送运输的路线选择问题是一般干线运输所没有的,干线运输的干线是唯一的运输线,而由于配送用户多,一般城市交通路线又较复杂,解决如何组合最佳路线,如何使配装路线有效搭配等问题,是配送运输的特点,也是难度较大的工作。

(六)送达服务

将配好的货物运输到用户还不算配送工作的完结,这是因为送达货物和用户接货之间往往还会出现不协调,使配送前功尽弃。

(七)配送加工

配送加工是流通加工的一种,但配送加工有它不同于一般流通加工的特点,即配送加工一般只取决于用户要求,且加工的目的较为单一。

配送的一般流程比较规范,但并不是所有的配送都按上述流程进行。不同产品的配送可能有其独特之处,如燃料油的配送就不存在配货、分放、配装工序,水泥及木材的配送又多出了一些流通加工的过程,而流通加工可能在不同环节出现。

四、配送合理化

(一)配送合理化的标志

对于配送合理化与否的判断,是配送决策系统的重要内容,但目前国内外尚无统一的技术经济指标体系和判断方法。一般来说,以下指标应考虑在内。

1. 库存指标

具体指标有以下两方面。

库存总量指标。库存总量指标是指在一个配送系统中,库存从各个分散用户转移到配送中心,配送中心库存数量加上各用户在实行配送后的库存量之和应低于实行配送前各用户库存量之和。

库存周转指标。由于配送企业的调剂作用，以低库存保持高供应能力，库存周转应总是快于原来各企业的库存周转。此外，从各个用户角度进行判断，各用户在实行配送前后的库存周转比较，也是判断合理与否的标志。

2. 资金指标

总的来讲，实行配送应有利于资金占用的降低及资金运用的科学化，具体判断如下。

（1）资金总量。用于资源筹措所占用的流动资金总量，随着储备总量的下降及供应方式的改变必然有一个较大的降低。

（2）资金周转。从资金运用的角度看，由于整个节奏加快，资金充分发挥作用，对于同样数量的资金，过去需要较长时间才能满足一定供应要求，经过配送之后，在较短时间内就能达此目的。所以资金周转是否加快，是衡量配送合理与否的标志。

（3）资金投向的改变。资金分散投入还是集中投入，是资金调控能力的重要反映。实行配送后，资金必然应当从分散投入改为集中投入，以便增加调控作用。

3. 成本和效益

总效益、宏观效益、微观效益、资源筹措成本都是判断配送合理化的重要标志。对于不同的配送方式，可以有不同的判断侧重点。例如，如果配送企业、用户都是各自独立的、以利润为中心的企业，则不但要看配送的总效益，还要看对社会的宏观效益及两个企业的微观效益，不顾及任何一方，都必然导致出现不合理。又例如，如果配送是由用户自己组织的，配送主要强调保证能力和服务性，那么，效益主要从总效益、宏观效益和用户企业的微观效益来判断，不必过多顾及配送企业的微观效益。由于总效益及宏观效益难以计算，在实际判断时，常以按国家政策进行经营、完成国家税收的配送企业及用户的微观效益来判断。对于配送企业而言（投入确定的情况下），则以企业利润反映配送的合理化程度。对于用户企业而言，在保证供应水平或提高供应水平（产出一定）的前提下，供应成本的降低，反映了配送的合理化程度。成本及效益对合理化的衡量，还可以到储存、运输等具体配送环节，使判断更为精细。

4. 供应保证指标

实行配送的重要一点是必须提高而不是降低对用户供应保证的能力，这样才算合理。供应保证能力可以从以下方面判断。

（1）缺货的次数。实行配送后，对各用户而言，该到货而未到货以致影响用户生产及经营的次数必须下降才算合理。

（2）配送企业集中库存量。对每个用户而言，其所形成的供应保证能力应高于配送前单个企业的保证程度，这样从供应保证来看才算合理。

（3）即时配送的能力及速度是用户出现特殊情况的特殊供应保证方式，这一能力必须高于未实行配送前用户紧急进货能力及速度才算合理。

特别需要强调一点，配送企业的供应保证能力，是一个科学合理的概念，而不是无限的概念。具体来讲，如果供应保证能力过高，超过了实际的需要，也属于不合理。所以追求供应保证能力的合理化也是有限度的。

5. 社会运力节约指标

末端运输是目前运能、运力使用不合理、浪费较大的领域，因而人们寄希望于配送来解决这个问题，这也成了配送合理化的重要标志。运力使用的合理化是依靠送货运力的规划和整个配送系统的合理流程及与社会运输系统的合理衔接实现的。送货运力的规划是任何配送中心都需要花力气解决的问题，而其他问题的解决有赖于配送及物流系统的合理化，判断起来比较复杂，可以简化如下：

（1）社会车辆总数减少，而承运量增加为合理。
（2）社会车辆空驶减少为合理。
（3）一家一户自提自运减少，社会化运输增加为合理。

6. 用户企业仓库、供应、进货的人力物力节约指标

在实行配送后，各用户库存量、仓库面积、仓库管理人员减少为合理；用于订货、接货、供应的人员应减少才为合理。若真正解除用户的后顾之忧，则配送的合理化程度可以说是达到一个高水平了。

7. 物流合理化指标

配送必须有利于物流合理化，这可以从以下几方面判断。

（1）是否降低了物流费用？
（2）是否减少了物流损失？
（3）是否加快了物流速度？
（4）是否发挥了各种物流方式的最优效果？
（5）是否有效衔接了干线运输和末端运输？
（6）是否不增加实际的物流中转次数？
（7）是否采用了先进的技术手段？

物流合理化的问题是配送要解决的大问题，也是衡量配送本身的重要标志。

（二）不合理配送的表现形式

对于配送决策的优劣，很难有一个绝对的标准。例如，企业效益是配送的重要衡量标志，但是，在决策时常常要考虑各个因素，有时甚至要做赔本买卖，所以配送的决策是全面、综合的决策。在决策时要避免由于不合理配送的出现所造成的损失，但有时某些不合理现象是伴生的，要追求大的合理，就可能派生小的不合理，所以，这里只单独论述不合理配送的表现形式，但要防止绝对化。

（1）资源筹措不合理。配送利用较大批量来筹措资源，企业通过筹措资源的规模效益来降低资源筹措成本，使配送资源筹措成本低于用户自己的资源筹措成本，从而取得优势。如果不是集中多个用户需求进行批量筹措资源，而仅仅是为某一两个用户代购代筹，对用户而言，就不仅不能降低资源筹措成本，相反要多支付一笔配送企业的代筹代办费，因而是不合理的。资源筹措的不合理还有其他表现形式，如配送量计划不准，资源筹措过多或过少，在资源筹措时不考虑建立与资源供应者之间长期稳定的供需关系等。

（2）库存决策不合理。配送应使集中库存总量低于各用户分散库存总量，从而大大节约社会财富，同时降低用户实际平均分摊库存的负担。因此，配送企业要依靠科学管理来实现一个总量低的库存，否则就会出现单是库存转移，而未解决库存降低的不合理。配送企业库存决策不合理还表现在储存量不足，不能保证随机需求，从而导致失去应有的市场。

（3）价格不合理。总的来讲，实行配送的价格应低于不实行配送时的价格，即用户自己进货时的产品购买价格加上自己提货、运输、进货的成本总和，这样才会使用户有利可图。有时候，由于配送可以有较高服务水平，价格稍高，用户也是可以接受的，但这只能是在个别的情况下，如果配送价格普遍高于用户自己进货的价格，损害了用户利益，就是一种不合理的表现。同时，价格制定过低，使配送企业在无利或亏损状态下进行，也是不合理的。

（4）配送与直达的决策不合理。一般的配送总是增加了环节，但是这个环节的增加，可降低用户平均库存水平，因此不但抵消了增加环节的支出，而且还能取得剩余效益。但是如果用户使用批量大，可以直接通过社会物流系统均衡批量进货，较之通过配送中转送货则可能更节约费用，所以，在这种情况下，不直接进货而通过配送中转送货，就属于不合理的范畴。

（5）送货中的不合理运输。与用户自提相比较，尤其对于多个小用户而言，配送可以集中配装一车送至几家，相比一家一户自提大大节省运力和运费。如果不利用这一优势，仍然是一户一送，而车辆达不到满载（即时配送过多、过频时会出现这种情况），则属于不合理。

（6）经营观念不合理。在配送实施中，有许多时候经营观念不合理，使配送优势无从发挥，相反却损坏了配送的形象，这是在开展配送业务时尤其需要注意克服的不合理现象。例如，配送企业利用配送手段，向用户转嫁资金、库存困难，在库存过大时，强迫用户接货，以缓解自己的库存压力；在资金紧张时，长期占用用户资金；在资源紧张时，将用户委托的资源挪作他用获利等。

（三）配送合理化的措施

国内外推行配送合理化，有一些可供借鉴的方法，简单介绍如下。

（1）推行一定综合程度的专业化配送。通过采用专业设备、设施及操作程序，取得较好的配送效果，并降低配送过分综合化的复杂程度及难度，从而追求配送合理化。

（2）推行加工配送。通过加工和配送的结合，充分利用本来应有的中转，而不增加新的中转以求得配送合理化。同时，加工借助于配送，目的更明确，而且和用户联系得更紧密，更避免了盲目性。这两者有机结合，投入增加不太多却可追求两个优势、两个效益，是配送合理化的重要经验。

（3）推行共同配送。通过共同配送，可以最近的路程、最低的配送成本完成配送，从而追求合理化。

（4）实行送取结合。配送企业与用户建立稳定、密切的协作关系，配送企业不仅成为用户的供应代理人，而且成为用户储存据点，甚至成为产品代销人，在配送时，将用户所需的物资运到，再将该用户生产的产品用同一车运回，这种产品也成为配送中心的配送产品之一，或者可以开展代存代储，免去生产企业的库存包袱。这种送取结合，使运力被充分利用，也使配送企业功能有更大的发挥，从而追求合理化。

（5）推行准时配送系统。准时配送是配送合理化的重要内容，配送做到了准时，用户才有资源把握，可以放心地实施低库存甚至零库存，可以有效地节约人力、物力，以追求工作的最高效率。另外，供应保证能力也取决于准时供应，从国外的经验看，准时供应配送系统是现在许多配送企业追求配送合理化的重要手段。

（6）推行即时配送。即时配送是最终解决用户企业担心供应中断之忧，大幅度提高供应保证能力的重要手段。即时配送是配送企业快速反应能力的具体化。即时配送的成本较高，但它是整个配送合理化的重要保证手段。此外，即时配送也是用户实行零库存的重要保证手段。

第六节　流通加工

一、流通加工的概念

流通加工是流通中的一种特殊形式。是指在物品从生产地到使用地的过程中，根据需要施加包装、分割、计量、分拣、刷标志、贴标签、组装等简单作业的总称。

商品流通是以货币为媒介的商品交换，它的重要职能是将生产及消费（或再生产）联系起来，起"桥梁和纽带"作用，完成商品所有权和实物形态的转移。因此，流通与流通对象的关系，一般不是改变其形态而创造价值，而是保持流通对象的已有形态，完成空间的位移，实现其"时间效用"及"场所效用"。

流通加工则与此有较大的区别，总的来讲，在流通过程中，流通加工仍然和流通总体一样起"桥梁和纽带"作用。但是，它却不是通过"保护"流通对象的原有形态来实现这一作用的，它是和生产一样，通过改变或完善流通加工的概念对象的原有形态来实现"桥梁和纽带"作用的。

流通加工是在物品从生产领域向消费领域流动的过程中，为了促进销售、维护产品质量和提高物流效率，对物品进行加工，使物品发生物理、化学或形状的变化。流通加工的内容包括装袋、定量化小包装、拴牌、贴标签、配货、挑选、混装、刷标志、剪断、打孔、折弯、拉拔、挑扣、组装、配套以及混凝土搅拌等。例如，常见的食品流通加工有：①鱼、肉、禽类的冷冻；②生奶酪的冷藏；③鲜牛奶的灭菌和摇匀；④生鲜食品及蔬菜的速冻包装、真空包装。

流通加工和一般的生产型加工在加工方法、加工组织、生产管理方面并无显著区别，但在加工对象、加工程度方面差别较大，其差别的主要点如下。

（1）流通加工的对象是进入流通过程的商品，具有商品的属性，以此来区别多环节生产加工中的一环。流通加工的对象是商品而生产加工的对象不是最终产品，而是原材料、零配件、半成品。

（2）流通加工的程度大多是简单加工，而不是复杂加工。一般来讲，如果必须进行复杂加工才能形成人们所需的商品，那么，对这种复杂加工应专设生产加工过程，生产过程理应完成大部分加工活动，流通加工对生产加工则是一种辅助及补充。特别需要指出的是，流通加工绝不是对生产加工的取消或代替。

（3）从价值观点看，生产加工的目的在于创造价值及使用价值，而流通加工的目的则在于完善其使用价值并在不做大改变的情况下提高价值。

（4）流通加工的组织者是从事流通工作的人，能密切结合流通的需要进行这种加工活动。从加工单位来看，流通加工由商业或物资流通企业完成，而生产加工则由生产企业完成。

（5）商品生产是为交换、为消费而生产的，流通加工的一个重要目的是为了消费（或再生产），这一点与商品生产有共同之处。但是流通加工有时也以自身流通为目的，纯粹是为流通创造条件，这种为流通所进行的加工与直接为消费进行的加工从目的上讲是有区别的，这又是流通加工不同于一般生产的特殊之处。

二、流通加工的地位及作用

（一）流通加工在物流中的地位

（1）流通加工有效地完善了流通。流通加工在实现时间和场所两个重要效用方面，确实不能与运输和储存相比，因而，不能认为流通加工是物流的主要功能要素。流通加工的普遍性也不能与运输和储存相比，流通加工不是所有物流中必然出现的。但这绝不是说流通加工不甚重要，实际上它也是不可轻视的，是起着补充、完善、提高增强作用的功能要素，它能起到运输、储存等其他功能要素无法起到的作用。所以，流通加工的地位可以描述为是提高物流水平、促进流通向现代化发展的必不可少的形态。

（2）流通加工是物流中的重要利润源。流通加工是一种低投入高产出的加工方式，往往以简单加工解决大问题。实践证明，有的流通加工通过改变装潢使商品档次跃升而充分实现其价值，有的流通加工将产品利用率提高20%～50%，这是采取一般方法提高生产率所难以企及的。根据我国近些年的实践，流通加工单向流通企业提供利润这一点，其成效并不亚于企业从运输和储存中挖掘的利润，是物流中的重要利润源。

（3）流通加工在国民经济中也是重要的加工形式。在整个国民经济的组织和运行方面，流通加工是其中一种重要的加工形态，对推动国民经济的发展和完善国民经济的产业结构及生产分工有一定的意义。

（二）流通加工的作用

（1）提高原材料利用率。利用流通加工环节进行集中下料，是将生产厂商直接运来的简单规格产品，按使用部门的要求进行下料。例如对钢板进行剪板、切裁，将钢筋或圆钢裁制成毛坯，将木材加工成各种长度及大小的板、方等。集中下料可以优材优用、小材大用、合理套裁，有很好的技术经济效果。北京、济南、丹东等城市对平板玻璃进行流通加工（集中裁制、开片供应），玻璃的利用率从60%左右提高到85%～95%。

（2）进行初级加工，方便用户。用量小或临时需要的使用单位，缺乏进行高效率初级加工的能力，流通加工可使使用单位省去进行初级加工的投资、设备及人力，从而搞活供应，方便用户。

目前发展较快的初级加工有将水泥加工成生混凝土、将原木或板方材加工成门窗、冷拉钢筋及冲制异型零件、钢板预处理、整形、打孔等加工。

（3）提高加工效率及设备利用率。由于建立集中加工点，因此企业可以采用效率高、技术先进、加工量大的专门机具和设备。

（三）流通加工合理化

1. 流通加工合理化的概念

流通加工合理化是指实现流通加工的最优配置，不仅做到避免各种不合理，使流通加工有存在的价值，而且做到选择的最优化。

为避免各种不合理现象，对是否设置流通加工环节，在什么地点设置，选择什么类型的加工，采用什么样的技术装备等问题，需要做出正确抉择。目前，国内在进行这方面合理化的考虑中已积累了一些经验，取得了一定成果。实现流通加工合理化主要考虑以下几方面。

（1）加工和配送结合。这是将流通加工设置在配送点，一方面按配送的需要进行加工，另一方面加工又是配送业务流程中分货、拣货、配货的一环，加工后的产品直接投入配货作业，这就无须单独设置一个加工的中间环节，使流通加工有别于独立的生产，从而使流通加工与中转流通巧妙地结合在一起。同时，由于配送之前有加工，可使配送服务水平大大提高。这是当前对流通加工做合理选择的重要形式，在煤炭、水泥等产品的流通中已表现出较大优势。

（2）加工和配套结合。在对配套要求较高的流通中，配套的主体来自各个生产单位，但是，完全配套有时无法全部依靠现有的生产单位，进行适当流通加工，可以有效促成配套，大大提高流通的桥梁与纽带的作用。

（3）加工和合理运输结合。前文已提到过流通加工能有效衔接干线运输与支线运输，促进两种运输形式的合理化。将支线运输转干线运输或将干线运输转支线运输，这本来是必须停顿的环节，企业利用流通加工环节不进行一般的支转干或干转支，而是按干线运输或支线运输的合理要求进行适当加工，从而大大提高运输及运输转载水平。

（4）加工和合理商流结合。通过加工有效促进销售，使商流合理化，也是流通加工合理化的考虑方向之一。加工和配送的结合，通过加工提高了配送水平，强化了销售，是加工与合理商流相结合的一个成功的例证。此外，通过简单地改变包装加工，形成方便的购买量，通过组装加工解除用户使用前进行组装、调试的难处，都是有效促进商流的例子。

（5）加工和节约结合。节约能源、节约设备、节约人力、节约耗费是流通加工合理化的重要考虑因素，也是目前我国设置流通加工，考虑其合理化的较普遍形式。

对于流通加工合理化的最终判断，是看其是否能实现社会效益和企业效益，而且是否取得了最优效益。对流通加工企业而言，与一般生产企业的一个重要不同之处是，流通加工企业更应树立以社会效益为第一观念，只有在以补充完善为己任的前提下才有生存的价值。如果只是追求企业的微观效益，不适当地进行加工，甚至与生产企业争利，这就有违流通加工的初衷，或者其本身已不属于流通加工的范畴。

2. 不合理的流通加工形式

流通加工是在流通领域中对生产的辅助性加工，从某种意义上讲它不仅是生产过程的延续，而且是生产本身或生产工艺在流通领域的延续。这个延续可能有正、反两方面的作用，即可能有效地起到补充完善的作用，但是，也必须估计到另一个可能性，即对整个过程的负效应，各种不合理的流通加工都会产生抵消效益的负效应。

几种不合理的流通加工形式如下：

（1）流通加工地点设置的不合理。流通加工地点设置即布局状况是使整个流通加工有效的重要因素。一般来说，如果是为衔接单品种、大批量生产与多样化需求的流通加工，将加工地设置在需求地区，才能实现大批量的干线运输与多品种末端配送的物流优势。

影响流通加工地点的不合理因素还有其他的一些。例如，流通加工与生产企业或用户之间距离较远，流通加工点的投资过高，加工点周围社会环境条件不良等。

（2）流通加工方式选择不当。流通加工方式包括流通加工对象、流通加工工艺、流通加工技术、流通加工程度等。流通加工方式的选择实际上是与生产加工的合理分工。分工不合理，本来应由生产加工完成的，却错误地由流通加工完成，本来应由流通加工完成的，却错误地由生产过程完成，都会造成不合理。

流通加工不是对生产加工的代替，而是一种补充和完善。所以，一般而言，如果工艺复杂，对技术装备要求较高，加工可以由生产过程延续或轻易解决，则都不宜再设置流通加工，尤其不宜与生产过程争夺技术要求较高、效益较高的最终生产环节，更不宜利用一个时期市场的压迫力使生产者变成初级加工或前期加工，而使流通企业完成装配或最终形成产品的加工。如果流通加工方式选择不当，就会出现与生产夺利的恶果。

（3）流通加工的作用不大，形成多余环节。有的流通加工过于简单，或对生产及消费者的作用都不大，甚至有些企业盲目地进行流通加工，不但不能解决品种、规格、质量、包装等问题，而且增加了环节，这都是流通加工不合理的表现形式。

（4）流通加工的成本过高，效益不好。流通加工之所以能够有生命力，其重要优势之一是有较大的产出投入比，因而有效地起着补充完善的作用。如果流通加工的成本过高，则不能达到以较低投入实现较高使用价值的目的。除了一些必需的、按政策要求即使亏损也应进行的加工外，成本过高的流通加工都应看成是不合理的。

第七节 物流信息

一、物流信息的概念

物流信息指的是在物流活动进行中产生及使用的必要信息，它是物流活动内容、形式、过程以及发展变化的反映。在物流活动中，物流信息流动于各个环节之间，对物流信息的有效管理是实现物流现代化管理的基础和依据。

随着互联网时代的到来，信息的传播、交流和使用发生了巨大变化。信息成为现代物流的灵魂，互联网技术所推动的信息革命使得物流现代化的发展产生了巨大的飞跃，物流信息化也受到了前所未有的重视。物流信息化的形式具体表现为物流信息的商品化、物流信息收集的数据库化、物流信息处理的电子化和计算机化、物流信息传递的标准化和实时化、物流信息储存的数字化等。没有物流的信息化，关于物流现代化的任何设想都不可能实现，信息技术及计算机技术在物流中的应用将会彻底改变物流的面貌。

在高新技术不断应用的今天，物流与商流相辅相成，与信息流共同服务于生产、分配和消费等各领域。在发达国家，物流已成为道路运输技术含量高、附加值高、市场潜力大的社会再生产过程中不可缺少的重要产业部门。因此，物流系统化、信息化、网络化和电子商务环境下的物流将成为现代物流的发展方向与趋势。

从广义范围来看，物流信息不仅指与物流活动有关的信息，而且包含与其他流通活动有关的信息，如商品交易信息和市场信息等。商品交易信息是指与买卖双方的交易过程有关的信息，如销售和购买信息、订货和接受订货信息、发出货款和收到货款信息等。市场信息是指与市场活动有关的信息，如消费者的需求信息、竞争者或竞争性商品的信息、销售促进活动信息、交通通信等基础设施信息等。在现代经营管理活动中，物流信息与商品交易信息、市场信息相互交叉、融合，有着密切的关系。例如，零售商根据对消费者需求的预测以及库存状况制订订货计划，向批发商或直接向生产厂家发出订货信息。批发商在接到零售商的订货信息后，在确认现有库存水平能满足订单要求的基础上，向物流部门发出发货配送信息。批发商如果发现现有的库存水平不能满足订单的要求，则马上向生产厂家发出订单。生产厂家在接到订单之后，如果发现现有库存不能满足订单要求，则马上组织生产，再按订单上的数量和时间要求向物流部门发出发货配送信息。由于物流信息与商品交易信息、市场信息相互交融、密切联系，所以广义的物流信息还包括与其他流通活动有关的信息。广义的物流信息不仅能起到连接整合从生产厂家经过批发商和零售商最后到消费者的整个供应链的作用，而且在应用现代信息技术（如 EDI、EOS、互联网、电子商务等）的基础上能实现整个供应链活动的效率化，具体来说，就是利用物流信息对供应链上各个企业的计划、协调、组织和控制活动进行更有效的信息处理。总之，物流信息不仅对物流活动具有支持保证的功能，而且具有连接整合整个供应链和使整个供应链活动效率提高的功能。

正是由于物流信息具有这些功能，物流信息化在现代企业经营战略中占有越来越重要的地位。建立物流信息系统，提供迅速、准确、及时、全面的物流信息是现代企业获得竞争优势的必要条件。

我国有远见的物流企业都在积极关注物流信息化技术的发展，积极开发或引进基于互联网的物流信息平台，以求把本企业的业务活动提高到新的水平并且尽快地融入一体化的全球物流网络中。

从狭义的范围来看，物流信息是指与物流活动（如供应、生产、运输、保管、包装、装卸、流通加工等）有关的信息。在物流活动的处理与决策中，如运输工具的选择、运输路线的确定、每次运输批量的确定、在途货物的追踪、仓库的有效利用、最佳运输路线的确定、库存时间的确定、订单管理、如何提高顾客服务水平等问题的解决，都需要详细和准确的物流信息，因此物流信息对运输管理、库存管理、订单管理、仓库作业管理等物流活动具有支持保证的功能。

二、物流信息技术

在物流运作过程中，特别是在配送中心内部，物流编码是特别重要的，比如储位编码和货品编码，就是非常典型的物流编码。当一个配送中心规划好各储区储位后，为了方便记忆与记录，规范储位编号、品名、序号、标签记号等信息，在确保信息采集预处理方面尤为重要，必须通过将上述信息符号化，才能简化信息采集系统，否则，物流信息系统将无法工作。

（一）条形码技术

条形码技术是在计算机的应用实践中产生和发展起来的一种自动识别技术。它是为实现对信息的自动扫描而设计的，是实现快速、准确而可靠地采集数据的有效手段。条形码技术的应用解决了数据录入和数据采集的"瓶颈"问题，为物流管理提供了有利的技术支持。条形码技术为我们提供了一种对物流中的物品进行标识和描述的方法，借助自动识别技术、销售点数据收集系统（POS 系统）、EDI 等现代技术手段，企业可以随时了解有关产品在供应链上的位置，并及时做出反应。当今在欧美等发达国家兴起的有效客户反应（Efficient Consumer Response，ECR）、快速反应（Quick Response，QR）、自动连续补货计划（Automatic Consecutive Entrance Planning，ACEP）等供应链管理策略，都离不开条形码技术的应用。条形码技术是实现 POS 系统、EDI、电子商务、供应链管理的技术基础，是物流管理现代化、提高企业管理水平和竞争能力的重要技术手段。

条形码技术是在计算机应用和实践中产生并发展起来的一种广泛应用于商业、邮政、图书管理、仓储、工业生产过程控制、交通等领域的自动识别技术，具有输入速度快、准确度高、成本低、可靠性强等优点，在当今的自动识别技术中占有重要地位。

1. 条形码的类型

条形码是由一组规则排列的条、空及对应的字符组成的标记，并用以表达一定的信息。"条"指对光线反射率比较低的部分，"空"指对光线反射率比较高的部分，条形码能够被特定的设备识读，转换成计算机处理信息。通常对于每一种物品，它的条形码是唯一的。对于普通的一维条形码来说，还要通过数据库建立条形码与商品信息的对应关系，当条形码的数据传到计算机上时，由计算机上的应用程序对数据进行操作和处理。因此，普通的一维条形码在使用过程中仅作为识别信息，它的意义是通过在计算机系统的数据库中提取相应的信息而实现的。

条形码的码制是指条形码的条和空的排列规则，常用的一维条形码的码制包括：EAN 码、Code 39 码、交叉 25 码（ITF25）、UPC 码、Code 128 码、Code 93 码及库德巴码（Codabar）等。

不同的码制有它们各自的应用领域，例如，EAN 码是国际通用的符号体系，是一种长度固定的条形码，所表达的信息全部为数字，主要应用于商品标识；Code 39 码和 Code 128 码为目前国内企业内部的自定义码制，可以根据需要确定条形码的长度和信息，它编码的信息既可以是数字，也可以包含字母，主要应用于工业生产领域、图书管理等，如表示产品序列号、图书编号等；交叉 25 码主要应用于包装、运输以及国际航空系统的机票顺序编号等。

2. 条形码的组成

一个完整条形码的组成次序为：保护框（前）、空白区、数据符（中间分割符，主要用于 EAN 码）、校验符、空白区、保护框（后）(见图 3-1)。

图 3-1　条形码结构示例图

3. 常用的条形码体系

常见的条形码有两种体系,第一种是国际通用的 EAN 商品条形码体系,适合制造商、供应商和零售商共同使用,包括商品条形码(EAN-13 码与 EAN-8 码)、储运条形码(DUN-14 码与 DUN-16 码)、EAN-128 码。第二种是企业内部管理使用的条形码,包括交叉 25 码、Code 39 码、库德巴码、Code 128 码。

4. 条形码的意义

条形码技术对物流现代化、自动化、信息化都产生了巨大影响。

条形码是一种简易自动识别的符号,可利用相关自动化设备自动阅读,从而简化跟踪、监管、录入作业。因此,条形码识别技术是目前最普及的识别方法,无论制造业、商业或服务业,在商品制造、销售与运输过程中均能见到条形码识别系统的应用。在自动化物流系统中,条形码识别技术可以辅助物品的装卸、分类、拣货、库存等作业,使作业程序简单且准确(见图 3-2)。

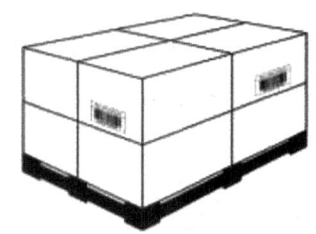

图 3-2 条形码符号位置应用示例图

具体来说,条形码具有以下几种特殊优点。

(1)高速自动输入数据。以键盘的方式输入 13 个数字,约需要 6 秒。而接触式扫描器扫描条形码只需要一两秒,若用固定式扫描器,"瞬间"即可完成读取。

(2)高读取率。读取率是指对条形码扫描的总次数中能够有效识读的百分比,这取决于包装纸、纸箱、标签纸的印刷精度及条形码扫描器的光学分辨力。

(3)低出错率。利用校验码可以使出错率控制在几十万分之一内。

(4)非接触式读取。以手持式扫描器接触阅读条形码,省力化效果不明显。使用非接触式扫描器,能够读取输送带上迅速移动的物品上贴的条形码,叉车驾驶员可以读取高处或远处的货架或托盘上的条形码,这些能力在物流作业现场是非常有用的。

(5)操作简便。任何种类的条形码扫描器都很容易操作。

(6)设备投资低。条形码扫描器可用七年以上,其每年一两次的保养费很低,而印制条形码标签的费用也很低,若在包装上直接印制条形码,几乎不增加任何费用。

条形码扫描器可以自动、迅速、正确地收集数据,目前在商品流通、储存、销售等很多领域都得到广泛应用。

物流是各种经济活动所必需的职能。由于消费者需求日趋多样化,商品的生命周期不断缩短,这就使得订货频率增加。订货者与接单者之间必须建立物流信息系统,以实现物流职能的省力化、合理化、自动化与效率化。

(二)销售点数据收集系统

销售点数据收集系统(POS 系统)通常是指在零售层次上通过能够自动读取信息的设备,将所销售物品的条形码进行扫描,直接读取和采集商品销售的各种信息数据,然后通过通信网络或计算机系统将读取的信息传输到管理中心进行数据处理和使用，或直接将数据发送给相关的供应商，这些供应商可根据销售情况补充库存。POS系统是应用条形码最多的地方。

零售业是利用条形码技术最为成熟的行业，我们在超市中最常见到的就是国际通用的唯一代表一种商品的 EAN 码、UPC 码。EAN 商品条形码在国际上的广泛使用为零售业实现现代化销售奠定了基础。目前，在大型超市中销售的产品的包装上基本都已经印刷了唯一代表商品信息的 EAN 码，在产品被销售的时候，销售人员利用光学扫描仪对商品 EAN 码进行扫描，将商品信息读入超市的销售系统。同时，对已经采用了 POS 系统的零售企业来说，POS 系统会从商品数据库中查找相应的名称和价格等信息，对顾客购买的商品进行统计，大大加快收款的速度和准确性。另外，POS 系统还可以及时地将所销售商品的库存情况统计起来，使得管理人员可以随时准确地掌握各种商品的流通信息，根据情况变化安排库存，从而提高零售企业的资金使用频率和竞争力。

（三）射频技术

射频技术是依据电磁理论、无线电波理论，利用无线电波对记录媒体进行读写的一种技术。

1. 射频数据交换技术

射频数据交换技术（RFDC）是一种重要的标识技术。它的主要功能是对运动的或静止的标签，进行不接触的识别。这种识别技术是射频技术，通过在物流对象上面粘贴的标签，用射频技术进行电磁波扫描，就可以把物流对象的相关信息，从标签上识别并进行直接读取，经过计算机网络将信息传输到管理中心。这种技术一般应用在相对比较小的空间，进行双向信息传递。

例如，在仓库中的一个重要的运用就是用于叉车驾驶员和订单分拣人员等移动操作人员的实时信息传递。利用 RFDC，叉车驾驶员就可以不必根据事先打印出的操作指示进行操作，而是实时获得操作指示和操作顺序。在物流操作中，RFDC 还可以被用来进行仓库存货分拣、计数和标签打印等工作。

2. 射频识别技术

射频识别技术（RFID）是一种利用无线电射频信号进行物体识别的技术，可以在集装箱通过专用设备或在运输设备上，对集装箱以及其运载物品进行识别。

射频识别技术是非接触式自动识别技术的一种，这项技术诞生于二战期间，主要用于识别己方的飞机。最简单的 RFID 系统由标签（Tag）、解读器（Reader）和天线（Antenna）三部分组成，在实际应用中还需要其他硬件和软件的支持。其工作原理并不复杂，在标签进入磁场后，接收解读器发出的射频信号，拼接感应电流所获得的能量发送出存储在芯片中的产品信息（无源标签或被动标签，Passive Tag），或者主动发送某一频率的信号（有源标签或主动标签，Active Tag），解读器读取信息并解码后，中央信息系统进行有关数据处理。

与传统的条形码相比，RFID 具有一些非常明显的优点。

（1）数据读取方便快捷，数据的读取无须光源，甚至可以透过外包装来进行；有效识别距离更大，采用自带电池的主动标签时，有效识别距离可达到 30 米以上。

（2）识别速度快。标签一旦已进入磁场，解读器就可以即时读取其中的信息，而且能同时处理多个标签，实现批量识别。

（3）数据容量大。数据容量最大的二维条形码（PDF417），最多也只能存储 2 725 个数字，若包含字母，存储量则会更少，而 RFID 标签则可以根据用户需求扩充到 10K。

目前针对 RFID 在物流中的应用领域存在两种编码体系：一种是由日本 ID 中心提出的 UID 编码体系，支持这一阵营的有日本电子厂商、信息企业和印刷公司等，总计已达到 352 家。另一种是由美国的"电子产品代码（EPC）环球协会"提出的 EPC 电子产品编码标准。沃尔玛、特易购（Tesco）等 100 多家美国和欧洲的流通企业都是 EPC 的成员，同时，由美国 IBM 公司、微软公司、Auto-ID Lab 等进行技术研究支持。目前 RFID 在国外已经渗透到商业、工业、运输业、物流管理、医疗保险、金融和教学等众多领域。例如，帮助保护美国的药物分销网络不被造假者利用，以及确保孩子的安全等，每天约有 3.7 万笔交易要处理，通过对约 10 万个花篮贴上 RFID 电子标签，大大提高了处理速度，使订购准确率提高到 99%。

（四）全球定位系统

全球定位系统（GPS）是由美国国防部发射的 24 颗卫星组成的全球地理位置定位、导航和授时系统 24 颗卫星分别分布在高度为 2 万千米的 6 个轨道上绕地球飞行，每条轨道上拥有 4 颗卫星，在地球上的任何一点、任何时刻都可以同时接收来自 4 颗卫星发出的信号，所以说全球定位系统可以覆盖全球。全球定位系统由空间卫星系统、地面监控系统和用户接收系统三大子系统构成。与其他定位导航系统相比，全球定位系统的主要特点如下。

（1）连续覆盖全球地面。由于有 24 颗卫星分布在 6 条轨道上，所以在地球上的任何一点、任何时刻都可以连续实时接收方位和时间信息，从而保证全球、全天候连续实时导航与定位的需要。

（2）系统功能多、精度高。全球定位系统可以为用户提供连续实时的三维位置、速度和时间的信息。

（3）系统速度快。全球定位系统的接收机可以在 1 秒以内完成定位和测速工作，工作速度极快。

（4）系统抗干扰性强、保密性好。全球定位系统采取了伪码扩频技术，因而对其他卫星信号的抗干扰性和保密性都极强。

全球定位系统的主要应用包括如下几个方面。

1. 采用 GPS 技术的车辆监管系统

车辆监管系统是将全球定位技术、地理信息技术以及通信技术结合在一起形成的一套高科技系统。利用这一监管系统，安装有 GPS 接收机的移动目标的位置、时间、状态等信息就可以实时传递至监督中心，然后可以在具有地理信息显示和查询功能的电子地图上显示出移动目标的运动轨迹,从而实现对移动目标的监控和调度。

2. 采用 GPS 技术的智能车辆导航设备

智能车辆导航设备是指安装在车辆上后,通过 GPS 接收机实时获得车辆的位置信息,可以以电子地图为监控平台,并在电子地图上实时显示车辆的行驶轨迹的设备。

3. 采用 GPS 技术的货物跟踪管理系统

货物跟踪管理系统是指物流企业利用现代信息技术及时获得有关货物运输状态的信息(如货物品种、数量、在途状况、交货期限、始发地、目的地、货主信息以及运送车辆和人员等)的系统。

(五)人工智能与专家系统

人工智能(Artificial Intelligence,AI)是研究、开发用于模拟、延伸和扩展人的智能的理论、方法、技术及应用系统的一门新的技术科学。人工智能是计算机科学的一个分支,它企图了解智能的实质,并生产出一种新的能以人类智能相似的方式做出反应的智能机器,该领域的研究包括机器人、语言识别、图像识别、自然语言处理和专家系统等。人工智能的技术在物流行业的应用主要聚焦在智能搜索、推理规划、模式识别、计算机视觉以及智能机器人等领域。

(1)在仓储环节,对于企业仓库选址的优化问题,人工智能技术能够根据现实环境的种种约束条件,如顾客、供应商和生产商的地理位置、运输经济性、劳动力可获得性、建筑成本、税收制度等,进行充分的优化与学习,从而给出接近最优解决方案的选址模式。人工智能能够减少人为因素的干预,使选址更为精准,降低企业成本,提高企业利润。

(2)在库存管理方面,人工智能在降低消费者等待时间的同时使物流相关功能分离开来,令物流运作更为有效。人工智能技术最广为人知的一个应用就是通过分析大量历史数据,从中学习总结相应的知识,建立相关模型对以往的数据进行解释并预测未来的数据。库存管理的方法是人工智能技术应用较早的领域之一,通过分析历史消费数据,动态调整库存水平,保持企业存货的有序流通,在提升消费者满意度的同时,不增加企业盲目生产的成本浪费,使得企业始终能够提供高质量的生产服务。早在两年前,DHL 已经成功在荷兰进行了智能眼镜应用试验,实现在业务中用视线采集数据,员工通过智能眼镜扫描仓库中的条形码图形以加快采集速度和减少错误。统计数据表明,AR 为物流提供的增值,使采集数据过程中的效率提高了 25%。

(3)对于运输路径的规划,智能机器人的投递分拣、智能快递柜的广泛使用都大大提高了物流系统的效率,大大降低了行业对人力的依赖。随着无人驾驶等技术的成熟,未来的运输将更加快捷和高效。通过实时跟踪交通信息,以及调整运输路径,物流配送的时间精度将逐步提高,而无人监控的智能投递系统也将大大减少包装物的使用,更加环保。

物流的信息化建设需要加大基础设施的投入,智慧物流发展的前提条件是互联网基础设施的广泛投入。传统物流企业信息化往往采用由内而外的发展，信息内部化和"孤岛问题"凸显。云计算、大数据、物联网、智能终端等互联网基础设施的投入，帮助企业直接接入互联网，可以促进信息的广泛流动，实现更广范围的信息分享和使用，从而降低信息处理成本。

(六) 地理信息系统

地理信息系统（GIS）以地理空间数据为基础，采用地理模型分析方法，适时地提供多种空间、动态的地理信息，是一种为地理研究和地理决策服务的计算机技术系统。

地理信息系统主要用于物流分析，如利用地理信息系统建立物流系统的车辆路线模型、最短路径模型、网络物流模型和物流系统站场设施定位模型等。

地理信息系统主要应用在电子地图、网络规划设计、交通管理及军事应用四个领域。

(七) 电子数据交换系统

电子数据交换（EDI）系统是指一种为实现大量传输而在企业之间采用标准化文件格式，通过计算机进行商务文件交换的一种方式。电子数据交换系统使两个企业的信息交换电子化，从而代替了传统的数据通信交换方式。通信和信息标准对于 EDI 系统至关重要。

采用电子数据交换系统的优点是可以提高企业内部的生产效率，可以增进企业内部和外部渠道之间的关系，可以提高外部的信息数据收集能力。电子数据交换系统通过更快的信息传递和减少数据输入次数来提高效率，并提高数据输入的精确度。

通过 EDI 系统传输的主要数据类型如下：①贸易数据，如报价、采购订单；②托运货物详细资料，如货运清单、交货单；③技术数据，如产品说明书；④问讯答复，如订单处理情况；⑤资金数据，如财务账单、发票、报表等。

【案例分析】

案例 1　LOF 公司的玻璃运输承运人的选择

LOF 公司是一家建筑和汽车玻璃制造商，它所面临的挑战是要搬运和运输大量棘手的产品。LOF 公司对顾客的服务承诺使其需要这样一种承运人：既有竞争性价格，又能提供优越的物流服务。这些服务需求要求 LOF 公司寻找有创新意识的承运人和势力强大的渠道伙伴关系。

过去，LOF 公司曾使用过多达 534 位承运人进行内向运输和外向运输。玻璃运输往往需要使用专门化设备，以使玻璃损坏降到最低程度。但如果使用专门化设备，则意味着 LOF 公司无法提供回程运输的产品，因此，要么承运人以竞争性低价揽取回程运输产品，要么 LOF 公司支付空载回程费用。

值得庆幸的是，LOF 公司通过与两位承运人的联盟，解决了这个问题。所有内向和外向的零担装运货物全部安排给罗德威物流服务公司（Roadway Logistics Services，ROLS）承担。虽然 ROLS 公司负责与装运有关的所有日常事务、跟踪和支付，但它并不需要运输所有货物。这种安排致使 LOF 公司向其供应商提供免费电话号码，对所有内向的装运给予协作。这种"礼仪线路"（Rite Route）系统为内向和外向的装运都选择了最低成本的运输方式及承运人。该系统已在 300 万美元的运费预算中减少了 50 万美元，并排除了 7 万件书面工作。此外，凯斯物流公司（Cass Logistics）提供第三方的付款服务，负责用电子手段处理所有账单信息。

尽管成本是 LOF 运输联盟所要考虑的一个因素，但在建筑玻璃的整车运输中依然存在着强烈的质量意识。施奈德物流公司（Schneider National）的专门化卡车运营需要经过 18 个月的试运，才被获准成为 LOF 公司主要的整车承运人之一。施奈德物流公司的总裁唐·施奈德（Don Schneider）声称，这是他所经历的最严格的资格审查之一。施奈德物流公司与拖车制造商 Wabash National 公司是合伙关系，它们对一种专业拖车申请了专利，专门用来运输 LOF 公司的玻璃。这种拖车是一种 A 字形，改变了标准的平板卡车结构，也排除了专门化设备所产生的问题，但不适合做其他货物的回程运输。LOF 公司、施奈德物流公司，以及 Wabash National 公司之间的排他性安排，确保了所有设备都可以为三方合伙人所利用，任何一家公司都不会承担发展总量紊乱的风险或财务风险。由于这种独特的运输伙伴关系，这三家公司都分别享受各自在其行业中的竞争优势。

除技术方面外，LOF 公司在其他承诺上也确定了非常高的服务期望和要求。LOF 公司不是利用价格来刺激业务，而是致力于降低成本。尽管 LOF 公司认识到它的合伙人在业务上必须要有充分的回报，但它认为超额的利润反而会损害合伙关系。LOF 公司在所有的组织层次上保持着与其合伙人之间的广泛沟通，这有助于进一步的了解伙伴关系的价值和状况。LOF 公司认为，这种合伙关系的处理将会为其顾客创造重大的价值。

资料来源：http://www.docin.com/p-34086115.html。

案例思考题：LOF 公司是如何选择玻璃运输承运人的？

案例 2　灯罩公司

位于美国威斯康星麦迪逊的灯罩公司（Lamp Shade Company）多年来在其国内市场的服务业务范围不断扩大，它们设计和定制装配灯罩及灯泡。在 20 世纪 80 年代中期，一批在斯普林格林附近的弗兰克·劳埃德·怀特（Frank Lloyd Wright）公司做过研究的设计师被派来公司负责亚洲地区的几个大型公共建筑物的设计工作。需要安装的灯具为 5 400 个，灯罩公司希望竞标这项工程。货品被直接送到外国港口，购买者可以在那里购买。

运输费用可能是个棘手的问题。在最初的设计中，灯罩是圆柱形的，高 12 英寸[一]、直径为 11 英寸，包装在 12 英寸 ×12 英寸的盒子中。每个灯罩的包装成本为 60 美分，重量为 1 磅[二]，我们把这种灯罩称为 A 型灯罩。每个灯罩的生产成本为 4 美元，每个重 9

[一] 1 英寸＝0.025 米。

[二] 1 磅＝0.454 千克。

磅,包装后重10磅。

它们将被运往奥克兰港,到达奥克兰的公路费用为每40英尺[一]的一个集装箱收费1 000美元,费用与重量无关,尽管每个集装箱的载重不会超过4 400磅,因为受到高速公路载重要求的限制。联运集装箱的内部结构为宽8英尺、高8.5英尺以及长40英尺。

从奥克兰运往海外港口的海运运费为每吨(2 000磅)22美元,保险费约为在奥克兰准备运往海外的所有货物价值的2%(这是按照公司运往此地的所有成本来估算的)。

因为订货量大,灯罩公司意识到它可以定制设计不是纯圆柱形的灯罩,形状类似锥形。这样做的好处是所有的灯罩可以套放在一起,在灯罩之间放置一些垫料,而且套放的灯罩也可以互相起到保护作用。然而,制成锥形而裁去的材料会导致一些浪费,因此生产成本会上升。为此提出其他两种灯罩的设计方案,分别称之为B型灯罩和C型灯罩。

每个B型灯罩的生产成本为5美元,可以6个套放后进行运输。包装的规格是12英寸×12英寸×48英寸,装有6个灯罩的包装,重量为62磅,每个包装费用为2美元,这其中也包括了灯罩之间的垫料。

每个C型灯罩的生产成本为6美元,它们可以10个套放后进行运输。包装的规格是12英寸×12英寸×5英寸,装有10个灯罩的包装,重量为101磅,每个包装费用为3美元,这其中也包括了灯罩之间的垫料。

资料来源:http://jz.docin.com/p-302040246.html.

案例思考题

1. 多少个A型的灯罩可以装载在一个联运的集装箱中?
2. 多少个B型的灯罩可以装载在一个联运的集装箱中?
3. 多少个C型的灯罩可以装载在一个联运的集装箱中?
4. 将A型灯罩运往一个进口港的总成本是多少?
5. 将B型灯罩运往一个进口港的总成本是多少?
6. 将C型灯罩运往一个进口港的总成本是多少?
7. 你建议采用哪种灯罩?说明理由。

案例3 北方摩托车制造公司自动化仓库的运作实践

北方摩托车制造公司建造了一座自动化仓库作为中间仓库,存放装配摩托车所需的各种零配件。该公司所需的零配件大多数是由其协作厂生产,然后运至自动化仓库。该自动化仓库分为高库和整理室两部分,高库是采用高层货架与巷道堆垛机结构,在整理室和高库之间设有辊式输送机,利用输送机进行零配件的搬运。当入库的货物包装规格不符合托盘或货箱标准时,则还需要对货物的包装进行重新整理,这项工作是在整理室中进行的。由于各种备品的包装没有规格化,因此,整理的工作量相当大。

货物的出入库运用的是电脑控制与人工操作相结合的系统。该自动化仓库建在企业的东南角,距离装配车间较远,因此,在仓库与装配车间之间需要进行二次运输,即让所

[一] 1英尺=0.305米,即1ft=0.305m。1英尺=12英寸。

需的零配件先出库，装车运输到装配车间，然后才能进行组装。

自动化仓库建成后，这个先进设施在企业的生产经营中所起的作用并不理想，因此其利用率也逐年下降。

资料来源： https://wenku.baidu.com/view/91351203bed5b9f3f90f1c36.html。

案例思考题

1. 自动化仓库为什么在该企业没有发挥其应有的作用？
2. 你认为应该采取哪些有效措施帮助该公司解决物流中的问题？

案例 4 戴尔公司的库存管理模式

在企业生产中，库存是由于无法预测未来需求变化，而又要保持不间断的生产经营活动所必须配置的资源。但是，过量的库存会诱发企业管理中的诸多问题，例如资金周转慢、产品积压等。因此很多企业往往认为，如果在采购、生产、物流、销售等经营活动中能够实现零库存，那么企业管理中的大部分问题就会随之解决。零库存便成了生产企业管理中一个不懈追求的目标。在目前的条件下，任何一个单独的企业要向市场供货都不可能实现零库存。通常所谓的"零库存"只是节点企业的零库存，而从整个供应链的角度来说，产品从供货商到制造商最终达到销售商，库存并没有消失，只是由一方转移到另一方。成本和风险也没有消失，而是随库存在企业间的转移而转移。

戴尔电脑的"零库存"是建立在供应商的"零距离"基础上的。假设戴尔的零部件来源于全球的四个市场，美国市场 20%，中国（内地）市场 30%，日本市场 30% 和欧盟市场 20%，然后在中国香港基地进行组装后销售全球。那么，从美国市场的供应商 A 到达香港基地，空运至少需要 10 小时，海运至少需要 25 天；从中国（内地）市场供应商 B 到达香港基地，公路运输至少需要 2 天；从日本市场供应商 C 到达香港基地，空运至少需要 4 小时，海运至少需要 2 天；从欧盟市场供应商 D 到达香港基地，空运至少需要 7 小时，海运至少需要 10 天。若要保持戴尔在香港基地的电子器件的零库存，则供应商在香港基地必须建立仓库，或自建、或租赁，以保持一定的电子器件库存量。这就导致供应商承担了戴尔制造公司库存的风险，而且还要求戴尔制造公司与供应商之间有及时的、频繁的信息沟通与业务协调行为。

由此，戴尔制造公司与供应商之间可能存在着两种库存管理模式。

模式一：戴尔制造公司在香港基地有自己的存储库存。该模式要求香港基地的库存管理由戴尔制造公司自行负责。一旦缺货，即通知供货商在 4 小时内送货入库。供应商要能及时供货就必须要建立仓库，从而导致供应商和企业双重设库，降低了整个供应链的资源利用率，也增加了制造商的成本。

模式二：戴尔制造公司在香港的制造基地不设仓库，由供货商直接根据生产制造过程中物品消耗的进度来管理库存。比如采用准时制物流，精细物流组织模式，按销售订单安排生产。

该模式中的配送中心可以是由四方供应商合建的，也可以和香港基地的第三方物流商合作。此时，供应商完全了解电脑组装厂的生产进度、日产量，不知不觉地参与到戴尔制造公司的生产经营活动之中，但也承担着零部件库存的风险。尤其在 PC 行业，原材料价格几乎每星期下降 1%。而且，供应商至少要保持二级库存，即原材料采购库存和面向制造商所在地香港进行配送业务而必须保持的库存。面对"降低库存"这一令人头痛的问题，供应商实际上处在被动"挨宰"的地位。

在这种情况下，对供应商而言，所谓的战略合作伙伴关系以及与戴尔的双赢都是很难实现的。在供货商－制造商－销售商这根链条中，如果只有制造商实现了最大利益，而其他两方都受损，这样的链条必定解体。因为各供应商为了自身的生存，必然扩展自己新的供货合作伙伴，如对宏碁电脑、联想电脑制造商供货，扩大在香港配送基地的市场业务覆盖范围。供货商这种业务扩展策略就会降低戴尔电脑产品的市场竞争力。很显然，当几家电脑制造商都用相同的电脑元件组装时，各企业很难形成自身的产品优势，而且还有泄露制造企业商业秘密的危险。这种缺乏共兴共荣机制的供应链关系，也必然给制造商埋下隐患。

资料来源：https://wenku.baidu.com/view/9760c2e8af45b307e87197d7.html。

案例思考题：戴尔公司应该选择哪种库存管理模式，为什么？

案例 5　TECH PLASTUS 联合公司包装管理的合理化

TECH PLASTUS 联合公司是《财富》杂志上排名前 500 强的塑料容器生产商。其产品主要是装食物的塑料容器，容器必须由两个组件组成：盒与盖。公司原先的作业方式是将配套好的盖和盒，以一对的形式包装贮存。传统的操作过程要求首先生产盒与盖，然后在生产线上完成盒与盖的配套包装过程，再将其送到仓储中，随着业务的发展，产品的品种从 80 种增长至约 500 种，而这些产品的盒与盖又有许多是可以相互匹配的，这样，传统的操作过程使得产品库存迅速增加，同时缺货的现象却又经常发生。仓库操作人员经常需要从现有库存中打开包装，拿出产品，并进行重新装配，以使产品满足已有订单的需求。这样一方面使得工作的效率降低，另一方面又常常不能满足客户的需求，产品库存的精确性也受到了影响。

TECH PLASTUS 联合公司的解决方法是在生产线末端重新设计包装过程，将盒与盖进行独立的包装，并独立地送入仓库中的一个配套配装工作区，而不先进行盒与盖的配套。当每天收到客户订单时，再根据需要将所需的盒与盖放入包装线，两者被压缩包装在一起并按顾客的要求打上标签，然后成品被放上拖车运走。需求量大的盒与盖，平时可以多装配一些，然后包装入库储存，再进行大量库存的打标签和装运。

TECH PLASTUS 联合公司用于包装线的投资不到 2 万美元。把配套包装作业放到仓储过程中完成，使得流动资金的周转效率大大提高，仓储的空间利用率也得到提高，同时库存的精确度达到一个更能被接受的水平。

资料来源：http://blog.sina.com.cn/s/blog_83ac89ea0102wv2d.html。

案例思考题：把配套包装作业放到仓储过程中完成，可以使流动资金的周转效率和仓储的空间利用率、库存的精确度大大提高，TECH PLASTUS 联合公司是怎样做的？

案例6 7-11物流配送系统

继生产管理和营销管理之后，物流管理因其能大幅降低成本和各种与商品流动相关的费用，而成为连锁企业创造利润的第三源泉。全球最大的连锁便利店7-11就是通过其集中化的物流管理系统成功地削减了相当于商品原价10%的物流费用。目前，它共设立了超过23 000个零售点，业务遍及四大洲20多个国家及地区，每日为超过3 000万的顾客服务，多年来一直稳居全球最大连锁便利店的宝座。

2003年，7-11与广州地铁2号线全面合作，在地铁2号线开通的9个站内同时开张9家店铺。至此，7-11在中国南部地区总店数达到127家，其中广州91家，深圳36家。在扩张的同时，7-11先进的物流管理系统也一并蔓延至我国中部地区，从而为其带来了另一利润增长点。

1. 物流路径集约化

对零售业而言，在短期内中国目前的物流服务水准或多或少地由处于上游的商品生产商和经销商决定，要改变他们的经营意识和方法无疑要比企业自身的变革困难、复杂且漫长。这种情况与当初日本7-11在构筑物流体系时所处的环境类似。为此，7-11改变了以往由多家特约批发商分别向店铺配送的物流经营方式，转为由各地区的窗口批发商统一收集该地区各生产厂家生产的同类产品，并向所辖区域内的店铺实行集中配送。

2. 设立区域配送中心

对于盒饭、牛奶等每日配送的商品，各产品窗口企业向各店铺的配送费用依然很高。对于这一点，7-11开始将物流路径集约化转变为物流共同配送系统，即按照不同的地区和商品群划分，组成共同配送中心，由该中心统一集货，再向各店铺配送。地域划分一般是在中心城市商圈附近35千米，其他地区市场为方圆60千米，各地区设立一个共同配送中心，以实现高频度、多品种、小单位配送。实施共同物流后，其店铺每日接待的运输车辆数量从70多辆下降为12辆。另外，这种做法令共同配送中心充分反映商品销售、在途和库存的信息，7-11逐渐掌握了整个产业链的主导权。在连锁业价格竞争日渐激烈的情况下，7-11通过降低成本费用，为整体利润的提升争取了相当大的空间。

3. 量身定制物流体系

当然，值得指出的是，经营规模的扩大及集中化物流体制的确立虽然由7-11主导，但物流体系的建立却是由合作生产商和经销商根据7-11的网点扩张，以及其独特的业务流程与技术而量身打造的。这些技术有订发货在线网络、数码分拣技术、进货车辆标准化系统及专用物流条形码技术等。

在日本，7-11的点心配送都是由批发商A公司承担。起初，它利用自己的一处闲置仓库为7-11提供物流服务，并安排了专业的经营管理人员。但随着7-11的急剧扩张，A公司为了确保它的商品供应权，加大了物流中心的建设和发展，在关东地区建立了4大配送中心。每个配送中心为其临近的500家左右店铺配送所有点心，品种大概在650～700个。

每天早上 8:00~10:30 从生产企业进货，进货的商品在中午之前入库。为了保证稳定供货，每个配送中心拥有 4 天的安全库存，在库水准根据销售和生产情况及时补充。中午 11:30 左右配送中心开始安排第二天的发货，将配送路线、配送店铺、配送品种、发货通知书等及时地打印出来，交给各相关部门。同时，通过计算机向备货部门发出备货要求。

4. 精确计算配送流程

从一个配送小组的物流活动时间看，一个店铺的备货时间大约为 65 秒，货物搬运时间花费五六分钟。从点心分拣到结束大约需要 15 分钟，所有的 170~180 个店铺要花费 4 个多小时，即整个物流活动时间大约为 4 个小时（不算货车在配送中心停留等待出发的时间）。货车一般在配送中心停留一晚，第二天早上 4:30~5:30，根据从远到近的原则配送到每个点。最早一个到店的货车时间应该是上午 6:00，如果运行无误的话，店铺之间约为 15 分钟的运行距离，加上 15 分钟的休息距离，每个店铺商品配送需要的时间约为半个小时。最迟在早上 9:30~10:30，完成所有店铺的商品配送任务。从每辆车的配送效率看，除了气候等特殊原因，平均每辆车配送的商品金额为 75 万日元，装载率能稳定达到 80%。配送中心每月平均商品供应为 50 亿日元，相当于为每个店铺供应 100 万日元的商品。货车运行费用每天为 2.4 万日元，相当于每辆车配送金额的 3.2%，处于成本目标管理值的 3.0%~3.5% 范围之内，为 7-11 压缩了大量的物流成本。

现在，7-11 已经实现一日三次配送制度，其中包括一次特别配送，即当预计到第二天会发生天气变化时对追加商品进行配送。这些使 7-11 及时向其所有网店店铺提供高鲜度、高附加值的产品，从而为消费者提供更加便利、新鲜的食品，实现了与其他便利店的经营差异化。

资料来源：https://wenku.baidu.com/view/361b599d1711cc7931b716f4.html。

案例思考题

1. 请结合案例评价 7-11 的物流配送系统运作效果，并说明理由。
2. 结合案例，谈谈企业物流系统提高配送效率可以采用哪些具体措施。

案例 7　联华生鲜食品加工配送中心案例

联华生鲜食品加工配送中心是我国国内目前设备最先进、规模最大的生鲜食品加工配送中心。联华生鲜食品加工配送中心总投资 6 000 万元，建筑面积约为 35 000 平方米，年生产能力约为 20 000 吨，其中肉制品 15 000 吨，生鲜盆菜、调理半成品 3 000 吨，西式熟食制品 2 000 吨，产品结构分为 15 大类约 1 200 种生鲜食品。在生产加工的同时配送中心还从事水果、冷冻品以及南北货的配送任务。连锁经营的利润源重点在物流，物流系统好坏的评判标准主要有两点：物流服务水平和物流成本。

生鲜商品按其秤重包装属性可分为定量商品、称重商品和散装商品；按物流类型可分为储存型、中转型、直送型和加工型；按储存运输属性可分为常温品、低温品和冷冻品；按商品的用途可分为原料、辅料、半成品、产成品和通常商品。生鲜商品大部分需要冷藏，所以其物流周转周期必须很短，以节约成本；生鲜商品的保质期很短，客户对其色泽等要求很高，所以在物流过程中需要快速流转。两个评判标准在生鲜食品加工配送中心通俗地归结起来就是"快"和"准确"，本案例分别从以下几个方面说明联华生鲜食品加工配送中心是如何做的。

1. 订单管理

门店的要货订单通过联华数据通信平台，实时地传输到生鲜食品加工配送中心，在订单上制定各商品的数量和相应的到货日期。生鲜配送中心接收到门店的要货数据后，立即在系统中生成门店要货订单，按不同的商品物流类型进行不同的处理。

（1）储存型商品。系统计算当前的有效库存，比对门店的要货需求以及日均配货量和相应的供应商送货周期，自动生成各储存型商品的建议补货订单，采购人员根据此订单再结合实际情况做一些修改，即可形成正式的供应商订单。

（2）中转型商品。此种商品没有库存，直进直出，系统根据门店的需求汇总按到货日期直接生成供应商订单。

（3）直送型商品。根据到货日期，分配各门店直送经营的供应商，直接生成供应商直送订单，并通过 EDI 系统直接发送到供应商。

（4）加工型商品。系统按日期汇总门店要货，根据各产成品/半成品的 BOM 表计算物料耗用，比对当前有效的库存，系统生成加工原料的建议订单，生产计划员根据实际需求做调整，发送采购部生成供应商原料订单。

各种不同的订单在生成完成或手工创建后，通过系统中的供应商服务系统自动发送给各供应商，时间间隔在 10 分钟之内。

2. 物流计划

在得到门店的订单并汇总后，物流计划部根据第二天的收货、配送和生产任务制订物流计划。

（1）线路计划。根据各线路上门店的订货数量和品种，做线路的调整，保证运输效率。

（2）批次计划。根据总量和车辆人员情况设定加工和配送的批次，实现循环使用资源，提高效率。在批次计划中，将各线路分别分配到各批次中。

（3）生产计划。根据批次计划制订生产计划，将量大的商品分批投料加工，设定各线路的加工顺序，保证和配送运输协调。

（4）配货计划。根据批次计划，结合场地及物流设备的情况，做配货的安排。

3. 储存型物流运作

在商品进货时先要接受订单的品种和数量的预检，预检通过方可验货，验货时需进行不同要求的品质检验，终端系统检验商品条形码和记录数量。在商品进货数量上，定量商品的进货数量不允许大于订单的数量，对不定量的商品提供一个超值范围。对于需要重量计量的进货，系统和电子秤系统连接，自动去皮取值。

拣货采用播种方式，根据汇总取货，汇总单标识从各个仓位取货的数量，取货数量为本批配货的总量，取货完成后系统预扣库存，被取商品从仓库仓间拉到待发区。在待发区的配货分配人员根据各路线各门店的配货数量对各门店进行播种配货，并检查总量是否正确，如不正确则向上校核，如果商品的数量不足或其他原因造成门店的实配量小于应配量，则配货人员通过手持终端调整实发数量，配货检验无误后使用手持终端确认配货数据。

在配货时，冷藏和常温商品被分置在不同的待发区。

4. 中转型物流运作

供应商送货同储存型物流一样要先预检，预检通过后方可进行验货配货。供应商把中转商品卸货到中转配货区，中转商品配货员使用中转配货系统按商品－路线－门店的顺序分配商品，数量根据系统配货的指令执行，然后贴物流标签。将配完的商品采用播种的方式放到指定的路线门店位置上，配货完成后统计单个商品的总数量／总重量，根据配货的总数量生成进货单。

中转商品以发定进，没有库存，多余的部分由供应商带回，如果不足则在门店间进行调剂。

三种不同类型的中转商品的物流处理方式如下。

（1）不定量需称重的商品。设定包装物皮重；由供应商将单件商品上秤，配货人员负责系统分配及其他控制性操作；电子秤称重，并在每箱商品上贴物流标签。

（2）定量的大件商品。设定门店配货的总件数，汇总打印一张标签，贴于其中一件商品上。

（3）定量的小件商品（通常需要冷藏）。在供应商送货之前先进行虚拟配货，将标签贴于周转箱上；供应商送货时，取自己的周转箱，按箱标签上的数量装入相应的商品；如果发生缺货，将未配到的门店（标签）作废。

5. 加工型物流运作

生鲜的加工按原料和成品的对应关系可分为两种类型：组合和分割，两种类型在BOM设置和原料计算以及成本核算方面都存在很大差异。在BOM中每个产品设定一个加工车间，只属于唯一的车间，在产品上区分最终产品、半成品和配送产品，商品的包装分为定量和不定量的加工，对于称重的产品／半成品需要设定加工产品的换算率（单位产品的标准重量），原料的类型区分为最终原料和中间原料，设定各原料相对于单位成品的耗用量。

在生产计划／任务中需要对多级产品链计算嵌套的生产计划／任务，并生成各种包装生产设备的加工指令。对于生产管理，在计划完成后，系统按计划内容生成标准领料清单，指导生产人员从仓库领取原料以及生产时的投料。在生产计划中考虑产品链的前道与后道的衔接，将各种加工指令、商品资料、门店资料、成分资料等下发到各生产自动化设备。

加工车间人员根据加工批次、加工调度，协调不同量商品间的加工关系，满足配送要求。

6. 配送运作

商品分拣完成后，都堆放在待发库区，按正常的配送计划，这些商品在晚上被送到各门店，门店第二天早上将新鲜的商品上架。在装车时按计划依路线门店顺序进行，同时抽样检查准确性。在货物装车的同时，系统能够自动算出包装物（笼车、周转箱）的各门店使用清单，装货人员也据此核对差异。在发车之前，系统根据各车的配载情况生成各运输车辆的随车商品清单、各门店的交接签收单和发货单。

商品到门店后，由于数量的高度准确性，在门店验货时只要清点总的包装数量，退回上次配送带来的包装物，完成交接手续即可，一般一个门店的配送商品交接只需要5分钟。

资料来源：http://3y.uu456.com/bp_00uj804hea4bptb10m2u_1.html.

案例思考题：联华生鲜食品加工配送中心是如何缩短生鲜食品的物流周转周期的？

Chapter 4 第四章

物流设施设备

学习目标

【掌握】
1. 物流节点的概念、功能与分类。
2. 配送中心、物流中心、物流园区的功能。

【理解】
1. 配送中心规划设计的主要原则。
2. 物流中心与物流园区的区别。
3. 物流标准化的意义。

【了解】
1. 认识并能使用常用物流设备。
2. 了解物流设备的管理内容与指标。

第一节 物流设施

物流设施是在供应链的整体服务功能上或供应链的某些环节上，满足物流组织与管理需要的、具有综合或单一功能的场所或组织的统称。按照企业基于供应链管理所产生的物流需求在空间分布上具有相对集中或分散的组织特征，从满足这种物流组织需求的角度，物流设施可以分为两类。一类是指在特定区域，因具有上下游业务关系和产品生产过程联系的企业相对集中，或作为一定区域货流较为集中的节点地区，需要提供满足集中物流组织管理要求的专门化设施，包括物流园区、物流中心、配送中心，以便在特定区域实现供应链集中管理的功能；另一类是指处在供应链的不同环节，在不同的空间位置上对供应链提供支持作用，满足供应链管理要求的单个功能，或以单个功能为主兼具其他辅助功能的专业化设施，该类设施具有按照自身服务对象需要进行布局和功能设置的特点，这些设施包括各种运输方式的运输枢纽、场站、仓储设施等。

一、物流节点

（一）物流节点的概念及内涵

物流节点一般是指由运输通道与物流据点等基础设施形成的物流通道、物流作业衔接及交汇点场所或组织。在物流节点一般可以进行装卸、仓储、流通加工、配送、信息咨询等多种物流作业和增值服务。对于具有一定规模、功能比较齐全的物流节点，根据其主要服务对象、辐射范围等特点，也可称其为物流中心或配送中心。

物流的过程，如果按其运动的程度即相对位移大小观察，它是由许多运动过程和许多相对停顿过程组成的。一般情况下，两种不同形式的运动过程或相同形式的两次运动过程中都要有暂时的停顿，而一次暂时停顿也往往联结两次不同的运动。物流过程就是由这种多次的运动－停顿－运动－停顿所组成的。

与这种运动形式相呼应，物流网络结构是由执行运动使命的线路和执行停顿使命的节点两种基本元素所组成的。由于线路与节点的相互关系、相对配置以及其结构、组成、联系方式不同，形成了不同的物流网络，物流网络的水平高低、功能强弱则取决于网络中两个基本元素的配置和两个基本元素本身。全部物流活动是在线路和节点上进行的。其中，在线路上进行的活动主要是运输，如集货运输、干线运输、配送运输等。物流功能要素中的其他所有功能要素，如包装、装卸、保管、分货、配货、流通加工等，都是在节点上完成的。所以，从这个意义上讲，物流节点是物流系统中非常重要的部分。实际上，物流线路上的活动也是靠节点组织和联系的，如果离开了节点，物流线路上的运动必然陷入瘫痪。

（二）物流节点的功能及作用

物流节点在物流系统中发挥着重要作用，其主要功能如下。

（1）衔接功能。物流节点将各个物流线路联结成一个系统，使各个线路通过节点变得更为贯通而不是互不相干，这种作用称为衔接作用。在物流未系统化之前，不同线路的衔接有很大困难，例如轮船的大量输送线和短途汽车的小量输送线，两者的输送形态、输送装备都不相同，再加上运量的巨大差异，所以往往只能在两者之间有长时间的中断后再逐渐实现转换，这就使两者不能贯通。物流节点利用各种技术的、管理的方法可以有效地起到衔接作用，将中断转化为通畅。

物流节点的衔接作用可以通过多种方法实现，主要有：
- 通过转换运输方式衔接不同运输手段；
- 通过加工衔接干线运输及配送运输；
- 通过储存衔接不同时间的供应物流和需求物流；
- 通过集装箱、托盘等集装处理衔接整个"门到门"运输，使之成为一体。

（2）信息功能。物流节点是整个物流系统或与节点相接物流的信息传递、收集、处理、发送的集中地，这种信息作用在现代物流系统中起着非常重要的作用，也是复杂物流存储单元能联结成有机整体的重要保证。在现代物流系统中，每个节点都是物流信息的一个点，若干个这种类型的信息点和物流系统的信息中心结合起来，便成了指挥、管理、调度整个物流系统的信息网络，这是一个物流系统建立的前提条件。

（3）管理功能。物流系统的管理设施和指挥机构往往集中设置于物流节点之中，实际上，物流节点大都是集管理、指挥、调度、信息、衔接及货物处理为一体的物流综合设施。整个物流系统运转的有序化和正常化、整个物流系统的效率和水平取决于物流节点管理职能实现的情况。

（三）物流节点的意义

现代物流系统中的物流节点对优化整个物流网络起着重要作用，从发展的角度看，它不仅执行一般的物流职能，而且越来越多地执行指挥调度、信息等神经中枢的职能，是整个物流网络的灵魂所在，因而更加受到人们的重视。所以，在有的场合也称之为物流据点，对于特别执行中枢功能的又称物流中枢或物流枢纽。

物流节点是现代物流中具有较重要地位的组成部分，物流系统化的观念越是增强，就越是强调总体的协调、顺畅，强调总体的最优，而节点正是处在能联结整个物流系统整体水平的位置上，总体的水平往往通过节点体现，所以物流节点随现代物流的发展而越来越重要。

（四）物流节点的分类

现代物流发展了若干类型的节点，在不同领域起着不同作用，但学者尚无一个明确的分类意见，这有两个原因：其一是许多节点有同有异，难以明确区别；其二是各种节点尚在发展过程中，其功能、作用、结构、工艺等尚在探索中，致使其分类难以明朗化。

在各个物流系统中，节点都起着若干作用，但由于整个系统目标不同以及节点在网络中的地位不同，节点的主要作用往往不同，根据其主要作用可分成以下几类。

（1）转运型节点。此类节点是以接连不同运输方式为主要职能的节点。铁路运输线上的货站、编组站、车站，不同运输方式之间的转运站、终点站，水运线上的港口、码头，空运中的空港等都属于此类节点。一般而言，由于这种节点处于运输线上，又以转运为主，所以货物在这种节点上停滞的时间较短。

（2）储存型节点。此类节点是以存放货物为主要职能的节点，货物在这种节点上停滞的时间较长。在物流系统中，储备仓库、营业仓库、中转仓库、货栈等都属于此种类型的节点。

尽管不少发达国家的仓库职能在近代发生了大幅度的变化，大部分仓库转化成不以储备为主要职能的流通仓库甚至流通中心，但是，现代世界上任何一个有一定经济规模的国家，为了保证国民经济的正常运行，保证企业经营的正常开展，保证市场的流转，以仓库为储备的形式仍是不可或缺的，总是有一大批仓库仍会以储备为主要职能。

（3）流通型节点。此类节点是以组织物资在系统中运动为主要职能的节点，在社会系统中则是以组织物资流通为主要职能的节点。现代物流中常提到的流通仓库、流通中心、配送中心就属于这类节点。

（4）综合性节点。在物流系统中集中于一个节点中全面实现两种以上主要功能，并且在节点中并非独立完成各自功能，而是将若干功能有机结合于一体，能完善设施、有效衔接和协调工艺的集约型节点。这种节点适应物流大量化和复杂化，适应物流更为精密准确，在一个节点中能够实现多种转化而使物流系统简化、高效的要求出现，是现代物流系统中节点发展的方向之一。

需要说明的是，各种以主要功能分类的节点，都可以承担其他职能而不完全排除其他职能。如在转运型节点中，往往设置有储存货物的货场或站库，从而使其具有一定的储存功能，但是，由于其所处的位置，以及其主要职能是转运，所以按这一主要职能将其归入转运型节点之中。

二、配送中心

（一）配送中心的类型

1. 按配送中心的经济功能划分

供应型配送中心：专门为某个或某些用户（例如联营商店、联合公司）组织供应的配送中心。例如，为大型连锁超级市场组织供应的配送中心；代替零件加工厂送货的零件配送中心，使零件加工厂对装配厂的供应合理化。上海地区六家造船厂的钢板配送中心，就属于供应型配送中心。

销售型配送中心：以销售经营为目的，以配送为手段的配送中心。销售型配送中心大体有如下三种类型。

（1）生产企业为本身产品直接销售给消费者而自建的配送中心。

（2）流通企业作为本身经营的一种方式，自建或合建配送中心以扩大销售。

（3）流通企业和生产企业联合建立的协作性配送中心。

从国外和我国的发展趋向来看，二者都向以销售型配送中心为主的方向发展。

储存型配送中心：有很强的储存功能的配送中心。一般来讲，在买方市场下，企业成品销售需要有较大的库存支持，其配送中心可能有较强的储存功能；在卖方市场下，企业原材料、零部件的供应需要有较大的库存支持，这种供应配送中心也有较强的储存功能。大范围配送的配送中心，需要有较大库存，也可能是储存型配送中心。

2. 按物流设施的归属划分

自有型配送中心：这类配送中心指的是包括原材料仓库在内的各种物流设施和设

备归一个企业所有，作为一种物流组织，配送中心是企业的一个有机组成部分。当然，这种隶属于某个企业的配送中心只服务于企业内部，它是不对外提供配送服务的。例如，美国沃尔玛商品公司所属的配送中心就是公司独资建立，专门为本公司所属的连锁店提供商品配送服务的自有型配送中心。目前，随着经济的发展，大多数自有型配送中心均已转化成为公共型配送中心。

公共型配送中心：这类配送中心是面向所有用户提供物流服务的配送组织（或物流设施）。只要支付服务费，任何用户都可以使用这类配送中心。从归属的角度看，这类配送中心一般是由若干家生产企业共同投资、共同持股和共同管理的经济实体。也有个别的公共型配送中心是由私人（或某个企业）投资建立和独自拥有的。

合作型配送中心：这类配送中心是由几家企业合作兴建、共同管理的物流设施，多为区域性配送中心。合作型配送中心可以是企业之间联合发展的，如中小型零售企业联合投资兴建，实行配送中心共同化；也可以是系统或地区规划建设的，以达到本系统或本地区内企业的共同配送；或是多个企业、系统、地区联合共建的，形成辐射全社会的配送网络。

3. 按服务范围和服务对象划分

城市配送中心。以城市范围为配送范围的配送中心，由于城市范围一般处于汽车运输的经济里程内，因此这类配送中心可直接配送到最终用户，且采用汽车进行配送。所以，这类配送中心往往和零售经营相结合。由于运距短、反应能力强，这类配送中心从事多品种、少批量、多用户的配送较有优势。

区域配送中心。以较强的辐射能力和库存准备，向省（州）际、全国乃至国际范围的用户配送的配送中心。这类配送中心的配送规模较大，一般而言，其用户较大，配送批量也较大，而且，往往是配送给下一级的城市配送中心，也配送给营业所、商店、批发商和企业用户，虽然这类配送中心也从事零星的配送，但不是主体形式。

4. 按配送中心运营主体的不同划分

以制造厂为主体的配送中心：规模较大、流通管理较好的制造厂，在建立销售体制的同时，还要建立快捷的配送中心，以降低流通费用和提高售后服务的质量。

以大型经销商为主体的配送中心：一般是按行业或商品类别的不同，把相关制造厂的商品集中起来，然后，向下级配送中心或零售店、连锁店等进行配送。不具备建立独自配送中心的制造厂或本身不能备齐各种商品的零售商或零售店，往往采用这种办法。

以零售业为主体的配送中心：它是为以专业商品为主的零售店、超级市场、百货商店、家用电器商场、建材商场、粮油食品商店、宾馆饭店等服务的。随着城市的增多和大型化，随着人民生活水平的提高，第三产业日趋发达，但城市的商店或服务企业一般不设仓库和运输设备，因此这类配送中心的发展更为迫切和迅速。

以公共服务业为主体的配送中心：如各主要城市的中心邮局和港湾、铁路、公路各枢纽，十分需要将到达的货物迅速地配送给用户。

（二）配送中心规划设计的主要原则

（1）系统工程原则。配送中心的工作包括收验货、搬运、储存、装卸、分拣、配货、送货、信息处理以及与供应商、连锁门店的连接，如何使它们之间十分均衡、协调地运转，是极为重要的。其关键是做好物流量的分析和预测，把握物流的最合理流程。

（2）价值工程原则。在激烈的市场竞争中，对配送准点、及时和缺货率低等方面的要求越来越高。在满足服务高质量的同时，又必须考虑物流成本，特别是建造配送中心耗资巨大，必须对建设项目进行可行性研究，并做多方案的技术性、经济性比较，以求得最大的企业效益和社会效益。

（3）实现工艺、设备、管理科学化的原则。近年来，配送中心均广泛采用计算机进行物流管理和信息处理，大大加速了商品的流转，提高了经济效益和现代化管理水平。同时，要合理地选择、组织、使用各种先进的物流机械化、自动化设备，以充分发挥配送中心多功能、高效率的特点。

（4）发展的原则。在规划配送中心时，无论是对建筑物、信息处理系统的设计，还是对机械设备的选用，都要考虑到要有较强的应变能力，以适应未来物流量的扩大和经营范围的拓展。在规划设计第一期工程时，应将第二期工程纳入总体规划，并充分考虑扩建时业务工作的需要。

三、物流中心

（一）物流中心的概念

物流中心是指处于枢纽或重要地位，具有较完善的物流环节，并能实现物流集散和控制一体化运作的物流据点。物流中心是进行商品流通必要的基础设施，许多新型企业，特别是高科技制造企业、全球分销企业及全球第三方物流企业，都建设了许多物流中心，不少跨国公司在全球的产品分销仅靠一个物流中心，因此物流中心是决定公司成败的战略性业务实体。

（二）物流中心的功能

（1）运输功能。物流中心需要拥有或租赁一定规模的运输工具，具有竞争优势的物流中心不只是一个点，而是一个覆盖全国的网络。因此，物流中心首先应该负责为客户选择满足客户需要的运输方式，然后具体组织网络内部的运输作业，在规定的时间内将客户的商品运抵目的地。除了在交货点交货时需要客户配合外，整个运输过程，包括最后的市内配送，都应由物流中心负责组织，以尽可能方便客户。

（2）储存功能。物流中心需要有仓储设施，但客户需要的不是在物流中心储存商品，而是要通过仓储环节保证市场分销活动的开展，同时尽可能降低库存占压的资金，减少储存成本。因此，公共型物流中心需要配备高效率的分拣、传送、储存、拣选设备。

（3）装卸搬运功能。这是为了加快商品在物流中心的流通速度必须具备的功能。公共型物流中心应该配备专业化的装载、卸载、提升、运送、码垛等装卸搬运机械，以提高装卸搬运的作业效率，减少作业对商品造成的损毁。

（4）包装功能。物流中心的包装作业的目的不是要改变商品的销售包装，而是在于通过对销售包装进行组合、拼配、加固，形成适于物流和配送的组合包装单元。

（5）流通加工功能。其主要目的是方便生产或销售，公共型物流中心常常与固定的制造商或分销商进行长期合作，为制造商或分销商完成一定的加工作业。物流中心必须具备的基本加工职能有贴标签、制作并粘贴条形码等。

（6）物流信息处理功能。物流中心要将各个物流环节的各种物流作业中产生的物流信息进行实时采集、分析、传递，并向货主提供各种作业明细信息及咨询信息。

从一些发达国家的物流中心的具体实际来看，物流中心还具有以下增值性功能。

（1）结算功能。物流中心的结算功能是物流中心对物流功能的一种延伸。物流中心的结算不仅仅是物流费用的结算，在从事代理、配送的情况下，物流中心还要替货主向收货人结算货款等。

（2）需求预测功能。自有型物流中心经常负责根据物流中心的商品进货、出货信息预测未来一段时间内的商品进出库量，进而预测市场对商品的需求。

（3）物流系统设计咨询功能。公共型物流中心要充当货主的物流专家，因而必须为货主设计物流系统，代替货主选择和评价运输商、仓储商及其他物流服务供应商。这是一项增加价值、增加公共型物流中心竞争力的服务。

（4）物流教育与培训功能。物流中心的运作需要货主的支持与理解，通过向货主提供物流培训服务，可以培养货主与物流中心经营管理者的认同感，可以提高货主的物流管理水平，可以将物流中心经营管理者的要求传达给货主，也便于确立物流作业标准。

（三）物流中心的类型

物流中心虽以功能健全为特征，但由于其建设的目的、所处的位置等因素，其在功能上仍然存在明显差异。典型的物流中心主要有以下几种类型。

（1）集货中心是指将一定范围内分散的、小批量但总量较大的货物集中，以便大批量处理或大批量发出的物流节点。这样的物流中心通常多分布在小企业群、农林牧区等地域。

（2）分货中心是指将集中到一起的大批量货物，进行分块化处理，以满足具有小批量的分散需求的物流节点。分货中心运进的多是集装、散装、大批量、大包装的货物，运出的是经分装加工转换成小包装的货物。此类物流中心一般分布在产业集中地，并靠近大型交通枢纽设施。

（3）转运中心是指实现不同运输方式或同种运输方式联合（接力）运输的物流设施，包括多式联运站、集装箱中转站、货运中转站等。

（4）加工中心是指以流通加工为主要功能的物流节点。

（5）配送中心是指从事货物配备（集货、加工、分货、拣货、配货）和对用户提供送货服务的综合性物流节点。

（6）流通中心是指由大型制造商或批发商设立的，以零售商和二级批发商为主要服务对象的，兼有商流功能的大型物流中心。

（四）物流中心规划设计的原则及影响因素分析

1. 物流中心规划设计的原则

物流中心的建设是一项规模大、投资额高、涉及面广的系统工程，而且一旦建成就很难再改变，所以在规划设计时，必须遵循以下原则。

系统工程原则。物流中心的层次、数量、布局与生产力布局、消费布局等密切相关，互相交织且互相促进。设定一个非常合理的物流中心布局，必须统筹兼顾、全面安排，既要做微观的考虑，又要做宏观的考虑。

价值工程原则。在激烈的市场竞争中，对物流服务的准点、及时和缺货率低等方面的要求越来越高。在满足服务高质量的同时，又必须考虑物流成本，特别是建造物流中心耗资巨大，必须对建设项目进行可行性研究，并做多个方案的技术性、经济性比较，以求得最大的企业效益和社会效益。

竞争原则。物流活动是服务性、竞争性非常强的活动，如果不考虑市场机制，而单纯从路线最短、成本最低、速度最快等角度考虑问题，一旦布局完成，便会导致垄断的形成和服务质量的下降，甚至可能由于服务性不够而在竞争中失败。因此，物流中心的布局应体现多家竞争。

低运费原则。物流中心必须组织运输与配送活动，因而低运费原则具有特殊性。由于运费和运距、运量有关，所以低运费原则常简化成最短距离和运量的问题，以作为物流中心布局的参考，通过数学方法求解。

发展原则。规划物流中心应在详细分析现状及对未来变化做出预期的基础上进行，而且要有相当的柔性，有较强的应变能力，以确保在一定范围内能适应数量、用户、成本等多方面的变化。

2. 物流中心规划设计的影响因素

影响物流中心合理规划的因素有很多，在进行规划时需要考虑的主要因素如下。

区域经济发展的背景资料。其中包括社会经济发展规划、产业布局，如工业、农业、商业、住宅布局规划等。

交通运输网及物流设施现状。其中包括交通运输干线、多式联运小转站、货运站、港口、机场布局现状。

城市规划。其中包括城市人口增长率、产业结构与布局。物流中心选址不合适，往往会在主干线通道上造成交通阻塞，运距过长会造成能源浪费、车辆空载率高、调度困难等问题。

环境保护与社会可持续发展。在规划物流中心时应充分注意到环境保护和社会可持续发展等问题，这不仅涉及城市交通阻塞、物流中心选址等问题，而且涉及筹资组建与运营以及运输经营集约化等综合问题。

四、物流园区

(一) 物流园区的内涵

物流园区是对物流组织管理节点进行相对集中的建设与发展的，具有经济开发性质的城市物流功能区域。同时，它也是依托相关物流服务设施，进行与降低物流成本、提高物流运作效率和改善企业服务有关的流通加工、原材料采购和便于与消费地直接联系的生产等活动的具有产业发展性质的经济功能区。

按照上述内涵，物流园区存在的理由更多应当是在经济发展、城市功能和物流的集约化发展方面，而非单纯的基础设施。作为城市物流功能区，物流园区包括物流中心、配送中心、运输枢纽设施、运输组织及管理中心和物流信息管理中心等适应城市物流管理与运作需要的物流基础设施；作为经济功能区，其主要作用是开展满足城市居民消费、就近生产、区域生产组织所需要的企业生产和经营活动。

(二) 物流园区的功能

现代物流园区主要具有两大功能，即物流组织与管理功能和依托物流服务的经济开发功能。

1. 物流园区的物流组织与管理功能

在功能上物流园区首先是具有物流的核心所涵盖的物流服务组织与物流运作管理的功能，即物流活动所必须具备的存储、运输、装卸、简单流通加工等功能，但与传统的货物运输组织中心所不同的是组成园区的各个要素要具有高科技、高效率的特征。

（1）物流园区的物流功能构成要素。由于现代物流的组织与管理活动大多是在物流节点和物流企业的组织下完成的，因此，作为物流园区，根据其物流活动的多样性和物流组织的广泛性，以及园区在区域经济和城市经济发展中的地位，其要发挥物流的组织管理作用，就离不开大规模和功能各异的物流组织节点。物流园区主要有区域运输组织中心、物流中心和配送中心三种类型，根据物流的发展趋势，区域运输组织中心的功能逐渐由物流中心和配送中心等现代物流发展中出现的综合性物流节点所涵盖。

（2）物流园区的物流组织与管理功能。物流园区的物流组织与管理功能一般包括：货物运输、分拣包装、储存保管、集疏中转、市场信息、货物配载、业务受理等，而且多数情况下是通过不同节点将这些功能进行有机结合和集成而体现的，从而在园区形成了一个社会化的高效物流服务系统。

物流园区是物流组织活动相对集中的区域，在外在形态上不同园区有相似之处，但是，物流的组织功能因园区的地理位置、服务地区的经济和产业结构、企业的物流组织内容和形式、区位交通运输的地位及条件等存在较大不同或差异，因此，物流园区的功能不应有统一的界定。

2. 物流园区的经济开发功能

物流园区概念的提出，很重要的原因不是由于其在物流发展和运作本身的作用，而在于其经济开发功能。

（1）物流基础设施项目的经济开发功能。物流园区的经济开发功能首先体现在物流基础设施及经营所产生的经济开发上。基础设施项目的建设对经济发展具有开发性的功能和作用，这已被宏观及微观经济领域所认识。

新建设施的开发功能。物流园区一般从区域经济发展和城市物流功能区的角度进行建设，具有较大的规模，国内目前较大的物流园区一般占地在千亩之上，经济发达国家更有物流园区占地在数平方千米之多。因此，物流园区的开发和建设，将因在局部地区的大量基本建设投入，而带动所在地区的经济增长。

既有设施及资源的整合功能。开发和建设物流园区，将因物流园区的物流组织规模较大和管理水平较高等因素而对既有物流设施在功能上产生替代效应。在既有设施已客观存在局部过剩的情况下，物流园区并非简单的重复建设，而是通过在功能设计和布局上对当前及未来物流组织管理的适应，并通过规模化和组织化经营，实现对既有设施的合理整合。简单来说，就是加速不适应设施的淘汰和退出，加速城市中心地区的土地使用价值的增值，这必将带来较好的经济开发效应。物流园区的物流运作的集中，为运输组织资源的调整与整合创造了条件。

（2）完善的物流服务所支持的经济开发功能。从定义的角度出发，物流园区除具有自身的经济开发功能外，还具有支持产业经济开发的功能，其主要原因是物流园区在物流基础设施方面比较完善，物流服务功能较为齐全，从而确保了经济发展所必需的物流运作效率和水平，这正是经济进一步发展的重要基础。

（三）物流园区的类型

通过对物流园区的上述两大功能的归纳，从满足区域物流服务需求的角度进行组合，就出现了不同类型的物流园区，主要有以下几种类型。

（1）区域组织型物流园区。其功能是满足所在区域的物流组织与管理需要，这种类型的物流园区是能够被大多数人接受的物流园区。

（2）商贸型物流园区。这类物流园区的主要功能是为所在区域或特定商品的贸易活动创造集中交易和区域运输、城市配送服务条件。商贸型物流园区基本位于传统优势商品集散地，对扩大交易规模和降低交易成本具有重要作用。

（3）运输枢纽型物流园区。物流园区作为物流相对集中的区域，从运输组织与服务的角度，可以实现规模化运输，反过来，规模化运输组织也就为物流组织与管理活动的集中创造了基础条件。因此，建设专门的运输枢纽型物流园区，形成区域运输组织功能也是物流园区的重要类型之一。

（4）综合型物流园区。这类物流园区兼具区域物流组织、商贸流通、运输枢纽和为工业生产企业进行配套等多种功能，但这种综合不一定是所有功能的综合，往往是上述诸多功能的不同组合。我国具备综合功能的物流园区主要是苏州现代综合物流园区、长沙新港物流园区、南京龙潭物流园区、合肥新站开发区物流园区、铜陵工业商贸物流园区、沈阳沈海物流园区、江阴长江港口综合物流园区、旅顺羊头洼综合物流园区、广州汽车物流基地、厦门同安物流基地、万州港物流园区、丹徒港口物流园区、东莞常平物流园区、顺德保税物流基地、大连甘井子综合物流园区、哈尔滨龙运物流园区等。此外，南京王家湾物流中心在功能上也属于综合性物流园区。

(四) 物流园区发展实践

由于物流园区在经济规模、地理分布、建设运作方式和政府发挥作用等方面具有明显的发展物流的开发效应和宣传效应，我国政府及企业在近年来不约而同地将其作为推动地区、区域和城市物流发展的重点工程，并给予大力支持。目前基本形成了全国从南到北、从东到西的物流园区建设发展局面，特别是以深圳为代表的珠江三角洲地区、上海、北京等经济发达地区和城市的物流园区建设步伐更快。国内外物流园区发展实践总结如下。

（1）物流园区的区位选择和空间布局。物流园区的功能和服务特性决定了物流园区大都布局在城市边缘的交通条件较好、用地充足的地方，在设置物流园区时主要考虑以下四方面的因素：一是至少可以实现两种以上运输方式的连接，特别是公路和铁路两种方式；二是选择交通枢纽中心地带，使物流园区布局与运输网络相适应；三是经济合理性，包括较低价的土地、数量充足及素质较高的劳动力等，为园区企业获得必要利益创造条件；四是符合环境保护与生态平衡的要求。

（2）物流园区的建设和经营。物流园区的发展历史要比物流发展历史短许多，在西方物流较为发达的国家，物流园区也属于近10年发展起来的新事物，因此，园区作为现代物流业发展的一个新趋势，目前仍处于迅速发展的过程之中，其建设和经营的经验并不多也不是很成熟。

日本的经验。建设较早的日本东京物流园区是以缓解城市交通压力为主要目的而兴建的，在建设中积累了一定的经验，如重视规划、优惠的土地使用和政府投资政策、良好的市政设施配套及投资环境。

德国的经验。德国政府在物流园区的规划和建设上与日本存在一定区别，也是近几年国内较为推崇的园区发展经验。德国一般采取联邦政府统筹规划；州政府、市政府扶持建设；企业化经营管理；入驻园区企业自主经营。

(五) 物流园区的建设发展模式

从宏观经济的角度看，物流园区应仅仅存在于经济中心城市，交通枢纽和工业、商业组织的中心地区，而且，从区域经济关系及经济组织特点、物流的发展趋势和物流园区的总体功能考虑，中心城市应需要相应的物流组织功能区，即规模化的物流园区。

根据国内外与物流园区功能相同或相当的物流基础设施开发建设的经验，中心城市物流园区在发展模式上可能的选择将有四种，即经济开发区模式、主体企业引导模式、工业地产商模式和综合运作模式。

1. 经济开发区模式

物流园区的经济开发区模式，是将物流园区作为一个类似于目前的工业开发区、经济开发区或高新技术开发区的项目进行有组织的开发和建设。

中心城市物流园区的经济开发区模式，将是在特定的开发规划、政策和设立专门的开发部门的组织下进行的经济开发项目。由于物流园区具有物流组织与管理功能和经济开发功能双重特性，因此，建立在经济开发区模式基础之上的物流园区建设项目，实际上就是在新的经济发展背景下的全新的经济开发区项目，而且以现代物流的发展特点、趋势和在经济发展中的地位与作用，物流园区无疑是构筑高效率和转变经济增长方式与增长质量的新的经济发展体系的重要组成部分。

2. 主体企业引导模式

物流园区的重要功能是物流的组织和管理，物流企业和工业、商业企业在相对集中的场所，建设和开发物流园区，是希望在规模化物流运作资源及条件的支撑下，达到降低物流成本和提高物流经营与管理效益的目的。

从市场经济发展的角度，从利用市场进行物流资源和产业资源合理有效配置的角度出发，通过利用物流与供应链管理中具有优势的企业，由其率先在园区内开发和发展，并在宏观政策的合理引导下，逐步实现物流产业的聚集，引进依托物流环境进行发展的工业、商业企业，以达到物流园区开发和建设的目的，这就是主体企业引导下的物流园区开发模式。

因此，主体企业引导的物流园区开发模式，要求在城市经济管理体制、管理机制等制度方面具有大的改革步伐和创新，要求能从中心城市发展和区域经济发展的高度，培育物流园区发展所需要的实力企业和营造良好的市场环境。

3. 工业地产商模式

物流园区开发的工业地产商模式，是指将物流园区作为工业地产项目，通过给予开发者项目开发的适宜的土地政策、税收政策和优惠的市政配套等相关政策，由工业地产商主持进行物流园区的道路、仓库和其他物流基础设施及基础性装备的建设与投资，然后以租赁、转让或合资、合作经营的方式进行物流园区相关设施的经营和管理。目前，经济发达国家，如澳大利亚、美国、德国等国家均有此类开发模式的范例。

此外，类似于工业地产商开发模式，在日本的东京、神户等经济中心城市，德国的不来梅等城市，也有政府投资进行物流园区的物流相关基础设施的建设，然后委托给一个或多个物流设施管理能力较强的企业，由其在政府制定的较为优惠的使用政策框架下进行经营管理，这种方式称为变形操作方式。

之所以会出现物流园区的工业地产商开发模式，其理论基础是物流园区的开发和建设，目的在于建立良好的物流运作与管理环境，为工业、商业以及物流经营企业创造提高物流效率和降低物流成本的条件。园区建设自身不是为了盈利，而是一种社会效益的体现，城市及政府的收益来自于整体经济规模的扩大和经济效率与效益的提高。

4. 综合运作模式

综合运作模式是指对上述的经济开发区模式、主体企业引导模式和工业地产商模式进行混合运用的物流园区开发模式。

由于物流园区项目一般具有建设规模较大和涉及经营范围较广的特点，既要求在土地、税收等政策上的有力支持，也要求在投资方面能跟上开发建设的步伐，还要求具备园区的经营运作能力的保证，因此，单纯采用一种开发模式，往往很难达到使园区建设能顺利推进的目的，必须对经济开发区模式、主体企业引导模式、工业地产商模式进行综合使用。

（六）物流园区与物流中心的区别

物流园区是物流中心发展到一定阶段的产物，是多个物流中心的空间集聚载体。

从许多学者对物流园区和物流中心的概念解释中可以归纳出物流园区和物流中心的不同点。

（1）功能不同。物流园区具有多式联运、综合运输、干线终端运输等大规模处理货物和提供服务的功能。物流中心则主要是分销功能，并且具有货物运输中转功能，以配送业务为主。

（2）用地的要求不同。物流园区要求物流企业及相关的一些辅助企业在园区内聚集，且基础设施相对齐全，要处理的物流量大，必须在其周围留有适当的空间为以后发展所用，所以物流园区要求用地充裕且具有扩展性。但物流中心在这方面没有如此严格的要求。

（3）改善城市交通环境的影响程度不同。物流园区一般建在远离市中心的地区，布设在城市外围或郊区，同时注重园区与城市对外交通枢纽的联动规划建设，所以对改善城市交通环境的影响程度较大。而物流中心主要是以配送业务为主，要求快速准时地为客户提供服务，因此，在空间距离上应尽量靠近需求点，并且要有连接市中心的快速干道，所以物流中心对改善城市交通环境的作用不是很大。

（4）服务对象不同。物流园区应有综合性基础服务设施，且向全社会提供服务。物流中心则只在局部领域进行经营服务。

（5）对市场的要求不同。物流园区内聚集了很多的供应商、生产商、销售商和第三方物流企业，所以要求物流园区所服务的市场是多样化的。物流中心仅具有第三方物流企业的功能，所以服务的市场一般是专业化的。

（6）经营管理方式不同。物流园区不一定是经营管理的实体，与物流经营企业之间的关系可以是资产入股、租赁、合作经营或联合开发。物流中心则是物流经营管理的实体。

（7）政府给予的政策不同。为了吸引各种企业在物流园区内聚集，使其获得规模效益、范围效益，进而降低物流成本，政府通常为入驻的物流企业提供各种优惠政策。但政府对物流中心的优惠政策较少。

因此，某一物流节点是建设物流园区还是物流中心，应由所服务地域空间的软硬件环境所决定。只有当物流节点选择的类型对空间的特殊要求与服务空间提供的软硬件环境相适应时，物流节点选择的类型才是正确的，这样才能促进物流系统和地区经济的发展。

第二节　物流设备

一、集装箱

（一）集装箱的定义

国际标准化组织（ISO）对集装箱的定义为"集装箱是一种运输设备"，应满足以下要求。

（1）具有足够的强度，能反复长期使用。

（2）适合一种或多种方式运输，途中转运时，箱内货物不必换装。

（3）可进行快速搬运和装卸，特别便于从一种运输方式转移到另一种运输方式。

（4）便于货物装满或卸空。

（5）内容积为1立方米或1立方米以上。

目前，中国、日本、美国、法国等世界有关国家，都全面引进了国际标准化组织的定义。除了ISO的定义外，还有《集装箱海关公约》(CCC)、《国际集装箱安全公约》(CSC)、英国国家标准和北美太平洋班轮公会等对集装箱下的定义，内容基本大同小异。我国在国家标准GB 1992-85《集装箱名词术语》中，引用了上述定义。

集装箱设施的出现，给存储带来了新概念。集装箱本身便是一栋仓库，不需要再有传统意义上的库房，对改变传统存储作业有重要意义，是储运合理化的一种有效方式。集装箱的主要特点是"集小为大"，而这种"集小为大"是按标准化、通用化的要求进行的。这就使中小散杂货件以一定规模单元进入运输、流通领域，形成规模优势。集装箱的效果实际上是这种规模优势的效果。

（1）促使装卸合理化。与单个物品的逐一装卸处理相比较，集装箱装卸的优点主要表现在：第一，缩短装卸时间，这是由多次装卸转为一次装卸带来的效果；第二，降低装卸作业劳动强度，集装箱的保护作用可以更有效地防止装卸时的碰撞损坏及散落丢失。

（2）使包装合理化。采用集装箱后，物品的单体包装及小包装要求可以降低，甚至可以去掉小包装，从而节约包装材料。由于集装的大型化和防护能力的增强，包装强度大大提高，更有利于保护货物。

(3) 对集装整体进行运输和保管，方便了运输及保管作业，便于管理，有效利用运输工具和保管场地的空间，改善环境。

(4) 集装的最大效果是将原来分离的物流各环节有效地联合为一个整体，使整个物流系统实现合理化。现代物流的发展离不开集装，可以说集装是物流现代化的重要标志。

(5) 采用集装箱分别堆存，可避免箱子的随意摆放，并且减少倒箱次数。

（二）集装箱的标准

为了有效地开展国际集装箱多式联运，必须强化集装箱标准化。集装箱标准按使用范围可分为国际标准、国家标准、地区标准和公司标准四种。

(1) 国际标准集装箱。它是指根据国际标准化组织（ISO）第 104 技术委员会制定的国际标准来建造和使用的国际通用的标准集装箱。国际标准：将 20ft 的标准集装箱作为国际标准集装箱的标准换算单位，称为"换算箱"或"标准箱"，简称 TEU（Twenty-foot Equivalent Unit）。一个 20ft 的国际标准集装箱换算为一个 TEU，一个 40ft 的集装箱简称为 FEU（Forty-foot Equivalent Unit），1FEU=2TEU。

(2) 国家标准集装箱。各国政府参照国际标准并考虑本国的具体情况，而制定本国的集装箱标准。

表 4-1 是我国集装箱的标准。1978 年国家标准局在颁发的《货物集装箱外部尺寸和重量系列》中明确规定，集装箱的重量采用 5t、10t、20t 和 30t 四种，相应型号为 5D、10D、1CC 和 1AA，5t 和 10t 主要用于国内运输，20t 和 30t 主要用于国际运输。

表 4-1 我国的集装箱标准

	1AA	1CC	10D	5D
高（毫米）	2 591	2 591	2 438	2 438
宽（毫米）	2 438	2 438	2 438	2 438
长（毫米）	12 192	6 058	4 012	1 968
重（千克）	30 480	20 320	10 000	5 000
最小内部容积（立方米）	65.7	32.1	19.6	9.1

(3) 地区标准集装箱。此类集装箱标准是由地区组织根据该地区的特殊情况制定的，此类集装箱仅适用于该地区。如根据国际铁路联盟（UIC）所制定的集装箱标准而建造的集装箱。

(4) 公司标准集装箱。某些大型集装箱船公司，根据本公司的具体情况和条件制定的集装箱船公司标准，这类集装箱主要在该公司运输范围内使用。如美国海陆公司的 35ft 集装箱。

此外，目前世界上还有不少非标准集装箱。例如，非标准长度集装箱主要有美国海陆公司的 35ft 集装箱、总统轮船公司的 45ft 及 48ft 集装箱；非标准高度集装箱主要有 9ft 和 9.5ft 两种高度的集装箱；非标准宽度集装箱主要有 8.2ft 宽度的集装箱等。

由于经济效益的驱动，目前世界上总重达 24ft 的 20ft 集装箱越来越多，而且普遍受到欢迎。

（三）集装箱的种类

随着集装箱运输的发展，为适应装载不同种类货物的需要，出现了不同种类的集装箱。这些集装箱不仅外观不同，而且结构、强度、尺寸等也不相同，根据集装箱的用途不同而分为以下几种。

（1）干货集装箱，也称杂货集装箱。这是一种通用集装箱，用以装载除液体以外的货物、需要调节温度的货物及特种货物以外的一般性杂货。这种集装箱使用范围极广，常用的有 20ft 和 40ft 两种，其结构特点常为封闭式，一般在一端或侧面设有箱门（见图 4-1）。

（2）开顶集装箱，也称敞顶集装箱。这是一种没有刚性箱顶的集装箱，但有由可折式顶梁支撑的帆布、塑料布或涂塑布制成的顶篷，其他构件与干货集装箱类似。开顶集装箱适于装载较高的大型货物和需吊装的重货。

图 4-1　干货集装箱

（3）台架式及平台式集装箱。台架式集装箱是没有箱顶和侧壁，甚至有的连端壁也去掉而只有底板和四个角柱的集装箱。台架式集装箱有很多类型，它们的主要特点是：为了保持其纵向强度，箱底较厚；箱底的强度比普通集装箱大，而其内部高度则比普通集装箱低；在下侧梁和角柱上设有系环，可把装载的货物系紧。台架式集装箱没有水密性，不能装运怕水湿的货物，适于装载形状不一的货物。

平台式集装箱是仅有底板而无上部结构的一种集装箱。该集装箱装卸作业方便，适于装载长、重的大件。

（4）通风集装箱。通风集装箱一般在侧壁或端壁上设有通风孔，适于装载不需要冷冻而需通风、防止汗湿的货物，如水果、蔬菜等。如将通风孔关闭，则可作为杂货集装箱使用。

（5）冷藏集装箱。这是专为运输要求保持一定温度的冷冻货物或低温货物而设计的集装箱。它分为带有冷冻机的内藏式机械冷藏集装箱和没有冷冻机的外置式机械冷藏集装箱，适于装载肉类、水果等货物。冷藏集装箱的造价较高，营运费用较高，在使用时应注意冷冻装置的技术状态及箱内货物所需的温度。

（6）散货集装箱。散货集装箱除了有箱门外，在箱顶部还设有两三个装货口，适于装载粉状或粒状货物。在使用散货集装箱时要注意保持箱内清洁干净，保持两侧光滑，以便于货物从箱门卸货。

（7）动物集装箱。这是一种专供装运牲畜的集装箱。为了实现良好的通风，箱壁用金属丝网制造，侧壁下方设有清扫口和排水口，并设有喂食装置。

（8）罐式集装箱。这是一种专供装运液体货物而设置的集装箱，如酒类、油类及液体状化工品等货物。它由罐体和箱体框架两部分组成，装货时，货物从罐的顶部装货孔进入，卸货时，则由排货孔流出或从顶部装货孔吸出（见图 4-2）。

（9）汽车集装箱。这是专为装运小型轿车而设计制造的集装箱。其结构特点是无侧壁，仅设有框架和箱底，可装载一层或两层小轿车。

由于集装箱在运输途中常受到各种外力的作用和环境的影响，因此集装箱的制造材料要有足够的刚度和强度，应尽量采用质量轻、强度高、耐用、维修保养费用低的材料，并且材料既要价格低廉，又要易于取得。

图 4-2 罐式集装箱

目前，世界上广泛使用的集装箱按其主体材料可分为以下几种类型。

（1）钢制集装箱。其框架和箱壁板皆用钢材制成。它的主要优点是强度高、结构牢、焊接性和水密性好、价格低、易修理、不易损坏，主要缺点是自重大、抗腐蚀性差。

（2）铝制集装箱。铝制集装箱有两种：一种为钢架铝板，另一种仅框架两端用钢材，其余用铝材。它的主要优点是自重轻、不易生锈，外表美观、弹性好、不易变形，主要缺点是造价高，受碰撞时易损坏。

（3）不锈钢制集装箱。一般多用不锈钢制作罐式集装箱。不锈钢制集装箱的主要优点是强度高、不易生锈、耐腐性好，主要缺点是投资大。

（4）玻璃钢制集装箱。玻璃钢制集装箱是在钢制框架上装上玻璃钢复合板构成的。它的主要优点是隔热性、防腐性和耐化学性均较好，强度大、刚性好，能承受较大压力，易清扫，修理简便，集装箱的内容积较大等；主要缺点是自重较大、造价较高。

二、托盘

（一）托盘的定义

为了使物品能有效地装卸、运输、保管，将其按一定数量组合放置于一定形状的台面上。这种台面有能供叉车从下部叉入并将台板托起的叉入口，以这种结构为基本结构的平板、台板和各种在这种基本结构基础上形成的各种形式的集装器具都可统称为托盘。

托盘最初是在装卸领域出现并发展的，在应用过程中又进一步发展为储存设施，作为一个运输单位的重要作用，使托盘成为物流系统化的重要装备机具，对现代物流的形成和物流系统的建立起了不小的作用。

托盘的出现促进了集装箱和其他集装方式的形成与发展。现在，托盘已是和集装箱一样重要的集装方式，形成了集装系统的两大支柱。

托盘因其简单、方便的特点在集装领域中颇受青睐。

托盘和集装箱在许多方面是优缺点互补的,因而往往在难以利用集装箱的地方可利用托盘,托盘难以完成的工作可由集装箱完成。

托盘的主要优点如下。

(1)重量小。用于装卸、运输的托盘本身所消耗的劳动较小,产生的无效运输及装卸比运输集装箱少。

(2)返空容易。返空时占用的运力很少。

(3)装盘容易。无须像集装箱那样深入到箱体内部,装盘后可采用捆扎、紧包等技术处理,使用简便。

(4)装载量虽较集装箱小,但也能集中一定数量,比一般包装的组合量大得多。

托盘的主要缺点是:保护性比集装箱差,露天存放困难,需要有仓库等配套设施。

(二)托盘的种类

1. 平托盘

一般所说的托盘主要指平托盘,属于通用型托盘。

平托盘又进一步按以下三个条件分类。

(1)按台面分类。按承托货物的台面分为单面使用型、双面使用型和翼型三种。

(2)按叉车的叉入方式分类。按叉入方式分为单向叉入型、双向叉入型和四向叉入型三种。使用四向叉入型托盘,叉车可从四个方向进叉,因而叉运较为灵活。单向叉入型只能从一个方向叉入,因而叉车操作较为困难。

(3)按制造材料分类。按制造材料分为木制平托盘、钢制平托盘和塑料制平托盘三种。用角钢等异型钢材焊接制成的平托盘,和木制平托盘一样,也有各种叉入型和单面、双面使用型。钢制平托盘的最大优点是强度高,不易损坏和变形,维修工作量较小。塑料制平托盘是采用塑料模制成的平托盘,一般是双面使用型、双向叉入型或四向叉入型,由于其强度有限,很少有翼型的塑料制平托盘。塑料制平托盘最主要的特点是本体重量轻,耐腐蚀性能强,可着各种颜色分类区分,但塑料的承载能力不如钢制、木制托盘。

2. 柱式托盘

柱式托盘的基本结构是托盘的四个角有固定式或可卸式的柱子。这种托盘的进一步发展又可将对角的柱子上端用横梁联结,使柱子成为门框架。柱式托盘的柱子部分用钢材制成,按柱子固定与否分为固定柱式和可卸柱式两种。

3. 箱式托盘

箱式托盘的基本结构是沿托盘的四个边由板式、栅式、网式等各种平面组成箱体。有些箱体有顶板,有些箱体没有顶板。箱板有固定式、折叠式和可卸式三种(见图4-3)。

图 4-3 箱式托盘

4. 轮式托盘

轮式托盘的基本结构是在柱式、箱式托盘下部设有小型轮子。这种托盘不但具有一般柱式、箱式托盘的优点，而且可利用轮子做小距离运动，可不需搬运机搬运（见图4-4）。

（三）托盘标准化

托盘标准化是实现托盘联运的前提，也是实现物流机械和设施标准化的基础及设计产品包装的依据。但是，现在美国的国家标准托盘是 1 219 毫米×1 016 毫米，其周边国家（如加拿大、墨西哥）为 1 000 毫米×1 000 毫米，澳大利亚为 1 165 毫米×1 165 毫米，欧洲各

图 4-4　轮式托盘

国以 1 200 毫米×800 毫米的托盘为标准的国家显然较多，但是英国、德国以及荷兰有两种托盘存在（1 200 毫米×800 毫米及 1 200 毫米×1 000 毫米）。英国制定托盘统一的政策较晚，造成了两种托盘规格的并存。

日本、韩国、中国台湾、新加坡等国家和地区所制定的标准托盘是 1 100 毫米×1 100 毫米。东南亚各国现在还没有由国家来制定标准托盘，由于 1 100 毫米×1 100 毫米的托盘与 ISO 国际标准集装箱相配合，因此其普及率很高。

各国的托盘规格特别是欧洲托盘规格在制定时都考虑到以下因素，即与桥梁、隧道、运输道路及货车站台设施相适应，以及与货车、卡车等车辆宽度相配合，再由托盘规格决定仓库支柱的间距、货架等尺寸，所以改变托盘规格涉及一系列的复杂问题。国际托盘规格的统一虽然很理想，但是在美国看不出要改变国家托盘规格的趋势，欧洲各国也暂时没有这种可能性。

ISO 承认的托盘规格：

1 200 毫米×800 毫米欧洲规格

1 100 毫米×1 100 毫米亚洲规格

1 200 毫米×1 000 毫米欧洲一部分国家和地区、加拿大、墨西哥规格

1 219 毫米×1 016 毫米美国规格

1982 年我国颁布了国家标准（GB 2934—1982），将联合托盘的平面尺寸定为 800 毫米×1 200 毫米、800 毫米×1 000 毫米和 1 000 毫米×1 200 毫米三种，载重量均为 1t。之后陆续颁布了 GB 3716—1983《托盘名词术语》、GB 4995—1985《木制联运平托盘技术条件》、GB 4996—1985《木制联运平托盘试验方法》、TB 1554—1985《铁路货运钢制平托盘》等，为我国物流托盘化创造了条件。

世界上占主导地位的国家使用的托盘，多包括在这四种之中。这些都是各国按自己国家的基本设施情况制定的标准化规格托盘，要变更就要付出很大的牺牲。如前所述，不管把这四种托盘规格统一为哪一种，各国的利害得失都很大，ISO 无法强迫每个国家去执行。

在这四种托盘中，1 100毫米×1 100毫米规格托盘是与现在流行于世界的ISO国际集装箱规格相配合而设计出来的。另外，欧美运输车辆的载物台尺寸比较小，也便于使用，现已被大力发展贸易的东南亚各国广泛使用。如果全世界都使用同一规格的托盘，从进出口货物开始，世界上车辆的载物台等也被统一规格，则可期待得到非常便利而又高效的物流。

三、物流技术设备设施

（一）装卸搬运设备

在整个物流过程中，装卸搬运出现的频率高于其他各种物流活动，且占用的时间和消耗的劳动都很多。因此，装卸搬运是影响物流速度和物流费用的重要因素。

装卸搬运设备按结构特点可分为起重机械、输送机械、工业搬运车辆和专用机械四大类。

1. 起重机械

起重机械是在采用输送机之前曾被广泛使用的具有代表性的一种搬运机械。它是把货物吊起，使之在一定范围内作水平运动的机械。

起重机械按照其所具有的结构、动作繁简程度以及工作性质和用途，可以归纳为简单起重机械、通用起重机械和特种起重机械三种。简单起重机械一般只作升降运动或一个直线方向的运动，只需要具备一个运动机构，而且大多数是手动的，如绞车、葫芦等。通用起重机械除需要一个使物品升降的起升机械外，还需要有使物品做水平方向的直线运动或旋转运动的机械。该类机械主要用电力驱动。这类起重机械主要包括桥式起重机（见图4-5）、门式起重机（见图4-6）、固定旋转式起重机和行动旋转式起重机等。特种起重机械是具有两个以上机构的多动式起重机械，专用于某些专业性工作，其构造比较复杂，如冶金专用起重机、建筑专用起重机和港口专用起重机等。

图4-5　桥式起重机　　　　　　　图4-6　门式起重机

2. 输送机械

输送机械是一种连续搬运货物的机械，其特点是在工作时连续不断地沿同一方向输送散料或者重量不大的单件物品，装卸过程无须停车，因此其生产率很高。其优点是生产率高、设备简单、操作简便。其缺点是一定类型的连续输送机械只适合输送一定种类的物品，不适合搬运很热的物料或者形状不规则的单件货物，只能沿一定线路定向输送，因而在使用上具有一定局限性。

根据用途和所处理货物形状的不同，输送机可分为带式输送机（见图 4-7）、辊道式输送机（见图 4-8）、链式输送机、重力式辊子输送机、伸缩式辊子输送机、振动输送机、液体输送机等。此外，还有移动式输送机和固定式输送机、重力式输送机和电驱动式输送机等。

图 4-7　带式输送机

图 4-8　辊道式输送机

3. 工业搬运车辆

工业搬运车辆是在轮式无轨底盘上装有起重、输送、牵引或承载装置，可对货物进行装卸、堆垛和短距离运输作业的各种搬运车辆，包括叉车、跨运车、牵引车、平板拖车、手推车、底盘车等。

工业搬运车辆广泛应用于港口、车站、机场、货场、工厂车间、仓库、流通中心和配送中心等，并可进入船舱、车厢和集装箱内进行托盘货物的装卸、搬运作业。它是托盘运输、集装箱运输必不可少的设备。

叉车。叉车在仓储作业过程中，是比较常用的装卸设备，有万能装卸机械之称，其种类很多。叉车是指具有各种叉具，能够对货物进行升降和移动以及装卸作业的搬运车辆。它具有灵活、机动性强、转弯半径小、结构紧凑、成本低廉等优点。叉车的类型很多，按照其动力种类可划分为电瓶和内燃机两大类（内燃机的燃料又分为汽油、柴油和天然气三种）；按其基本构造又可划分为平衡重式叉车、侧移式叉车、前移式叉车等。

跨运车。跨运车装有悬挂型起升拖架，可以跨在物体上面，通过液压操纵的各种夹具或吊具提起货物。由于装有减震设施，它能在一般路面上快速平稳地行驶。由于是四轮转向，其转弯半径小，跨运车主要用来搬运长而重的货物和集装箱等。

牵引车。牵引车是用来牵引平板拖车的电动或机动车辆。牵引车一般为轮胎式，极少采用履带式。但牵引车、平板拖车与叉车并用时，可使货物装卸、搬运、堆码作业完全机械化。

平板拖车。平板拖车是一种安装在定向轮或车轮上的载货平台，它与牵引车配合使用。平板拖车的选择，可根据载货能力、载货大小、牵引车能力以及路面情况而定。

手推车是以人力推拉的搬运车辆，它是一切车辆的始祖。虽然物料搬运技术不断发展，但手推车仍作为不可缺少的搬运工具而沿用至今。手推车在生产和生活中获得广泛应用是因为它造价低廉、维护简单、操作方便、自重轻，能在机动车辆不便使用的地方工作，在短距离搬运较轻的物品时十分方便。

底盘车。底盘车是一种前面装有支架，后面装有轮胎的车架。车上装有扭锁插头，可由牵引车拖着行走。

4. 专用机械

专用机械是带有取物装置的起重、输送机械或工业车辆的综合，一般进行专用作业，如翻车机、堆取料机、码垛机、分拣输送系统专用机械设备、集装箱专用装卸机械、托盘专用装卸机械、船舶专用装卸机械、车辆专用装卸机械等。

（二）物流仓储技术与装备

物流仓储技术与装备主要有站台、货架、堆垛机、出入库输送系统、装卸搬运系统、分拣设备、自动导引搬运车（Automated Guided Vehicle，AGV）、堆垛机械手、自动化控制系统、计算机管理和监控系统及其周边设备等。这些设备可以组成自动化、半自动化和机械化的商业仓库，完成物料的堆垛、存取和分拣等作业。

近年来迅速发展的自动化立体仓库存取系统，是由高层货架、巷道堆垛机（有轨堆垛机）、出入库输送系统、自动化控制系统、计算机管理和监控系统及其周边设备组成的，可对集装单元货物实现自动化保管和计算机管理的仓库。自动化立体仓库存取系统被广泛应用于大型生产型企业的采购件和成品件仓库、柔性自动化生产系统、流通领域的大型流通中心以及配送中心等。

下面主要介绍仓储技术与装备的基础。

1. 站台

站台，又称月台、码头，是线路与仓库的联结点及仓库进出货之路。在仓库作业中，站台起着车辆停靠处、装卸货物处和暂存处的作用，利用站台能方便地将货物装进车辆或从车辆中取出。

（1）站台的形式。站台按高度可分为高站台和低站台两种。

高站台：站台与车辆货台一样高，有利于作业车辆进行水平装卸。

低站台：站台和仓库地面一样高，有利于站台和仓库之间的搬运。

虽然低站台与车辆之间的装卸作业不如高站台方便，但是可采用传输装置装卸货物。传输装置安装后低站台可与车辆货台保持同等高度。此外，采用低站台也有利于叉车作业。

在现代仓库中，分拣设备的出口端往往和站台合二为一，汽车停靠在端部。分拣机分选的货物可直接装入车中，减少了一道装卸程序。

（2）站台高度的确定。在一个库区内可设若干不同高度的站台，供不同种类的车辆停靠。还应考虑车种的平均高度，以尽可能缩小货车车厢底板和站台的高度差，最终达到提高作业效率的目的。

（3）其他常见设施。在仓库中，进出货车的种类可能很多，往往很难使全部车辆与站台相结合。要克服车辆与站台的间距和高度差，一般站台为作业安全与方便起见，常备有下列三种设施。

可移动式楔块。可移动式楔块又叫竖板。当装卸货品时，可将其放置于卡车或拖车的车轮旁固定，以避免装卸货物期间车轮意外滚动可能造成的危险。

升降平台。最安全也最有弹性的卸货辅助器应属升降平台，升降平台分为卡车升降平台及码头升降平台两种。当配送车到达时，对卡车升降平台而言，可提高或降低车子后轮使车底板高度与月台一致，方便装卸货；对码头升降平台而言，则可调整码头升降平台的高度来配合配送车车底板的高度，因而两者有异曲同工之效。

车尾附升降台。它是安装于配送车尾部的特殊平台。当装卸货时，可用此平台将货物装上卡车或卸至月台。既可延伸至月台，也可倾斜放至地面，其设计有多种样式，适于无月台设施的物流中心或零售点的装卸货使用。

2. 货架

在仓库设备中，货架是由立柱片、横梁和斜撑等构建组成，专门用于存放货物的保管设备。货架在现代物流活动中，起着相当重要的作用，如仓库管理实现现代化，与货架的种类、功能有直接关系。

（1）层架。层架由立柱、横梁和层板构成。层架用于存放货物，如图 4-9 所示。层架结构简单，适用范围非常广泛，还可以根据需要制成层格架、抽屉式和橱柜式等形式，以便于存放规格复杂多样的小件货物或较贵重、怕尘土、怕潮湿的小件物品。

（2）悬臂式货架。悬臂式货架由三四个塔形悬臂和纵梁相连而成。悬臂的尺寸根据所存放物品的外形确定。它在储存长形货物的仓库中被广泛运用（见图 4-10）。

图 4-9　层架

图 4-10　悬臂式货架

（3）托盘货架。托盘货架专门用于存放堆码在托盘上的货物，其基本形式与层架相似（见图 4-11）。

（4）移动式货架。移动式货架的货架底部装有滚轮，开启控制装置后，滑轮可以沿轨道滑动（见图 4-12）。移动式货架平时可以密集相连排列，在存取货物时通过手动或电动控制装置驱动货架沿轨道滑动，形成通道，从而大幅度减少通道面积，仓库面积的利用率可以达到 80%，但由于其成本较高，主要在档案管理等贵重物品的保管中使用。

图 4-11 托盘货架

图 4-12 移动式货架

（5）驶入/驶出式货架。在一般的自动化仓库中，有轨或无轨堆垛机的作业通道是专用的，在作业通道上不能储存货物（见图4-13）。驶入/驶出式货架仓库的特点是作为托盘单元货物的储存货位与叉车的作业通道是合一的、共同的，这就大大提高了仓库面积的利用率。

（6）旋转式货架。旋转式货架设有电力驱动装置，货架沿着由两条直线段和两条曲线段组成的环形轨道运行，由开关或计算机操纵。在存取货物时，把货物所在货格的编号由控制

图 4-13 驶入/驶出式货架

盘或按钮输入，该货格则以最短的距离自动旋转至拣货点停止（见图4-14）。由于通过货架旋转改变货物的位置来代替拣选人员在仓库内的移动，能够大幅度降低拣选作业的劳动强度，而且货架旋转选择了最短路径，所以，采用旋转式货架可以大大提高拣货效率。

（7）自动货柜。自动货柜是集声、光、电及计算机管理为一体的高度自动化的全封闭储存设备。它充分利用垂直空间，最大限度地优化存储管理。在一些场所中，自动货柜就是一个高效、便捷的小型立体仓库（见图4-15）。

图 4-14 旋转式货架

图 4-15 自动货柜

自动货柜通过计算机、条形码识别器等职能工具进行管理，使用非常方便，只要按动按键，内存货物即到进出平台，可自动统计、自动查找，特别适用于体积小、价值高的物品的储存管理，也适用于多品种、小批量的物品管理。

3. 巷道堆垛机

巷道堆垛机是在高层货架的窄巷道内作业的起重机，可大大提高仓库的面积和空间利用率，是自动化仓库的主要设备，也可称为"有轨堆垛机"（见图 4-16）。

巷道堆垛机可分为以下几种类型。

按用途分：单元型、拣选型和单元拣选型。

按机械结构分：单立柱 / 双立柱、单叉 / 双叉和单伸位 / 双伸位。

按转移巷道方法分：固定式、转移式和转移车式。

图 4-16　巷道堆垛机

4. 自动引导搬运车

自动引导搬运车（AGV）是指装有自动导引装置，能够沿规定的路径行驶，在车体上还具有编程和停车选择装置、安全保护装置以及各种物料移载功能的搬运车辆。自动引导搬运车系统（AGVS）由若干辆沿导引路径行驶、独立运行的 AGV 组成，AGV 在计算机的交通管制下有条不紊地运行，并通过物流系统软件集成在物流系统、生产系统中。

AGV 根据导引方式的不同，可分为固定路径导引和自由路径导引两种。常见的固定路径导引有电磁导引、激光导引和磁带（气）导引，常见的自由路径导引有激光导引、惯性导引等。

5. 分拣输送系统

分拣输送系统是将随机的、不同类别、不同去向的物品，按其要求进行分类（按产品类别或产品目的地不同分）的一种物料搬运系统。随着社会生产力的提高、商品品种的日益丰富，在生产和流通领域中的物品分拣作业，已成为耗时、耗力、占地大、差错率高、管理复杂的流程。为此，物品分拣输送系统已经成为物料搬运系统的一个重要分支，广泛应用于邮电、航空、食品、医药等行业。

在分拣输送系统中，分拣机是最主要的设备。分拣机的种类很多，按工作方式可分为以下几种。

（1）横向推出式分拣机。常用的有钢（胶）带、辊道、滑块横向推出式分拣机。其中钢带运行速度高、分拣能力强。由于是在输送机的指定位置，依靠拨杆的横向转动推挡货物进行分拣，在分拣时对分拣物品有一定的冲击，太薄、容易转动或易碎的物品，不宜采用这种方式。另外，因为其速度高，要求分拣口之间保持较大的间隔，所以可能设置的分拣口数较少。

滑块横向推出式分拣机采用板式和辊道式，分单侧或双侧分流，具有物体受冲击小、无噪声和操作可靠等优点，可进行平稳分类，因此目前得到广泛应用。

（2）升降推出式分拣机。升降推出式分拣机是用浮出装置从输送机的下侧把货物托起，形成微小坡度，将货物送到搬运输送机外面进行分拣的装置，在分拣时给予货物的冲击较小。它适于分拣底面平坦的纸箱、托盘状的各种货物，但不能分拣很长的或者底面不平坦的货物。

（3）倾斜式分拣机。倾斜式分拣机可分为翻盘式和翻板式两种。输送机本身设有分送装置，当货物到达规定的分拣位置后，货物所在的盘或板向左或向右翻转倾斜一定的角度进行分拣。

翻盘式分拣机各盘的倾翻动作可以互相不干涉地同时进行，所要求相邻分拣口的间隔最小，是各种分拣机中分拣口最多的品种。

翻板式分拣机由于打破了盘与盘之间的界限，可以根据分拣物的存储大小，占用一个或数个翻板，所以对分拣物尺寸适应性大为改观。

（4）悬吊式分拣机。悬吊式分拣机是用装在悬吊装置上的钳子或支架吊起物品，输送到指定位置放下物品或转换到另外的分支线路上进行分拣的装置，主要用于成批货物的分拣。

6. 托盘码垛机器人

托盘码垛机器人是能将不同外形、尺寸的包装货物，整齐自动地码在托盘上的机器人。为充分利用托盘的面积和码堆物料的稳定性，机器人具有物料码堆顺序功能和排列设定器。

托盘码垛机器人根据码垛机构的不同可以分为多关节型和直角坐标型，根据抓具形式的不同可以分为侧夹型、底拖型、真空吸盘型。此外，还可分为固定型和移动型两种。

7. 自动出入库系统

自动出入库系统连接自动化仓库与输送系统，具有移载和搬运的功能，起到货物分配、增加钢平台、提高仓库出入灵活性的作用。

自动出入库系统多由链式输送机、滚式输送机、移载机以及穿梭车组成，其中穿梭车系统用于长距离直线搬运，速度快、频率高，常用于出入库系统，可变轨形成分拣系统。

（三）流通加工技术与装备

按照加工方式的不同，流通加工设备大致可分为包装机械、切割机械、印贴标记条形码设备、拆箱设备、称重设备等。

切割机械包括金属、木材、玻璃、塑料等原材料切割机械。

包装机械按操作方法分为充填机械、罐装机械、捆扎机械、裹包机械、贴标机械、封口机械、清洗机械、真空包装机械、多功能包装机械等。此外还有干燥机、上蜡机、包装组合机、上塞机、旋盖机等。

1. 包装机械

（1）计量充填机械。计量充填机械是指将待包装的物料按所需的精确量（质量、容量、数量）填充到包装容器内的机械。充填液体的机械称罐装机械。计量充填机械一般由物料供送装置、计量装置、下料装置等组成。它既可以作为一种单机单独使用，也可以与各种包装机组成机组联合工作。计量充填机械是包装设备的重要组成部分，其主要特点是高速度、高精度与高可靠性的统一，其性能的好坏直接影响到包装质量。

根据计量充填机械所采用的计量原理不同，其可分为容积式充填机、称重式充填机、计数式充填机三种类型。

罐装机械。罐装机械主要用于食品领域中对啤酒、饮料、饮品、酒类、植物油和调味品的包装，还包括对洗涤剂、矿物油和农药等化工类液体产品的包装。包装所用容器主要有桶、瓶、听、软管等。罐装机按照罐装产品的工艺可分为常压罐装机、真空罐装机、加压罐装机等。罐装机械通常与封口机、贴标志设备等连接使用。

封口机械。封口机械是指在包装容器盛装产品后对容器进行封口的机器。按照封口方式不同，封口机可分为热压式封口机、卷边式封口机、液压式封口机、旋合式封口机、结扎式封口机。

不同的包装容器有不同的封口方式，如塑料袋多采用接触式加热加压封口或非接触式超声波熔焊封口；麻袋、布袋、编织袋多采用缝合的方式封口；瓶类容器多采用压盖或旋盖封口；罐类容器多采用卷边式封口；箱类容器多采用钉封或胶带黏封。

（2）裹包机械。用挠性包装材料进行全部或局部裹包产品的包装设备统称为裹包机械。裹包机械的共同特点是用薄形挠性包装材料（如玻璃纸、塑料膜、黏膜、各类复合膜、拉伸膜、收缩膜等）将一个或多个固态物品进行裹包，广泛用于食品、烟草、药品、日用化工品、音像制品等领域。其种类繁多，功能各异，因而裹包机械的结构较为复杂，其调整、维修需要一定的技术水平。

常用的裹包机有折叠式裹包机、按缝式裹包机、覆盖式裹包机、缠绕式裹包机、拉伸式裹包机等。

（3）捆扎机械。捆扎机械是利用带状或绳状捆扎材料将一个或多个包件紧扎在一起的机器，属于外包装设备。目前我国生产的捆扎机械基本上采用塑料带作为捆扎材料，利用热熔搭接的方法使紧贴包件表面的塑料带两端加压黏合，从而达到捆紧包件的目的。

捆扎机分为机械式自动捆扎机和机械式半自动捆扎机两类。机械式自动捆扎机是采用机械传动和电气控制相结合的方式，无须手工穿带，可连续或单次自动完成捆扎包件的机器，适用于纸箱、木箱、塑料箱、信函及包裹、书刊等多种包件的捆扎。机械式半自动捆扎机也称半自动打包机，采用自动电热熔接，捆扎速度快、省时省力、接口平整牢固，能提高产品包装外观的档次。它适用于纸箱、纸张、包裹信函、药箱、轻工业、五金工具、陶瓷制品、汽车配件、日化用品、文体用品、器材等各种货物的自动打包。

（4）装箱机与纸箱包装机。对于啤酒、饮料等商品，罐装之后必须进行运输包装，才能进入流通行列。这个装箱工作既可以选择装箱机，也可以选择纸箱包装机。

垂直旋转式装箱机。装箱机通过机械运转、气动和电控制，将瓶子成组准确、可靠地放入包装箱中。

纸板预成型纸箱包装机。它是指在纸箱输入式包装机中，纸板预先折合成型插入，瓶子则由推送机构从另一侧一组组地送入纸箱内，完成包装封箱。

2. 条形码设备

条形码是一种可印刷机器语言，具有保密性好、差错率低、收集及处理数据省力等特点。它作为一种先进的计算机数据自动输入代码，广泛应用于物流管理和物流作业控制领域。

条形码设备一般包括：①条形码用材；②条形码打印机；③数据采集终端；④条形码质量检测仪；⑤电子标签系统。

（四）运输技术与装备

（1）公路运输车辆。公路运输的特点是机动、灵活、投资少，受自然条件限制小，能够送货（接客）到家，为铁路运输、水运、空运起集散作用。公路运输主要承担近距离、小批量的货运和水运、铁路运输难以到达地区的长途、大批量货运，以及铁路运输、水运优势难以发挥出来的短途运输。

公路运输车辆大致分为三类：客车、货车和专用运输货车。客车又可分为小客车（如轿车、吉普车等）和大客车等。货车按其重量可分为微型、轻型、中型和重型等。微型和轻型货车主要用于市内的集货、配货运输；中型货车主要用于短距离的市外运输；重型货车主要用于长距离的干线运输。专用运输货车是在公路上运输货物的车辆，是实现"门到门"运输的最普通的形式。在日本，90%以上的货物都采用货车运输。专用运输货车主要分为敞式货车、厢式货车和拖车、挂车，按温度的不同可分为保温货车和冷藏货车。为提高装卸作业效率有带升降尾板的货车、侧开式厢式货车、带移动槽的货车等。

（2）铁路运输车辆。铁路运输车辆是运送旅客和货物的车辆。车辆一般不具备动力装置，需要联挂成列车后由机车牵引运行。铁路运输车辆按轴数分为四轴车、六轴车和多轴车，按用途分为客车和货车两大类。常见的客车有硬座车、软座车、硬卧车、软卧车、餐车、行李车、邮政车等。货车种类很多，主要有棚车、敞车、平车、罐车、保温车。货车通常还按载重分为50t、60t等多种。

（3）货船。货船是以载运货物为主的专用船舶。货船的船型很多，大小悬殊，排水量可从数百吨至数十万吨。货船按用途分，主要有干货货船、杂货船、冷藏船、滚装船、载驳船、集装箱船、液货船。

（4）航空运输设备。航空运输的主要设备为航空器、集装设备和行李自动分拣系统。

（5）运输管道。运输管道按所输送物品的不同可分为原油管道、成品油管道、天然气管道、固体料浆管道。运输管道按用途不同又可分为集输管道、输油（气）管道和配油（气）管道三种。

四、物流设备管理

物流设备是指进行各项物流活动所需的机械设备、器具等可供长期使用，并在使用中基本保持原有实物形态的物质资料，有时也称为装备或机器，或用物流机械作为总称。物流设备是现代化企业的主要作业工具之一，是合理组织批量生产和机械化流水作业的基础，是组织物流活动的物质技术基础，可以帮助提高物流系统的运作效率。

（一）物流设备在物流系统中的地位和作用

（1）物流设备既是物流系统的物质技术基础，也是生产力发展水平与物流现代化程度的重要标志。物流设备作为生产力要素，对于发展现代物流、改善物流状况、强化物流系统能力显然具有十分重要的地位和作用。

（2）物流设备是物流系统中的重要资产。在物流系统中，物流设备的价值所占比例较大，而且随着物流设备技术含量与技术水平的日益提高，现代物流设备既是技术密集型的生产工具，也是资金密集型的社会财富。同时，在购置设备之后，为了维持设备正常运转、发挥设备效能，在设备使用过程中还需要继续不断地投入大量资金。

（3）物流设备涉及物流活动的每一环节。在整个物流过程中，从物流功能来看，物料或商品要经过包装、运输、装卸、储存等作业环节，而且伴随着附加的辅助作业，这些作业的高效完成需要不同的物流设备。因此，物流设备影响着物流活动的每一环节，其应用与管理水平决定着物流活动的效率。

（4）物流设备是物流技术水平高低的主要标志。物流设备是物流技术中的硬技术，是物流软技术的支持条件。许多先进的物流技术通过物流设备实现，物流设备的应用和普及程度如何，直接影响着整体物流技术水平的高低。

（二）物流设备的种类

掌握物流机械设备的类别体系，是从总体上把握物流设备管理的关键。对于涉及多个行业的物流设备而言，没有恰当的分类，就不可能对物流设备进行科学的管理。因此，对物流设备进行分类，有利于对物流设备体系形成系统的、科学的认识，提高认识水平，有利于对物流设备进行正确使用和科学管理。

物流设备的分类方法很多，可以根据不同的需要，从不同的角度来进行划分。由于有的物流设备一机多能，有的物流设备需组合配套使用等特点，很难对物流设备进行准确的分类。一般最常见的是按照设备所完成的物流作业来划分，可把物流设备划分为包装设备、集装单元器具、装卸搬运设备、运输设备、仓储设备、流通加工设备等，如图4-17所示。

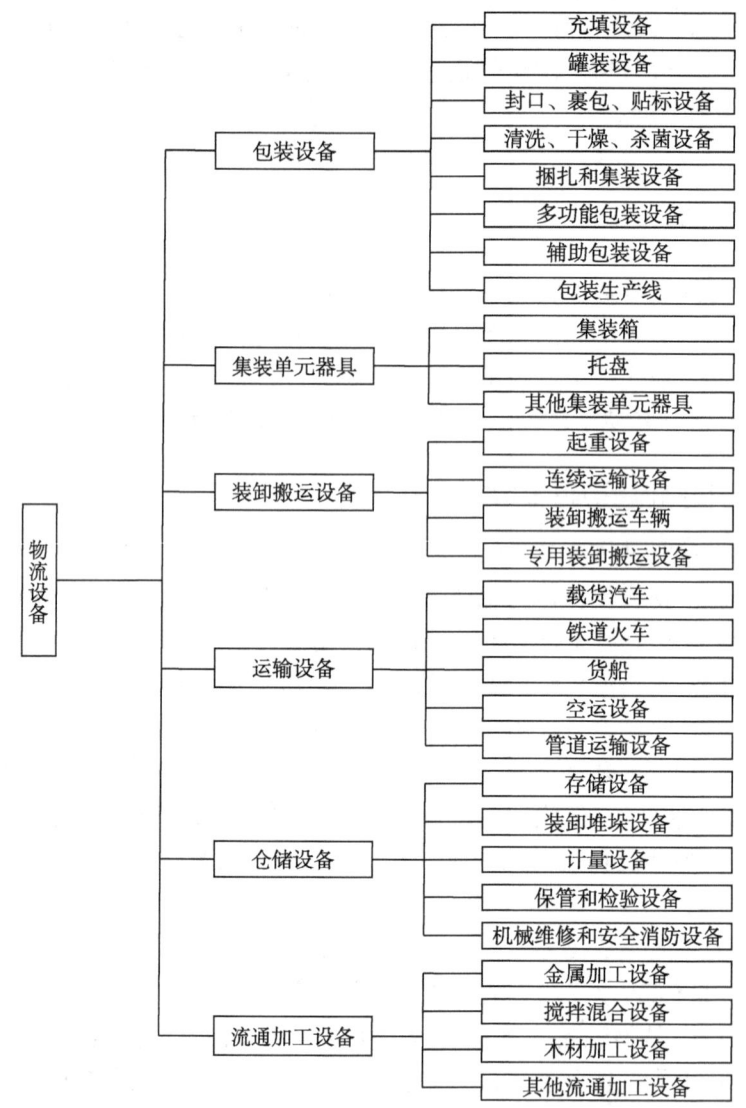

图 4-17　物流设备的分类

（三）物流设备管理的主要内容

物流设备管理是对设备进行全过程管理，它是从设备规划和选购设备或自选设计制造设备开始，到设备在物流系统中使用、维护、修理直至报废退出物流系统的全过程管理，如图 4-18 所示。

物流设备的管理，不仅限于提供符合性能要求和使用要求的设备，而且还要求提供操作条件和技术保障。物流设备必须通过人员操作才能发挥作用，必须通过人员给予保养修理才能保证无故障状态下的正常使用。物流设备的管理内容，当然首先是对物流设备本身的管理，其次包括对物流设备技术的管理、对操作使用与维修人员的管理。总之，物流设备管理贯穿物流设备运动的全过程，其主要内容有以下三方面。

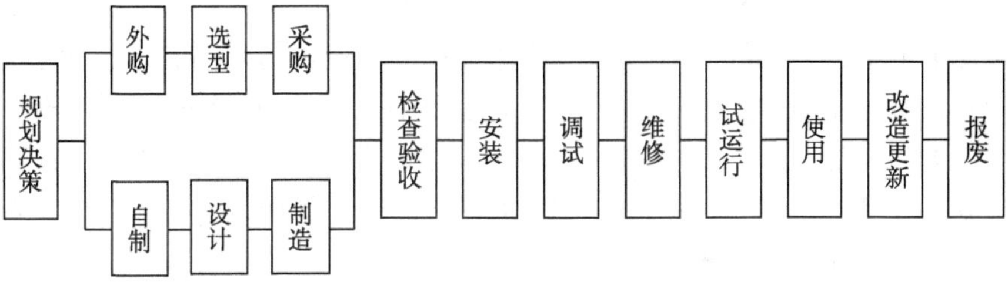

图 4-18 设备管理全过程

（1）物流设备的技术管理，主要包括：设备的规划、选购、自制与安装调试；设备的合理使用和维护保养管理；设备的计划检修；设备的状态监测与技术诊断；设备安全技术管理和事故处理；设备备件管理；设备的技术资料管理；设备技术改造；设备技术档案管理等。

物流设备的技术管理必须遵循物流设备的运动特性与技术状况的变化规律，科学地组织好物流设备管理各项内容中的技术工作，不断提高其技术素质，保证正常工作状态，使之充分发挥效能，完成生产作业任务，为企业创造良好的经济效益。

（2）物流设备的经济管理，主要包括：设备投资效益分析；资金筹措和使用、设备移交验收、分类编号、登记卡片和台账管理、库存管理、调拨调动、年终清查等资产管理；折旧的提取与管理；费用的收支核算；设备更新等。

物流设备的经济管理必须遵循价值规律和生命周期费用变化规律，对物流设备管理的各项内容进行经济论证、经济核算、经济分析和成本控制等活动，开展多种形式的增收节支活动，使企业取得最佳投资效益。

（3）物流设备的组织管理，主要包括：人员教育和培训；设备管理制度和规范的制定；设备管理、使用的监督、检查和评比等。

物流设备的组织管理必须遵循物流设备使用与磨损的客观规律，运用行政手段，科学地把物流设备技术管理和经济管理结合起来，全面完成物流设备管理任务。

设备管理三个方面的内容是相互联系的一个整体，其中技术管理是基础，经济管理是目的，组织管理是手段。只有三者结合，才能实现综合管理的目标。

（四）物流设备管理的指标

物流设备管理的指标主要是指反映物流设备技术状况的指标，一般包括以下几个。

（1）设备完好率。设备完好率是反映设备技术完好程度的指标。它等于一定时间内经检验合格的设备数在全部设备数中所占的百分比。

$$K = \frac{C}{N} \times 100\% \tag{4-1}$$

式中　K——设备完好率；
　　　C——完好设备的台数；
　　　N——全部设备的台数（包括在用、停用、检修、封存和借用的设备）。

完好设备即经检验合格的设备。由于设备的工艺结构特点不同，完好的标准即检验合格的要求也不完全相同，对每台设备都有具体规定。但总的看来，设备完好的标准应包括：设备性能良好，零部件和附件完整无损；设备运转正常，操作安全可靠；能耗消耗正常，经济合理。

（2）设备故障率。它是反映设备各技术状态的另一指标。它等于一定时间内故障停机时间与工作时间的百分比。

$$K_f = \frac{T_s}{T_T} \times 100\% \tag{4-2}$$

式中　K_f——故障率；

　　　T_s——故障造成的停机时间；

　　　T_T——设备工作运转的时间。

（3）设备的新度。它指的是设备的新颖程度，可按下式计算。

$$D = \frac{P_n}{P_o} \times 100\% \tag{4-3}$$

式中　D——设备新度；

　　　P_n——设备净值；

　　　P_o——设备原值。

设备净值是设备的原值减去折旧提成。目前，国外有些国家用设备新度来反映设备现代化的程度。D 值越大，设备新度越高，一般说明设备现代化程度越高。

（4）设备更新率。设备更新率是一定时期内设备更新原值与期末设备总原值的百分比。

$$设备更新率 = \frac{期内设备更新原值}{期末设备总原值} \tag{4-4}$$

（5）设备役龄。它是指设备投入使用的年限。一般来说，新设备较旧设备在性能、效率等方面总是要优越些。设备役龄越短，表示技术装备水平越先进，因此，一个企业设备的平均役龄可以反映企业技术装备的先进程度。

（6）设备可利用率。它是指设备实际开动时间和设备实际开动时间、故障停用时间之和的百分比。

$$设备可利用率 = \frac{设备实际开动时间}{设备实际开动时间 + 故障停用时间} \times 100\% \tag{4-5}$$

（7）设备综合效益。设备综合效益是设备寿命周期的输出与设备寿命周期费用的比值。

$$设备综合效益 = \frac{设备寿命周期的输出}{设备寿命周期的费用} \tag{4-6}$$

除了上述指标外，还包括：设备寿命周期费用，是设备一生的总费用支出，包括设备购置费和一生的使用费用；设备寿命周期输出，就是设备一生在满足安全、卫生、环境保护、货物安全、交货期等条件下的作业量，用价值表示。

【案例分析】

案例1　济南盖世物流园区

物流园区是多家物流企业在空间上集中布局，集聚能力强，辐射范围广，功能比较多，能起到示范带动作用的社会化综合物流节点。现代物流园区的建设可实现物流企业和物流资源在园区内的集约互补，有利于发挥物流整体优势和规模效应；有利于促进多种运输方式和多项物流服务的有效衔接；有利于发挥物流中心城市的辐射带动作用；有利于土地资源和物流基础设施的有效利用。

济南盖世物流园区位于济青高速公路零点立交周边地区，分南北两区规划建设。南区位于黄河以南，以盖家沟物流基地为中心，规划控制面积 500 公顷左右；北区位于黄河以北，选址在大桥镇附近，规划控制面积 300 公顷左右。

基础条件：盖家沟物流基地紧临济青高速公路零点收费站，济青高速公路、104 国道、220 国道以及二环北路在此交汇，公路交通优势明显，与市区及其他地区的联系非常方便，有利于货物的集散。天桥区大桥镇依托济南黄河大桥与盖家沟相连。附近有 104、308、220 国道和在规划建设中的青银高速公路在此交汇。黄河三桥建成后，将迅速提升园区交通条件，加强南北两区的联系。

盖家沟物流基地已初具规模，现已建成各类基础设施 4 万平方米，入驻物流公司 350 余家，开通济南至全国各大中城市运输专线 900 余条，每天运输配送的货物达到 7 000 吨，并为海尔、三联、TCL 等 120 多家用户提供物流服务。盖家沟物流基地以南的广大区域已汇集了众多商品市场和多家物流中心，形成了商业物流配送园区的雏形。大桥镇周边地区拥有桑梓店工业园、济北开发区及正在建设中的煤炭、电力能源基地，随着"北跨"战略的实施，大批工业企业北迁，黄河以北地区的产业规模将进一步扩大，潜在物流资源丰富，发展空间较大。

功能定位：盖家沟物流基地以商业物流配送功能为主，主要为大型商业、连锁超市和消费品生产企业提供综合物流配送服务，形成集仓储、配送、商贸、展示、信息、交易、加工于一体的城市配送型综合性物流园区。大桥镇物流基地以生产资料物流配送为主，将黄河以北的产业发展为服务对象，形成与盖家沟物流基地优势互补、协同发展的黄河以北地区的产业基地型物流节点。

建设思路：以盖家沟物流基地为依托，充分发挥园区已形成的规模优势，在科学规划的基础上，加快改造提升，并以此为依托整合周边物流资源，完善服务功能，提高档次水平。在加强生态建设保护的同时，形成与城市窗口形象和现代物流业发展相适应的物流基地。重点规划建设综合管理服务区和集中交易区，完善园区服务功能，提升交易水平；规划建设与园区发展相适应的信息网络平台，提高信息化水平；有效整合规划现有仓库群和批发市场群，建设配送中心区，改造整合货运设施，提升物流配送规模和水平。

结合"北跨"战略的实施，适时规划建设为济北工业区企业提供生产资料服务的物流基础设施,为工业中心跨河发展提供重要物流支撑。

资料来源:https://wenku.baidu.com/view/5509e6f7f61fb7360b4c65d4.html?re=view.

案例思考题

1. 物流园区的选址依据是什么?
2. 物流园区的内涵及功能是什么?

案例2 蒙牛乳业自动化立体仓库案例

内蒙古蒙牛乳业泰安有限责任公司乳制品自动化立体仓库,是蒙牛乳业公司委托太原刚玉物流工程有限公司设计制造的第三座自动化立体仓库。该库后端与泰安公司乳制品生产线相衔接,与出库区相连接,库内主要存放成品纯鲜奶和成品瓶酸奶。2006年,库区面积为8 323平方米,货架最大高度为21米,托盘尺寸为1 200毫米×1 000毫米,库内货位总数为19 632个,其中,常温区货位数14 964个,低温区货位数46 687个。入库能力为150盘/小时,出库能力为300盘/小时。出入库采用联机自动。

一、工艺流程及库区布置

根据用户存储温度的不同要求,该库划分为常温和低温两个区域。常温区保存鲜奶成品,低温区配置制冷设备,恒温4℃,存储瓶酸奶。按照生产—存储—配送的工艺及奶制品的工艺要求,经方案模拟仿真优化,最终确定将库区划分为入库区、储存区、托盘(外调)回流区、出库区、维修区和计算机管理控制室6个区域。

入库区由66台链式输送机、3台双工位高速梭车组成。负责将生产线码垛区完成的整盘货物转入各入库口。双工位穿梭车则负责将生产线端输送机输出的货物向各巷道入库口分配、转动及空托盘回送。

储存区包括高层货架和17台巷道堆垛机。高层货架采用双托盘货位,完成货物的存储功能。巷道堆垛机则按照指令完成从入库输送机到目标的取货、搬运、存货及从目标货位到出货输送机的取货、搬运、出货任务。

托盘(外调)回流区分别设在常温储存区和低温储存区内部,由12台出库口输送机、14台入库口输送机、巷道堆垛机和货架组成。它们分别完成空托盘回收、存储、回送、外调货物入和剩余产品、退库产品入库、回送等工作。

出库区设置在出库口外端,分为货物暂存区和装车区,由34台出库口输送机、叉车和运输车辆组成。叉车司机通过电子看板、RF终端扫描叉车完成装车作业,反馈发送信息。

维修区设在穿梭车轨道外一侧,在某台空梭车更换配件或处理故障时,其他穿梭车仍旧可以正常工作。

计算机管理控制室设在二楼,用于出入库登记、出入库高度管理和联机控制。

二、设备选型及配置

(一)货架

1.货架主材

主柱:常温区选用刚玉公司自选轧制的126型异型材,低温区采用120型异型材。

横梁：常温区选用刚玉公司自选轧制的异型材，55BB 区采用 5BB 型异型材。天轨、地轨：地轨采用 30 千克/米的钢轨，天轨采用 16# 工字钢。

2. 基础及土建要求

仓库地面平整度允许：仓库长 980 米，允许偏差 ±10 毫米；在最大载荷下，货架区域基础地坪的沉降变形应小于 1/1 000。

3. 消防空间

货架北部有 400 毫米的空间，200 毫米用于安装背拉杆，200 毫米用于安装消防管道。

（二）有轨巷道堆垛机

1. 设备配置

有轨巷道堆垛机主要由多发结构、超升机构、货叉取货机构、载货台、断绳保护装置、限速装置、过载与松绳保护装置以及电器控制装置等组成。

驱动装置：采用德国德马格公司的产品，性能优良、体积小、噪声低、维护保养方便。变频调速：驱动单元采用变频调速，可满足堆垛机出入库平衡操作和高速运行要求，具有起动性能好、调速范围宽、速度变化平衡、运行稳定等优点，并有完善的过压、过流保护功能。堆垛机控制系统：先用分解式控制，控制单元采用模块式结构，当某个模块发生故障时，在几分钟内便可更换备用模块，使系统重新投入工作。保护装置：堆垛机超升松绳和过载、断绳安全保护装置；载货台上、下极限位装置；运行及超升强制换速形状和紧急限位器；货叉伸缩机械限位挡块；空位虚实探测、货物高度及歪斜控制；电器联锁装置；各运行端部设极限缓冲器；堆垛机设作业报警电铃和警示灯。

2. 控制方式

手动控制。堆垛机的手动控制是由操作人员，通过操作板的按钮和万能转换形状，直接操作机械运行，包括水平运行、载货台升降、货叉伸缩三种动作。

单机自动控制。单机自动控制是操作人员在出入库端通过堆垛机电控柜上的操作板，输入入（出）库指令，堆垛机将自动完成入（出）库作业，并返回入（出）库端待令。

在线全自动控制。操作人员在计算机中心控制室，通过操作终端输入入（出）库任务或入（出）库指令，计算机与堆垛机通过远红外通信连接将入（出）库指令下达到堆垛机，再由堆垛机自动完成入（出）库作业。

（三）输送机

整个输送系统由两套 PLC 控制系统控制，与上位监控机相连，接收监控机发出的作业命令，返回命令的执行情况和子系统的状态等。

（四）双工位穿梭车

双工位穿梭车系统完成小车的高度，其中一个工位完成成品货物的接送功能，另一个工位负责执行委员会的拆卸分配。主要技术参数有额定载荷为 1 300 千克，接送货物规格为 1 200 毫米 ×1 000 毫米 ×1 470 毫米（含托盘），最大空托盘数为 8 个，空托盘的最大高度为 1 400 毫米，运行速度为 5～160 米/分（变频调速），输送速度为 12.4 米/分。

（五）计算机管理与控制系统

依据蒙牛乳业泰安有限责任公司立库招标的具体需求，考虑企业长远目标及业务发展需求，针对立库的业务实际和管理模式，为本项目定制了一套适合用户需求的仓储物流管理系统。

该系统主要包括仓储物流信息管理系统和自动化立体仓库控制与监控系统两部分。仓储物流信息管理系统实现上层战略信息流、中层管理信息流的管理；自动化立体仓库控制与监控系统实现下层信息流与物流作业的管理。

1. 仓储物流信息管理系统

（1）入库管理，实现入库信息采集、入库信息维护、脱机入库、条形码管理、入库交接班管理、入库作业管理、入库单查询等功能。

（2）出库管理，实现出库单据管理、出库货位分配、脱机出库、发货确认、出库交接班管理、出库作业管理等功能。

（3）库存管理，对货物、库区、货位等进行管理，实现仓库调拨、仓库盘点、存货调价、库存变动、托盘管理、在库物品管理、库存物流断档分析和积压分析、质保期预警、库存报表、可出库报表等功能。

（4）系统管理，实现对系统基础资料的管理，主要包括系统初始设置、系统安全管理、基础资料管理、物料管理、业务资料管理等模块。

（5）配送管理，实现车辆管理、派车、装车、运费结算等功能。

（6）质量控制，实现出入库物品、库存物品的质量控制管理。包括抽检管理、复检管理、质量查询、质量控制等。

（7）批次管理，实现入库批次数字化、库存批次查询、出库发货批次追踪等功能。

（8）配送装车辅助，通过电子看板、RF终端提示来指导叉车进行物流作业。

（9）RF信息管理系统，通过RF实现入库信息采集、出库发货数据采集、盘点数据采集等功能。

2. 仓储物流控制与监控系统

自动化立体仓库控制与监控系统是实现仓储作业自动化、智能化的核心系统，它负责高度管理仓储物流信息系统的作业队列，并把作业队列解析成自动化仓储设备的指令队列，根据设备的运行状况指挥协调设备的运行。同时，本系统以动态仿真人机交互界面监控自动化仓储设备的运行状况。

系统包括作业管理、作业高度、作业跟踪、自动联机入库、设备监控、设备组态、设备管理等几个功能模块。

资料来源：https://wenku.baidu.com/view/2b86a1e9b8f67c1cfad6b86a.html?from=search.

案例思考题

1. 结合本案例分析自动化立体仓库由哪些设施组成。
2. 自动化立体仓库的特点是什么？

3. 分析蒙牛采用的此立体仓库的优越性在哪。

【实践技能训练】

项目一：通过对物流节点的学习，经过调研完成当地物流市场范围物流中心的规划设计。

实训要求

1. 学生建立调查小组。

2. 教师提前给学生指出调查方向，配合学生拟订调查计划。

3. 学生根据调查结果，进行结果分析并撰写调查总结报告。

项目二：观看物流设备影像资料并参观学校物流实训基地或物流公司，学习操作各种物流设备。

实训要求

1. 观看装卸机械作业、仓储设备、自动化立体仓库设备录像。

2. 学生能熟悉常用的装卸方式，对各种物流设备能辨别其类型，并认识该种设备的作业特点、方式及适用场合，熟悉其作业流程。

3. 分组讨论各种物流设备作业的流程，并及时做出总结。

第五章 • Chapter5

物流分析技术与方法

学习目标

【掌握】
1. 企业物流系统的四种类型。
2. 绘制企业物流的节和链。

【理解】
1. 效益悖反对成本中心视角下物流决策的影响。
2. 简单流通渠道与复杂流通渠道的差异。
3. 短期分析与长期分析的差异。

【了解】
物流的成本观念和最优化等级。

第一节 物流系统分析方法

对物流系统的分析通常要求对物流活动有不同观点和看法。采取的最好观点取决于需要进行分析的类型。例如，如果一个企业想要分析物流长期系统设计，注重节点和链组成的企业网络关系可能会是最有益的。另外，如果企业评价运输公司或运输方式的变化，则应当按照成本中心分析物流系统。在本节，我们讨论分析物流系统的四种方法：物料管理与实体配送、成本中心、节与链，以及物流渠道。

一、物料管理与实体配送

将物流分为物料管理与实体配送对于组织的物流管理和控制（进货和出货物流）是非常有用的。企业原材料的移动与储存往往不同于产成品的移动与储存。例如钢铁公司可能要用驳船或大型铁路整车运载需要的铁矿石和原煤材料，储存时则可能仅需要土地空间来堆积这些材料以备将来使用。另外，成品钢通常使用汽车运输，储存时则需要封闭的场地防止接触空气，同时要求精细的物料搬运设施。

物料管理和实体配送之间不同的物流要求可能对一个组织物流系统的设计有重要影响。这些差异可能导致对物料管理和实体配送采用不同的物流系统设计。企业会发现从这两种角度研究物流系统可能会比较方便，每一种角度会导致不同的管理方法。需要注意的是，尽管存在差异物料，但管理和实体配送的紧密配合仍是必要的。

从物料管理（进货物流）和实体配送（出货物流）方面考察物流有关的其他观点也是值得考虑的。事实上，从进货和出货物流要求看，我们可以将企业物流系统划分为四种不同的类型。

对称系统。一些企业在物流系统的进货和出货方面是一种合理的平衡流。换句话说，他们从位于不同位置的不同供应商处接收供应并运送到不同位置的不同客户处，生产消费品的企业，如通用食品（General Food）、品食乐集团（Pillsbury）和通用磨坊公司（General Mills），通常属于这种情况。尽管客户服务的重要性使这些企业可能会比较强调实体配送，但对于它们而言进货与出货物流都很重要。

偏进货型。一些企业的进货流非常繁忙而出货流较为简单。航空公司如波音公司就是一个很好的例子，波音公司使用由几百个供应商生产的数千种零配件组装和生产成品飞机，一旦飞机完工并经过测试，公司将它飞行给两三年前订购的客户，如达美航空公司（Delta Airline），其在进货时要经过严密的规划以确保零配件及时到达。每个供应商的零配件各不相同的前置时间是一项复杂的物流挑战。汽车生产商也属于这种情况，每辆国产汽车要使用 12 000～13 000 种零配件，尽管它们的出货物流系统比飞机生产公司要复杂，但远不如进货系统这样复杂。

偏出货型。化学制品公司如英国道尔化学公司（D&R）是偏出货型物流系统的例子。在进货方面，公司从少数供应商那里运入原油副产品、盐水和其他原材料，并且经常是大批量、短距离运送。在出货方面，生产出来的各种工业品和消费用品需要储存、包装与运输到最终用户。因此，在出货物流系统繁忙的企业里，物流系统的实体配送更加复杂。

逆向系统。一些企业在物流系统的出货方面有逆向物流，如生产耐用品的企业。用户可能会因以旧换新、维修或废弃物处理而退回商品，生产计算机、电话设备和复印机的企业具有这种特征，处理可回收使用容器的企业同样具有这种特征。人们对环境的关注会要求更多企业开发逆向物流系统来处理已使用商品的包装材料。

二、成本中心

许多企业包括在物流领域内的管理活动，即运输、仓储、存货、物料搬运和工业包装，具有高度的相关性。通过将这些活动作为成本中心来考察，人们能够分析它们之间的效益悖反，这可能会带来更低的总成本或更好的服务。

将物流细分为各种成本中心或活动中心是物流系统分析的第二种方法。由于减少总物流成本和改善服务最常发生在对两个活动中心的权衡中，因此企业通常将物流细分为成本中心或活动中心来分析物流系统。例如，用更快捷可靠的汽车运输取代铁路运输所带来的库存成本降低，会抵消较昂贵的汽车运费（见表5-1）。另一种可能是，增加库存数量会提高仓库和库存成本，但是减少的运输成本和销售损失成本可能足以使总成本降低（见表5-2）。

表5-1 转向较高成本运输方式的总物流成本分析

成本中心	铁路（美元）	汽车（美元）
运输	3.00	4.20
存货	5.00	3.75
包装	4.50	3.20
仓储	1.50	0.75
销售损失成本	2.00	1.00
总成本	6.00①	12.90①

①表示单位成本。

表5-2 增加仓库数目的总物流成本分析

成本中心	系统1 三个仓库（美元）	系统2 五个仓库（美元）
运输	850 000	500 000
存货	1 500 000	2 000 000
仓储	600 000	1 000 000
销售损失成本①	350 000	100 000
总成本	3 300 000	3 600 000

①当客户需要商品而没有存货时可能发生的预期成本。

成本中心的观点对考虑各种效益悖反从而降低客户成本、改善客户服务是非常有用的。但是，并不是每个变化都会带来总成本的降低。

三、节和链

分析企业物流系统的第三种方法是用节和链的观点（见图5-1）。节是确定的用于储存和处理商品的空间点。换句话说，节是企业储存生产原材料和销售给客户的产成品（供需平衡）的工厂及仓库。

系统的另一部分是链，是指连接物流系统的节的运输网络。这个网络既可以由单独的运输方式（铁路、汽车、航空、水运或管道）组成，也可以由各种不同的方式组合而成。

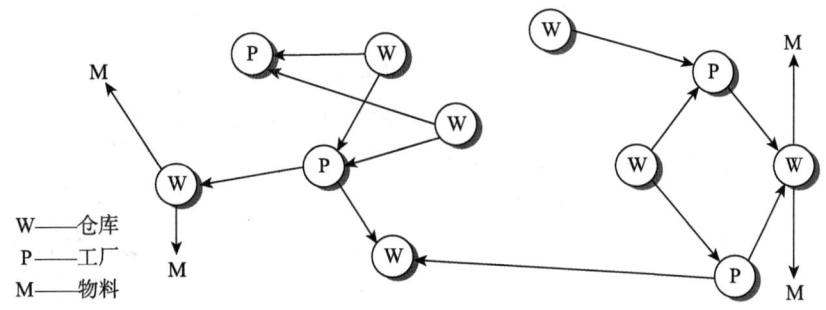

图 5-1　物流系统中的节和链

从节与链的观点来看，物流系统是非常复杂的。只有一个节的系统或许只用一个简单的链连接从供应商到组装工厂和仓库，然后到达相对较小的市场区域的客户。另一种极端情况是有多个工厂与仓库、生产多种产品的大规模企业，其复杂的运输网络可能包括三四个不同的运输方式。

节与链的观点，在分析物流系统的两个基本要素时，便于寻找可能的系统改善方式。如我们所注意到的，物流系统的复杂性通常直接与节和链之间的时间及距离关系有关，直接与系统内商品的进入、离开和运动的稳定性、可预测性及数量有关。

四、物流渠道

物流系统分析的第四种方法是研究物流渠道，即为有效的商品流从事运输、储存、搬运、通信和其他职能的中介网络。我们可以将物流渠道看作是整个分销渠道的一部分。分销渠道除了物流外还包括营销专家特别关心的交易流程。

物流渠道有简单的也有复杂的。图 5-2 展示了一个简单的物流渠道，在这个物流渠道中单个生产商直接与最终用户打交道。这个物流渠道的控制相对简单，由于生产商直接与客户接触，则由单个生产商控制物流流动。

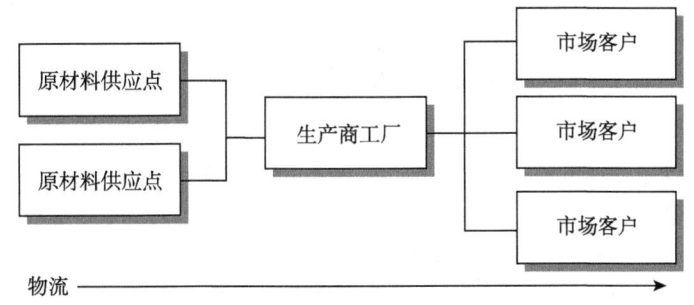

图 5-2　简单的物流渠道

图 5-3 展示了一个较为复杂的、多环节的物流渠道，其中一个销售仓库对多个零售商。销售仓库可以是一个公用仓库。在这个例子中，由于增加了储存和运输，其控制较为复杂。

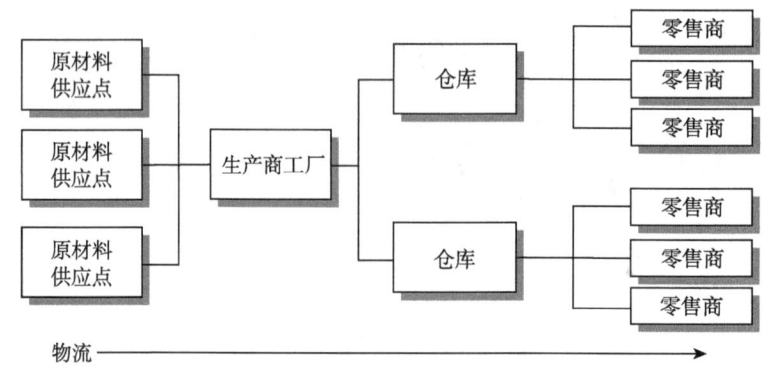

图 5-3 复杂的物流渠道

如果是生产基础产品,如钢铁、铝或者化学制品,由于企业可能不仅是一个渠道的一部分,那么情况会更加复杂。例如钢铁可能被出售给汽车生产商、集装箱生产商或文件柜生产商。重复的仓储设施、少量的运输方式选择的冲突以及其他问题都可能导致渠道无效率,同时也会存在沟通问题。在试图解决这些问题时,企业采取不同的策略。例如,一些组织利用垂直一体化控制物流渠道中几个阶段的产品,一些实力雄厚的企业通过控制渠道取得效率。

第二节 物流和系统分析

分析和方法论的进步促进了物流的发展,其中系统分析,或称为系统概念,就是一个重要方法。系统是由一组相互关联、功能相关的要素、变量组成部分或统一的整体。

一、成本观念

当我们用成本衡量系统产生整体效率时,系统的单一独立部分可能并未以最低成本运行。例如,在物流中,水路运输可能是一些企业最便宜的运输方式。如果企业仅考虑运输最优化,水运则是最好的运输方式。但是水路运输可能要求增加库存持有量以及相应地增加仓库面积和其他成本,这些成本可能会大于水运所节省的费用。换句话说,运输决策必须和有关职能(如存货、仓储和包装)协调一致,以使整个系统或子系统最优而不是仅使运输最优。系统概念的一般原则是,我们不仅关注单个变量,而且关注它们作为一个整体是如何相互作用的。我们的目标是整个系统的有效,而不仅是单个组成部分的有效。

二、最优化等级

系统概念的另外一方面是企业的最优化等级。我们刚刚讲了一个企业不能以牺牲有关的物流活动(如仓储和包装)为代价而使运输最优化。同时物流仅仅是企业的一个子系统，因此企业也不应当以牺牲其他领域为代价使物流最优化。例如，为了减少仓库和库存，物流经理或许想给某一客户五天的送货服务，但是这可能与销售冲突，因为企业的竞争者可能在同一市场区域提供三天的送货服务。显然，企业在分析形式之后必须制定出折中的办法。物流可能不得不接受由于竞争而强加的三天服务的工作强度，并且可能不得不在这一约束条件内设计最好的系统。组织管理高层中的一些人员和团体不得不在整个组织的效率或利润方面考虑在销售与物流之间的效益悖反。

除了销售，企业还要考虑生产、财务和其他职能（见图 5-4）。换句话说，整个企业应当是一个最优化的系统，企业可能不得不次优化内部子系统来取得最好的总体形势。这通常意味着物流可能要在安排的配送时间、最小生产运行周期和仓库改进与建设的资金限制等约束条件内运行，或在短期内模拟模型来帮助解决一些问题，使之更加灵活。

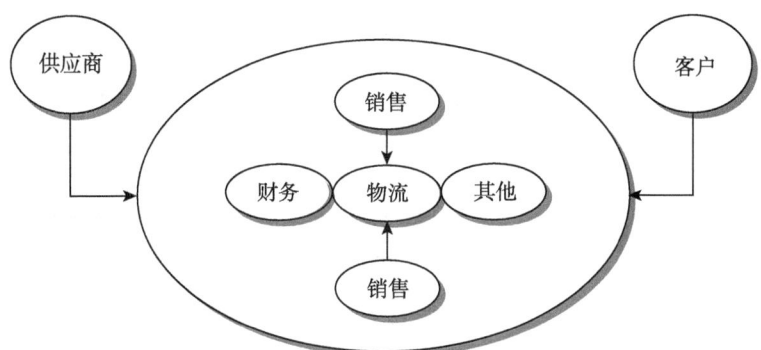

图 5-4　经济环境中的最优化等级

关于最优化等级的另一种观点是生产半成品（如钢铁）的企业，或拥有多种产品生产线的企业经常在几个供应链中运作，因此人们可能将供应链最优化或企业决策的外部效应视为最高的优化级别。例如，以符合企业总需要的方式为企业产品设计的集装箱或托盘可能不能满足客户订货或收货的需要。因此，归根到底，这种改进或许会损害供应链的整体效率。

第三节　物流系统分析技术

本节的物流系统总成本分析技术，仅仅是较为基础的方法，为后续深入学习提供材料背景。

一、短期/静态分析

企业物流系统总成本分析的一般方法被称为短期分析。在短期分析中，研究短期状况以及与前面提到的各种物流成本中心有关的开发成本，只要其与企业对物流领域施加的约束条件一致，就可以从中选择具有最低总成本的系统。有人将这种短期分析称为静态分析，认为这种方法分析了在某一时点或某一产出水平上与物流系统各组成部分相关的成本。

举一个静态分析的例子（见表5-3）。在这个例子中，企业目前正使用全部采用铁路运输的路线将货物从工厂及相应的工厂仓库运送到客户的系统（系统1）。在工厂仓库中，化工药品经过包装后由铁路运输到客户。建议的另一个系统（系统2）将采用市场所在地仓库，将产品从工厂运送到市场仓库，然后包装并运送到客户。企业使用驳船将货物运到仓库而不使用铁路运输，这是利用了批量运送运费低的优势。经打包后，化工药品将通过铁路运输从仓库运往客户。

表 5-3　对某化学品公司的静态分析（50 000 千克）　　　　　（单位：千元）

成本	系统 1	系统 2
工厂物流成本		
包装	500	0
存储和搬运	150	50
存货持有	50	25
管理	75	25
固定成本	4 200	2 400
运输成本		
到市场仓库	0	150
到客户	800	100
仓储成本		
包装	0	500
存储和搬运	0	150
存货持有	0	75
管理	0	75
固定成本	0	2 400
总成本	5 775	5 950

在这个例子中，降低的运输成本与增加的仓储成本相伴出现。如果这个分析是严格静态的（在这个产出水平上），那么系统2比现有的系统成本高。因此，除非分析能够提供详细信息说明系统2更加有利，否则企业将继续使用现有系统。

但是，另有两个原因促使企业选择建议的系统2。首先，由于没有关于客户服务要求的信息，新的市场所在地仓库可能因提供了更好的客户服务而增加了销售额与利润，从而抵消了系统2成本较高的部分。其次，如果用长期的观点（动态分析）来考察该案例（见图5-5），会发现尽管系统在50 000千克的产出水平上的成本较低，但在略高于70 500千克的产出水平上，系统2的成本要低于系统1。因此，正处于快速增长中的企业现在可能想向系统2转变，对新仓库的建设时间可能要快速规划。

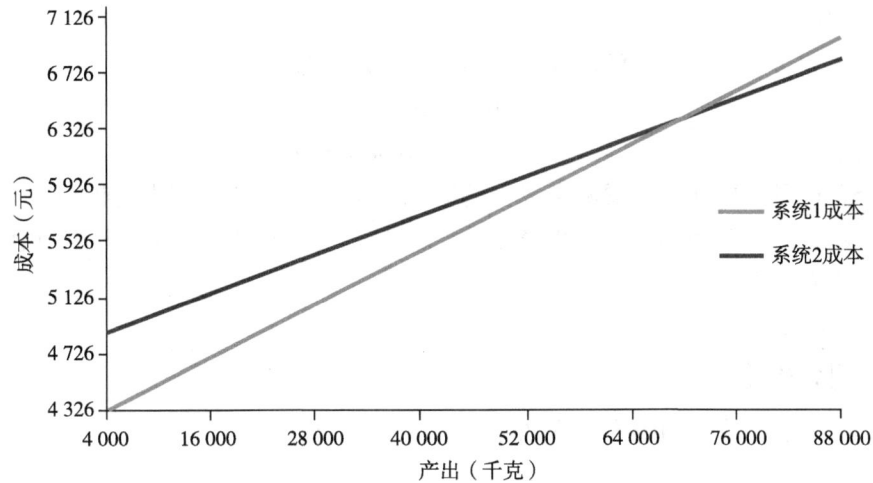

	总成本	固定成本	变动成本	单位变动成本
系统 1	5 775	4 200	1 575	0.031 5
系统 2	5 950	4 800	1 150	0.023 0

图 5-5　物流系统成本动态分析

尽管现在使用系统 1 的成本较低，但是企业仍转向系统 2 的另外一个原因是，企业期望系统 2 在将来带来更低的成本。尽管建立一个新系统通常要花费时间，但企业或许在不久的将来就发生变化。如果这个企业的增长相对较快，那么它可能在相对短的时间内产生 70 500 千克的产出。

二、长期/动态分析

设计最优系统的第二种方法是用数学方法计算出两个系统的成本相等点，在该案例中，系统 1 和系统 2 在产出大约为 70 500 千克时的成本相等。如果我们用一个曲线图来决定相等点，很难做到完全精确。如果用数学来解答，我们只需要从相等点确立一条直线（$y=a+bx$），在这一具体例子中，a 是固定成本，b 是单位变动成本，x 是产出水平。如果我们想求出两个系统的成本相等点，我们只需要将这两个等式合成一个等式，将相应的成本数据代入就可以解出这个相等点。可以证明，产出在大约 70 500 千克时，这两个系统的成本是相等的，这也是两个系统之间的无差别点。

系统 1：

$$总成本 = 固定成本 + 单位变动成本 \times 单位数量$$
$$y = 4\,200 + 0.031\,5x$$

系统 2：

$$y = 4\,800 + 0.023\,0x$$

效益悖反点：
$$4\,800+0.023\,0x=4\,200+0.031\,5x$$
$$600=0.008\,5x$$
$$x=70\,588 \text{ 千克}$$

一个企业可能要同时考虑两个以上的物流系统，许多例子表明企业要同时考虑三个或四个系统。不管我们分析多少个系统，我们都能利用同样的基本方法测绘出和用数字解出无差异点。

【案例分析】

上海浦东汽车运输总公司的现代物流系统变革

在上海浦东汽车运输总公司（简称浦运）的现代物流系统变革中，快步易捷公司全程参与了浦运的企业变革。双方的合作集中在三个方面：一是企业战略规划，包括市场战略、内部运作体系战略；二是开发应用一套可适应多种业务模式和多种调度模式的一体化运输管理系统；三是物流系统变革的实施。

要保证物流系统达到预期目标，实施步骤是关键。第一阶段，快步易捷在对浦运实际的运作情况和业务流程进行分析的基础上，提出了详尽的企业变革计划。在变革计划实施的过程中，快步易捷的物流顾问团队直接参与了浦运营销中心的建立，领导和完成了标准运作流程（SOP）和KPI体系的设计。

第二阶段，快步易捷为浦运设计了未来业务模式的核心目标，目标之一就是，建立起一个支持浦运快速业务发展，适应多种业务类型和运作方式的一体化运输管理系统。快步易捷在对系统进行全面设计和开发的过程中，融合了国际先进物流管理理念和深厚的本土行业经验，以及跨系统、跨平台的集成方案，协助浦运建立起基于客户业务模式的、跨部门的、动态实时配置的流程管理平台。

方案凭借强大的技术平台，实现企业物流信息的高效管理，重组企业业务流程，其目的是对运输过程中的人、车、货、客户进行有效的协调和管理，以提高运输企业的经营管理水平，创造更好的效益与利润，从而最终做到：①形成在全国范围内提供多种增值服务、处于领导者地位的资产型专业运输公司；②通过运输管理系统，将托运单调度作业流程统一化、规范化和高效化，实现最优的客户服务和最大的资源利用；③使所有运作成本透明化，帮助浦运进行成本控制的集中管理。

系统面向管理、调度、作业、车辆技术、人事和市场营销等各个部门，实现了贯穿托运单处理及调度、作业全过程的信息化处理，能向企业内部的周边系统及客户提供有关托运单处理的相关信息。在统一的流程驱动基础上，规范了托运单的处理和优化调度，实现了资源利用的最大化，确保托运单全过程相关方获得透明、准确、一致的信息。

经过一段时间的上线运作，浦运基本做到了从收到订单开始到货物准时、安全抵达客户手中的运作过程的全程可视性。目前，通过一体化物流信息平台的接入，再加上良好的管理制度，浦运轻松地实现了企业间物流流程的电子化连接、集成和整合。

资料来源：https://wenku.baidu.com/view/cc4c228c84868762caaed53f.html?re=view.

案例思考题

1. 什么是物流系统分析？
2. 上海浦东汽车运输总公司的现代物流系统变革存在哪些优势？
3. 根据案例，谈谈你对物流系统改革存在的问题的见解。

【实践技能训练】

通过实地调查当地物流企业的发展现状，利用掌握的数据用短期/静态分析或长期/动态分析方法设计出最优物流系统。

实训要求

1. 学生建立调查小组，选择当地具有代表性的物流企业进行实地调查。
2. 教师提前给学生指出调查方向，配合学生拟订调查计划。
3. 学生根据调查结果，进行结果分析并撰写调查总结报告。

现代物流实践

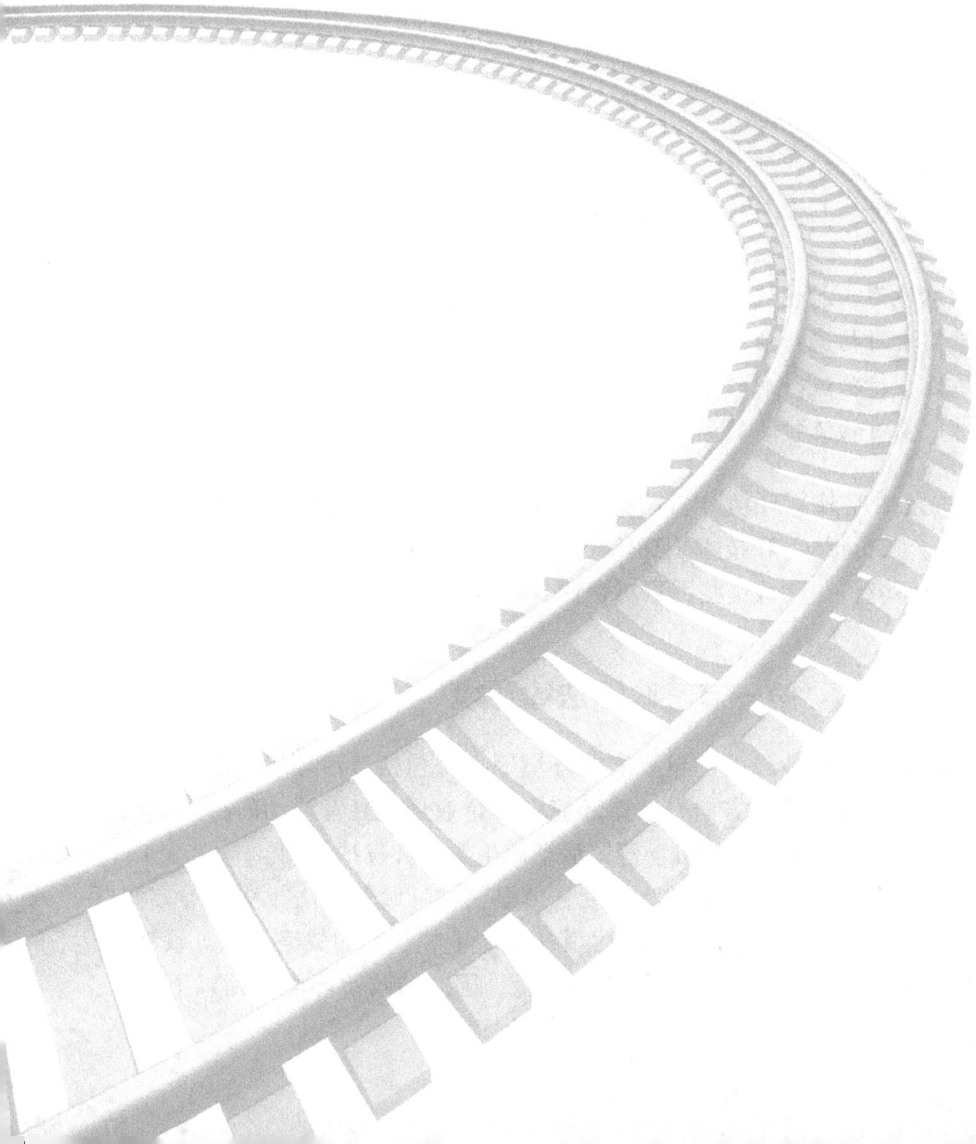

第六章 • Chapter6

物流管理宏观视角

学习目标

【掌握】

PEST 分析法的内涵。

【理解】

1. 物流政策的内涵。

2. 政治法律、经济、社会与技术的关注要素。

【了解】

1. 政治法律环境因素对物流行业的影响。

2. 经济环境因素对物流行业的影响。

3. 社会环境因素对物流行业的影响。

4. 技术环境因素对物流行业的影响。

PEST 分析法是战略外部环境分析的基本工具,它通过对政治(Politics)、经济(Economic)、社会(Society)和技术(Technology)四个方面因素的分析从总体上把握企业面临的宏观环境,并评价这些因素对企业战略目标制定与实现的影响。

第一节 政治法律环境

政治法律环境是影响企业经营的重要宏观环境因素,包括政治环境和法律环境。政治环境引导着企业经营活动的方向,法律环境则为企业规定经营活动的行为准则。政治与法律相互联系,共同对企业的市场营销活动产生影响和发挥作用。

政治环境是指一个国家或地区的政治制度、体制、方针政策、法律法规等方面。这些因素常常制约、影响企业的经营行为,尤其影响企业较长期的战略目标。政治环境分析主要分析国内的政治环境和国际的政治环境。国内的政治环境包括以下一些要素：①政治制度；②政党和政党制度；③政治性团体；④党和国家的方针政策；⑤政治气氛。国际的政治环境主要包括：①国际政治局势；②国际关系；③目标国的国内政治环境。

法律环境是指国家或地方政府所颁布的各项法规、法令和条例等。它是企业经营活动的准则，企业只有依法进行各种经营活动，才能受到国家法律的有效保护，如《反不正当竞争法》《税法》《环境保护法》以及外贸法规等。法律环境分析主要分析的因素如下。

（1）法律规范。特别是和企业经营密切相关的经济法律法规，如《公司法》《中外合资经营企业法》《合同法》《专利法》《商标法》《税法》《企业破产法》等。

（2）国家司法执法机关。在我国国家司法执法机关主要有法院、检察院、公安机关以及各种行政执法机关。与企业关系较为密切的行政执法机关有工商行政管理机关、税务机关、物价机关、计量管理机关、技术质量管理机关、专利机关、环境保护管理机关、政府审计机关。此外，还有一些临时性的行政执法机关，如各级政府的财政、税收、物价检查组织等。

（3）企业的法律意识。企业的法律意识是法律观、法律感和法律思想的总称，是企业对法律制度的认识和评价。企业的法律意识，最终都会物化为一定性质的法律行为，并造成一定的行为后果，从而构成每个企业不得不面对的法律环境。

（4）国际法所规定的国际法律环境和目标国的国内法律环境。

政治法律环境实际上是和经济环境密不可分的一组因素。处于竞争中的企业必须仔细研究政府和商业有关的政策与思路，如研究国家的税法、反垄断法以及取消某些管制的趋势，同时了解与企业相关的一些国际贸易规则、知识产权法规、劳动保护和社会保障等。这些相关的法律和政策能够影响各个行业的运作与利润。

对企业的经营发展产生作用的政治法律环境的具体影响因素主要有：①企业和政府之间的关系；②《环境保护法》；③外交状况；④产业政策；⑤《专利法》；⑥政府财政支出；⑦政府换届；⑧政府预算；⑨政府其他法规。

对企业经营发展有重要意义的政治法律变量主要有：①政府管制；②特种关税；③专利数量；④政府采购规模和政策；⑤进出口限制；⑥《税法》的修改；⑦《专利法》的修改；⑧《劳动保护法》的修改；⑨《公司法》和《合同法》的修改；⑩财政与货币政策。

物流政策是指国家或政府为实现全社会物流的高效运行与健康发展而制定的公共政策，以及政府对全社会物流活动的干预行为。其具体包括有关物流的法律、法规、规划、计划、措施（对策），以及政府对全社会物流活动的直接指导等。物流政策具有公共物品的属性，完善的物流政策体系一方面可减少或降低物流的外部不经济性，如交通拥挤、交通事故、噪声、空气污染等；另一方面可扶持与促进物流产业的发展，加速物流基础设施建设和完善，从而提高微观物流效率。

资料链接 6-1　发改委："十三五"期间推动现代物流加速发展

中国新闻网 2016 年 3 月 8 日电。据国家发改委网站消息，国家发改委表示，在

"十三五"期间，国家发改委将按照引领经济新常态、贯彻发展新理念的要求，进一步把物流业降本增效和服务国家重大战略，作为降成本、补短板，推进供给侧结构性改革的重点任务，着力推动物流业创新发展。

国家发改委表示，物流业是支撑经济社会发展的基础性、战略性产业。在"十二五"时期，按照中央决策部署，国家发改委积极会同有关部门，综合施策、多措并举，加强规划政策引导，大力开展试点示范工作，着力破解制约物流业发展的体制机制障碍，积极营造行业发展的良好环境，物流业保持了中高速增长。2015年，中国社会物流总额为216.5万亿元，"十二五"时期年均增长8.7%。社会物流总费用占GDP的比率约为15%，比2010年的17.8%有较大幅度的下降，为稳增长、调结构、惠民生发挥了重要的支撑和保障作用。

具体为：一是做好规划政策引导，打造行业发展的良好环境。2010年，国家发改委牵头编制了《农产品冷链物流发展规划》，明确了中国农产品冷链物流发展重点，着力推动提升冷链物流服务水平。2011年，报请国务院印发《关于促进物流业健康发展政策措施的意见》，从土地、税收等方面提出一系列促进物流业发展的政策建议。2013年，会同有关部门联合印发《全国物流园区发展规划》，确定园区布局的总体思路，明确主要任务和保障措施。2014年，会同有关部门研究编制并报请国务院印发《物流业发展中长期规划（2014-2020年）》，制订《促进物流业发展三年行动计划（2014-2016年）》，提出今后一段时期内物流业的发展目标、发展重点、主要任务、重点工程和保障措施。此外，还会同有关部门陆续出台了《关于鼓励和引导民间投资进入物流领域的实施意见》《关于进一步促进冷链运输物流企业健康发展的指导意见》等，进一步优化了物流业发展环境。

二是加强重要节点和薄弱环节的基础设施建设，加大物流业"补短板"力度。在"十二五"期间，累计安排中央预算内投资超过55亿元、专项建设基金200多亿元，加大对重要节点和薄弱环节的物流基础设施项目建设的支持力度。特别是在2015年，经报请国务院批准，国家发改委发布了《关于加快实施现代物流重大工程的通知》，重点加强多式联运工程、物流园区工程、农产品物流工程、制造业物流与供应链管理工程、资源型产品物流工程、城乡物流配送工程、电子商务物流工程、物流标准化工程、物流信息平台工程和应急物流工程等十大领域的项目建设。同时，通过建立部门间的工作协调机制，着力推动解决制约物流业发展的体制机制障碍，引领社会资本重点服务于"一带一路"、京津冀协同发展、长江经济带以及自贸区建设等国家战略性物流工程，促进沿带、沿路、沿江和京津冀等重点区域物流基础设施水平的提高。

三是开展现代物流试点示范，推动行业创新发展。通过试点示范打破制约物流业发展的体制机制障碍，发挥典型带动作用，引导中国物流业健康有序地发展，提升物流业发展整体水平。2015年，国家发改委会同有关部门联合开展物流园区示范工作，鼓励城市合理规划布局物流园区，建立物流用地保障机制，提高物流集聚发展水平，解决园区发展"融资难"等问题，逐步形成可复制、可推广、符合中国实际的物流园区建设运营模式。同时，组织开展现代物流创新发展城市试点，调动各方面积极性，着力解决现代物流发展中面临的突出问题，完善政府物流管理体制机制，推动现代物流在重点区域突破创新和率先发展。

四是强化物流标准、统计等方面的工作，夯实行业发展基础。在做好与物流业国家标准衔接的基础上，国家发改委组织行业协会和专家深入开展行业标准制定修订工作，下达了数十项行业标准制定计划，并发布了一批物流行业标准，推动提升物流标准化水平。同时，进一步完善社会物流统计制度，积极指导行业协会加强物流科技、学术理论研究，深入开展产学研合作。

国家发改委还表示，在"十三五"期间，国家发改委将按照引领经济新常态、贯彻发展新理念的要求，进一步把物流业降本增效和服务国家重大战略，作为降成本、补短板，推进供给侧结构性改革的重点任务，着力推动物流业创新发展。

具体为：一方面，通过创新物流业体制机制，完善相关政策，加强物流重要节点建设，支持第三方物流、多式联运等物流新模式发展，减轻税费负担等，促进物流业降本增效，助力强实体、稳增长。另一方面，通过谋划构建国际物流大通道，推进京津冀农产品流通体系创新，加快以长江黄金水道为核心的多式联运发展等，服务于"三大战略"。同时，继续组织实施好现代物流重大工程、物流领域试点示范和行业标准制定修订等基础性工作，促进物流业持续健康发展。

资料来源：http://www.cankaoxiaoxi.com/finance/20160308/1094370.shtml.

第二节 经 济 环 境

经济环境是指一个国家的经济制度、经济结构、产业布局、资源状况、经济发展水平以及未来的经济走势等。构成经济环境的关键要素包括GDP的变化发展趋势、利率水平、通货膨胀程度及趋势、失业率、居民可支配收入水平、汇率水平、能源供给成本、市场机制的完善程度、市场需求状况等。由于企业是处于宏观大环境中的微观个体，经济环境决定和影响其自身战略的制定，经济全球化还带来了国家之间经济上的相互依赖性，企业在各种战略的决策过程中还需要关注、搜索、监测、预测和评估除本国以外其他国家的经济状况。

企业应重视的经济变量有经济形态、可支配收入水平、利率、规模经济、消费模式、政府预算赤字、劳动生产率水平、股票市场趋势、地区之间的收入和消费习惯差别、劳动力及资本输出、财政政策、贷款的难易程度、居民的消费倾向、通货膨胀率、货币市场模式、国民生产总值变化趋势、就业状况、汇率、价格变动、税率、货币政策。

这些因素往往直接影响着企业的经营，如利率上升很可能会使企业使用资金的成本上升；市场机制的完善对企业而言意味着更为正确的价格信号、更多的行业进入机会等。企业的经济环境分析就是要对以上因素进行分析，运用各种指标，准确地分析宏观经济环境对企业的影响，从而使其战略与经济环境的变化相匹配。物流产业可以为全社会提供更为全面、多样化的物流服务，并在物流全过程及其各个环节实现价值增值。当物流活动从生产过程和交易过程中独立出来后，物流就不再是一个简单的成本因素，而成为一个为生产、交易和消费提供服务的价值增值因素，其中也蕴藏着巨大的商业潜力。物流产业是国民经济中创造价值的产业部门，并正在成为全球经济发展中的热点和新的经济增长点。因而，经济环境的变化对物流生产经营活动产生的影响是全过程、全方位的，具有复杂性、全面性、动态性等特点。

从中国整体的经济发展形式看，作为世界上增长最快的经济体，中国的 GDP 在近些年一直保持着 8% 左右的稳定增长，即使面对着金融危机的冲击，中国仍然能够以近乎强势的增长震惊世界。在如此的经济环境下，相比于略显颓势的国际贸易，扩大内需、增加居民消费已成为经济发展的重要推动力量。居民生活水平的大幅度提高、人均购买力的提升、社会生产力的飞速发展，都为物流产业的发展提供了契机。

资料链接 6-2　全球经济危机对我国物流业的影响

实体经济变化给物流业带来的冲击

随着国际金融危机对我国实体经济产生影响，我国经济发展面临十分严峻和复杂的形势，下行压力极大，因而会给物流业带来巨大冲击，物流业的市场规模出现萎缩，物流的有效需求不足，物流资源闲置，企业经营效益明显下降，面临着巨大的压力。物流业属于服务业，具有生产性服务业的特性，主要为生产制造和商贸流通企业提供物流服务。生产制造和商贸流通企业的物流需求构成物流业的市场，国内和国际两个物流需求市场的需求萎缩，必然带来物流经营业务量的下降。金融危机对物流业的冲击主要体现在以下几方面。

（1）对于快递业而言：由于大部分的快递企业业务量中的 80% 是企业客户，20% 是个人客户，企业客户中的大部分是制造业客户（工厂企业预计超过一半以上），而我国制造业出现问题，制造企业生产的产品减少，必然会影响快递业的业务量。很多中小快递公司因为没有客源或客源太少而关门倒闭。自 2008 年 9 月以来，各大快递公司的业务量都出现了萎缩。例如，继上海一统、广东翔盈等一批快递公司倒闭之后，国内民营快递龙头企业宅急送也出现了业务下滑的情况。宅急送公司业务量已从 2007 年的 40% 增长放缓到 2008 年的 15%～20%。快递公司怎样减少金融危机所带来的冲击已成为整个快递业的首要问题。

（2）对于传统的公路运输业而言：普遍存在的问题是运输车辆营运效益明显下滑，客户减少，货源不足。目前，许多货运公司的货运量快速下滑，一些规模较小、实力不济的货运公司已倒闭，部分从事货代的人员也相继跳槽。2009 年 1 月国家开始征收燃油税，企业的运输成本又会增高。运输行业的集中度很低，达不到规模效应，而提高集中度最好的途径是并购。但在金融危机的影响下，并购对象的估值比金融危机前有相当比例的下降，这就给企业并购、提高行业集中度带来了困难。

（3）对于第三方物流企业而言：业绩严重下滑已成为第三方物流业普遍存在的问题，客户的减少成为困扰企业最大的问题，很多物流公司都处于无货状态。在危机面前，国内其他大型综合物流企业受到的冲击也不小。据中远物流提供的数据显示，公司大部分物流业务在 2008 年第三季度出现了明显的增幅减缓，其中化工物流和家电物流的第三季度增幅较 2008 年前三季度的平均增幅分别下降了 20% 和 39%。而宝供面对危机来袭不能完全应对，对形势的变化也不能确定，只能随机应变、谨慎对待。

资料来源：http://www.kanzhun.com/lunwen/539921.html，有修改。

第三节 社会环境

社会环境是指组织所在社会中成员的民族特征、文化传统、价值观念、宗教信仰、教育水平以及风俗习惯等因素。构成社会环境的要素包括人口规模、年龄结构、种族结构、收入分布、消费结构和水平、人口流动性等。其中人口规模直接影响一个国家或地区市场的容量，年龄结构则决定消费品的种类及推广方式。

每个社会都有其核心价值观，它们常常具有高度的持续性，这些价值观和文化传统是历史的沉淀，通过家庭繁衍和社会教育而传播延续，因此具有相当的稳定性，而一些次价值观是比较容易改变的。每种文化都是由许多亚文化组成的，它们由共同语言、共同价值观念体系及共同生活经验或生活环境的群体所构成，不同的群体有不同的社会态度、爱好和行为，从而表现出不同的市场需求和不同的消费行为。

不同的国家之间有人文的差异，不同的民族之间同样有差异。我国有众多民族，虽同是中华民族但却存在着较大的人文差异，而文化对于战略的影响有时是巨大的。

自然环境是指企业业务涉及地区市场的地理、气候、资源、生态等环境。不同地区的企业所处自然环境的不同，对于企业战略会有一定程度的影响。我国是一个幅员辽阔的国家，这种影响尤其明显，如同一种产品在我国东南部的广东地区的市场营销战略和在西藏等西北高寒地区会有较大差距，但很多时候此点会被忽略。

值得企业注意的社会文化因素如下：①企业或行业的特殊利益集团；②对政府的信任程度；③对退休的态度；④社会责任感；⑤对经商的态度；⑥对售后服务的态度；⑦生活方式；⑧公众道德观念；⑨对环境污染的态度；⑩收入差距；⑪购买习惯；⑫对休闲的态度。

随着社会的不断进步，新的生活方式和消费方式正在潜移默化地改变着国人的生活方式。网上购物、货到付款、送货上门等现如今已经深入我们生活的购物方式，其产生作用的前提条件，正是物流业的不断进步。高需求正是物流业发展的重大推动力。与此同时，在现在追求高效、快捷、安全的运输理念下，消费者对于物流业的要求也在逐步提高。

资料链接 6-3　消费习惯变化，带来物流业的发展机遇

（中国电子商务研究中心讯）随着市民消费习惯的改变，网购的人群越来越多，快递与物流跟着"沾光"，规模不断壮大，业务不断翻番。坐在家里，新鲜水果、蔬菜、鸡蛋……电商都帮你送上门。

2013年4月23日,江苏凌家塘市场发展有限公司旗下的"万家鲜"生鲜货品正式进驻"淘常州",至此,"万家鲜"生鲜食品同时在凌家塘网站和"淘常州"网站有了"窝"。

两者的不同之处在于,通过凌家塘网站购买"万家鲜"生鲜食品,买家需要自行到各配送点提取;在"淘常州"网站购买,则可以享受到送货上门的服务。

负责"万家鲜"运作的李东明介绍,每天上午和下午,四辆配送车将市民在网上订购的货品送至各配送点。市民可以就近到市区各个配送网点自提,现在网点已增至近十家,主要分布在武进区、钟楼区和天宁区范围内,并且还在持续增加中。

其实,在"万家鲜"之前,常州专做农产品的大水牛市民农园的生鲜货品,也早已入驻"淘常州"网上商城,负责为"淘常州"配送的常州小黄蜂物流有限公司副总经理杨荣华介绍,"淘常州"在同城生鲜类配送这一块,将本土商家和本地物流相结合,绝对占优势,"新鲜、快速、方便"。

电商巨头进入物流业,会提高整体配送效率,提升服务质量

2013年3月25日,泰富百货的网店"网上泰富"正式上线运营,本地传统百货业开始试水电商。网店的物流配送,选定了顺丰速运。

在更早的时候,苏宁易购、京东商城、凡客诚品等电商巨头均获得了快递牌照。记者了解到,之前,大多数网上商城都包含快递配送服务,那么电商获取快递牌照后,是否能提升消费者的购物感受呢?

对此,苏宁易购一位相关负责人表示,苏宁易购获得快递牌照后,本市将进入"半日达"配送范围,也就是说,消费者上午下单,当天便可拿到商品,本地化物流快捷配送全面升级。

传统百货和家电业加入电商队伍,则传达了这样一种信息:电子商务的迅速发展和深入人心,已经成为不可扭转的趋势。电商的发展,必然带动物流业和快递业的前进。

业内人士分析,电商进军快递行业将会加剧行业竞争,促使其提高整体配送效率、提升服务质量,市民将享受到更加优质的配送服务。

我市物流业、快递业,目前还缺乏绝对的龙头企业

网购,已经渗透到每个家庭,网民巨大的网购潜力,使物流业和快递业既高兴又忧愁。主营同城配送的常州小黄蜂物流有限公司,与快递业务员相比,尽管要轻松很多,但对于公司副总杨荣华来说,一线负责送货的员工流失率高,是个让人头疼的问题。

常州市运输管理处物流货运管理科科长张志越说了这样一句话,尽管大的经济形势不算好,但是,常州的物流服务业的发展,却一直比较稳定。张志越给记者看了一个数据,普通货运和专线货运业占了我市货运业总量的90%。近两三年来,电商、网购对物流行业的影响很大,传统物流货运业的看法就是"拉货",但是,在目前的情况下,"物流市场细分化的趋势很明显,也很有必要"。

尽管我市的货运业经营业户达4万多户,车辆数量也已经达5万多辆,但是,"散、小、弱"的局面却没有太大改变,"平均下来,每户才一辆多货车,有的可能连一辆车也没有";从布局来说,没有一家绝对的龙头企业。在这样的情况下,物流业低价竞争的格局不可避免地还会存在一段时间,1千克货物,从上海运至常州,有的公司要收费1元多,而最便宜的,只要一半的价格就能做。

资料来源:中国电子商务研究中心,http://www.100ec.cn,有修改。

第四节 技术环境

技术环境要素不仅仅包括那些引起革命性变化的发明,还包括与企业生产有关的新技术、新工艺、新材料的出现和发展趋势以及应用前景。技术环境除了要考察与企业所处领域的活动直接相关的技术手段的发展变化外,还应及时了解:

(1)国家对科技开发的投资和支持重点。
(2)该领域技术发展动态和研究开发费用总额。
(3)技术转移和技术商品化速度。
(4)专利及其保护情况等。

在过去的半个世纪里,最迅速的变化就发生在信息技术领域,像微软、惠普、通用电气等高技术公司的崛起改变着人类的生活方式,技术的革新同样对物流业的业态和经营活动产生着巨大影响,最直接的反映就是物流技术的革命。物流技术是物流各项功能实现和完善的重要手段。物流技术包括硬技术和软技术两个方面。物流硬技术是指组织物资实物流动所涉及的各种机械设备、运输工具、仓储建筑、站场设施,以及服务于物流的计算机、通信网络设备等。物流软技术是指组成高效率的物流系统而使用的系统工程技术、价值工程技术、信息技术等。物流软技术可以在物流硬技术没有改变的条件下,最合理、最充分地调配和使用现有物流技术装备,从而获取最佳经济效益。物流技术主要有仓储、运输、包装、流通加工、配送和物流信息管理等技术。目前在整个物流技术发展过程中,最主要的物流技术新领域如下。

(1)高铁货运。高铁货运作为一种新兴的运输方式,继承了传统铁路运输的运量大、安全、运输成本低、环保等优点。

(2)甩挂运输。甩挂运输能够成为当今世界通行的、先进的主流运输组织方式,对节能减排和建设资源节约型、环境友好型社会的意义重大,可以产生可观的经济效益和良好的环境效果。

(3)智慧物流。智慧物流云平台融合了云计算、物联网、优化和智能分析以及移动技术,涉及物流运作管理服务、供应链可视化服务、关联方门户服务、供应链协同网络服务、智慧物流移动服务等多个领域。

【补充资料】

大数据等技术融入 智慧物流发展蹄疾步稳

目前,"互联网+"正在给各行各业带来深刻的变革。对物流行业来说也不例外,云计算、大数据等技术的融入,使物流行业走上智慧化发展道路。

数据显示,我国快递业务量规模在 2016 年继续稳居世界首位。作为世界第一快递大国,我国物流发展水平和智慧化程度如何?近日,交通运输部科学研究院、菜鸟网络与阿里研究院共同发布的《中国智慧物流大数据发展报告》显示,2016 年我国智慧物流指数全年均值为 40.9,处于快速发展阶段。

供给侧结构性改革先行军

智慧物流的特点是将物联网、传感网与互联网整合起来,通过精细、动态、科学的管理,实现物流的自动化、可视化、可控化、智能化、网络化,从而提高资源利用率和生产力水平。

近年来,我国智慧物流投资总体规模不断扩大,物流行业基础信息化建设已经进入一个相对稳定的状态,物流企业开始重视对业务流程管理、客户资源管理、全程物流服务和以供应链管理为基础的一体化服务等方面的投入,以此作为提升自身核心竞争力的重要手段。前瞻产业研究院发布的《2017-2022 年中国智能物流行业市场需求预测与投资战略规划分析报告》显示,2016 年我国物流行业智慧物流技术投资规模超过 250 亿元。

2016 年对于我国智慧物流发展而言具有标志性意义。2016 年 7 月,国务院部署推进"互联网+"高效物流战略,以现代信息技术为标志的智慧物流已成为物流业供给侧结构性改革的先行军。电商物流迅猛发展,不断刷新物流业的历史纪录,催生出各种新的商业模式和业态,智慧物流从此进入快速发展的新阶段。

世界物流业必由之路

随着国内市场需求、竞争条件的变化,我国钢铁、煤炭、汽车等行业物流需求快速增长,一些新兴物流服务也显示出广阔的市场前景,我国物流市场需求的多样性、层次性、细分化特征更为突出。同时,随着我国经济的持续快速增长、经济全球化和世界制造业向国内转移,专业化的第三方物流市场形成并逐年扩张。在此背景下,物流企业的运营必然要走向智能化、标准化和全球化发展道路。

"智慧物流是世界物流业必由之路,是行业发展新的价值体现。"菜鸟网络首席技术官(CTO)王文彬表示,随着智能科技与大数据的结合,智慧物流会加速我国物流升级。背后最大的原因是需求量。据国家邮政局统计,继 2014 年、2015 年中国快递年业务量先后突破 100 亿件和 200 亿件后,在 2016 年再上新台阶,超过 300 亿件。"我们预测今年整个中国流转的包裹数每天可能会超过 1 亿件,在这背后,智慧物流、大数据将是非常重要的关键词。"王文彬说。

根据国家物流行业中长期发展规划预测,我国智慧物流市场规模将保持 20% 以上的高速增长，到 2022 年，我国智慧物流市场规模将超过 7 900 亿元。

瓶颈短板是发展机遇

尽管中国智慧物流发展迅速，但仍存在行业短板。

《中国智慧物流大数据发展报告》显示，我国物流业务数据化程度相对较好，但跨境物流详情数据完备率指数仅为 13.5；数据基础设施还处于起步阶段，指数值为 18.8；物流协同化处于高速发展中期，基础协同相对成熟，2016 年 12 月末端协同率仅为 9.4%。

这些数据意味着，我国智慧物流尚面临诸多发展瓶颈：跨境数据链路衔接不足，末端智能程度有待加强，数据基础设施建设仍是挑战。

有业内人士认为，目前的行业瓶颈和短板其实正是最大的机会。以末端为例，快递末端网点的重复建设客观上造成了资源浪费、效率低下、过度竞争以及交通拥堵等问题。因此，共享协作才是行业出路。

交通运输部科学研究院副院长王先进表示，下一步我国将加强智慧物流基础设施建设，加强交通设施网络的基本状态、交通工具运行、运输组织动态的信息采集，形成动态感知、全面覆盖、互联的交通运输运营体系。

资料来源：孙懿. 大数据等技术融入智慧物流发展踏疾步稳 [N]. 中国高新技术产业导报，2017-05-22.

【案例分析】

日本物流面临的问题

20 世纪 80 年代后期以来，随着日本国内商业经营环境的变化，日本面临着诸多重大的物流问题。大多数日本公司，包括制造商、批发商和零售商，在物流管理方面都遇到了一些困难。究其原因，主要有：第一，顾客对物流服务变得更为苛求，期望值很高；第二，近些年来，日本劳动力不足以及土地价格猛涨引起物流费用支出大幅增加。

1. 物流服务的复杂性加剧

JIT 观念最初是对汽车工业生产流程的描述，应用于丰田汽车的装配线作业中。后来这种方式并未被局限在制造过程，而逐渐推广到日本的其他经济部门。现在每个产业部门的顾客甚至小零售店主，都希望供应方做到 JIT 送货。当其订货时，认为对方理应在次日一早送到。

对 JIT 送货的需求提高了交货服务质量，受其影响，交货次数变得越加频繁，而每次交货数量相对减少，为此，很多公司都实行频繁而小批量的送货服务。许多公司日益倾向于削减库存，以免既占地又费钱。公司愿意通过有效的管理手段，并实施 JIT 进货方式，以更频繁少量的进货降低保管费用。

2. 频繁而小批量送货的影响

由于频繁而小批量送货的增加，货车载重利用率下降。在小批量运输条件下，做到送货卡车的满载相当不易。

频繁而小批量送货的趋势现已从运输业蔓延到仓储业的经营中，产品按顾客订单进行储存、拣选，按预定的目标进行分拣，这增加了作业难度。过去，当顾客需要一定数量的存货时，他们习惯于成箱购买，而 JIT 进货通常是散件订购。比如，零售商甚至可能只订购两瓶洗发水、三瓶护发液，而不是以前的几箱，这导致作业更为复杂，需额外增加劳动力在仓库拣选零散的订货。

制造商往市场投放更多种类产品的趋势使仓储状况更复杂。在日本，小批量、多品种的生产方式已经取代了大批量生产，所以，产品品种数量增加得很快，这也是制造商为扩大销量与市场份额而采取的应变措施。不过，这就使得不仅制造商而且连批发商与零售商都不得不增加储存多品种商品的空间，仓储作业相应变得烦琐。

总之，顾客对频繁而小批量送货的需求使物流管理作业难度及复杂程度加深，而流通环节的产品品种数量增加更强化了这种态势。

3. 劳动力不足和地价上涨

20 世纪 80 年代末的经济繁荣增加了物流成本，工资与地价的上升对物流管理有着副作用。和日本的其他产业相比，公路货运业的工作条件较差，卡车司机总是面临交通事故的风险。尽管工作时间长，但按日本的标准衡量，工资待遇并不高，所以，很多司机都愿到其他行业寻找工作，致使卡车司机缺乏的矛盾变得突出。在货运高峰季节，运输公司也许就不能保证货运任务的圆满完成。招募司机导致工资支出快速增加，不光是运输公司，即使是只运送自己的货物的公司，也对严重的劳动力短缺与工资上涨感到发愁。

和工资问题一样，土地价格也影响着物流方面的经营。日本经济的繁荣带来地价上涨，地价的过快上涨大大影响了物流的作业效率。公司倾向于扩充完善它们的物流设施，因为要处理的产品越来越多，场地相对显得狭小，而在闹市周围很难找到地价适中的位置进行物流经营，一些公司面临租用场地和购置场地之间的选择。另外，租金也是水涨船高，难以承受，这样，公司新的配送中心不得不选在远离市区的地方。

据调查，地处东京的公司碰到的最严重的问题是物流作业人员短缺，不仅缺少卡车司机，仓库人员也不足。另一个主要问题是没有足够的仓容去适应产品品种的增加。

上述物流问题的发生使日本许多公司注意到物流战略在管理上的重要性。有几家公司在物流问题开始暴露前，就认识到一个成功的物流战略的重要性，并在物流系统的革新上有所建树。

有的日本公司通过引进信息系统来改善物流，并在信息系统的使用上取得迅速进展。尽管这样，如果公司不同时改进分销渠道，也不可能使物流系统得以完善。公司人员发现，物流系统与分销渠道密切关联，脱离现有分销渠道去独自改进物流系统是不行的。

近来，分销渠道的复杂性减缓了物流方面的发展。一个产品的典型分销渠道一般是从制造商起，经过批发商，最后到零售商。批发商在分销中的双重角色，造成分销过程的复杂程度加深。一个批发商既可以把货卖给零售商，也可以卖给其他次级批发商。

若想建立先进的物流系统，除了将现有分销渠道合理化外，别无选择。那些在物流方面成绩突出的公司正是相应地对分销渠道进行了改变。

资料来源：https://wenku.baidu.com/view/de64a6234b35eefdc8d333be.html?from=search.

案例思考题

1. 讨论日本物流业在面临诸多问题时采用何种方案予以解决。
2. 讨论企业在宏观视角下对物流市场分析的重要性。

【实践技能训练】

通过实地调查当地物流发展现状，运用 PEST 分析法进行物流环境分析，并评价这些因素对企业战略目标和战略制定的影响。

实训要求

1. 学生建立调查小组，选择具有代表性的城市进行调查和研究。
2. 教师提前给学生指出调查方向，配合学生拟订调查计划，进而开展调查研究活动。
3. 根据调查结果，小组合作撰写调查总结报告。

第七章 • Chapter 7

物流管理中观视角

学习目标

【掌握】
1. 物流行业的行业竞争结构、行业周期性、行业生命周期。
2. 物流需求预测的步骤。

【理解】
1. 影响物流需求的主要因素。
2. 影响物流供给的主要因素。

【了解】
1. 物流需求预测的定性方法。
2. 物流需求预测的定量方法。

第一节 物流行业分析技术

一、行业分析概述

所谓行业,是指从事国民经济中同性质的生产或其他经济社会活动的经营单位和个体等构成的组织结构体系。

(一) 行业分析的意义

行业经济是宏观经济的构成部分,行业分析是介于宏观经济分析与微观经济分析之间的中观层次分析。人们通过宏观经济分析能够把握物流行业的宏观环境以及市场的整体发展趋势,但是宏观经济分析并不能提供具体的决策参考。由于不同行业在一个国家的不同经济发展阶段以及在经济周期的不同阶段的表现不同,因此需要进行行业分析。

（二）行业分析的主要任务

行业分析的主要任务是解释行业本身所处的发展阶段及其在国民经济中的地位，分析影响行业发展的各种因素以及判断其对行业的影响力度，预测并引导行业的未来发展趋势。

（三）行业划分的方法

标准行业分类。联合国把国民经济分为10个大类：农林渔牧、采矿及土石采掘业、制造业、水电煤、建筑业、批发零售及饮食旅馆业、运输仓储及邮电通信业、金融保险地产及工商服务业、政府社会及个人服务业、其他。

我国国民经济的行业分类。我国执行的《国民经济行业分类》（GB/T 4754—2011）将行业分为20个大的门类，基本反映出我国目前的行业结构状况，这些行业分别为：农林牧渔业；采矿业；制造业；电力、热力、燃气及水的生产和供应业；建筑业；批发和零售业；交通运输、仓储和邮政业；住宿和餐饮业；信息传输、软件和信息技术服务业；金融业；房地产业；租赁和商务服务业；科学研究和技术服务业；水利、环境和公共设施管理业；居民服务、修理和其他服务业；教育业；卫生和社会工作；文化、体育和娱乐业；公共管理、社会保障和社会组织；国际组织。

二、行业一般特征分析

行业一般特征分析主要从行业的竞争结构、周期性、生命周期三方面进行分析。

（一）行业竞争结构分析

行业竞争结构是指行业内企业的数量和规模的分布。理论上，行业竞争结构可以分为完全竞争、寡头垄断、双头垄断、完全垄断四种，它们在市场集中程度、进入和退出障碍、产品差异和信息完全程度方面有不同的特征。

影响行业竞争结构的基本要素有行业内部的竞争、顾客的议价能力、供货厂商的议价能力、潜在竞争对手的威胁与替代产品的压力。这五种因素作用的时间、方向和强度往往并不一致，在不同时期各有侧重。如某个企业所在行业的自我保护能力很强，进入行业的障碍很大，新的竞争者不易进入，难以构成威胁，然而价廉物美的替代品的出现却直接威胁到行业内现有企业的生存。

1. 行业内部的竞争

导致行业内部竞争加剧的原因可能有：①行业的增长缓慢，对市场份额的竞争激烈；②竞争者数量较多，竞争力量大致相当；③竞争对手提供的产品或服务大致相同，或者体现不出差异；④某些企业为了规模经济利益扩大生产规模，市场竞争均势被打破，产品大量过剩，企业开始诉诸削价竞销。

2. 顾客的议价能力

行业顾客可能是行业产品的消费者或用户，也可能是商业买主。顾客的议价能力主要表现在能否促使卖方降低价格、提高产品质量或者提供更好的服务。行业顾客的议价能力受到下述因素的影响：

（1）购买数量。如果顾客购买数量多，批量大，作为买方的大客户，就有更强的议价能力。如果顾客购买的是重要的原辅材料，或者顾客购买的支出比重大，这样顾客就必然会广泛寻找货源，货比三家，从而拥有更强的议价能力。

（2）产品性质。如果是标准化产品，顾客在货源上有更多的选择，可以利用卖主之间的竞争加强自己的议价能力。如果是日用消费品，顾客并非那么注重产品的质量，而是更关心产品的售价。如果是工业用品，产品的质量和可能提供的服务则是顾客关注的中心，价格就显得不那么重要了。

（3）顾客特点。消费品的购买者人数多而分散，每次购买的数量少；工业品的购买者人数少且分布集中，购买数量多；经销商不仅大批量长期进货，而且还可直接影响消费者的购买决策。因此经销商或工业用户相对消费品购买者而言具有更强的议价能力。

（4）市场信息。如果顾客了解市场供求状况、产品价格变动趋势，并掌握卖方生产成本或营销成本等有关信息，就会有很强的议价能力，就有可能争取到更优惠的价格。

3. 供货厂商的议价能力

供货厂商的议价能力，表现在供货厂商能否有效地促使买方接受更高的价格、更早的付款时间或更可靠的付款方式。供货厂商的议价能力受到下述因素的影响：

（1）对货源的控制程度。若货源由少数几家厂商控制或垄断，那么这些厂商就处在有利的竞争地位，就有能力在产品价格、付款时间或方式等方面对购货厂家施加压力，索取高价。

（2）产品的特点。若供货厂商的产品具有特色，或购买厂家转换货源供应需要付出很大的代价或很长的适应时间，则供货厂商处于有利的竞争地位，有能力在产品上议价。

（3）用户的特征。若购货厂家是供货厂商的重要客户，则供货厂商会采取各种积极措施来管理好与用户的关系。比如，合理的定价水平、优惠的付款条件、积极的产品开发活动或各种形式的产品服务，以争取稳定的客户关系或长期的供货关系。

4. 潜在竞争对手的威胁

潜在竞争对手是指那些可能进入行业参与竞争的企业或公司。新的进入者将带来新的生产能力和对资源与市场的需求，其结果可能使行业的生产成本上升、市场竞争加剧、产品售价下跌、行业利润减少。潜在竞争对手的可能威胁，取决于进入行业的障碍程度及行业内部现有企业的反应程度。进入行业的障碍程度越高，现有企业的反应越激烈，潜在竞争对手就越不易进入或不想进入，从而对行业构成的威胁也就越小。进入行业的障碍如下。

（1）规模经济。规模经济效益包括产品生产、研制开发、市场营销和售后服务等诸方面。它是潜在竞争对手进入行业的重要障碍，行业的规模经济要求新进入的生产厂家具有与现有厂家同等的生产和经营规模，否则其将面临生产成本或营销成本上的竞争劣势。

（2）品牌忠诚。通过长期的广告宣传或顾客服务等方式建立起来的企业产品形象或品牌忠诚，是潜在竞争对手进入行业的主要障碍之一，特别是饮料行业、药品行业或化妆品行业。新进入行业的生产厂家不得不花费大量的投资与时间，来克服原有的顾客品牌忠诚，建立起自己的产品（或品牌）形象。

（3）资金要求。进入行业的资金要求，不仅包括厂房设备等固定资本投资，还包括消费信贷、产品库存及开业损失等流动资金需要；不仅需要生产性资金，还需要大量经营资金，用于产品研制开发、广告宣传及企业公关活动等方面。对于采矿、石化、钢铁或汽车等行业来说，资金要求是进入行业的主要障碍。

（4）分销渠道。分销渠道也可成为进入行业的重要障碍。比如，一个新的食品生产商，他必须通过价格折让、广告宣传或大量营销推广活动，才有可能挤掉现有竞争者的产品，将自己的产品摆上商场的货架。可供利用的分销渠道越少，或现有竞争者对分销渠道的控制越紧，进入行业的障碍就越高，新进入行业的厂商甚至不得不另起炉灶，从头开始建立自己的分销渠道。

（5）政府限制。为了保护本国的工业与市场，或为了维持本国消费者的利益，当地政府可以通过项目审批或控制外商进入某些行业，也可以利用环境污染控制或安全标准限制等措施来控制或限制外商进入某些行业。政府限制通常是最难逾越的行业障碍。

（6）其他方面的行业障碍。新来的竞争对手在进入行业之初，与行业内原有厂家相比，可能在下述方面处于竞争劣势。比如，经验曲线的效益、生产专利的拥有、重要原材料的控制、政府所给予的补贴，甚至良好的地理位置，等等。这些竞争劣势也可能使潜在竞争对手在进入行业之前知难而退。

进入行业的障碍程度并非一成不变的。比如，拍立得（Polaroid）即刻成像专利期限已满，导致这方面的障碍消失，像柯达这样的大公司随即进入这个市场。又如，二战后汽车行业生产规模的进一步扩大，导致规模经济效益的作用更加明显，从而有效地阻止了许多潜在竞争者进入汽车行业。

5. 替代产品的压力

替代产品是指具有相同功能，或者能满足同样需求从而可以相互替代的产品。比如，石油与煤炭，铜与铝，咖啡与茶叶，或天然原料与合成原料等互为替代产品。

（二）行业的周期性

行业景气状况的变动与国民经济总体的变动是有关系的，但关系密切的程度又不一样，据此可以将行业分为如下几类。

增长性行业：行业变动不总是随经济的变动而同步变动，经济增长时高增长，经济衰退时有一定增长，例如计算机和复印机。

周期性行业：行业的变化态势和经济周期紧密相关，典型的周期性行业有钢铁、有色金属、煤炭、水泥等。

防御性行业：行业的经营状况在经济周期的上升和下降时期都很稳定，例如食品业和公用事业。

简单来说，提供生活必需品的行业就是非周期性行业，提供生活非必需品的行业就是周期性行业。

（三）行业生命周期

行业生命周期是指行业从出现到完全退出社会经济活动所经历的时间。行业生命周期主要包括四个发展阶段：幼稚期、成长期、成熟期、衰退期。在做行业生命周期分析时忽略具体的产品型号、质量、规格等差异，仅仅从整个行业的角度考虑问题。

识别行业生命周期所处阶段的主要指标有市场增长率、需求增长率、产品品种、竞争者数量、进入壁垒及退出壁垒、技术变革、用户购买行为等。生命周期各阶段的特征如下。

1. 幼稚期

这一时期的市场增长率较高，需求增长较快，技术变动较大，行业中的用户主要致力于开辟新用户、占领市场，但此时行业在技术上有很大的不确定性，在产品、市场、服务等策略上有很大的余地，对行业特点、行业竞争状况、用户特点等方面的信息掌握不多，企业进入壁垒较低。

2. 成长期

这一时期的市场增长率很高，需求高速增长，技术渐趋定型，行业特点、行业竞争状况及用户特点已比较明朗，企业进入壁垒提高，产品品种及竞争者数量增多。

3. 成熟期

这一时期的市场增长率不高，需求增长率不高，技术已经成熟，行业特点、行业竞争状况及用户特点非常清楚和稳定，买方市场形成，行业盈利能力下降，新产品和产品的新用途的开发更为困难，行业进入壁垒很高。行业生命周期可以将成熟期划分为成熟前期和成熟后期。在成熟前期，几乎所有行业都具有类似 S 形的生长曲线。而在成熟后期则大致分为两种类型：第一种类型是行业长期处于成熟期，从而形成稳定型行业；第二种类型是行业较快地进入衰退期，从而形成迅速衰退的行业。

4. 衰退期

这一时期的市场增长率下降，需求下降，产品品种及竞争者数目减少。从衰退的原因来看，可能有如下四种类型的衰退。

（1）资源型衰退，即由于生产所依赖资源的枯竭而导致的行业衰退。

（2）效率型衰退，即由于效率低下的比较劣势而引起的行业衰退。

（3）收入低弹性衰退，即因需求－收入弹性较低而衰退的行业。

（4）聚集过度型衰退，即因经济过度聚集的弊端而引起的行业衰退。

行业生命周期在运用上有一定的局限性，因为生命周期曲线是一条经过抽象化的典型曲线，各行业按照实际销售量绘制出来的曲线远不是这样光滑规则的，因此，有时要确定行业发展处于哪一阶段是困难的，识别不当容易导致战略上的失误。而影响销售量变化的因素有很多，关系复杂，整个经济中的周期性变化与某个行业的演变也不易区分开来，再者，有些行业的演变由集中到分散，有的行业由分散到集中，无法用一个战略模式与之对应，因此，应将行业生命周期分析法与其他方法结合起来使用，这样才不至于陷入分析的片面性。

第二节　物流行业供求分析

一、物流需求的市场特征

物流需求与其他商品需求相比有其特殊性，这些特殊性是相互关联、相互影响的。

1. 派生性

在社会经济活动中，如果某种商品或劳务的需求是由另一种或几种商品或劳务需求派生出来的，则称该商品或劳务的需求为派生性需求。把引起派生性需求的商品或劳务需求称为本源性需求，比如人们日常生活中的衣服、食物、住房等是本源性需求，而物流需求绝大多数情形下是一种派生性需求。

社会之所以有物流需求，并非物流本身的缘故，人们对物流的追求并不是纯粹为了让"物"在空间上运动或储存。相反，物流是为了满足人们生产、生活或其他目的的需要的。也就是说，物流需求的主体提出空间或时间变化的目的往往不是位移和时间本身，而是为实现其生产、生活中的其他需求而派生出的一个必不可少的环节，这是物流需求的本质所在。

2. 广泛性

人类克服时间和空间障碍是一项无时无刻、无处不在的经常性活动，而这种活动是以人员、物资、资金、信息等的交流为标志的，由此形成了物流普遍存在的客观基础。例如，从生产角度看，生产企业中的物品从上一道工序向下一道工序转移、从上游车间向下游车间移动、从原材料仓库向原材料加工车间移动都可能产生相应的物流需求。从流通角度看，物品从批发商到零售商、从零售商到消费者、从配送中心到连锁商店也都有可能存在物流需求。

3. 多样性

物流需求的多样性是基于主体的多样化和对象的多样化而产生的。主体提出的物流需求在形式、内容方面均会有差异，而由于物流对象（原材料、零部件和产成品）在重量、容积、形状、性质等上各有不同，因而其对运输、仓储、包装、流通加工等条件的要求也各不相同，从而使得物流需求呈现多样化。如石油等液体货物需用罐车或管道运输，鲜活货物需用冷藏车运输，化学品、危险物品、长大货物等都需要特殊的运输条件，有些物品需要进行包装或流通加工等。

4. 不平衡性

物流需求在时间和空间上均有一定的不平衡性。物流需求的时间不平衡性是指在不同时期，经济发展对物流需求量的影响是不一样的，如经济繁荣时期的物流活动与经济萧条时期的物流活动在强度上肯定是有差别的。物流需求的空间不平衡性是指在同一时期内，不同区域物流需求的空间分布存在差异，这主要是由自然资源、地理位置、生产力布局等因素的差异造成的。

5. 空间特定性和时间特定性

物流需求与特定时间、特定空间密切相关。在市场经济条件下，物流呈现一种灵活性和易变性，但在一定时期内具备空间特定性，具体表现为在某一空间范围内的特定流向，如煤炭企业的煤从产地向电力企业的所在地流动，而在企业内部，物流空间的特定性就更强了，因为此时物流活动相对狭小和固定。时间特定性则是表现为在一定范围内的定时运输、配送等。

6. 层次性

物流需求是有层次的，可分为基本物流需求和增值物流需求等。基本物流需求主要包括对运输、仓储、配送、装卸搬运和包装等物流基本环节的需求。增值物流需求主要包括对库存规划和管理、流通加工、采购、订单处理和信息系统、系统设计、设施选址和规划等增值活动的需求。基本物流需求一般是标准化服务需求，而增值物流需求则是过程化、系统化、个性化服务需求。

7. 化解性

原来产生的需求，一是由于生产力结构的调整、工艺流程的改造、物流管理的科学化而被化解，消除了需求。二是由于物流价格、物流服务质量以及管理体制等原因，本应由市场提供的物流服务转化为自我服务，从而使一定数量的需求化解。

8. 弹性小

首先由物流的生产性决定，当合理的物流量产生之后，物流不会因为价格的高低而消失，只会在不同的形式间转换。其次由于物流设施投资大、回收周期长，在一般情况下，物流不可能因价格的升高而马上转换为自我服务，使需求量迅速下降。相反，一旦购置了物流资源，由于其使用价值的单调性，当物流价格稍有下降，也不可能弃之不用，而是转化为市场需求，使需求量迅速增长。

二、影响物流需求的主要因素

物流需求属于派生性需求，它与经济社会发展等因素之间存在着强相关关系。下面分别就 GDP 总量规模与经济增长速度、产业结构、经济空间布局、技术进步、企业竞争战略与经营理念的转变、人口增长与流动等因素对物流需求的影响做概要分析。

(一) GDP 总量规模与经济增长速度

物流需求总量和需求结构的变化与某一国或某一地区的 GDP 经济总量及经济增长速度有着密切的关系。GDP 经济总量规模越大、经济发展水平越高的国家和地区对货物运输、仓储、配送、物流信息处理等物流服务的需求就越大，经济增长越强劲，其对物流需求的增长也越强劲，而且在经济发展的不同阶段其对物流需求的结构和质量要求也存在很大差别。

世界各国经济结构变动的普遍趋势表明，在人均 GDP 为 600~1 000 美元期间，商业、旅馆和餐饮业在第三产业构成中的比重逐步由上升转为下降，交通运输、仓储和邮电通信业的比重有较大幅度的上升。在人均 GDP 为 1 000~2 000 美元期间，商业、旅馆和餐饮业在第三产业构成中的比重进一步下降，交通运输、仓储和邮电通信业的比重继续快速上升。当人均 GDP 继续上升到 3 000 美元左右时，交通运输、仓储和邮电通信业的比重由快速上升转为平稳增长，保持相对稳定。

在西方发达国家的工业化初期，采掘和原材料工业对大宗、散装货物的运输需求旺盛，运输需求的增长率高于经济的增长。到机械加工工业发展时期，运输需求的数量仍在增加，但增加速度与经济增长几乎同步，运输需求开始多样化，对运输速度和质量的要求有所提高。进入精加工工业时期，经济增长对原材料的依赖减少，运输需求增长低于经济增长，但对物流服务的质量要求越来越高。

据中国物流与采购联合会统计测算，2014 年，我国 GDP 的物流需求系数（社会物流总额/GDP）为 3.4，即每单位 GDP 产出需要 3.4 个单位的物流总额来支持。在我国经济保持高速发展、经济总量保持快速增加的 20 年间，我国 GDP 的物流需求系数不断提高，这表明我国社会经济发展对物流需求的依存度不断提升。"十二五"末期，我国经济结构调整的效果明显，第三产业比重加大，社会物流总额依然保持增长趋势，但是我国 GDP 的物流需求系数调整回落（见表 7-1）。

表 7-1 1991~2014 年单位 GDP 物流需求系数

年份	系数	年份	系数	年份	系数	年份	系数
1991	1.4	1997	1.7	2003	2.5	2009	2.9
1992	1.5	1998	1.6	2004	2.8	2010	3.2
1993	1.6	1999	1.7	2005	2.6	2011	3.4
1994	1.7	2000	1.9	2006	2.8	2012	3.4
1995	1.7	2001	2.0	2007	3.1	2013	3.5
1996	1.6	2002	2.3	2008	2.9	2014	3.4

(二) 产业结构

产业结构是另一个影响物流需求的重要因素。产业结构的差异将对物流需求功能、物流层次以及物流需求结构等方面产生重大影响。

从各产业对物流的需求看，第一、二产业中的采掘业、制造业等提供的都是实物形态的产品，从生产到消费都离不开运输仓储。第二产业对运输仓储的需求较大，投入也比其他产业高，它的物流支出相对较大。相反，第三产业的产值创造主要来自无形的服务，第三产业以服务业为主，对物流的依赖程度小、物流投入低、物流成本支出少，与产值相比，物流成本只占很小的比例。

这说明各产业对物流的需求程度不同，实物型行业的物流需求大于服务行业。如果用单位 GDP 所产生的货物周转量来表示货运需求强度，则重工业对铁路货运物流的需求强度最大，轻工业次之；商业、服务业对公路货运物流的需求强度最强，其次是农业和轻工业，再次是重工业。因此，产业结构及其变动对物流需求的影响是深刻的。

(三) 经济空间布局

经济空间的分布格局，对物流需求的影响也很大。在市场经济发展较低阶段，在各经济区域相对独立、产业结构又基本相同的情况下，彼此之间的交换需求大大减少，对物流服务的需求也很小。而在市场经济发展较高阶段，市场竞争日益加剧，生产力布局会不断向全国甚至全球大分工的方向转变，区域经济将突破封闭割裂状态向专业化、一体化和分工协作的方向发展。

经济空间的专业化分工和协作必然会增强不同区域间的经济社会联系，极大地增加区域间商品、中间产品和生产要素的转移与流动，从而拉动物流需求的快速增长。由资源分布不均、区域经济发展不平衡而导致的经济空间布局是客观上产生物流需求的最直接原因，如我国的"北煤南运"与"南粮北调"就是典型例子。

(四) 技术进步

技术进步对物流需求的影响是多方面的，主要有以下几点。

(1) 道路设施和运输工具技术结构的提高会进一步刺激社会对公路运输的需求。在高速公路投入使用以前的综合交通运输体系中，公路运输的主要功能是"送达"，即主要为其他运输方式承担集散客、货的短途运输任务。高速公路的建设和运输设备技术水平的提高，特别是大载重量专用货车、集装箱运输、制冷保鲜等特种装备运输车辆的投入使用，使汽车运输向着大型化、高速化、专用化、舒适化的方向不断发展，公路运输方式的"通过"能力大大加强。

一条高速公路每昼夜的交通量可达 10 万车次，每年可提供 8 000 万左右的载货吨位和 5 亿左右的载客座位，其通过能力远远超过一天双线铁路。加上公路运输空间机动灵活、迅速方便、可以实现"门到门"直达运输的特点，使其成为同时具备通过功能与送达功能的全能化运输方式，公路运输不仅成为短途运输的主力，而且在中长途运输中也开始发挥重要作用，从而进一步刺激社会对公路运输的需求。

(2) 科技进步不断改变着各种交通方式的技术经济特征和合理范围。随着科技的进步、产品结构的调整，精细、高值产品和鲜活易腐等货物的增加，提高了对运输时效和质量的要求，空运物流需求不断增加，而公路运输将以其特有的时效性（据资料统计，运距在 200 千米以内，汽车货运的实际速度比铁路快 4～6 倍）和个人可以随意安排运输时间的灵活性，占有越来越多的运输市场份额。铁路运输和水路运输则以其大运量、低成本优势在大宗货物运输市场中占有自己的份额。

（3）随着信息技术和物流处理技术的进步，第三方物流、第四方物流的优势日益显现，对第三方物流、第四方物流服务的需求也将不断增长，网络技术的发展和电子商务的广泛应用对物流需求的量、质和服务范围均将产生重大影响。

（五）企业竞争战略与经营理念的转变

现代企业对核心业务越来越重视。在对物流外包成为企业集中有限资源、增强核心业务、提高企业核心竞争的有效手段的认识下，工业企业将产生越来越多的社会物流服务需求量。这种需求首先会在汽车、电子等加工组装企业、外资企业中产生。

面对国际零售巨头的大举入侵，国内的零售企业感受到了前所未有的压力，为了应对国际零售商带来的巨大压力，兼并联合和资产重组已经成为我国连锁超市发展的大势所趋。通过"连横"策略，连锁超市规模不断扩大，有效地提高了零售市场的产业集中度，达到规模采购和规模销售。超市间的竞争也由单纯的价格竞争转变为供应链的竞争，而供应链管理的关键在于商品采购、运输、库存控制、流通加工、商品配送、退货处理、物流信息等物流系统功能的发挥，因此物流配送已经成为保证连锁超市运营体系正常运作的基本条件，也是构筑各企业核心竞争力的关键因素。

目前大型连锁超市公司多数采用以自建为主的物流系统发展战略，投巨资建设自己的现代化物流配送中心，实行统一配送，特别是在常温仓储和冷冻品以及生鲜产品仓储方面，这一现象更加普遍。同时，由于大型连锁超市公司通常物流业务量巨大，即使建有自己的配送中心和较为完善的配送体系，在某些业务方面仍然需要与第三方物流公司产生业务合作，特别是在长途运输、区域仓库等方面的业务，外包的优势较为明显。

此外，连锁超市企业为实现整体的物流配送合理化，在互惠互利原则的指导下，共同出资建设配送中心，共同对某一地区的用户进行配送，共同使用配送车辆等现象也越来越常见，特别是在一些经营规模较小或门店数量较少的连锁超市采用"共同化配送"这一模式更具经济性。企业竞争战略、经营理念和物流配送模式的上述转变，必将对我国物流市场的需求格局和供给模式产生深刻影响与变革。

（六）消费——消费水平和消费理念的变化

消费水平和消费理念直接影响企业经营决策与生产、销售行业，进而影响物流的规模、流动方向和作用对象。当一种新的需求产生时，就会有企业为满足这种需求调动必要的资源进行生产和销售。改革开放以来，各种高档消费品（如计算机、家用轿车、冰箱、彩电、手机等）纷纷由无到有、由少到多地发展起来，为物流提供了巨大的市场。

(七) 物流服务水平和物流价格

物流服务水平对物流需求存在刺激或抑制作用。在物流服务走向专业化、综合化和网络化的过程中，物流企业利用其规模化优势和专业化服务优势，可以通过降低库存、提高商品周转率等服务为企业节约大量成本，从而促使越来越多的企业倾向于选择专业物流供应商，放弃自营物流，以扩大物流需求量。

此外，物流价格也是影响物流需求的一个重要因素。虽然物流需求的价格弹性较小，但当物流价格高于价值，用户的预期经济利益得不到保证时，用户物流需要的满足途径就会由市场转向自营，使市场需求量相应减少。反之，当物流价格保持在集约化生产才能达到的社会平均利润水平时，自给性的小型物流服务得不偿失，原来自我满足的物流需要就会转向市场，从而扩大物流需求量。

(八) 人口增长与流动

人口增长与流动的变化对物流需求有很大影响，人口增长必然引起粮食、油料、副食品、日用工业消费品等需求的增加，进而引起对货物运输、仓储、加工、包装、配送等需求的增加，而大量人口流入城市必然引起城市消费能力的增加，进而引起大量的粮食、副食品及日用消费品等运往城市，导致货运物流需求增加。

(九) 国际贸易与国际经济关系

国际经济关系和国际贸易进出口业务的增长，将直接拉动集装箱运输、公路过境运输、国际海运、空运以及进出口报关、货运代理、原料采购等相关物流服务的需求。目前国际贸易货运量的90%靠海运完成，今后随着高科技、高附加值产品在我国商品出口结构中比重的提高，由于高新技术产品体积小、重量轻、运费承担能力强，对航空货运物流的需求不仅将会不断增长国际资本的进入、扩大外商投资规模，也会直接加大与现代生产模式相适应的现代物流服务的需求。

(十) 季节因素

许多物流服务的需求存在很强的季节性，如我国航空运输在1月和2月的运输淡季，航空空载现象十分普遍，运力浪费严重；而在8~10月的运输旺季，又往往出现航空舱位需求无法得到满足的现象。铁路、公路运输同样具有较强的季节性。所以在分析物流需求时，季节因素也是必须要考虑的。

三、物流市场供求均衡分析

随着我国市场经济体制的建立和物流社会化、专业化的形成，社会物流资源要按市场机制配置，物流需求也要在市场中得到满足。市场经济的物流需求平衡机制同计划经济的物流供需机制具有根本不同的特点。研究物流需求与供给的根本目的，宏观上在于寻求市场经济条件下实现物流需求与供给总量上的基本平衡、结构上的相互适应的条件；微观上在于指导物流企业进入市场、参与竞争。

需求和供给都属于商品经济的范畴。物流供给是指在一定时期内社会能够向市场提供有效物流服务的能力或资源，包括量、质两方面内容。量是指总体数量的多少，质是指各种不同能力或资源的数量比例和结构。显然，物流供给能力不能等同于社会拥有能力。前者不包含社会组织内部自我服务所拥有的物流能力或资源。物流需求不同于社会需要量，它不包含社会组织自我满足的物流服务要求量。

物流供给与物流需求相对于有形商品的供给与需求有其不同的特点。以上两小节已经详细地介绍了物流需求的市场特征和影响因素，以下将对物流供给的市场特征和影响因素做介绍。

（一）物流供给的市场特征

1. 个性化

个性化是物流服务供给与物流服务（如运输、仓储）最显著的区别，因为后者大都体现的是一种标准化服务。但物流供给的个性化并不排斥标准化，相反，它是标准化基础上的个性化，即物流供给是在整合运输、仓储等活动基础上的个性化。具体表现为：物流服务供给主体能够根据不同的需求主体提供"量身定做"的服务，既可以提供从供应地到消费地的全程一体化服务，也可以提供环节性服务。

2. 无形性

物流供给只能以资源或能力要素的形式存储，而不能以实现的产品储备待用，因为物流服务是一种无形产品，供给与需求的满足是在同一个运动过程中实现的。例如，运输就是运输能力的表现过程，运输能力的存储只能以燃料、车辆、道路、人员等要素形式存储。

3. 完整性

物流供给是通过有机协调一系列不同的功能活动，如运输、仓储、包装、流通加工等，有效地满足客户需求，是以众多要素有机结合而形成的综合能力，各要素不能单独输出，单一的道路质量再高、数量再多，也不能形成现实的运输能力。如果只是完成某一环节的功能，那么这种不完整性的服务也不是完整意义的物流供给。

4. 供给弹性小

物流资源特别是运输、装卸、搬运资源的获得成本高，且不易移做他用，所以其对物流价格的反应速度慢、程度低。

5. 短缺性

除投资大、周期长外，物流资源能否形成现实的能力以满足需求还受气象、地形、地貌等自然条件以及偶发性因素的制约，即便社会的总供给并不短缺，甚至过剩，但在局部范围内仍然会呈现不能满足需求的短缺状况。

(二) 影响物流供给的主要因素

1. 社会经济发展水平

随着社会经济的发展、贸易范围的扩大、分工的进一步深化，特别是工业革命的发生，现代物流供给才有可能大规模的发生和发展。

2. 价格

价格是影响物流市场上物流服务供给量的重要因素。在一定时期内，价格高，物流服务供给总量就会增加；价格低，物流服务供给总量就会下降。合适的物流服务价格是一个健康物流市场的前提条件。

3. 技术

物流技术和基础设施是物流供给的基础性条件。技术是物流供给的重要决定因素，物流技术与装备水平的提高能对物流供给能力产生革命性影响。进入 20 世纪中期，计算机的发明、信息技术的应用使得人们能够以更加精确、快捷的方式实现空间位移。

4. 物流需求

物流需求规模的大小和变化方向决定了物流供给的可能空间与发展方向。缺乏物流需求则会使物流供给缺乏动力。物流需求旺盛，物流供给相对就会充足。如果存在巨大的潜在物流需求，则其对未来的物流供给有很强的诱导作用。

5. 产业布局

工农业生产的布局对物流基础设施网络的形成和发展有决定性影响。例如，我国的煤炭、铁矿资源主要分布在西部和北部，加工工业集中在东部沿海地区，因而在我国西部、北部和东部沿海地区之间建设了铁路、沿海航线，它们和长江、大运河等成为能力强大的运输干线。

6. 制度和政策

制度和政策是影响物流供给的重要因素。国家对物流活动的管理是采取集中还是分散的方法，是用计划的方法还是市场的方法，是采取鼓励竞争还是垄断，是实行行业管理还是部门管理等不同的选择都会极大地影响物流供给能力总量和结构的变化。

例如，市场准入的条件决定了物流企业进入市场的难易程度，同时国家是否采取扩大政府投资或鼓励地方、民间投资以及减少税收等方针政策来支持和发展物流也是影响物流供给变化的很重要的因素之一。

(三) 物流市场供求均衡与价格

1. 供求均衡与价格

(1) 供给与供给曲线。按照西方经济学的观点，供给是指某一时间内生产者在一定价格条件下愿意并可能出售的产品，对物流业来说也就是愿意提供的物流服务。价格与供应量呈正比变化，其变化规律如图 7-1 所示。

物流企业为提供一定量的服务所接受的价格称为供给价格,它取决于物流成本。在其他条件不变的情况下,价格越高,物流企业越愿意提供服务,因此供给会随价格的上升而增加。

(2)需求与需求曲线。物流需求是社会在一定价格条件下对物流服务需求的表示。显然在物流价格低时会有更多的需求,而在物流价格高时,有部分物流需求退出或者转为自营物流,因而物流需求量与物流价格呈反比变化,其变化规律如图7-2所示。一定的物流需求所对应的价格就是需求价格。

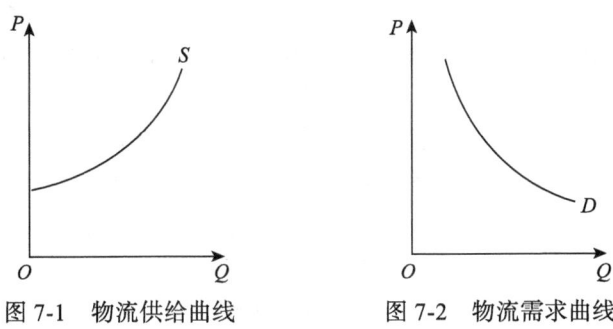

图7-1 物流供给曲线　　　图7-2 物流需求曲线

注:在图7-1和图7-2中Q为物流量,P为价格,S为供给曲线,D为需求曲线。

(3)均衡的含义。在现代西方经济学中,均衡是指经济学中变动者的各种力量处于一种暂时稳定的状态。均衡并不意味着不会变动,均衡价格就是一例,在均衡点的价格就是均衡价格,这时供给量与需求量一致,如果它再变动,供给与需求就不会一致了。

2. 均衡价格的分析

(1)均衡价格的定义。需求价格是指消费者对一定量的商品所愿意支付的价格,供给价格是指生产者为提供一定量的商品所愿意接受的价格。在同一市场中,产品完全出清时,供给量与需求量必然相等。西方经济学家以此为根据提出了均衡价格的概念,均衡价格就是指一种商品的需求价格和供给价格相一致时的价格,也是这种商品的市场需求曲线与市场供给曲线相交时的价格,如图7-3所示。

(2)均衡价格的分析。在图7-3中P_1为均衡价格,当市场价格上升,超过P_1点时,需求量就会下降,而供给量会因价格上升而增加,这样就会形成供过于求。但这只是暂时的现象,需求少、供给多,又将导致价格下降,一直降到均衡点使供给量与需求量再一次相等,达到市场均衡。

当市场物流价格下降,低于P_1点时,需求量就会上升,而物流企业因为利润的减少会降低供给量,这样就会形成供不应求。但这也将是暂时的现象,需求多、供给少,将导致价格上升,一直升到均衡点使供给量与

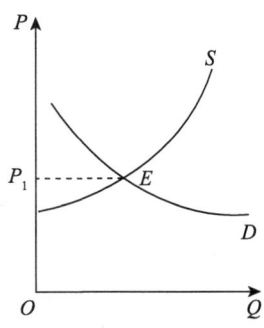

图7-3 物流供需曲线

注:在图7-3中,纵轴P表示价格,横轴Q表示物流量,S是供给曲线,D是需求曲线,需求与供给均衡的位置在需求曲线与供给曲线相交的点,即E点,其均衡价格为P_1。

需求量又相等，达到市场均衡。

在市场经济环境中，市场竞争是一种形成均衡的机制，市场的调节使得供给量与需求量处于平衡状态，当市场价格偏离均衡价格时，市场的调节又会使价格趋向于均衡价格。完全竞争市场的均衡是由供给和需求共同作用而产生的，是市场自发的行为和后果。我们需要注意市场调节的滞后性在物流行业中一样会产生作用。

四、物流需求预测

良好地物流需求预测能够使企业及时抓住有利的市场时机，安排销售和生产计划，有效降低库存量，为企业带来巨大的经济利益。

所谓物流需求预测，就是根据物流市场过去和现在的需求状况以及影响物流市场需求变化的因素之间的关系，利用一定的经验判断、技术方法和预测模型，应用适合的科学的方法对有关反映市场需求指标的变化以及发展趋势进行预测。根据这种预测企业能够及时准确地掌握市场需求情况的变化规律。

物流需求预测的内容通常根据物流需求预测的目的来确定。在微观情况下，通常需要预测物流活动中被组织流动的物资种类、数量、物流作业模式与范围等，这是确定物流系统的网络布局、设备配置、作业方式的基本依据。在宏观环境下，需要对社会经济发展水平进行分析和预测，进而预测货物流动对运输基础设施、物流园区、配送中心、仓储设施等的需求，为国家和地区物流规划提供数量依据。

(一) 物流需求预测的原理

物流需求预测的原理可以用四个字来描述，叫作"鉴往知来"，就是根据对象的现状和过去发展变化的历史找出规律，根据这个发展变化规律推测得出对象未来的发展变化趋势。虽然预测的应用领域很多，且研究对象的特性各异，方法手段种类繁多，但综观预测的思维方式，可以归纳出以下几个基本原理。

1. 惯性原理

客观事物的变化过程常常表现出它的延续性，通常称这种表现为"惯性现象"。客观事物运动惯性的大小取决于本身的动力和外界因素的制约程度。研究对象的惯性越大说明其延续性越强，越不容易受外界因素的干扰而改变本身的运动倾向。根据惯性原理，由研究对象过去和现在的状态向未来延续，从而预测其未来状态。惯性原理是趋势外推预测方法的理论依据。在预测学中，惯性原理也称为连贯原理。

例如，在生产资料市场中，企业对生产资料品种、质量、产量的需求比较稳定，影响生产资料市场的主要因素（国家投资、用户需求等）变动比较缓慢，因而其在运输、仓储等方面的物流需求表现出来的惯性较大。在消费者市场中，属于消费资料的产品则由于购买者爱好、兴趣的差异较大且容易改变，而对规格、品种和价格的要求变动较大，所以表现出来的物流需求的惯性较小。尤其流行商品的市场需求变化纷繁，其物流需求的惯性就更小。

2. 类推原理

类推原理也称为类推的原则。许多特性详尽的客观事物，它们的变化有相似之处。类推预测的应用前提是寻找类似事物，通过分析类似事物相互联系的规律，根据已知某事物的变化特征，推断具有近似特征的预测对象的未来状态，这就是所谓的类推预测。

类推预测可分为定性类推预测和定量类推预测。在缺乏数据资料的情况下，对类似事物的相互联系只能做定性处理，这种预测就称为定性类推预测。例如，由金属成型工艺类推预测塑料成型工艺的发展。定量类推预测需要一定的数据资料，已知事物是先导事物，根据先导事物的数据变动情况建立先导事物与迟发事物的数量联系，并进行预测。例如，由市场销售量的变化趋势预测物流需求量的变化趋势。

3. 相关原理

任何事物的变化都不是孤立的，而是在其他事物的相互影响下发展的。事物之间的相互影响常常表现为因果关系。例如，物流快递单量与电子商务成交量密切相关，与网购人群的结构也有关。深入分析和研究预测对象和相关事物的依存关系及影响程度是揭示事物变化特征与规律的有效途径，并可用于预测其未来状态。

从时间关系来看，相关事物的联系分同步相关和不同步相关两类。先导事件和预测时间的关系表现为不同步相关。例如，基本建设投资额和经济发展速度相关。因而，根据先导事件的信息可以有效地估计不同步相关的预测事件的状态。同步相关的典型事例是，冷库的需求量与气候变化有关，农产品物流的需求量和季节的变化有关。

相关原理有助于指导预测者深入研究预测对象与相关事物的关系，有助于预测者对预测对象所处的环境进行全面分析。相关原理是因果型预测方法的理论基础。

上述三个基本原理是人们经过长期研究和实践总结出来的。在实际预测工作中，人们以上述原理指导预测分析，并加以综合利用。在预测的基本原理的基础上，人们创造了种类繁多的预测方法，并在各个领域中加以运用。

（二）物流需求预测的作用

物流需求预测的作用具体体现在以下几个方面。

1. 物流需求预测是物流管理的重要手段

在物流管理活动中，如果我们能够通过预测了解和把握市场的未来需求变化，我们就能采取有效的战略战术。比如，如果我们预测到下个月某种商品的市场需求量将有大幅度的上扬，我们就可以事先调整库存策略，以免到时供不应求而失去市场机会。法国展望与预测中心的学者马塞尔·巴扬指出："在任何时候，我们都要先于竞争对手捕捉到未来技术的发展前景和消费者的要求，同时要有足够的勇气利用预测成果做出决策。许多企业家遭受失败，正是由于没有预测或预测错误造成的。"

2. 物流需求预测是制定物流发展战略目标的依据

物流需求预测可以揭示和描述市场需求的变动趋势，勾画未来物流需求发展的轮廊，并对物流需求发展可能出现的种种情况——有利方面和不利方面、成功的机会和失败的风险，进行全面的、系统的分析和预见，从而为制定物流发展战略目标和方向提供依据，避免决策的片面性和局限性。有了预测作为依据，就能"运筹于帷幄之中，决胜于千里之外"。例如，可以通过对客户的需求预测了解采取什么样的经营方针对企业更有利，可以通过市场预测制定网络发展战略。

3. 物流需求预测是物流管理的重要环节

物流管理按一般的意义说就是对物流活动的计划、组织、指挥、协调、控制，就是做决策或者说运筹。无论是计划还是决策，首先都要做到对物流发展的诸多因素心中有数，而要心中有数就必须依靠预测。因此，一切物流管理活动首先都是从对信息的了解、分析和预测入手的。

物流需求预测是物流管理的重要环节，但并不是最终目的。物流需求预测的作用和真正价值在于指导与调节人们的物流管理活动，以便采取适当的策略和措施谋求更大的利益。

从物流需求预测工作的内容来看，它具有相对的独立性。但从物流需求预测工作在物流管理的层次地位来看，它必须服从于计划、决策等更高管理活动层次的需要。因此，物流需求预测应按计划、决策的要求，即物流运筹的要求开展工作。

（三）成功预测的策略

在市场竞争日益激烈，客户需求多样化、个性化的今天，如能在提高市场响应能力方面进行系统规划与实践，则其对企业提高服务水平、减低成本、提高质量和充分利用资源具有重大意义。

做好预测工作应先从准确性、时效性、可用性和经济性方面选好理想的预测方法，再从整体上管理市场预测工作。准确的预测可以使企业及时调整产品结构，瞄准特定的目标市场和消费群体，领先竞争对手并获得更大的商机。以下将分析预测编排、如何消除预测差异的影响、调整预测编排以及提高应急能力。

1. 预测编排

预测实际上是对未来产品市场需求的估计。从时间划分，可以有短期预测和中长期预测。时间越长，预测的准确性越低；时间越短，则预测相对准确。因此可以在中长期预测的基础上加强短期预测，以便进一步提高短期预测的准确性。

预测工作可以分为前瞻预测及销售总结，实际的预测是这两方面工作的结合。前瞻预测是收集市场的需求信息，通过分析了解产品发展方向，直接面向市场；而销售总结是建立在过去、现在的销售基础之上的，根据销售历史情况对产品的销售趋势进行分析，以发现产品销售是处于上升还是下降趋势，给前瞻预测一定的指导。

2. 如何消除预测差异的影响

很多企业都接触过"六西格玛"概念，它是指 100 万个产品单位里只允许有 3.4

个质量缺陷，也称"零缺陷"。实际上，追求预测的最小差异与追求"零缺陷"的道理是一样的，目的都是提高工作效率，减少不必要的浪费。虽然追求预测最小差异在实际工作中很难实现，但也有一些方法可以减少预测差异带来的负面影响，例如增加预测数据的数量，保证预测数据的质量，选择准确性较高的预测方法等。

3. 调整预测编排

预测的错误来自两个方面，有些预测超过实际需求而有些预测小于实际需求。大家往往只反映超出预测的部分，而一个好的计划体系同时也要反映小于预测的信息，只有计划体系同时从两个方面来反映，执行人员才有机会及时处理。

4. 提高应急能力

许多客户需求会在最后一刻发生变化，往往使公司陷于应急事务。为了不被经常性地、痛苦地打断工作，一种比较好的办法是大概地做出综合性计划并预留一部分能力来处理应急事务。

（四）物流需求预测的步骤

进行物流需求预测应遵循与一般的预测一样的程序步骤。首先进行物流调查，再进行物流调查资料的整理，然后根据调查资料所反映的发展趋势找出发展变化规律，再根据这个变化规律选择预测方法、建立预测模型，用预测模型求出预测值，最后进行误差分析，求出最后的预测结果。

（1）明确预测目的、任务，制订预测计划。先根据需要确定具体而明确的预测对象（如预测的类型是长期预测还是短期预测，预测内容是对某一地区的某一种产品，还是对某一地区的几种产品进行预测等），以便确定预测的内容和任务，从而制订出具体的预测工作计划，并组织预测小组加强各部门之间的协调等。

（2）进行市场调查，收集相关的资料数据。根据预测对象和内容的要求对已经拥有的有关数据资料进行整理、分析，对尚未拥有的资料数据进行收集、调查。收集的资料数据越详细，越有利于预测工作的进行。

（3）调查资料整理分析。调查资料从调查来源上看包括两种类型：一种是第一手资料，另一种是第二手资料；调查资料从实践特性上看也包括两种类型：一种是现状资料，另一种是历史资料。

（4）选择合适的预测方法。根据资料进行分析，观察对象的变化规律（大致可以用什么样的函数曲线去描述），从而确定应当用什么样的预测方法。

（5）建立预测模型。

（6）利用预测模型分析计算，求出预测值。

（7）进行误差分析，最后确定预测结果。由于实际的市场需求情况错综复杂，影响因素众多，因此在进行预测时，不能简单地依靠某一理论或套用某一模型加以预测，而是要综合考虑各方面的情况，借助于经验判断、逻辑推理、统计分析等方面的预测判断能够使预测结果更为合理，从而得出最后的预测结果。

五、物流需求预测方法

要进行科学的市场需求预测，除了必须明确物流需求预测的有关概念以外，更重要的是必须掌握进行物流需求预测的技术与方法。一般将物流需求预测方法分为定性预测方法和定量预测方法两种。

（一）定性预测方法

定性预测方法是指预测人员通过对所掌握的物流市场情况的数据资料的分析，根据自身的实践经验、主观分析以及直觉判断，对有关市场需求指标的变化趋势或未来结果进行预测的方法。它的优点是预测所花费的时间较短、成本较低、实际操作比较容易，但预测的结果受主观因素的影响较大。

1. 德尔菲法

德尔菲法又称专家调查法，是根据专业人员的直接经验对研究的问题进行判断、预测的一种方法。其优点是不受地区人员的限制、应用广泛、费用较低，可以分别对不同的专业人士进行调查，能够得到各种不同的观点和意见，通常在历史资料不足或不可测因素较多时尤为适用，如对我国第三方物流的发展趋势进行预测。其缺点是预测结果取决于专家的学识、经验、心理状态和对预测问题感兴趣的程度，受主观认识制约较强。德尔菲法的一般预测程序如下。

（1）明确预测目标，成立预测小组，准备预测问题的背景材料。
（2）选择专家、专业人员。
（3）要求专家根据自己的知识和经验对所预测事物的未来发展趋势提出自己的预测，说明其依据和理由，并书面答复主持预测的单位。
（4）预测小组对专家的预测意见进行归纳整理。
（5）专家等人进行第二次预测，提出自己的修改意见及其依据和理由。如此反复征询、归纳、修改，一般经过四五次反馈，各位专家的意见就会基本趋向一致。

2. 主观概率法

主观概率法是指人们对有关事件发生的可能性所做出的主观量度，它应具有客观概率的基本性质。在主观概率的基础之上做出的预测就称为主观概率法。

3. 市场调研法

市场调研法是指通过各种不同方法（发调查表、面谈等）对某一个关键问题进行调查、收集数据，从而推断该问题未来的发展趋势。

4. 小组共识法

召集与被预测问题相关的人员（如高层管理人员、销售人员或顾客）参加会议，在会议上大家自由讨论对该问题的看法和意见，从而得出比较一致的结论。

5. 类比预测法

类比预测法又称比较类推法，它分为纵向类推预测方法和横向类推预测方法两种。这种方法一般根据经验判断，通过比较类推得出预测的结论。

纵向类推预测方法是一种通过将当前的物流市场情况和历史上曾经发生过的类似情况进行比较来预测市场未来情况的方法，在使用纵向类推预测方法进行物流需求预测时，不能机械地进行类比，要仔细考虑在当前市场的变化中，哪些条件和因素与历史上的情况相似，哪些改变是新出现的，然后再进行预测。

横向类推预测方法是指在同一时期内对某一地区某项产品的市场情况与其他地区产品的市场情况进行比较，然后预测这个地区的未来市场情况。

（二）定量预测方法

定量预测方法是建立在对数据资料的大量、准确和系统的占有基础之上，然后应用数学模型和统计方法对有关预测指标的变化趋势与未来结果进行预测的方法。它的优点是科学理论性较强、逻辑推理缜密、预测的结果也较有说服力，缺点是预测花费的成本较高，而且需要较高的理论基础，因而应用起来受到的限制较多。

到目前为止，世界上用于预测的数学模型已经超过 100 种。但其中用得最普遍的是时间序列分析方法，它是以时间为独立变量，把过去的需求和时间的关系作为需求模式来估计未来的需求。所谓时间序列，是按一定的时间间隔和事件发生的先后顺序将所收集的数据进行的排列，具有随着时间进程重复出现的明显特征。我们这里只简单介绍基于时间序列分析的简单平均法、加权平均法、移动平均法、季节指数法预测模型。

1. 简单平均法

简单平均法是一种最简单的时间序列分析预测法。它最基本的思路就是把前几个月（或日、周、旬、季、年等，下同）的数值的平均值作为后一个月的预测值。

设 x_t 为第 t 月的发生值，$t=1, 2, \cdots, n$。如果要求根据前 N 个月的发生值来预测第 $(t+1)$ 月的预测值 y_{t+1}，则可以由下式确定。

$$y_{t+1} = \frac{x_t + x_{t-1} + \cdots + x_{t-N+1}}{N} \quad (t \geqslant N) \tag{7-1}$$

2. 加权平均法

加权平均法，就是对于组距中的 N 个数，根据它们各自对于预测值的重要程度分别设置重要度权数，然后把它们加权平均来求得预测值的预测方法。

如果设置组距中 N 个值的权数分别为 $w_1, w_2, \cdots, w_N$，则加权平均法的预测值可以用下式求得。

$$y_{t+1} = \frac{w_1 x_t + w_2 x_{t-1} + \cdots + w_N x_{t-N+1}}{w_1 + w_2 + \cdots + w_N} \quad (t \geqslant N) \tag{7-2}$$

3. 移动平均法

移动平均法，就是按顺序将组距由前往后移动，产生多个移动平均值，根据这些移动平均值来确定预测值的预测方法。移动平均法又分为一次移动平均法和二次移动平均法两种，这里主要讨论一次移动平均法。根据实际发生值对预测值的重要性差异，移动平均法可分为简单移动平均和加权移动平均。简单移动平均各发生值对预测值的重要性相同，而加权移动平均各实际发生值对预测值的重要性不同。

设实际发生值的时间序列是 x_t，组距为 N，将 x_t 顺序以组距 N 移动求得平均值序列为 M_t，即 M_t 可以用下式表示，其中简单移动平均采用式（7-3），加权移动平均采用式（7-4）。

$$M_t = \frac{x_t + x_{t-1} + \cdots + x_{t-N+1}}{N} \quad (t \geq N) \tag{7-3}$$

$$M_t = \frac{w_1 x_t + w_2 x_{t-1} + \cdots + w_N x_{t-N+1}}{w_1 + w_2 + \cdots + w_N} \quad (t \geq N) \tag{7-4}$$

用所求出的移动平均值来求预测值时，针对两种不同情况分别采用不同的方法求预测值。

（1）短序列移动平均法。如果发生值数列 x_t 比较短（一般小于或等于20个数），则把 M_t 放在 $t+1$ 的时间位置上，预测值 y_{t+1} 就等于 M_t。即 $y_{t+1} = M_t$。

（2）长序列移动平均法。如果发生值数列 x_t 比较长（一般大于20个数），则把 M_t 放在组距的中位位置上，形成一个平均值的时间序列 M_t，由这个平均值序列 M_t 求出其变化趋势值 a_t，再由变化趋势值 a_t 求出其平均值序列 $\overline{a_t}$，最后根据 M_t、T 和 $\overline{a_t}$ 求得预测值。

M_t 的变化趋势序列可由下式求出。

$$a_t = M_t - M_{t-1} \tag{7-5}$$

还要由 a_t 序列按同样的组距 N 求移动平均值 $\overline{a_t}$，同样置于对应的组的中位位置上。利用下式求得，其中简单移动平均采用式（7-6），加权移动平均采用式（7-7）。

$$\overline{a_t} = \frac{w_1 a_t + w_2 a_{t-1} + \cdots + w_N a_{t-N+1}}{N} \quad (t \geq N) \tag{7-6}$$

$$\overline{a_t} = \frac{w_1 a_t + w_2 a_{t-1} + \cdots + w_N a_{t-N+1}}{w_1 + w_2 + \cdots + w_N} \quad (t \geq N) \tag{7-7}$$

最后就可以利用下式求出后面距离 t 时段为 T 的任意一个时段的预测值。

$$y_{t+T} = M_t + T \overline{a_t} \tag{7-8}$$

这种方法的预测步骤如下。

（1）选组距 N。

（2）由 x_t 计算移动平均值 M_t，置于组的中位。

（3）由 M_t 计算趋势变动值 a_t。

（4）由 a_t 以相同组距 N 移动平均计算平均趋势变动值 $\overline{a_t}$。

（5）求预测值 $y_{t+T} = M_t + T \overline{a_t}$，其中 t 为同时对应有 M_t 和 $\overline{a_t}$ 的最后一个时间段，T 为预测时间段距离 t 时间段的间隔时间段数。

（6）进行误差分析，确定预测结果。

4. 季节指数法

季节指数法的基本思想方法原理就是要求各个月（或季、下同）的季节指数，根据各个月的发生值以及相应月份的季节指数来求预测值。

所谓季节指数，就是该月的实际发生值与该年的月平均发生值的比值。如果月平均发生值为 X，第 i 月的发生值为 x_i，则其月季节指数为：

$$A_i = \frac{x_i}{X} \times 100\% \tag{7-9}$$

知道某个月的发生值 x_i 和它的月季节指数 a_i，又知道所要预测的月份 j 月季节指数 a_j，则可以由下式求出月份 j 的预测值 y_j。

$$y_j = \frac{x_i}{a_i} a_j \tag{7-10}$$

六、物流需求预测实例

在上一节中简要介绍了经常使用的简单预测方法，为加强大家的理解，我们试举出一些例子，看看怎样具体应用这些方法。

（一）简单平均法

【例 1】 已经调查得出某商场今年前 8 个月用户的配送车次，如表 7-2 所示，现在需要预测估计该商场 9 月的配送车次。

表 7-2 某商场前 8 个月的配送车次

月份	1	2	3	4	5	6	7	8
配送车次	10	12	11	10	8	9	10	12

根据题意，就是要求 9 月的预测值，可以用 9 月之前 N 个月的数据进行平均求得。

若 $N=3$，则

$$y_9 = \frac{x_8 + x_7 + x_6}{3} = 10.3$$

若 $N=4$，则

$$y_9 = \frac{x_8 + x_7 + x_6 + x_5}{4} = 9.75$$

若 $N=5$，则

$$y_9 = \frac{x_8 + x_7 + x_6 + x_5 + x_4}{5} = 9.8$$

（二）加权平均法

【例 2】 数据如例 1 所示，采用加权平均法预测。

若 $N=3$，权数 $=\{3, 2, 1\}$，越靠近 9 月的序列值，其权数越高，则

$$y_9 = \frac{w_1 x_8 + w_2 x_7 + w_3 x_6}{w_1 + w_2 + w_3}$$
$$= \frac{3 \times 12 + 2 \times 10 + 1 \times 9}{3 + 2 + 1}$$
$$= 10.83$$

若 $N=4$，权数 $=\{4, 3, 2, 1\}$，则

$$y_9 = \frac{w_1 x_8 + w_2 x_7 + w_3 x_6 + w_4 x_5}{w_1 + w_2 + w_3 + w_4}$$

$$= \frac{4 \times 12 + 3 \times 10 + 2 \times 9 + 1 \times 8}{4 + 3 + 2 + 1}$$

$$= 10.4$$

若 $N=5$，权数 $=\{5, 4, 3, 2, 1\}$，则

$$y_9 = \frac{w_1 x_8 + w_2 x_7 + w_3 x_6 + w_4 x_5 + w_5 x_4}{w_1 + w_2 + w_3 + w_4 + w_5}$$

$$= \frac{5 \times 12 + 4 \times 10 + 3 \times 9 + 2 \times 8 + 1 \times 10}{5 + 4 + 3 + 2 + 1}$$

$$= 10.2$$

与例 1 的预测值相比，这里的预测值分别都有所升高，这是增加了权数的结果。

（三）移动平均法

【例 3】 这里只举一个短序列移动平均法的例子。数据如例 1 所示，同时画出如表 7-3 所示的形式（见表 7-3 中的第（1）列和第（2）列）。因为实际发生值只有 8 个，所以采用短序列移动平均法进行预测，取 $N=3$。不用加权平均，就用简单平均。计算的结果如表 7-3 的第（3）列所示。

表 7-3 移动平均法预测计算表

时间 t	配送车次 x_i	移动平均值 M_t	预测值 y_{t+1}	时间 t	配送车次 x_i	移动平均值 M_t	预测值 y_{t+1}
(1)	(2)	(3)	(4)	(1)	(2)	(3)	(4)
1	10	…	…	6	9	9	9.7
2	12	…	…	7	10	9	9
3	11	11	…	8	12	10.3	9
4	10	11	11	9			10.3
5	8	9.7	11				

第（3）列是由实际值 x_t 用式（7-3）求出的移动平均值 M_t，第（4）列是用式（7-8）求出的预测值 y_{t+1}。所以 9 月的预测值是 10.3，即 10 车次。

【案例分析】

沃尔玛的需求预测和 CPFR

山姆·沃尔顿于 1962 年在美国阿肯色州的罗杰斯设立了第一家沃尔玛商店。如今这家公司提供四种不同概念的零售模式：沃尔玛折扣店、购物广场、社区店和山姆会员店。

长期致力于让顾客满意和"保持低价格"使沃尔玛成为一家年营业额超过2 180亿美元的世界最大零售商。很多年以前山姆·沃尔顿就说:"让我们成为最友好的商店,向那些赏光走进我们商店的顾客提供欢迎的微笑和尽心尽力的帮助。提供更好的服务,这种服务要超过顾客的预期。为什么不呢?你是伟大的,你和你的同事都能做到这一点,并且比世界上任何其他零售公司都做得更好。超过顾客的预期,如果你做到了,他们会一次又一次地回到你的商店。"沃尔玛在全世界有约130万员工,在美国有约3 200家工厂,在美国、墨西哥、波多黎各、加拿大、阿根廷、巴西、中国、韩国、德国和英国有约1 200家商店。沃尔玛被认为是世界上最好的供应链运营商,其商品成本要比主要竞争对手低5%~10%,这给公司提供了竞争优势。

沃尔玛也是很早采用协同规划、预测和补货(CPFR)的企业,它通过全盘管理、网络化运营的方式管理供应链中的贸易伙伴。CPFR帮助沃尔玛建立起一套针对每件商品的短期预测方法,用来指导订货。这种由相互协商确立的短期预测成为改进需求管理的动力,实现了对供给和库存水平的更好控制。CPFR项目的实施帮助沃尔玛和供应商节约了大量的库存维护成本,并促使沃尔玛逐步成为一个准时制系统。

在美泰公司工作的首席信息官约瑟夫·埃克若斯说:"我之所以能够根据一个玩具的销售进度情况决定是增加生产还是停止生产,取决于我得到的信息。以日或者小时为单位获取的销售数据非常重要,我可以很准确地计算出什么东西在什么地方卖得最好,然后调整生产。当美泰和生产厂家之间建立起信任、互惠互利的关系时,整个系统的效能就发挥出来了。从全球范围内的客户那里收集的数据,可以帮助我最优化销售并为客户提供最好的价格。"

沃尔玛实施了一个数据仓库项目,在一台中央服务器上汇总历史数据并进行分析,从数据中更好地了解商业环境,并做出最好的决策。最初系统只收集销售点和运输的数据,之后数据仓库包括了65周的库存数据、预测数据、人口统计数据、降价数据、退货和市场数据,这些数据按照每件商品、每个商店和每一天进行归类。在数据仓库中除沃尔玛的运营数据以外,还包括竞争对手的数据。这些数据向沃尔玛的买家、中间提供商和预测相关人员以及约3 500家合作伙伴开放。例如,当沃尔玛的仓库开始一家杂货商店,沃尔玛会努力分析其设立对自身销售的影响。预测过程沃尔玛应用的数据挖掘软件是由NeoVista Software(被J&A软件来分析一年来的销售点销售数据,并向美国的商店提示购进就是节约几百万的库存成本,更好地处理季节性和每周的变化制订商业计划。

预测过程是这样运转的,沃尔玛的买家提纳-兰伯特(Warner-Lambert)实施CPFR制药公司,在2000年与辉瑞公司合并沃尔玛的计划制订者,最后经协调沃尔玛的仓库管理。沃尔玛和它的供应商使用同样的系统。

通过数据挖掘软件能发现一些有趣的事情。例如，每家商店的购买模式都十分不同，全年都保持较高库存的护齿产品和宠物食品的销售模式也十分不同，这一发现被应用于沃尔玛的自动订货和供给系统。沃尔玛对七亿种商品进行组合分析，实现了将正确的商品，在正确的时间，以合适的价格运送到正确的商店，卖给顾客。沃尔玛不断提高预测的准确性，取得了零售行业内无法比拟的竞争优势。

资料来源：https://wenku.baidu.com/view/a11bb9d184254b35eefd3413.html.

案例思考题
1. 分析沃尔玛采用了哪些预测方法。
2. 论述需求预测分析对企业的作用。

【实践技能训练】

调查三家以上的物流企业，对其物流需求预测方法进行对比分析，并提出发展建议。

实训要求
1. 学生建立调查小组，选择当地具有代表性的物流企业进行实地调查。
2. 教师提前给学生指出调查方向，配合学生拟订调查计划。
3. 学生根据调查结果，进行结果分析并撰写调查总结报告。

Chapter8 第八章

物流管理微观视角

学习目标

【掌握】
1. 企业采购物流、生产物流与销售物流的内涵。
2. 供应商的选择与库存控制方法。
3. 精益生产下的两种生产模式。
4. 影响销售物流的因素。

【理解】
1. 企业生产物流的类型。
2. 销售物流的合理化。
3. 物流与生产运营的交叉。
4. 物流与市场运营的交叉。

【了解】
1. 企业生产物流的组织形式。
2. 企业销售物流的流程。
3. 企业物流战略管理的内涵。
4. 企业物流战略规划的要素。

第一节 企业物流

一、企业采购物流

(一) 采购及采购物流的内涵

采购就是购买生产经营活动所需的原料、燃料、机器设备及零部件、办公设施和设备等物资与服务的活动，其过程包括提出采购需求、选定供应商、谈妥价格、确定交货及相关条件、签订合同并按要求收货付款的过程。企业采购不同于消费品采购，消费品采购活动往往是个人行为，而企业采购主体通常是企业、机关或机构。二者无论是在采购的目的、动机，还是采购决策与特点等方面都存在着明显的区别。此外，企业采购与消费品采购还有一个主要的区别在于企业采购是供应商与企业之间相互依靠的过程，因而供应商与采购商（企业）之间往往会发展成长期的合作关系。消费品采购与企业采购的区别如表 8-1 所示。

表 8-1 消费品采购与企业采购的区别

	企业采购	消费品采购
采购目的	保证生产	满足个人需求
采购动机	主要出于理性考虑	带有个人喜好或冲动
采购功能	专业职能，企业行为	消费者个人行为
采购决策	多人参与，程序化过程	个人决定
产品与市场知识	系统、宽广	零散、有限
采购量	大	小
采购需求	由生产及发展驱动，波动性强	由生活所需导向，通常较稳定
采购市场价	弹性有限	弹性相对较大
顾客	数量有限，往往地域性集中	数量很多，在地域上分散

采购物流，或叫供应物流，对于工厂而言，是指生产活动所需要的原材料、燃料、备品备件等物资的采购、供应活动所产生的物流；对于流通领域而言，是指在交易活动中，从买方角度出发的交易行为中所发生的物流。企业的流动资金大部分是被购入的物资材料及半成品等所占用的。采购物流的严格管理及合理化对于企业的成本有重要影响。

可以看出，采购物流管理是企业经营的一个重要组成部分。对于企业经营管理可以从不同的角度研究，但在市场经济日渐发达和市场竞争激烈的经营环境中，专业的物流管理水平成为企业竞争力的重要指标。采购物流管理是企业物流管理的一个主要组成部分，它分三个重要内容：库存控制、供应商管理和采购管理技术。通俗地讲，库存控制是买多少的问题，供应商管理是向谁买的问题，采购管理技术是怎么做的问题。三者之间是相互联系、相互支持的。为了更好地实现买多少的工作目标，向谁买很重要，不同品质、实力的供应商，合作的效果是不一样的；而确定买多少的工作目标，指导向谁买的工作方向。当然，出色的业务实操是实现各项采购管理措施和政策的保证。

（二）采购物流的类型、基本原则以及采购物流流程

1. 采购物流的类型

采购活动可归入三种不同的行为类型，也许不同企业对这几种情况有不同的名称，但定义基本相同。

直接重购：指企业的采购部门根据过去和许多供应商打交道的经验，从供应商名单中选择供货企业，并直接重新订购过去采购过的同类物资。这种情况是指货物已经购买多次，订购程序已经确立，基本上属于惯例化决策。列入供应商名单的供应商将尽力保持产品和服务质量，并采取其他措施提高采购者的满意度。未列入的供应商会试图提供新产品或某种满意的服务，以便争取采购者的认可。

修正重购：指企业采购经理为更好地完成采购工作任务，适当改变要采购的某些产业物资的规格、价格等条件或供应商，这种行为类型较复杂，因而参与购买决策过程的人数较多。这种情况给"门外的供货企业"提供了市场机会，并给"已入门的供货企业"造成威胁。

新购：指企业第一次采购某种物资。新购的成本费用越高，风险就越大，需要参与购买决策过程的人数和需要掌握的市场信息就越多。这类采购行为最复杂，要做的购买决策最多，通常有以下决策：产品规格、价格幅度、交货条件和时间、服务条件、支付条件、订购数量、可接受的供应商和挑选出来的供应商等。

2. 采购的基本原则

适价：大量采购与少量采购、长期采购和短期采购在价格上有差别，决定一个适合的价格要经过多渠道询价、比价、自行估价、议价等过程。适价原则即是从品质的角度保证同等品质情况下，不高于同类物资的价格。

适时：在价格稳定的时期内，要按照生产计划进行分期采购，随季节变化，在价格较低时，不失时机地购进。

适质：市场行情和采购材料的品质成本是间接的，往往被忽视，但是品质不良会造成管理费增加、生产不稳定、降低信用和产品竞争能力等后果。

适量：采购量多，价格就便宜，但不是采购越多越好，资金的周转率、仓库储存的成本都直接影响采购成本，应根据资金的周转率、储存成本、物料需求计划等综合计算出最经济的采购量。采购量的大小决定生产与销售的顺畅和资金的调度。物料采购量过大会造成过高的存货储存成本与资金积压，物料采购量过小，则采购成本提高，因此适当的采购量（即适量）是非常必要的。

适地：距供应商越近，运输费用就越低，机动性就越高，协调沟通就越方便，成本自然就越低。同时有助于紧急订购时的时间安排。

3. 采购物流流程

采购作业过程往往会因采购物料来源、采购方式及采购对象等的不同，在具体细节上存在若干差异，但是基本作业过程大同小异。通常采购作业流程由以下七个作业步骤组成。

采购申请：采购申请由物料控制部门根据物料需求分析表计算出物料量，填写请购单，依照签核流程送至不同审核主管批准。在填制采购单的同时，还必须登记编号，以便未来查询和确证，这样可以有效防止随意性和盲目性。

选择供应商：在采购物料时，市场上往往有多家供应商可供选择，此时买方处于有利地位，可以货比多家。根据物料的品种、价格、形状、功能、品质及多种相应服务条件向供应商提出要求，比较供应商的供货能力和条件，尽力降低采购成本，选择最理想的供应商。在采购条件许可范围内，应该列出或排出所有供应商清单，采用比较和评估的科学方法挑选合适的供应商。

确定价格：就是谈判过程，这一过程相当困难，因为价格是最敏感或最棘手的问题，买卖双方都设法提高或降低价格来维护自身利益。值得提出的是，虽然价格是市场供需的一个矛盾，但是双方中的任何一方都不能随意要价，否则会导致商品交易失败。另外，价格并不是采购业务过程中唯一的决定性因素，价格与物料质量、数量、交货时间、包装、运输方式、售后服务等内容有多种相互制约的关系，同样要求买卖双方必须综合权衡利弊，定出令双方满意的价格，促成交易。

签约或签发采购订单：物料采购协议或订单是具有法律效力的书面文件，其内容主要有采购物料的具体名称、品质、数量及其他要求，包装要求及其运输方式，采购验收标准，交货时间和地点，付款方法，不可抗拒因素的处理，违约责任及其他。

签约或签发是十分仔细和谨慎的采购行为，采购方必须认真行事，签约或签发的原则是权利和义务对等、严格执行、责任等原则。

跟踪协议后订单与稽核：在完成订货之后，为求供应商如期、保质、保量交货，应依据合约或订单规定，督促供应商按规定交货，并严格验收入库。这一过程是整个采购过程的核心，必须予以充分重视。在执行过程中，经常会发生意外或意想不到的事件，在这种情况下，双方应尽力采取有效措施，避免不必要的损失，或将损失降到最低程度。

接受物料：供应商利用不同运输方式将物料送至采购方指定地点，采购方对送达物料认真验收，验收时一般有如下要求：确定验收时间或日期；验收工作应按合约内容进行，以确定是否完全符合订单或合约要求；确定验收人员和负责人员；验收时，如发现物料存在质量或其他方面的问题，应及时通知供应商处理；验收单据由验收人员签署，并对此负全部责任，验收单据签署后，可作为采购方付款凭证之一。

确认支付发票与结案：支付货款前必须核对支付发票与验收的物料清单或单据是否一致，确认后连同验收单据，开出保票向财务部门申请付款，财务部门经会计账务处理后通知银行正式付款。至此采购方与供应商之间的业务事宜结束。

（三）供应商管理

1. 供应商选择的因素

供应商的选择是搞好供应商管理的前提。良好的供应商可以保证供应物料的顺畅，使生产不会因为待料而停工；可以保证原材料的进料品质稳定，从而保证产成品品质的稳定；可以保证交货数量和交货期的准确性，从而保证产品出库的准确性。因此选择优秀的供应商与否直接影响企业的生产和销售，对企业的影响巨大。评价和选择一个供应商，一般应考虑以下几个因素：产品质量、供货能力、企业信誉及历来表现、质量保证及赔偿政策、产品价格、技术力量、企业财务状况、通信系统及企业在同行业中的地位。

2. 供应商选择的主要步骤

（1）首先了解供应商的情况。企业可以通过以下几个途径了解供应商的一些信息。

1）直接向供应商了解情况。根据自己的采购需求，同时结合对供应商的要求制定出调查问卷，发放给供应商，以此了解他们的技术能力、售后服务、生产规模等方面的信息。

2）通过供应商的对外宣传了解他们。供应商会向采购方发送自己的详细资料，而且现在很多供应商都有自己的网站，以供需求者了解。

3）采购人员还可以通过自己的业务关系或者社会关系向行业内的其他企业咨询，这样获得的信息往往比较真实。

4）通过工商局、税务局、行业商会等官方和非官方的机构了解供应商的实力、背景等信息。

（2）初步进行谈判。对于一般的小批量采购，在了解了供应商的基本情况之后，就可以与供应商进行初步谈判，一般选定几个比较合适的供应商进行谈判。在谈判过程中，一方面采购方要提出自己的采购要求，向供应商提供样品，以便双方能达成协议；另一方面采购方要更加详细地了解供应商的基本情况，要查看他们是否具有正规的质量和生产能力保证方面的证明性材料及文件，同时还要求供应商出具法人营业执照、产品生产许可证、资产证明材料等方面的证明。如果觉得有必要的话，可以到供应商企业进行实地考察。谈判之后就可以确定供应商。

（3）进行采购认证。大型项目的采购，则要经历采购认证的过程，这个过程较为复杂，因而要谨慎。

1）在接触供应商之前，采购方要做认证准备。

认证准备包括三方面的工作：第一，要对采购需求做进一步的确认，掌握市场采购动态，明确采购质量要求和使用标准；第二，对价格进行更详细的预算，如货物购买成本、采购管理成本、库存成本等；第三，根据以上工作制定认证说明书，包括价格预算、质量说明、需求量、售后服务等方面的内容，准备发送给供应商。

2）向初步选定的供应商发送认证说明书。

供应商收到认证说明书后，根据自己的真实情况制定供应报告。供应报告包括供应商所能接受的采购价格、所能达到的质量水平、所能提供的售后服务、所能满足的月或年的供应量、订单提前期的长度等。通过这一步可以选定几个有资格的供应商。

3）向有资格的供应商提供样品试制资料，签订试制合同，并对供应商的试制过程进行监控，对完成的样品进行检验和评估。

（4）选定供应商。评估之后，根据价格、质量、风险等方面的要求，选择最合适的供应商。当然，最后确定的供应商可能不止一家。

3. 供应商管理的基本内容

供应商管理包括以下几个基本内容。

（1）供应商调查。供应商调查的目的，就是要了解企业有哪些可能的供应商，各个供应商的基本情况如何，为企业了解资源市场以及选择正式供应商做准备。

（2）资源市场调查。资源市场调查的目的，就是在供应商调查的基础上，进一步了解掌握整个资源市场的基本情况和基本性质：是买方市场还是卖方市场，是竞争市场还是垄断市场等。

（3）供应商开发。在供应商调查和资源市场调查的基础上，可能发现比较好的供应商，但是企业不一定能马上得到一个完全合乎企业要求的供应商，还需要在现有基础上继续进一步加以开发，才能得到一个基本合乎企业需要的供应商。将一个现有的原型供应商转化成一个基本符合企业要求的专业供应商的过程，是一个开发过程，具体包括供应商深入调查、供应商辅导、供应商改进、供应商考核等活动。

（4）供应商考核。供应商考核是一个很重要的工作。它分布在供应商管理的各个阶段：在供应商开发阶段需要考核，在供应商选择阶段需要考核，在供应商使用阶段也需要考核。不过每个阶段的考核形式和内容并不完全相同。

（5）供应商选择。在供应商考核的基础上，经过科学评估，选定合适的供应商。

（6）供应商使用。与选定的供应商开展正常的业务活动，并对其进行激励和控制。

（四）供应商的选择方法

供应商的选择方法有很多种，大体来说分为定性方法和定量方法两种。

1. 定性方法

定性方法主要包括直观判断法、招标法、协商选择法。

直观判断法是根据所调查的资料并结合人的分析判断，对供应商进行分析和评价的方法，主要由采购人员凭经验做出判断。此方法常用来选择采购非主要原材料时的供应商。

招标法是由采购方提出招标条件，各供应商进行竞标，最后由采购方决标，从而选择最有利条件的供应商来签订合同和协议的方法。招标法分为公开招标和指定竞标招标，公开招标不限制投标者的资格，而指定竞标招标则由企业先选择几个供应商，然后再进行竞标、决标。招标法手续比较烦琐，经历时间长，一般适用于采购数量大、供应商多、竞争激烈的供应商选择。

协商选择法是由采购方先选择出几个条件较为有利的供应商，然后分别同他们进行协商，最后确定最为合适的供应商的方法。与招标法相比，协商选择法必须要保证双方能够充分地协商，一般在采购时间紧迫、物料规格和技术要求复杂、竞争程度小、供应商多、企业难以选择时比招标法更适合。

2. 定量方法

定量方法包括等级分评定法、ABC成本法（Activity Based Costing）、逼近于理想解的排序法（Technique for Order Preference by Similarity to an Ideal Solution，TOPSIS）、层次分

析法（Analytic Hierarchy Process，AHP）、人工神经网络算法（Artificial Neural Networks，ANN）、随机 DEA 法（数据包络分析法）等方法。

（1）等级分评定法。这一方法是把不可量化的因素变为可量化的方法，以此来评定供应商，为采购方提供选择依据，具体的步骤如下。

1）首先选择评价供应商的主要因素。

2）确定每个因素的权数，即确定每个因素在选择供应商时的重要程度。

3）对每个因素划分等级，以此来说明供应商满足各因素方面的程度，一般划分为 10 个等级，即从 1～10。

4）对几个具体供应商的各个因素进行打分。

5）得出各个供应商的等级分数，把每个供应商的各个因素分数与每个因素的权数相乘，汇总得出供应商的总等级分数。

6）最后根据总等级分数对供应商进行排序，选择最高分者。

表 8-2 是一个用等级分评定法来选择供应商的例子，从表中可以看出应该选择 A 供应商。

表 8-2　供应商等级分评定

因素	权数	供应商得分				供应商等级分			
供应商		A	B	C	D	A	B	C	D
功能	10	9	8	10	9	90	80	100	90
成本	8	7	6	7	4	56	48	56	32
服务	8	9	10	6	5	72	80	48	40
技术支持	5	6	4	5	3	30	20	25	15
信用条件	2	5	3	7	6	10	6	14	12
供应商总等级分						258	234	243	189

（2）ABC 成本法。这一方法也称基于活动的作业成本分析法，是鲁德霍夫（Roodhooft）和科林斯（Konings）在 1996 年提出的。其基本思想是供应商所供应产品的任何因素的变化都会引起采购企业总成本的变动，价格过高、质量达不到要求、供应不及时等都会增加采购企业成本。通过计算备选企业的总成本来选择合作伙伴，提出的总成本模型为：

$$S_i = (P_i - P_{\min}) \times q + \sum C_j \times D_{ij} \tag{8-1}$$

式中　S_i——第 i 个供应商的总成本值；

　　　P_i——第 i 个供应商的单位销售价格；

　　　$P_{\min}$——供应商中单位销售价格的最小值；

　　　q——采购量；

　　　C_j——采购企业成本因子 j 的单位成本；

　　　D_{ij}——因供应商 i 导致的采购企业成本因子 j 的数量。

这个模型是用于分析采购企业因采购活动所产生的直接和间接成本的大小的，采

购方应该选择 S 值最小的供应商。

（3）逼近于理解的排序法。其基本思想是确定一个实际上并不存在的最佳方案和最差方案，然后计算现实中的每个方案与最佳方案和最差方案的距离，最后将理想解的相对接近度作为综合评价的标准。

（4）层次分析法。此方法由著名运筹学家萨蒂（T. L. Saaty）于20世纪70年代提出，韦伯（Weber）等将层次分析法用于合作伙伴的选择。作为一种定性和定量相结合的工具，目前该方法已在许多领域得到了广泛应用。AHP方法是根据具有阶梯结构的目标、子目标（准则）、约束条件、部门等来评价方案的，采用两两比较的方法确定判断矩阵，然后把判断矩阵的最大特征值对应的特征向量的分量作为相应的系数，最后综合给出各个方案的权重。由于该方法要求评价者对照相对重要性函数表，给出因素两两比较的重要性等级，因而可靠性高、误差小；不足之处是遇到因素众多、规模较大的问题时，该方法容易出现问题，如当判断矩阵难以满足一致性要求时，往往难以进一步对其分组。

（5）人工神经网络算法。此方法是在20世纪80年代后期迅速发展起来的一门新兴学科，ANN可以模拟人脑的某些智能行为，如知觉、灵感和形象思维等，具有自学习、自适应和非线性动态处理等特征。

这里将ANN应用于供应链管理环境下合作伙伴的综合评价选择，意在通过模拟人脑的某些智能行为（如知觉、灵感和形象思维等），建立类似人类思维模式的总和评价选择模型，实现定性分析与定量分析的有效结合，可以较好地保证供应商综合评价结果的客观性。

（6）随机DEA法（数据包络分析法）。此方法是以相对效率概念为基础发展起来的一种新的效率方法，是处理多目标决策的有效方法。此方法根据一组输入数据和输出数据来评价决策单元（DMU）的优劣，即评价各单位的相对效率。

（五）库存控制及存货控制方法

1. 库存控制原理

从库存控制的角度看，能影响库存量大小的只有订货、进货过程和销售供应过程。订货、进货过程使库存量增加，销售供应过程使库存量减少。要进行库存控制，既可以控制订货、进货过程，也可以控制销售供应过程，二者都可以达到库存控制的目的。相对来说，通过对销售供应过程的控制来控制库存，意味着要对用户的需求进行限制性供应，这样自然会影响客户需求的满意度。这种情况一般适用于紧缺物资的进销存系统、供不应求的物资。这一做法虽然是比较被动的，但是对于紧缺物资不得不采用这种方法。

通过对订货、进货过程的控制来控制库存，是在保证用户需求的情况下，通过控制订货、进货的批量和频次来达到控制库存的目的。由于它保障了用户需要，所以它是可行的、主动的。但是它只适用于供大于求的物资市场情况，也就是说，在比较富余的市场经济社会中，由于商品极其丰富，什么时候想订货，就能订到货，想订多少就可以订到多少。在这种情况下,我们就可以采用这种方法来进行库存控制。

2. 经济订货批量模型

与储备存货有关的成本主要有三种。

(1)取得成本。取得成本是指为取得某种存货而支出的成本,通常用 TC_a 表示,其又分为订货成本和购置成本。

$$订货成本 = F_1 + \frac{D}{Q}K \tag{8-2}$$

$$购置成本 = DU \tag{8-3}$$

$$\begin{aligned} 取得成本 (TC_a) &= 订货成本 + 购置成本 \\ &= 订货固定成本 + 订货变动成本 + 购置成本 \\ &= F_1 + \frac{D}{Q}K + DU \end{aligned} \tag{8-4}$$

式中　F_1——订货固定成本;

　　　D——存货年需求量;

　　　Q——每次进货量;

　　　K——单次订货变动成本;

　　　U——存货单价。

(2)储存成本。储存成本分为储存固定成本和储存变动成本,用 TC_C 表示。

$$\begin{aligned} 储存成本 (TC_C) &= 储存固定成本 + 储存变动成本 \\ &= F_2 + K_C \frac{Q}{2} \end{aligned} \tag{8-5}$$

式中　F_2——储存固定成本;

　　　K_C——储存单位成本。

(3)缺货成本。缺货成本是指由于存货供应中断而造成的损失,包括材料供应中断造成的停工损失、产成品库存缺货造成的拖欠发货损失和丧失销售机会的损失(还应包括需要主观估计的商誉损失)。如果生产企业以紧急采购代用材料解决库存材料中断之急,那么缺货成本表现为紧急额外购入成本(紧急额外购入的开支会大于正常采购的开支)。缺货成本用 TC_S 表示。

如果以 TC 来表示储备存货的总成本,则它的计算公式如下。

$$TC = TC_a + TC_C + TC_S = F_1 + \frac{D}{Q}K + DU + F_2 + K_C \frac{Q}{2} + TC_S \tag{8-6}$$

企业存货的最优化,即使上式 TC 值最小。

经济订货批量模型需要设立的假设条件是:企业能够及时补充存货,即需要订货时便可立即取得存货;能集中到货,而不是陆续入库;不允许缺货,即无缺货成本,TC_S 为零,这是因为良好的存货管理本来就不应该出现缺货成本;需求量稳定,并且能预测,即 D 为已知常量;存货单价不变,不考虑现金折扣,即 U 为已知常量;企业现金充足,不会因现金短缺而影响进货;所需存货的市场供应充足,不会因买不到需要的存货而影响其他。在设立了上述假设后，存货总成本的公式可以简化为：

$$TC = F_1 + \frac{D}{Q}K + DU + F_2 + K_C\frac{Q}{2} \qquad (8-7)$$

为了求出 TC 的极小值，对其进行求导运算，可得下列公式：

$$Q^* = \sqrt{\frac{2KD}{K_C}} \qquad (8-8)$$

这一公式称为经济订货批量模型，这个模型还可以演变为其他模型。

每年最佳订货次数公式：

$$N^* = \frac{D}{Q^*} = \frac{D}{\sqrt{\frac{2KD}{K_C}}} = \sqrt{\frac{DK_C}{2K}} \qquad (8-9)$$

最佳订货周期公式：

$$t^* = \frac{1}{N^*} = \frac{1}{\sqrt{\frac{DK_C}{2K}}} \qquad (8-10)$$

二、企业生产物流

(一) 企业生产物流的内涵

企业生产物流是指原材料、燃料、外购件投入生产后，经过下料、发料，运送到各个加工点和存储点，以在制品的形态，从一个生产单位（仓库）流入另一个生产单位（仓库），按照规定的生产工艺过程对其进行加工、储存的全部生产过程。因此，企业生产物流的形式和规模取决于生产的类型、规模、方式和生产的专业化与协作化水平。

企业生产物流过程需要物流信息提供支持，通过信息的收集、传递、储存、加工和使用，控制各项物流活动的实施，使其协调一致，以保证生产的顺利进行。生产物流管理的核心是对物流和信息流进行科学的规划、管理与控制。

(二) 企业生产物流的特征及类型

1. 企业生产物流的特征

制造企业的生产过程实质上是每个生产加工过程"串"起来时出现的物流活动，因此，一个合理的生产物流过程应该具有以下基本特征，才能保证生产过程始终处于最佳状态。

（1）连续性、流畅性。它是指物料总是处于不停地流动之中，包括空间上的连续性和时间上的流畅性。空间上的连续性要求生产过程的各个环节在空间布置上合理紧凑，使物料的流程尽可能短，没有迂回往返现象。时间上的流畅性要求物料在生产过程的各个环节的运动，自始至终处于连续流畅状态，没有或很少有不必要的停顿与等待现象。

（2）平行交叉性。它是指物料在生产过程中应实现平行交叉流动。平行是指相同的在制品同时在数道相同的工作地（机床）上加工流动；交叉是指一批在制品在上道工序还未加工完时，将已完成的部分在制品转到下道工序加工。平行交叉流动可以大大减少产品的生产周期。

（3）比例性、协调性。它是指生产过程的各个工艺阶段之间、各道工序之间在生产能力上要保持一定的比例以适应产品制造的要求。比例关系表现在各生产环节的工人数、设备数、生产面积、生产速率、开动班次等因素之间的相互协调和适应，所以，比例是相对的、动态的。

（4）均衡性、节奏性。它是指产品从投料到最后完工都能按预订的计划（一定的节拍、批次）均衡地进行，能够在相等的时间间隔内（如月、旬、周）完成相等的工作量或稳定递增的生产工作量。很少有时松时紧、突击加班的现象。

（5）准时性。它是指生产的各阶段、各工序都按后续阶段和工序的需要生产，即在需要的时候，按需要的数量，生产所需要的零部件。只有保证准时性，才有可能推动上述连续性、平行交叉性、比例性、均衡性。

（6）柔性、适应性。它是指加工制造的灵活性、可变性和可调节性，即在短时间内以最少的资源从一种产品的生产转换为另一种产品的生产，从而适应多样化、个性化要求。

2. 企业生产物流的类型

通常情况下，企业生产的产品产量越大，产品的品种数越少，生产的专业化程度越高，而物流过程的稳定性和重复性也就越大，所以生产物流的类型与决定生产类型的产品产量、品种和专业化程度有着内在联系。正因为此，把划分生产物流的类型与划分生产类型看成是一个问题的两种说法。

（1）从生产专业化的角度分类。可以根据产品在工作地生产的重复程度把物料生产过程划分为单件生产、大量生产、成批生产三种类型。

单件生产（项目型）——生产品种繁多，但每种仅生产一台，生产重复度低。

大量生产（连续或离散型）——生产品种单一、产量大，生产重复度高。

成批生产（连续或离散型）——介于上述两者之间，即品种不单一，每种都有一定批量，生产有一定的重复性。通常又可划分为大批生产、中批生产和小批生产。

（2）从物料流向的角度分类。可以根据物料在生产工艺过程中的特点，把生产物流划分为项目、连续、离散三种类型。

项目型生产物流（固定式生产）——物流凝固，即当生产系统需要的物料进入生产场地后，几乎处于停止的"凝固"状态，或者说在生产过程中物料流动性不强。分两种状态：一种是物料进入生产场地后就被凝固在场地中和生产场地一起形成最终产品，如住宅、厂房、公路、铁路、机场、大坝等；另一种是在物料进入生产场地后，"滞留"很长时间形成最终产品后再流出，如大型的水电设备、冶金设备、轮船、飞机等。管理的重点是按照项目的生命周期对每个阶段所需的物料在质量、费用以及时间进度等方面进行严格的计划和控制。

连续型生产物流（流程式生产）——物流均匀、连续地进行，不能中断；生产出的产品和使用的设备、工艺流程都是固定且标准化的；工序之间几乎没有在制品储存。管理的重点是保证连续供应物料和确保每个生产环节的正常运行。由于工艺相对稳定，有条件采用自动化装置实现对生产过程的实时监控。

离散型生产物流（加工装配式生产）——产品是由许多零部件构成的，各个零部件的加工过程彼此独立，制成的零部件通过部件装配和总装配最后成为产品。整个产品的生产工艺是离散的，各个生产环节之间要求有一定的在制品储备。管理的重点是在保证及时供料和零件、部件加工质量的基础上，准确控制零部件的生产进度，缩短生命周期，既要减少在制品积压，又要保证生产的成套性。

（3）从物料流经的区域和功能的角度分类。可以把生产过程中的物流细分为两部分：工厂间物流、工序间物流（车间物流）。

工厂间物流——大型企业各专业厂之间的运输物流或独立工厂与材料、配件供应厂之间的物流。

工序间物流——也称工位间物流、车间物流，指生产过程中车间内部和车间、仓库之间各工序、工位上的物流。其内容包括：接收原材料、零部件后的储存活动；加工过程中间的在制品储存活动；成品出厂前的储存活动；仓库向生产车间运送原材料、零部件的搬运活动；各种物料在车间、工序之间的搬运活动。

（三）不同生产模式下的生产物流管理

1. 手工作坊式生产模式

手工作坊式生产模式（Craft Production，CP）也叫单件生产模式，是人类经历的第一种生产模式。这种生产模式主要以小批量和定制生产形式为主，它的生产效率低而产品价格高，质量难以持续保证，服务的市场面狭窄，生产周期较长。

单件生产模式下的生产物流管理一般是凭借个人的劳动经验和师傅定的行规进行管理，因此个人的经验智慧和技术水平起决定性作用。

2. 大批量生产模式

大批量生产模式（Mass Production，MP）下的生产物流管理是建立在科学管理的基础上的，即事先必须制定科学标准——物料消耗定额，然后编制各级生产进度计划对生产物流进行控制，并利用库存制度（库存管理模型）对物料的采购及分配过程进行相应的调节。生产中对库存控制的管理与优化是基于外界风险因素而建立的，所以强调一种风险管理，即面对生产中的不确定因素（主要包括设备与供应的不确定因素），应保持适当的库存，用以缓冲各个生产环节之间的矛盾，避免风险，从而保证生产连续进行。物流管理的目标在于追求物流子系统（供应物流、生产物流、销售物流）的最优化。

3. 多品种小批量生产模式

多品种小批量生产模式也叫精益生产（Lean Production，LP）。

（1）精益生产的含义。精益生产是通过系统结构、人员组织、运行方式和市场供求等方面的变革，使生产系统能很快适应用户需求的不断变化，并能使生产过程中一切无用、多余的东西被精简，最终达到包括市场营销在内的生产各方面的最好结果。

（2）精益生产的管理要点。精益生产下的生产物流管理有两种模式：推进式（Push）和拉动式（Pull）。

推进式模式

推进式模式原理。该模式是在美国计算机信息技术的强大发展和美国制造业大批量生产的基础上提出的以制造资源计划（MRP Ⅱ）技术为核心的生产物流管理模式，但它的长处却在运用多品种小批量生产模式的加工装配企业得到了最有效的发挥。

推进式模式的基本思想是：生产的目标应围绕着物料转化组织制造资源，即在计算机、通信技术的控制下制订和调节产品需求预测、主生产计划、物料需求计划、能力需求计划、物料采购计划、生产成本核算等环节。信息流往返于每道工序、车间，而生产物流要严格按照反工艺顺序确定的物料需求数量、需要时间（物料清单所表示的提前期），将其从前道工序推进到后道工序或下游车间，而不管后道工序或下游车间当时是否需要。信息流与生产物流完全分离。信息流控制的目的是要保证按生产作业计划要求按时完成物料加工任务，如图 8-1 所示。

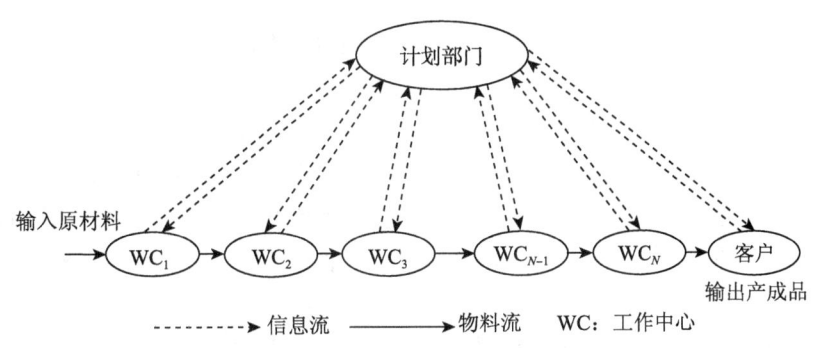

图 8-1 推进式模式下的信息流与物料流

推进式模式下物流管理的特色：在管理标准化和制度方面，重点处理突发事件。在管理手段上，大量运用计算机管理。在生产物流方式上，以零件为中心，强调严格执行计划，维持一定量的在制品库存。在生产物流计划编制和控制上，以零件需求为依据，利用计算机编制主生产计划、物料需求计划、生产作业计划，执行时以计划为中心，工作的重点在管理部门。在对待在制品库存的态度上，认为"风险"是外界的必然，因此必要的库存是合理的，即为了防止计划与实际的差异所带来的库存短缺现象，在编制物料需求计划时，往往采用较大的安全库存和留有余地的固定提前期，而实际生产时间又往往低于提前期，于是不可避免地会产生在制品库存。一方面，这些安全储存量可以用于调节生产和需求之间、不同工序之间的平衡；另一方面，过高的储存量会降低物料在制造系统中的流动速度，使生产周期加长。

拉动式模式

拉动式模式原理。该模式是以日本制造业提出的JIT技术为核心的生产物流管理模式，也称"现场一个流"生产方式，表现为物流始终处于不停滞、不堆积、不超越、按节拍地贯穿于从原材料、毛坯的投入到成品的全过程。

拉动式模式的基本思想是强调物流的同步管理。第一，在必要的时间将必要数量的物料送到必要的地点。理想状态是整个企业按同一节拍运行，有比例性、节奏性、连续性和协调性，根据后道工序的需要投入和产出，不制造工序不需要的过量制品（零件、部件、组件、产品），工序间的在制品向"零"挑战。第二，必要的生产工具、工位器具要按位置摆放并挂牌明示，以保持现场无杂物。第三，从最终市场的需求出发，每道工序、每个车间都按照当时的需要由看板向前道工序、上游车间下达生产指令，前道工序、上游车间只生产后道工序、下游车间需要的数量。信息流与物流完全结合在一起，但信息流（生产指令）与（生产）物流方向相反。信息流控制的目的是要保证按后道工序要求准时完成物料加工任务，如图8-2所示。

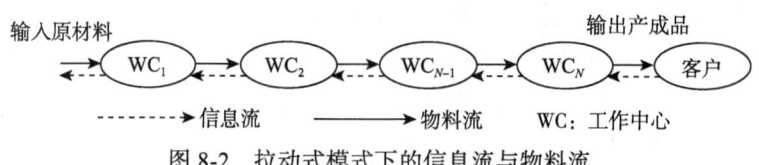

图8-2 拉动式模式下的信息流与物料流

拉动式模式下物流管理的特色：在管理标准化和制度方面，重点采用标准化作业；在管理手段上，把计算机管理与看板管理相结合；在生产物流方式上，以零件为中心，要求前一道工序加工完的零件立即进入后一道工序，强调物流平衡而没有在制品库存，从而保证物流与市场需求同步；在生产物流计划编制和控制上，以零件为中心，由计算机编制物料生产计划，并运用看板系统执行和控制，工作的重点在制造现场；在对待库存的态度上（与传统的大批量生产方式相比较），认为基于整个生产系统而言，"风险"不仅是来自于外界的必然，更重要的是来自于内部的在制品库存。正是因为库存掩盖了生产系统中的各种缺陷，所以应将生产中的一切库存视为"浪费"，要消灭一切浪费。库存管理思想表现为：一方面强调供应对生产的保证，但另一方面强调对零库存的要求，以不断暴露生产中基本环节的矛盾并加以改进，不断降低库存以消灭库存产生的"浪费"为终极目标。

（四）企业生产物流的组织形式

从物料投入到成品出产的生产物流过程，通常包括工艺过程、检验过程、运输过程、等待停歇过程和自然过程。为了提高生产效率，一般从空间、时间、人员三个角度组织生产物流。

1. 生产物流的空间组织

生产物流的空间组织是相对于企业生产区域而言的，其目标是缩短物料在工艺流程的移动距离。一般有三种专业化组织形式，即工艺专业化、对象专业化、成组工艺等。

（1）按工艺专业化形式组织生产物流。工艺专业化形式也叫工艺原则或功能性生产物流体系。其特点是把同类的生产设备集中在一起，对企业欲生产的各种产品进行相同工艺的加工，即加工对象多样化但加工工艺、方法却雷同。

优点是对产品品种的变化和加工顺序的变化适应能力强，生产系统的可靠性较高，工艺及设备管理较方便。缺点是物料在加工过程中物流次数多及路线复杂，难以协调。

在企业生产规模不大、生产专业化程度低、产品品种不稳定的单件小批量生产条件下，适宜于按工艺专业化组织生产物流。

（2）按对象专业化形式组织生产物流。对象专业化形式也叫产品专业化原则或流水线。其特点是把生产设备、辅助设备按生产对象的加工路线组织起来，即加工对象单一但加工工艺、方法多样化。

优点是可减少运输次数，缩短运输路线；协作关系简单从而简化了生产管理；在制品少，生产周期短。缺点是对品种的变化适应性差，生产系统的可靠性较低，工艺及设备管理较复杂。

在企业专业方向已经确定，产品品种比较稳定，生产类型属于大量、大批生产，设备比较齐全并能有充分负荷的条件下，适宜于按产品专业化组织生产物流。

（3）按成组工艺形式组织生产物流。成组工艺形式结合了上述两种形式的特点，按成组技术原理，把具有相似性的零件分成一个成组生产单元，并根据其工艺路线组织设备。其主要优点是可以大大地简化零件的加工流程，减少物流迂回路线，在满足品种变化的基础上有一定的批量生产，具有柔性和适应性。

上面三种生产物流的组织形式各有特色，而如何选择则主要取决于生产系统中产品品种多少和产量大小。

2. 生产物流的时间组织

生产物流的时间组织是指一批物料在生产过程中的各生产单位、各道工序之间，在时间上的衔接和结合方式。要合理组织生产物流，不但要缩短物料流程的距离，还要加快物料流程的速度，减少物料的成批等待，实现物流的节奏性、连续性。

通常，一批物料有三种典型的移动组织方式，即顺序移动、平行移动、平行顺序移动。

顺序移动方式是指一批物料在上道工序全部加工完毕后才整批地转移到下道工序继续加工。该种方式的优点是一批物料连续加工，设备不停顿，物料整批转工序，便于组织生产。但缺点是不同的物料之间有等待加工、运输的时间，因而生产周期较长。

平行移动方式是指一批物料在前道工序加工一个物料以后，立即将其送到后道工序继续加工，形成前后交叉作业。该种方式的优点是不会出现物料成批等待现象，因而整批物料的生产周期最短。缺点是当物料在各道工序加工时间不相等时，会出现人力和设备的停工现象。只有当各道工序加工时间相等时，各工作地才可连续充分负荷地进行生产。另外，频繁运输会加大运输量。

平行顺序移动方式是指每批物料在每一道工序上连续加工没有停顿，并且物料在各道工序的加工尽可能做到平行。既考虑了相邻工序上加工时间的尽量重合，又保持了该批物料在工序上的顺序加工。该种方式吸取了前两种移动方式的优点，消除了间歇停顿现象，能使工作充分负荷。工序周期较短，但安排进度时比较复杂。

上述三种移动方式各有利弊。在安排物料进度计划时，需要考虑物料的大小、物料加工时间的长短、批量的大小以及生产物流的空间组织形式。一般来讲，批量小、物料小或重量轻而加工时间短的物料，适宜采用顺序移动方式；对生产中的缺件、急件，可以采用平行或平行顺序移动方式。

对于不同类型的企业，生产物流的时间组织形式是灵活多变的：

针对固定式生产企业（项目型生产物流），由于加工对象（物料）固定，因而生产物流的加工工序在时间上的组织方式主要表现在工人的顺序移动上。

针对流程式生产企业（连续型生产物流），通常都是在把整批的物料投入加工后，整批地按加工顺序进行工序间的移动，同一批物料不可能同时在多道工序上加工。因而生产物流是按顺序移动方式组织进行。

针对加工装配型企业（离散型生产物流），一批要加工的物料（零件或部件）在各工序之间加工的过程难免会有成批等待现象。所以，生产物流的时间组织目标在于：在保证设备充分负荷的前提下加速物料在各工序之间的流通速度。通常采用平行顺序移动方式。

3. 生产物流的人员组织

生产物流的人员组织主要体现在人员的岗位设计方面。要实现生产物流在空间、时间两方面的组织形式，必须重新对工作岗位进行再设计，以保证生产物流优化而通畅。

（1）内容。根据人的行为、心理特征，岗位设计要符合工作者个人的工作动机需求，由此要从下面三方面入手。

1）扩大工作范围，丰富工作内容，合理安排工作任务。其目的在于使岗位工作范围及责任增加，改变人员对工作的单调感和乏味感，使其获得身心的成熟发展，从而有利于提高生产效率，促进岗位工作任务的完成。可以从横向和纵向两个途径扩大工作范围。横向途径有：将分工很细的作业单位合并，由一个人负责一道工序改为几个人共同负责几道工序；尽量使员工进行不同工序、设备的操作，即多项操作代替单项操作；采用包干负责制，由一个人或一个小组负责一项完整的工作，使其看到工作的意义。纵向途径有：生产人员承担一部分管理人员的职能，如参与生产计划的制订，自行决定生产目标、作业程序、操作方法，检验衡量工作质量和数量，并进行工作核算，不但承担一部分生产任务，而且还可参与产品试验、设计、工艺管理等技术工作。

2）工作满负荷。其目的在于制定合理的生产定额，从而确定岗位数目和人员需求。

3）优化生产环境。其目的在于改善生产环境中的各种不利于生产效率提升的因素，建立人–机–环境的最优系统。

（2）要求。岗位设计体现在生产物流的三种空间组织形式上，对人员有不同的要求。

1）针对按工艺专业化形式组织的生产物流，要求员工不仅专业化水平很高，而且具有较多的技能和技艺，即一专多能、一人多岗。

2）针对按对象专业化形式组织的生产物流，要求员工在工作中具有较强的工作协调能力，能自主平衡各工序之间的"瓶颈"，保证物流的均衡性、比例性、适时性要求。

3）针对按成组工艺形式组织的生产物流，要求向员工授权，即从管理和技术两个途径，保证给每个人都配备技术资料、工具、工作职责和权利，改变不利于物流合理性的工作习惯，加强新技术的学习和使用。

三、企业销售物流

销售物流是指制造商将自己的产品出售给消费者的物流活动，是从生产者至消费者之间的物流，包括订货处理、产成品库存、发货运输、销售配送等内容。销售物流是企业物流系统的一个重要环节，是企业物流与社会物流的最后一个衔接点，也是企业物流与社会物流的转换点。销售物流与企业销售系统相配合，共同完成产品的销售任务。

(一) 企业销售物流的内涵

只有经过销售，企业的产品才能实现其价值、创造利润。销售物流是企业在销售过程中，将产品的实体转移给用户的物流活动，是产品从生产地到用户的时间和空间上的转移，以实现企业销售利润为目的。销售物流是储存、运输、配送等环节的统一。

1. 销售物流是一个系统，具有系统性

销售物流是企业为保证自身的经营利益，伴随销售活动，将产品所有权转给用户的物流活动，包括订货处理、产成品库存、发货运输、销售配送等物流活动。

2. 销售物流是连接生产企业和用户的桥梁

销售物流是企业物流的一部分。销售物流是企业物流活动的一个重要环节，它以产品离开生产线进入流通领域为起点，以送达用户并经过售后服务为终点。

3. 销售物流是生产企业赖以生存和发展的条件

对于生产企业来讲，物流是企业的"第三利润源"，降低销售物流成本是企业降低成本的重要手段。销售物流成本占据企业销售总成本的20%左右，销售物流的好坏直接关系到企业利润的高低。企业一方面依靠销售物流将产品不断运至消费者和用户，另一方面通过降低销售过程中的物流成本，间接或直接增加企业利润。

4. 销售物流具有服务性

在现代社会中，市场环境是一个完全的买方市场，只有满足买方要求，卖方才能

最终实现销售。在这种市场前提下，销售往往以送达用户并经过售后服务为终止，因此，销售物流具有很强的服务性。销售物流的服务性表现在要以满足用户的需求为出发点，树立"用户第一"的观念，要求销售物流必须快速、及时，这不仅是用户和消费者的要求，也是企业发展的要求。

（二）销售物流的影响因素

1. 销售渠道的变革直接影响物流活动的合理化

很多大型零售商或零售连锁店通过物流系统的重组确保物流活动的经济性，即将物流系统的构筑与收集消费者需求信息和提高商品购买力紧密结合在一起，从而发挥零售业直接接触消费者、直接面向市场的优势。由于零售业的积极推动，原有的物流格局开始崩溃。此外，从厂商的角度看，为了更好地了解顾客需求，保持物流经济性，它们积极地进行流通渠道的管理和整合，通过对渠道的控制，在消费者中确立厂商的品牌形象。所有这些销售物流渠道上的变革，都直接或间接地影响着物流的格局和由此而产生的效率与效果。

2. 新产品的生产或者生产的扩大影响物流的顺畅

例如，产品的设计必须考虑到产品的包装方式、搬运方式等，不方便搬运的产品是不会有好的市场效果的。无限扩大产品线，会直接影响物流效率，从而对企业利润的增加起到抑制作用。产品线的扩大虽然使企业总销售额增加，但同时也带来单位物流成本的上升，大多数物流成本与某个品种的平均销售量有关，而与总销售量无关。所以，产品线的扩大应当充分考虑新产品线的平均销售规模以及相应的物流成本。

3. 促销策略影响物流成本

企业在日常经营活动中，为了在特定时期提高销售额或扩大市场份额，常常采取各种各样的促销手段，这些销售策略在一定时期和范围内的确能提高企业收益，但对物流成本也会产生影响。例如，在实施特定促销或商品折扣活动时，有可能使商品销售量在一定时间内达到高峰，与这种促销活动相对应，必须合理安排，确立商品销售高峰期的制造、输送、库存管理、事务处理等各种物流要素和活动，并使设备投资和在库投资有利于缓和销售高峰期对商品输送所造成的压力。除此之外，促销期的商品往往与平时销售的商品不太一致，在包装和设计上会突出促销品特征，这就会出现与上述产品线扩大相类似的物流问题。另外，促销期的商品在生命周期上也会有所限制，与产品生命周期的变化相对应，就会派生出计划、管理、需要的迅速反应、过剩产品的处理等其他问题。因此，在企业实施销售物流策略时，应充分考虑它对整个物流产生的影响。

（三）企业销售物流的流程

企业制造过程的结束就意味着销售工作的开始。对于按照订单进行生产的企业而言，在销售过程中，不存在产成品的在库储存阶段，也就是说，产成品可以直接进入市场流通领域，进行实际销售。对于按照产品的需求制订计划、进行生产的企业，产成品进入流通领域以前多数会经过短暂的在库储存阶段，然后再根据企业销售部门收到的产品订单和产品运输时所选择的运输方式等来决定产品的运输包装。产品的外包装工作结束后，企业就可以将产成品放入企业所建立或选择的销售渠道中进行实物的流转了。图 8-3 用不同形式的箭头表示了三种企业可以选择的销售渠道：配送中心 – 批发商 – 零售商 – 消费者、配送中心 – 零售商 – 消费者、配送中心 – 消费者。

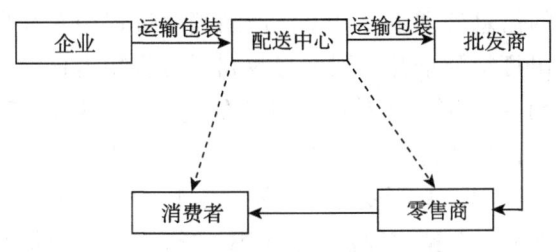

图 8-3　企业销售物流的流程图

销售物流中的基本作业主要包括以下四个环节。

1. 产品的储存

销售物流的基础是可供商品量，可供商品量的形成途径有两种：一是零库存下的即时生产，二是一定数量的库存。就目前大多数工商业企业而言，一定数量的库存是企业的首选。其原因有两个：其一，要维持较高供货服务水平，就必须保有一定数量的库存，因为任何企业的生产经营活动都存在着多种不确定因素和需求波动，这些不确定因素和需求波动会影响企业经营活动的稳定性与持续性，因此，企业大多通过保持一定数量的库存来避免不确定因素带来的经营风险，因缺货而引起的客户流失是风险的主要表现。其二，对于需求呈明显周期性或季节性变化的商品，企业为保证生产的持续性和供给的稳定性，也要保持必要的库存。

2. 运输包装

产品的包装通常分为销售包装和运输包装。产品的销售包装是与产品直接接触的包装，是企业销售工作的辅助手段，许多企业都通过产品的销售包装进行新产品推销或企业形象宣传；而产品的运输包装主要是在产品的运输过程中起到保护作用，避免运输、搬运活动造成产品的毁损现象。企业可以选择在生产过程中对产品进行销售包装，而将产品的运输包装推迟到销售阶段，在决定运输方式以后再进行产品的运输包装，这样企业就可以依据产品配送过程中的运输方式、运输工具等来决定运输包装选用的材料和尺寸，不但可以更好地发挥运输包装对产品的保护作用，而且可以通过选择不同的包装材料实现产品包装成本的节省。企业也可通过采用与运输工具一致的标准化包装提高运输工具的利用率。

3. 产品发送

产品发送以供给方和需求方之间的运输活动为主，是企业销售物流的主要管理环节。产品发送工作涉及产品的销售渠道、运输方式、运输路线和运输工具等的选择问题，因此企业在进行销售物流的管理过程中需要进行大量的决策工作，通过对各方面因素进行综合考虑做出对企业经营最有利的、最低成本的选择。

同时，企业在进行产品的发送过程中除了关注运输活动外，还应重视产品在运输端点的搬运、装卸。它是运输作业中不可缺少的重要组成，对运输产品的质量有直接影响。

4. 信息处理

企业销售物流中的信息处理主要是指在产品销售过程中对客户订单的处理。订单处理过程是从客户发出订货请求开始到客户收到所订货物为止的一个完整过程，在这个过程中进行的有关订单的诸多活动都是订单处理活动，包括订单准备、订单传输、订单录入、订单履行、订单跟踪等。由于客户采用的订货方式存在差异，订单处理环节也会随着订货方式的不同而有所变化，在网上购物的情况下，订单传输就不是一个必要环节。在图 8-3 所示企业销售物流的流程图中箭头所指的是产品的流动方向，而企业销售过程中所涉及的信息流动方向刚好和实物流动方向相反。

（四）企业销售渠道

企业销售渠道一般可分为两个基本类型，即直接销售渠道和间接销售渠道。在直接销售渠道下，生产企业与消费者（客户）之间直接进行销售活动。在间接销售渠道下，生产企业与消费者（客户）之间进行的销售活动，需要通过中间商才能实现，中间商主要以批发商、代理商、企业的销售公司、零售商等形式存在，销售过程中参与的中间商越多，说明企业在销售渠道中的费用越多；参与的中间商越少，企业的销售渠道越扁平，在渠道中的费用越少。

是否直接销售渠道要比间接销售渠道对企业更有利呢？一般情况下，直接销售渠道的建设成本较高，而建立以后的运营成本相对较低。生产企业在选择销售渠道时必然要进行直接销售渠道建设费用与间接销售渠道运营费用的比较。比较的结果为，生产型企业通常不会采用直接销售渠道作为主销售渠道，这主要是考虑到销售渠道的建设需要投入大量的人力、物力和财力，这样做很可能阻碍企业在产品生产上的核心竞争力。当然，在知识经济条件下，许多高新技术企业考虑到产品销售对销售人员的技术要求等因素，会考虑自建销售渠道，采用直接销售的方式保证企业拥有产品销售的绝对控制权，同时也可更准确地获得产品的销售信息。在实践中，企业越来越多地采用混合型的销售渠道，就是说，既有直接销售渠道又有间接销售渠道。对这样的企业而言，销售渠道管理的关键就是产品在两种销售渠道上销售数量的比例分配问题。企业所选择的销售渠道不同，就决定着企业的销售物流运作也不尽相同。

1. 企业销售渠道的选择

企业选择产品销售渠道时，受许多因素影响，同时企业自身的经营战略对企业销售渠道的选择也有一定影响。产品特性在销售渠道选择的各要素中所占的比重很大。社会产品通常分为两类：工业品和消费品。工业品的消费对象大多是企业，消费品是直接供应到最终消费市场的产品，消费品的销售渠道更为复杂。

理论上，消费品可以按照产品的需求特性分成便利品、选购品和特殊产品三种。便利品是一些替代性很强的产品，要求企业的销售渠道具有广泛性，尽可能多地选择中间商来销售企业产品，使消费者比较容易获得产品，日常生活用品是这类消费品的典型；选购品，意味着消费者愿意进行一定程度的比较后再进行购买活动，因此选购品的销售渠道可以相对便利品缩小，也就是减少中间商的数量，只在地区主要的商场、专卖店进行产品的销售，这类产品主要是时装、家具、汽车等；特殊产品，消费者对其要求更严，需要更多的比较，甚至愿意接受定制，因此特殊产品的销售渠道可以进一步减少中间商，仅在专卖店进行产品销售，有的特殊产品可以采用完全的直接销售。

企业在选择销售渠道时，对直接销售渠道的选择较为简单。就间接销售渠道选择而言，可供企业选择的方式主要有以下三种。

广泛分销，即在生产企业产品的销售渠道中，批发商和零售商的数量不受任何限制，企业可以通过尽可能多的中间商销售企业产品。

独家分销，指生产企业将产品消费市场划分为若干区域，每个区域只选择一个中间商销售企业产品。

选择性分销，指生产企业选择一定数量的中间商销售其产品，也就是除了前两种情况以外的其他销售都属于选择性分销，这也是被多数企业在产品销售中所采用的。

上述三种情况刚好与消费品的三个类别相对应：广泛分销——便利品；独家分销——特殊产品；选择性分销——选购品。

当然在实际渠道的选择中，还应考虑一些其他因素，如国家产品销售政策、惯例或其他限制措施、可供选择的中间商数目、企业自身的销售实力、对销售渠道的控制水平等。

2. 销售渠道的新发展

随着企业生产产品的科技含量的提高、经济全球化、市场竞争的日趋激烈等外部环境的变化，企业销售渠道不再局限于传统的直接销售、间接销售、混合销售三种类型，而开始寻找对产品销售更有利的销售渠道新模式。从生产企业看，企业更希望能够增加销售渠道的广度，即增加销售网点的数量，但同时要降低销售渠道的深度，即减少中间环节，从而实现销售渠道的扁平化。销售渠道数量的增加可以加快产品的流通速度，加大产品的流通范围；销售渠道中间环节的减少可以降低产品的流通费用，降低产品销售成本，从而形成企业在产品价格上的竞争优势。

随着供应链管理思想的深入发展，企业开始注意到共同决策所能带来的优势，生产企业与下游销售渠道的各环节（批发商、零售商、代理商）之间通过战略联盟或合作经营等形式形成的纵向一体化构筑了现代新型销售渠道。上、下游企业一体化以后可以通过信息共享、决策共议，避免各环节单独决策所带来的供应链整体成本的浪费，这一新型销售渠道的优势可以从产成品库存管理、配送管理、运输管理等多方面得以表现。

(五) 订单处理

订单处理是一个企业从接收订单到通知仓库送货并交付订货的这段时间内所发生的所有活动。订单处理系统是物流系统一个重要的子系统，是客户和企业的联系纽带，订单处理能力是客户服务的重要一环，订单处理的速度和质量直接影响整个物流活动的成本和效率，快速准确的订单处理不仅使企业以较高的客户服务水平抓住客户，而且可以为企业节约流动资金、消减费用。

订单处理过程从客户向企业下订单开始，然后企业把订单输入订单处理系统，企业进行订单检查，核实后向仓库发出送货指令，安排运输，填制单据，跟踪货物交付单据并回收货款，到反馈订单处理信息即为一个全过程。

1. 订单准备

订单准备是订单处理的第一步，主要是给用户搭建一个平台，让客户了解产品并获取客户的订单。订单准备包括收集客户对产品或服务的需求信息，向客户介绍产品以及向上游供货商订货等主要职能。具体而言，订单准备包括以下几方面的活动：选择上游供货商，通过媒体或营销人员向客户介绍产品，并控制订货期，由客户或者营销人员填制订单等。

与传统的订单处理不同的是现在加进了很多新技术，其中最显著的是电子商务和电子数据交换系统。由于互联网技术的成熟和网络的普及，电子商务在商业中的用途越来越广，企业建立主页不但把产品和企业的信息放上去，而且把电子订单放上去，客户一旦对产品感兴趣就可以立即订货，大大提高了订单处理的效率。

电子数据交换系统使企业和客户的信息共享，企业可以随时了解客户的需求及库存情况，适时提示客户下订单，同时客户也可以把自己的特殊需求传递到企业，以增强企业的客户服务能力。

在订单准备阶段，企业还有一个重要职能就是平衡订单，防止订单过分集中，主要是指大比例的客户同时订货，使订单系统超负荷，从而导致订单处理的延误，减缓订单"扎堆"的办法是对客户的订货进行一定的控制。其主要有三种途径：第一种途径是利用销售部门或其他部门，销售人员上门取回订单，第二种途径是采用电话销售人员获取订单，第三种途径就是在特定的时间内向客户提供折扣。

2. 订单传送

订单传送是指从客户下订单或发送订单到销售方获得订单这一时段内所进行的所有业务活动。它主要是指订单在客户和企业之间、在时间上和空间上的传递，传统上主要是人工传递，即销售人员取得订单后带回企业或者邮寄给企业，这种方式费时、费力，没有效率，客户服务水平低。现在一些新技术的引进大大地提高了效率，比如800免费电话、电子数据交换系统。现在被越来越广泛使用的另一种订单传递方式，就是扫描仪和条形码系统，它们使订单处理更快捷，缩短了订货周期，提高了客户服务水平。

3. 订单加工

订单加工是企业接到订单以后和实际履行订单以前的这段时间内发生的一系列活

动。订单加工基本包括以下几项活动：核实订单信息以求更加完整和准确；信用部门进行信用审核检查；将订单录入系统，即订单登记；销售部门将信贷计入销售人员的销售额中；会计部门登记交易量；存货部门给客户安排最近的仓库，并通知客户提货，加强企业的库存管理；运输部门负责把货物运出仓库。

4. 订单交付

订单交付是指根据客户的订单把客户的订货在适当的时间以适当的运输方式交付给客户。它主要包括以下主要内容：通过提取存货、安排生产或者对外采购以准备客户的货物；将准备好的货物包装运输；联系安排运输，确定运输时间，将准备好的货物发运；安排发运货物并准备好相关单据。

5. 订单信息跟踪

订单信息跟踪贯穿于整个订单处理系统，从刚开始的订单准备一直到订单交付，对订单的信息跟踪有利于企业对订单处理系统进行管理，提高物流系统的效率和质量，同时客户可以通过企业提供的信息查询方式随时了解订货的处理情况，提高客户服务水平。

6. 订单处理反馈

在客户的订货到达客户后，订单处理的结果也需要及时反馈到企业，包括此次订单处理过程中的问题、此次订单处理的客户满意程度、此次订单处理客户希望的产品或者服务的特性和客户期望的服务水平。企业根据这些进行评估和优化订单处理系统，从而进一步提高效率。

（六）销售物流合理化

销售物流合理化有大量化、计划化、商物分离化、差别化、标准化等多种形式，下面分别给予简单介绍。

大量化：是通过增加运输量，实现规模经济，使物流合理化的一种做法。一般通过延长备货时间得以实现，如家用电器企业规定三天之内送货等。这样做能够掌握配送货物量，以此提高配送装载效率。

计划化：适当控制客户订货量，使发货均衡化，这是实行计划运输和计划配送的前提。为此须对客户的订货按照某种规律制订发货计划，并实施管理，例如，按路线配送、按时间表配送、混装发货、返程配载等各种措施的合理使用。

商物分离化：其做法之一是使订单活动与配送活动相互分离，把自备载货汽车运输与委托运输乃至共同运输联系在一起了。利用委托运输可以压缩固定费用开支，提高运输效率，从而节约运输费用。商物分离把批发和零售从大量的物流活动中解放出来，可以把这部分力量集中到销售活动上，企业的整个流通渠道得以通畅，物流效率得以提高，成本得到降低。

差别化：根据商品周转的快慢和销售对象规模的大小，把仓储地点和配送方式区别开来，这就是利用差别化实现合理物流的策略，即周转较快的商品分散保管、周转较慢的商品尽量集中保管的原则，从而压缩流通阶段的库存，有效利用库存面积等。

此外，也可以依据销售对象决定物流方法。例如，对供货量大的销售对象从工厂直接送货，对供货量分散的销售对象通过配送中心供货；对于供货量大的销售对象每天送货，对于供货量小的销售对象集中配送等，灵活掌握配送次数。无论哪一种形式，在使用时，都应把注意力集中在解决节约物流费用与提高服务水平之间的关系上。

标准化：以国际标准为销售物流的作业基础。同时，以销售批量规定订单的最低数量，成套或整包装出售会明显提高配送和库存管理效率。

四、企业物流战略管理

（一）企业物流战略管理的内涵

1. 战略与物流战略

战略也称韬略、方略，原为军事术语。随着社会实践的发展，战略思想被引入物流企业经营以后就有了物流战略（Logistics Strategy）。

物流战略是为了寻求物流的可持续发展，就物流发展目标以及达到目标的途径与手段而制定的长远性、全局性的规划和谋略。企业物流战略是指在对企业内外部环境分析的基础上，为求得企业生存与发展而做出的长远谋划。

2. 物流战略的性质

物流战略具有如下特点。

目的性。现代企业物流战略作为企业战略的一个职能战略，它的制定与实施是为企业的战略服务的，并在该领域取得竞争优势，能够使企业在现代变化快速的市场竞争中得以生存与发展。

长期性。战略就是针对企业在未来一段比较长的时间内的目标进行规划和实施，在该段时间内对外部和内部环境进行科学分析的基础上为企业提供长期的、发展的目标与决策。

系统性。物流是一个系统，物流战略作为一个指导和规划物流系统的准则与方针，同样也可以是一个系统。物流战略可以细分成库存子战略、采购子战略、运输子战略、物流信息子战略、物流人力资源子战略等，所有的子战略就构成了企业物流战略的一个网络系统。

综合性。物流具有高度的综合性，第一，现在发展出来的国际物流、区域物流将国内市场和国际市场联结起来；第二，物流战略将物流的各种功能统一协调起来，使得物流系统能到达系统的最优化；第三，运用了许多的现代化高科技手段，如电子网络、EDI、AI、信息化技术，体现了时代技术的发展。

（二）企业物流战略的制约因素

物流规划过程中的首要问题就是搞清对规划形成的限制因素。如果对于新企业或产品系列中的新品种还没有考虑相应的物流战略，显然就需要进行物流网络规划。然而，在大多数情况下，物流系统已经存在，尽管现有物流网络可能并非最优设计或最有效率，需要决策的问题是修改现有物流网络设计或继续运行旧有物流网络的管理方法。在进行实际规划之前，应对特定的物流规划提出评估和审核。

1. 需求变动

不仅需求水平极大地影响着物流网络的规模，而且需求的地理分布也决定着物流网络的结构层次。通常，企业所拥有的市场份额或市场占有率是不平衡的，某一个区域的市场销售可能比其他区域市场增长或下降得更快。虽然从整个市场的需求水平看，企业可能只需要在当前设施的基础上进行略微扩建或压缩，然而，需求的较大波动则可能要求企业在需求增长较快的地区建造新的仓库或工厂，在市场增长缓慢或萎缩的地区关闭设施。如果企业的销售或市场份额异常变化，就说明企业需要考虑对物流网络进行重新规划。

2. 客户服务

客户服务的内容很广，包括库存可得率、送货速度、订单履行的速度和准确性等。随着客户服务水平的提高，与这些因素相关的成本往往以更快的速率增长。因此，分销成本受客户服务水平的影响很大，尤其是当客户服务水平已经很高时。由于市场环境的变化，原来确定的客户服务目标前提和依据就会发生变化，物流服务水平就要符合新的计划前提，这时企业通常需要重新制定物流战略。但是，如果市场比较稳定，服务水平本身很低，变化幅度也很小，那么就不一定需要重新进行物流规划。

3. 产品特征

物流成本受产品特征影响很大，比如产品的重量、数量、体积、价值和市场风险等。在物流渠道中，产品特征等会因包装设计或产品储运过程中的完工状态而发生改变。例如，将货物拆散运输可以极大地影响产品的重量/体积比和与之相关的运输与仓储费率。由于产品特征的改变会极大地改变物流要素组合中的某一项成本，而对其他成本项目影响很小，所以物流系统内部可能形成新的成本平衡点。因此，当产品特征发生较大变化时，重新规划物流系统可能是有益的。

4. 物流成本

企业实物供给、分销过程中产生的成本往往决定着物流系统重新规划的频率。如果其他因素都相同，那么对于生产高价值产品（如机床等投资品）的企业，由于物流成本只占总成本的很小比重，企业很可能并不关心物流战略是否优化。然而，对于像生产带包装的工业化产品和日常消费品的企业，其单位物流成本一般较高，即使多次重构物流系统也只会带来稍许改进，因此物流战略将是这类企业考虑的重点。

5. 定价策略

商品采购或销售的定价政策发生变化会影响物流战略，主要是因为定价政策决定了买方/卖方是否承担某些物流活动的责任。比如供应商定价由出厂价格（不含运输成本）改为运到价格（含运输成本），一般意味着采购企业无须负责提供或安排内向物流。同样，定价策略也影响着商品所有权的转移和分销渠道内运输责任的划分。

不论价格策略如何影响物流成本，物流成本都是可以通过物流渠道进行转移的。然而，还是有一些企业会根据它们直接负担的成本进行物流系统规划。如果按照企业的定价政策，由客户支付商品运费，那么，只要没有由于来自客户的压力增加网点，企业在制定物流战略时就不会设置较多的网点。由于运输成本在物流总成本中举足轻重，因此定价策略的改变一般会导致物流战略的重构。

（三）企业物流战略规划的要素

企业物流战略规划的要素是构成企业战略规划的主要因素，影响着企业战略分析、选择、实施和控制的全过程，并通过企业战略规划指导下的经营管理活动表现出来。企业战略规划的基本组成要素应包括经营范围、资源配置、竞争优势和协同作用。

1. 经营范围

经营范围是指企业从事生产经营活动的领域，经营范围的变动是有局限性的，不可以随意变动。企业开始经营前的工商登记就已经明确指出企业的经营范围，但是随着企业生产经营活动的开展，可能出现经营范围与企业规模、生产能力等因素不相称的情况，这个时候企业可以通过向工商行政管理机构申请进行经营范围的变更或增减。企业的经营范围既能反映出企业在经营活动中主要接触的外部环境，也能反映出企业与外部环境发生相互作用的程度。

2. 资源配置

资源配置是指企业对人员、资金、物资、信息与技术等的安排水平与模式。人员、资金、物资、信息和技术是企业生产经营活动的基本资源，资源配置的好坏直接影响企业各项活动的效率。任何外部环境或内部条件的变化，都可能引起企业的资源配置与生产经营活动的不协调，造成企业生产效率、经营成本等因素出现不同程度的变化，企业要想消除这种变化对企业经营的不利影响就应该对资源配置做相应的调整，使企业的资源配置水平与企业战略实施的要求相适应、相协调。

3. 竞争优势

竞争优势是指由企业各方面因素所决定的，在经营过程中所形成的，与同行业的竞争对手相比所具有的经营优势。竞争优势在短期内可以视为一个静态概念，但就长期而言则是一个动态概念，也就是说，企业竞争优势只是相对的，并不是绝对的。随着企业经营的外部环境和内部条件发生变化，竞争优势也会随之发生变化，或丧失，或增强。因此，在企业战略管理过程中我们应该注意企业竞争优势的变动性。

4. 协同作用

协同作用是指企业的资源之间或者职能部门之间的相互协调、相互作用，从而产生的一种效果。比如，运输管理与库存管理分别由两个部门负责，运输管理部门和库存管理部门分别按照部门成本最小化安排物流作业，和共同按照两个部门总成本最小化安排物流作业。在分别管理的情况下运输管理部门会尽量减少运输的批次，等待运输量达到一定规模再安排运输；而库存管理部门会尽量减少库存，使平均库存保持一个较低的水平，从而实现库存成本最小化。显然这两个部门在运作过程中会产生矛盾，给企业管理带来更多的不确定因素。但是如果两个部门进行联合决策，情况就会大不相同，运输批次与库存水平相互配合，会使两个部门的总运作成本降低，虽然某一个部门会出现成本的小幅度上升。这就是企业运输与仓储相互协调进行决策产生的效果。协同作用是企业物流管理组织结构向集中化方向发展的原因。企业协同作用可以简单地分为四类：①投资协同，来源于企业各经营单位联合利用企业的设备、原材料储备、研发投资以及专用工具和专有技术；②作业协同，来源于充分利用现有的人员和设备，共享由经验曲线造成的优势等；③销售协同，来源于企业的产品使用共同的销售渠道、销售机构和促销手段；④管理协同，来源于管理过程中的经验积累以及规模效益等。

（四）企业物流战略结构和领域

1. 企业物流战略的层次结构

物流战略规划是有层次的，物流战略规划涉及三个层面：战略层面、职能层面和作业层面。各层面在计划的时间跨度上有明显区别，物流战略规划是长期的、指导性的，时间跨度通常超过一年；物流职能规划从属于战略规划；物流作业计划是短期决策，是每天都要频繁进行的具体物流作业，决策的重点在于如何利用战略性规划的物流渠道快速、有效地进行物流作业。

各个规划层次有不同的视角。由于时间跨度长，物流战略规划所使用的数据常常是不完整、预测性的，甚至是不准确的，数据也可能经过人工处理，一般只要在合理范围内接近最优，就认为规划达到要求了。在另一个极端，物流作业规划则要使用非常准确的数据资料，规划的方法应该既能处理大量数据，又能制定合理的作业方法。例如，物流战略规划可能是要求整个企业的所有库存不超过一定的规模或者达到一定的库存周转率，而物流作业计划却要求对每类产品进行分别管理。

物流战略规划虽然是一项复杂的系统工程，但不同层次的管理职责和业务范围具有各自的特征与规律，仍可用一般化方法加以探讨。表 8-3 反映了不同规划层次带有普遍意义的若干规律性问题。

表 8-3 物流规划层次的实施决策内容

决策类型	策略层次		
	战略层次	职能层次	作业层次
选址	设施的数量、规模和位置	库存定位	线路选择、发货、派车
运输	选择运输方式	服务的内容	确定补货数量和时间表
订单处理	选择和设计订单系统	确定处理客户订单的先后顺序	客户订单处理
客户服务	设定标准	服务程序	沟通、反馈
仓储	布局、地点选择	存储空间选择	订单履行
采购	制定采购政策	洽谈合同、选择供应商	发出采购订单

2. 物流战略规划的领域

物流战略规划领域和核心内容主要体现在，通过物流规划对八个方面的关键问题做出安排，这些问题包括：

（1）每个细分市场的服务要求是什么？

（2）在供应链成员中，如何实现运作的基础集成？

（3）什么样的供应链结构最能够使物流成本实现最小化，并提供具有竞争力的服务水平？

（4）什么样的物料流动方式和技术能够在设施与设备方面最佳投资水平的条件下实现服务目标？

（5）是否存在降低短期和长期运输成本的机会与方法？

（6）制定什么样的库存管理程序能够更好地支持服务需求？

（7）运用什么样的信息技术来实现物流运作的最大效率？

（8）应如何组织资源实现最佳的物流服务和运作目标？

物流战略规划领域集中说明了应主要解决四个方面的问题：客户服务目标、设施选址策略、库存策略和运输策略，如图8-4所示。除了设定所需的客户服务目标以外（客户服务目标取决于其他三方面的战略设计），物流战略规划可以用物流决策三角形表示。这些领域是互相联系的，应该作为整体进行规划，每一领域都会对系统设计有重要影响。

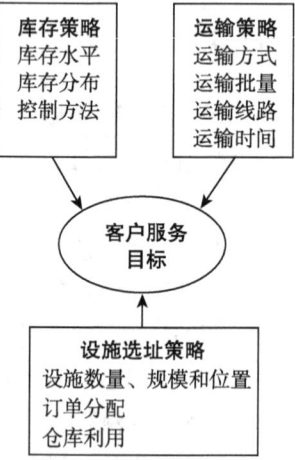

图 8-4　物流决策三角形

（1）客户服务目标。企业提供的客户服务水平比任何其他因素对物流系统运行的影响都要大。若客户服务水平较低，则可以在较少的存储地点集中存货，采用较廉价的运输方式，客户服务水平高时则恰恰相反，这时需要比较多的、分散的存储设施。但当客户服务水平接近上限时，物流成本比服务水平上升得更快。因此，物流战略规划的首要任务是确定适当的客户服务水平。

（2）设施选址策略。储存点及供货点的地理分布构成物流设施规划的基本框架。物流设施规划的内容主要包括确定设施的数量、地理位置、规模，并分配各设施所服务的市场范围，这样就确定了产品和市场之间的线路。良好的设施选址应考虑所有的产品移动过程及相关成本，包括从工厂、供货商或港口经中途储存点，然后到达客户所在地的产品移动过程及成本。通过不同的渠道满足客户需求，如直接由工厂供货、由供货商或港口供货，或经选定的储存点供货等，都会影响总的分销成本。寻求成本最低的需求分配方案或利润最高的需求分配方案是物流设施规划的核心所在。

（3）库存策略。库存策略是指管理库存的方式。将库存分配（推动）到储存点与通过补货自发拉动库存，代表着两种不同的策略。其他方面的决策内容还包括：产品系列中的不同品种分别选在工厂、地区性仓库或基层仓库存放，以及运用各种方法管理永久性存货的库存水平。由于企业采用的具体策略将影响设施选址决策，所以必须在物流战略规划中予以考虑。

（4）运输策略。运输策略包括运输方式、运输批量、运输线路以及运输时间的选择。这些决策受仓库与客户以及仓库与工厂之间距离的影响，反过来又会影响仓库选址决策。库存水平也会通过影响运输批量从而影响运输决策。

由上可知，客户服务目标、设施选址策略、库存策略和运输策略是物流战略规划的主要内容，这些决策都会影响企业的盈利能力、现金流量和投资回报率，其中每个决策都与其他决策互相联系，在进行物流战略规划时必须对不同决策彼此之间存在的悖反关系予以考虑。

(五) 企业物流战略的制定及实施

物流战略的制定可分为以下几个基本步骤：物流战略的环境分析、制定企业物流战略目标、企业物流战略选择、评估并选定方案、物流战略实施、物流战略评价与控制。

1. 物流战略的环境分析

制定企业物流战略应该充分对企业所处的环境进行分析。这里的环境指的是外部宏观环境、行业环境以及企业内部环境，主要分析宏观环境、行业环境、企业内部条件等。

2. 制定企业物流战略目标

物流战略目标是将企业的战略思想具体化为可以指导全体员工行动的、切合实际的、可考核的、可付诸实施的核心指标体系。一个战略目标通常应该有以下特征：首先，目标应该正确而明确，即明确表达在什么时间内，重点做什么，达到什么目的；其次，目标要简洁易记，即能够明确提高原有的目标感；最后，目标要有新意、有超前意识，同时还要实事求是、现实可行。战略目标既是管理层对全体员工的动员，也是管理层对全体员工的承诺，管理层应该带领员工达到这一目标。

战略目标一般包括三个要素：一是时间区间，一般为3~5年，也可更长。二是主要进攻领域，根据产业特点，即是朝阳产业还是夕阳产业，决定企业是要扩张还是要收缩。三是具体目标，即主要做什么，要达到什么目的，为了在确定的时间内在某一个领域发动攻势就必须进行哪些工作、创造哪些条件，在此基础上希望攻占哪些"高地"。

3. 企业物流战略选择

通常，企业可根据自身的优劣势及战略目标的要求选择物流战略。企业物流战略的主要内容有企业物流国际化战略、企业物流信息化战略、企业物流一体化战略、企业物流专业化战略。

4. 评估并选定方案

在选择战略目标的情况下要依据以下原则评估物流战略方案：明确企业物流的经营领域，物流战略必须要与企业的资源优势相适合，最能保持企业整体战略目标绩效的最优化。

5. 物流战略实施

物流战略的实施由下面三个方面的内容构成：物流战略的实施主体、物流战略的实施对象、物流战略的实施过程和组织支持。

物流战略的实施主体。物流战略的实施主体是指负责组织和参与实施物流战略的全体人员，不仅包括企业的领导者，还包括广大的职能人员、中低层的领导者乃至全体职工。

物流战略的实施对象。物流战略的实施对象主要指物流战略实施的具体工作内容，主要包括：物流战略实施计划、物流战略的预算、物流战略执行程序。

物流战略的实施过程和组织支持。物流战略的实施过程体现了企业的文化和管理风格，是在长期的实践中形成的一套准则。对于一个企业经营者而言，重要的不是只了解物流战略的内容，而是如何进行战略管理。在构建企业物流系统的过程中，应通过物流战略设计、战略选择、战略实施、战略评价和控制等环节，最终实现物流系统宗旨和战略目标。物流战略实施中的组织支持，包括物流战略层次系统和物流战略结构支持。

6. 物流战略的评价与控制

物流战略的评价与控制是指对物流战略规划、物流计划实施的实际成效，通过信息反馈与预定的战略目标进行对比评价，检验两者的差别、偏差，并及时采取措施进行纠正以达到完成战略目标的目的。战略评价与控制主要包括物流战略绩效评价标准的确立、物流战略控制过程和对评估结果的反馈。

第二节　物流与生产运营的交叉

物流与生产运营之间传统的交叉是在生产运行时。我们通常将生产经济与较少发生生产线调整和更新的长时间生产运行联系在一起，然而，这很容易导致某种产成品存货过多而其他产品备货有限。因而，最终生产决策要求管理者仔细权衡长生产运行与短生产运行的利和弊。今天许多行业倾向于较短的生产运行，倾向于减少和调整生产线（从一种产品到另一种产品）的时间与支出，尤其是那些在存货和调度中实施JIT方法的企业更是如此。生产向拉动式系统趋势发展，即与传统的产品先于需求的推动式系统相反，生产系统或物流系统的产品被需求所拉动，从而通过降低存货水平减少物流成本。

生产经理希望将产品季节性需求所带来的影响最小化，然而企业不可能总是能够完全预测这种需求，因而不可能总能在需要的时间和地点提供要求数量的产品。例如，各地的寒冷天气和积雪很容易影响滑雪板和摩托雪橇的销售，为了保持低成本、避免加班和急需状况的出现以及为销售计划做准备，生产经理通常会在旺季到来之前进行生产并生产出最大产量。这种预先生产可能在经济上不合算，因为存在存货储存成本。但是，生产经理为了降低生产成本不得不考虑这么做。因此，为了与生产或销售部门配合，物流部门必须准备接受季节性存货，这可能在销售前的 3~6 个月就开始积累。例如，Hallmark Cards 夏季就开始在位于堪萨斯城（Kansas City）的仓库储存圣诞商品，以便公司在秋季时将产品运送给零售商或客户。

由于物流管理人员负责生产用原材料的进货与储存，所以物流和生产在供应方面同样存在交叉。由于缺货可能导致生产设备的停工或生产成本的增加，物流和管理人员应当确保原材料和其他生产性投入的数量充足以满足生产计划，但是考虑到存货储运成本，这种数量应当是保守的。由于这种协调的需要，今天许多企业将生产计划的责任由生产管理转向物流管理，其最终结果是扩大了整个物流的职责范围。

物流与生产相互交叉的另外一种是活动室包装，许多企业把它看作一种物流活动。无论是属于生产管理还是属于物流管理，包装的主要目的都是保护商品免受损坏。这显然不同于营销和促销中所谓的产品包装所具有的价值。

由于最近原材料和其他生产性投入的外部采购引起了人们的关注，所以物流和生产之间的交叉变得更加重要。同时，今天许多企业正和第三方生产商或包装商达成协议，让他们来生产装配部分或全部企业的产成品。这种协议在食品工业尤其盛行，即许多企业仅生产食品，然后贴上其他企业的商标出售。

第三节　物流与市场营销的交叉

物流有时被称为销售的另一半，其基本原理是实体配送或企业出货物流系统要负责为消费者进行产品的实体运送和储存，从而在产品销售中起到重要作用。有时，实体配送和订单履行可能是产品销售的关键因素，即企业以正确的数量在正确的时间提供产品的能力可能是销售的关键因素。

本节主要讨论物流、销售以及营销组合中每一组合的主要活动之间的交叉。我们将从营销 "4P's"（价格、产品、促销和地点）进行讨论，此外，还将讨论物流和市场营销交叉部分的近期趋势。

一、价格

从物流的角度看，根据批量价格调整规模对运输公司来讲或许相当重要。例如，铁路公布了整车货物的最低重量要求，如 30 000 磅。汽车运输公司通常公布四五种运费，适用于在同样两地之间的货物运输，取决于装运货物的规模（重量），规模越大收取的单位运费越低。换句话说，由于如果客户运送较大批量的货物，运输公司会获得经验经济，因此运输公司会给予较大批量运送以价格折扣。

企业在销售产品时，通常会为大批量采购提供一个折扣计划。如果这种折扣计划与按重量制定的运费折扣计划有关，那么企业就可以为自己或为客户节约资金（取决于销售条款）。例如，一个企业以到货价格销售（价格包括运费）产品，如果其定价标准和按重量制定的运输装运要求一致，企业就能够因批量采购得到较低的运费而省钱。因此，当企业计算它想要以特定价格出售给客户的数量时，它应当比较这一数量货物的重量与某一运费所要求的货物重量，在许多情况下，增加采购数量达到一定的总重量就能够得到更低的运费。即使企业按照离岸价格出售产品（买方支付运费），这种方式也会使企业客户因得到更低运费而节省资金。

尽管不可能总能根据运费调整交易数量得到价格优势，企业仍应当研究这种方案。一些企业根据其利用公路、铁路或其他运输方式能够装运的不同数量而调整定价表。在《罗宾逊－帕特曼法案》（Robinson-Patman Act）和相关法规下，因运输成本节约而提供价格折扣是正当的。

此外，物流管理人员可能会关心在不同定价标准下产品的销售数量，因为这将影响存货要求、重置时间和客户服务的其他方面。特别是在一年中某一特定时间、特定价格将增加产品销售时，企业可能要考虑物流管理人员在诱人的定价标准下提供充足产品数量的能力。物流管理人员必须了解这种特殊性，从而才能够根据预计需求调整存货条件。

二、产品

在营销中经常要制定的另外一种决策就是要考虑产品，特别是产品的物理属性。有关美国每年投放市场的新产品数量已被记录了很多，它们的大小、形状、重量、包装和其他物理属性影响了物流系统运送和储存产品的能力。因此，物流管理人员应当参与决定新产品物理属性的营销活动，因为物流管理人员能够提供有关新产品运送和储存的信息。除了新产品，企业经常用各种方法对老产品进行改进以改善或保持销售。通常这种改进可以采取新的包装设计，或采取不同的包装规格。产品的物理属性影响储存和运送系统的使用，它们影响企业对运输公司的选择，影响需要的运输设备，影响破损率、储存能力、物料处理设备的使用（如输送机和托盘）、外部包装以及其他许多物流方面。

我们很难表达出物流管理人员在发现产品包装的改变使标准托盘使用不经济，或以无效甚至可能损坏产品的方式使用拖车或货车车厢时所感觉到的挫折感。例如，当吉利公司首次推出戴西（Daisy）剃刀时，物流管理人员直到后期才知道他们不得不处理低密度的、又大又轻的落地展示架。落地展示架不仅不适合仓库输送机，而且公司要以高于现有产品运费150%的运费运送它们。虽然吉利公司最后校正了这种状况，但却付出了昂贵的代价。对那些关心销售产品的人来讲，这些事情似乎是普通并且微不足道的，但是它们却大大影响了一个组织整体的成功和长期的盈利能力。

虽然没有一种万能的方法能够告诉企业在这些情况下如何做。但是我们应当记住，沟通能够使物流管理人员就决策可能带来的不利影响提供信息，也可能物流毫不起作用而销售才是最重要的，然而通常物流管理人员建议的一个小变化就能够使产品更加适合于物流系统的运送和储存特征，尽管这对产品本身的销售没有真正的影响。

影响物流的另外一个销售活动是消费包装。销售经理通常视消费包装为"无声的"销售人员。在零售环节，包装或许是影响销售的决定因素。销售经理关注包装外观、包装所提供的信息和其他相关方面的内容。当顾客比较零售货架上的几种商品时，消费包装可能会有助于商品的售出。消费包装通常必须适应所谓的工业包装或外部包装，消费包装的规格、形状和其他属性将影响工业包装的使用；消费包装提供的保护作用同时引起物流管理人员的重视，消费包装的物理特性和保护作用会影响物流系统的运输、物料搬运和仓库配送。

三、促销

促销是大受企业重视的营销组合。企业通常花费几十万甚至数百万美元在全国进行广告和其他促销活动以改善销售形式。利用促销活动促进销售的企业应当告知其物流管理人员，以便有足够的库存向客户销售。但是，即使告知了物流管理人员，仍然会出现问题。例如，当吉利公司推出可丢弃双刀片 Good News 剃刀时，公司最初计划要进行三次连续的促销：全国促销要取得 2 000 万元的销售额，紧接的贸易交易促销要达到 1 000 万元的纯销售额，吉利公司希望通过举行第三次促销活动再获得 2 000 万元的销售额，总计是 5 000 万元销售额。事实上，第一次促销销售了 3 500 万元，超过计划的 75%。不用说，为了满足需要，物流部门面对着巨大的压力。

我们将在增加销售与分析基本促销策略之间的简单关系的基础上进一步看一下它们是如何影响物流部门的。销售经理经常将它们的促销策略归为两种基本类型：推式和拉式。意思是他们能够推动产品通过分销渠道到达客户或在分销渠道中拉动产品。我们将在后面详细地讨论分销渠道。简单来讲，它们是在生产之后、将产品销售给最终用户之前处理产品的组织，包括批发商和零售商等。

生产者经常通过互相竞争得到分销渠道，从而使产品获得它们认为应得的销售额。例如，谷类食品的生产者认为最终消费者的产品需求将影响零售商和批发商，从而想确保产品在零售商的货架上有足够的空间或确保批发商持有足够的产品来满足零售商的需要。通过出售受欢迎的产品，零售商或批发商提高了盈利能力。产品的交易额越高，他们的获利可能越高，他们就越高兴有一个受欢迎的产品，也越愿意在店铺里给产品一个更大的空间和更好的位置。

企业能够通过全国广告拉动产品在分销渠道的运动来促进销售。促销广告试图激励客户购买，使客户到零售店铺寻找他们在杂志广告上看到的商品或在电台广告中听到的商品，甚或更有可能在电视广告上看到的商品。购买会影响零售商，而零售商会影响他们的批发商。一些企业认为促销商品的最好办法是通过直接刺激客户的需求拉动商品在分销渠道中运动。

另外一种基本方式是推式方式。推式方式的含义是与分销渠道合作刺激销售，换句话说，生产者可以支付部分当地的广告费用或提供专用的店铺展台来刺激销售。在和批发商合作时，生产者或许能够在某一特定的时间提供给零售商某一特定的价格来刺激产品的需求。推式方式的重点是让分销渠道同企业合作，这与拉式方式相反。在拉式方式中，公司通过全国广告或在广阔的地域范围内为产品做广告刺激销售，略独立于零售商。

我们能够同时提出赞成与反对这两种方式的观点，事实上，一些企业在促销活动中同时采用这两种方式。然而考虑到物流系统的要求，在物流管理人员看来，推式和拉式方式通常是不同的。拉式方式很可能产生不稳定的需求，这种需求很难预测并且可能会给物流系统带来紧急需求。大规模的全国广告有非常成功的潜力，但是预测消费者对新产品的反应是十分困难的。这种广告可能同时会使物流系统过度紧张，需要紧急运送和较高的运费，可能经常导致缺货，要求额外的存货。吉利公司就是这种情况的一个例子。另外，推式方式可能有一个有序的需求模式。与零售商合作使生产商可以先于受销售刺激而分销渠道，而不是当零售商和消费者强烈要求一些成功促销的新产品时才迅速紧急供应。

四、地点

地点决策指的是分销渠道决策，包括交易和实体配送渠道决策。买卖双方通常变得更加关注制定市场交易决策和决定诸如将商品卖给批发商还是零售商之类的事情。从物流管理者的观点看，这种决策可能大大影响物流系统要求。例如，公司仅与批发商交易可能会比直接与零售商交易产生较少的物流问题。一般来说，批发商比零售商采购批量大，并且对订货和存货的管理更加可预测和稳定，从而使物流管理人员的工作相对比较容易。零售企业，尤其是小零售商，经常小批量订货，并不总是能够允许在缺货前有足够的前置时间补货。因此，生产商可能需要高价订购快速的运输服务以满足送货需求。

五、近期趋势

最显著的趋势是销售经理开始认识到营销组合中地点的战略价值与高质量的物流服务带来的收入和客户满意度的增加。因此，许多企业已经将客户服务列为销售和物流之间的交叉活动，并且积极有效地将客户服务提升为营销组合的关键因素。行业中的企业（如食品、化工产品和医药产品）在这方面已经取得了巨大成功。

【案例分析】

宝供的企业物流发展观念

宝供物流企业集团有限公司（简称宝供）创立于1994年，总部设立于广州。目前在全国40多个城市建立了6个分公司、48个办事机构，形成了一个覆盖全国并向美国、澳大利亚、中国香港等地延伸的物流运作网络；拥有先进的物流信息平台，为世界500强中的近50家大型跨国集团和国内一些大型企业提供物流一体化服务。

1. 观念领先战略

首先，大力推行"量身定做、一体化运作、个性化服务"模式。宝供打破传统业务分块经营模式，在各大中心城市设立分公司或办事机构，建立遍布全国的物流运作网络，将仓储、运输、包装、配送等物流服务广泛集成，为客户"量身定做"，提供"门到门"的一体化综合服务以及其他增值型服务。因此，要根据客户的生产及销售模式，全面规划物流服务模式、优化业务流程、整合物流供应链，支持灵活多变的市场营销策略，以降低物流成本，提高客户核心竞争力。

其次，广泛采用具有国际水准的标准操作程序（SOP）和标准质量保证体系（GMP），确保为客户提供优质高效的专业化物流服务。为了规划业务部门的运作标准，宝供建立了系统化、规范化、标准化的各类标准操作程序，即SOP。任何岗位上的任何事，SOP都有详细的规定。通过SOP的正确执行，确保业务运作不会因个人因素造成服务品质的不同，确保GMP的实施和实现。在与宝洁公司的合作中，当时为了适应宝洁公司严格的质量要求，也为了建立健全宝供自身严格的服务质量体系，1996年，宝供以GMP为蓝本，根据GMP的13个关键要求，制定了一套相应的系列化质量管理标准体系，将每项要素的具体标准及要求汇编成"质量管理手册"，并全面实施。同时，在公司总部专门设立质量管理部，具体贯彻落实"质量管理手册"，从而使每一项业务运作从作业开始就有质量控制和跟踪，充分保证业务运作质量的稳定可靠。

此外，重点提供国内领先的基于VPN系统的物流信息服务，早在1997年，宝供就在国内率先提出并建成基于互联网/内联网的全国联网的物流网络信息系统，使宝供总部、六大分公司、40多个办事机构实现内部办公网络化、外部业务动作信息化，并实现全国各地的运输、仓储等关键物流信息系统实时管理和控制不同区域、不同仓库、不同类型、不同产品的库存，制定最佳营销策略。同时，实现了"客户电子订单、一体化动作"的电子商务初步目标，极大地简化了商务流程，提高了业务动作效率。

1999年，建立业务成本核算系统和基于VPN的电子数据交换平台，采用XML技术逐步提升与客户的电子数据交换水平，实现数据无缝交换与连接，为客户"量身定制"个性化的物流信息服务，如各类业务报表、运作咨询服务。

2000年，宝供在现有系统的基础上，构筑了基于联盟化、集成化、网络化的VPN物流综合服务信息平台，大力开发整合于客户供应链和支持电子商务的新系统，并通过XML技术，在与客户进行数据交换方面取得重大突破，使自身的信息服务和业务运作向自动化、智能化方向迈出重要一步。

2. 科技支持战略

"21世纪是知识和科技的时代"，专业化、细致化、科学化的物流知识将成为客户物流体系改革、整合、规划和设计的重要依据，现代科学技术，如各种条形码技术、自动识别技术、自动分拣技术、卫星定位技术、自动化技术、物流仿真技术、辅助决策技术等，将成为物流运作的重要工具，"知识化和科技化物流"将成为宝供服务的主要特征。

3. 服务创新战略

一方面，引导物流服务朝综合化、一体化方向发展，把物流诸多环节、服务类型进行系统整合，将不同的货运公司、仓储公司以及社会资源进行物流资源整合，为客户提供一种具有长期的、专业的、综合的高效物流服务。另一方面，适应21世纪个性化消费和个性化服务的需要，将传统企业的单一成本竞争策略转移到差异型、个性化的物流特色服务竞争。

4. 人才效益战略

公司将遵循"以人为本"的经营理念，充分发挥"人才效益"优势，广泛汇集和吸引一批包括教授、博士、硕士在内的高层次专业人才，提供科技化、现代化的优质高效的物流服务。未来公司的管理人员，要求百分之百具有本科或硕士以上学历。公司内部严格贯彻执行完善的培训和激励制度，不断增强企业的凝聚力，吸引和留住优秀人才。选拔、晋升和奖励工作成绩显著的员工，将公司利益与个人发展紧密结合，建设一支灵活精干、协作高效的学习型人才队伍。

5. 联盟发展战略

宝供与不同行业的客户建立稳定的合作伙伴关系，这些客户在它所处行业的地位非常令人敬仰，比如飞利浦、联想、雀巢、沃尔玛等。在这里，可以发现宝供获得竞争的优势和秘诀是以成功客户为核心。这些年来，宝供能够快于整个行业的发展速度来扩大其市场份额，原因就在于它吸引和拥有了不同行业中"最成功的顾客"。当宝供把有限的资源集中在关键的客户身上时，只要客户的生意取得了成功，宝供的生意也会随之成功。这就是宝供的"供部客户联盟策略"。它强调在"供应链"的诸节点之间植入"优势互补、利益共享"的共生关系，实施企业联盟化战略。

资料来源：https://wenku.baidu.com/view/1d59abee5ef7ba0d4a733bce.html?from=search.

案例思考题

1. "量身定做、一体化运作、个性化服务"的宝供物流模式有何积极意义？
2. 宝供实现了"客户电子订单、一体化动作"的电子商务初步目标，极大地简化了商务流程，提高了业务运作效率。宝供主要采取了哪些措施？
3. "知识化和科技化物流"将成为宝供服务的主要特征，为什么？

【实践技能训练】

到一家物流企业见习，通过见习了解企业内物流协作关系，分析各企业物流的特点。

实训要求

1. 学生建立小组，选择一家物流企业进行调查。
2. 模拟物流企业的运营过程。
3. 教师组织各小组开展辩论会，分析物流企业内的物流协作关系。

第三篇

现代物流展望

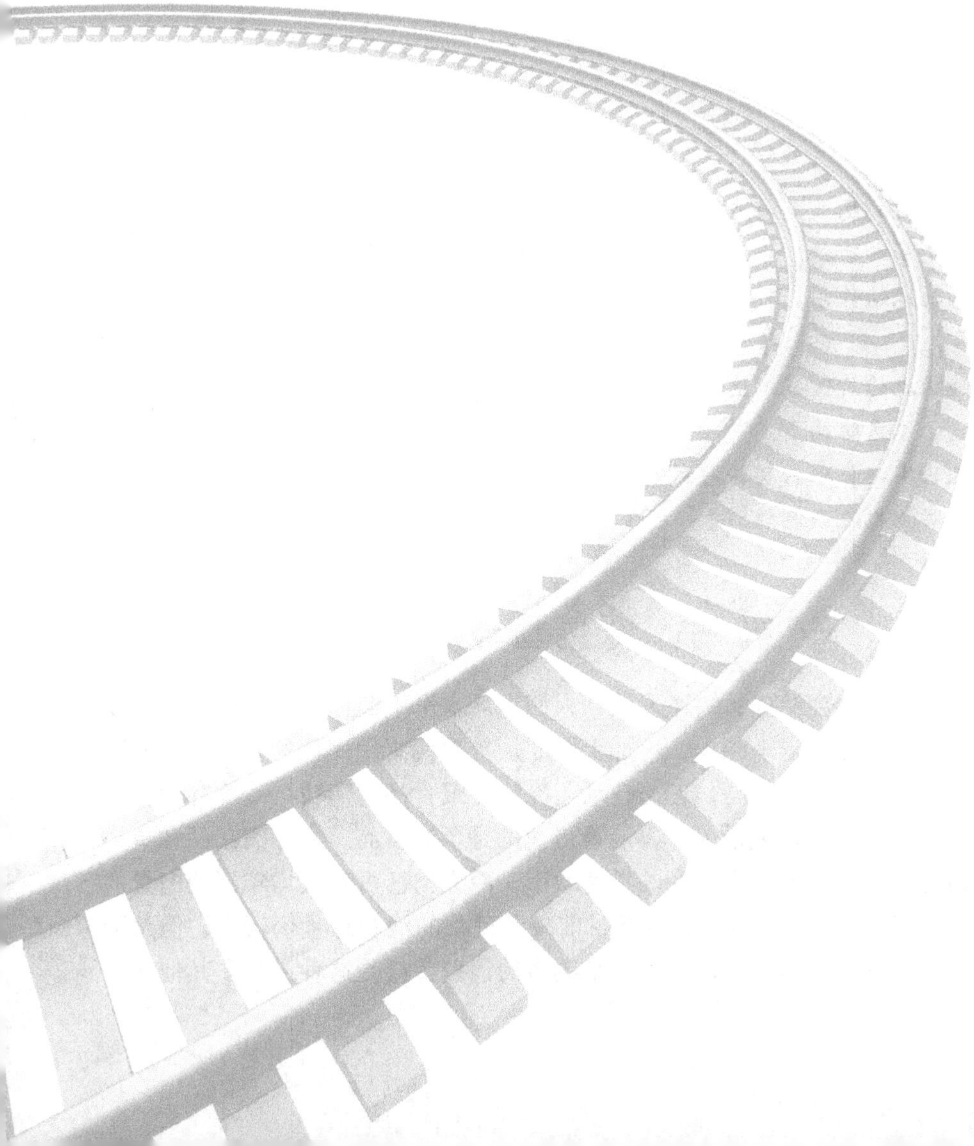

第九章 Chapter 9

新技术影响下的物流展望

学习目标

【掌握】

1. 食品冷链物流的概念。
2. 物联网的概念。

【理解】

1. 食品冷链物流的构成与特点。
2. 智慧物流的基本功能。
3. 发展智慧物流的作用。

【了解】

1. 食品冷链物流的关键技术支撑要素。
2. 智慧物流的体系结构。
3. 智慧物流的实施基础、实施模式与步骤。
4. 智慧物流实施的瓶颈制约。

第一节 冷链物流

近年来,随着我国社会经济的快速发展,人们生活水平不断提高,生活节奏不断加快,人们花在厨房的时间越来越少,再加上微波炉等现代厨房用具的普及,人们对冷冻冷藏食品的认知度也越来越高,迅速拉动了冷冻冷藏食品的消费。冷冻冷藏食品每年增产约10%,其中市场份额最大、发展最迅速的是预制食品。冷冻肉制品和鱼类的销售额也强劲增长,在我国收入较高的发达城市,冷冻肉已占到人均年消费肉量的10%~15%。冷藏蔬菜的发展也很快,尽管目前冷藏蔬菜的消费总量仍较小,但是随着保鲜技术水平和产品质量的提高,会有越来越多的消费者接受这种产品。其他冷冻冷藏食品，如冷饮、乳品和速冻食品的消费量也逐年递增。

随着人们生活水平的提高，人们越来越关注食品安全问题。据统计，我国每年食物中毒报告例数约为 24 万人次，专家估计这个数字尚不到实际发生数的 1/10。尽管我国政府采取了一系列措施加强流通安全管理工作，但我国食品流通系统仍存在较大的安全隐患，不时威胁人民的生命安全。从总体来看，中国食品质量安全形势依然严峻，尤其是在流通环节存在严重问题，在食品供应链的各个环节上问题频频发生，令人担忧。

在我国食品流通企业中，中小型企业占有相当大的比例，普遍存在着食品安全控制技术水平落后、设施老化、检测能力低等问题，且尚未具有完善的食品安全危害因素分析与控制管理体系，无法开展基于风险分析的食品安全控制、检测与管理活动。据统计，目前我国食品流通领域 80% 以上的生鲜食品采用常温保存、流通和加工，根本不能控制整个流通环节的安全与卫生。因此，食品安全管理对以保鲜、冷藏、冷冻为主要功能的冷链物流技术提出了更高的要求。

一、冷链物流的概念

冷链起源于 19 世纪上半叶冷冻剂的发明，到了电冰箱的出现，各种保鲜和冷冻食品开始进入市场和消费者家庭。到 20 世纪 30 年代，欧洲和美国的食品冷链体系已经初步建立。20 世纪 40 年代，欧洲的冷链体系在二战中被摧毁，但战后又很快重建。现在欧美发达国家已经形成了完整的食品冷链体系。

1955～1965 年，日本经济的高速增长促进了流通革命，在冷链中的体现主要是在果蔬的分级、挑选、清洗、加工、包装、预冷、冷藏、运输和销售中采用冷链保鲜技术。1975 年，为了进一步提高与冷链相关问题的研究水平（这些问题包括生鲜食品的温度与品质的关系、适宜的温度管理方法、适宜的低温流通设施以及冷链机械的开发等），日本农林水产省成立了食品低温流通推进协议会，研究整理出《低温管理食品的品质管理方法及低温流通设施完善方向》，制定了食品低温流通温度带，即食品的流通温度为 $-4℃\sim5℃$，并发行了《低温链指南》，使生鲜食品冷链保鲜技术进入了基本完善的阶段。

食品冷链是指易腐食品从产品收购或捕捞之后，经过产品加工、贮藏、运输、分销、零售，转入消费者手中，产品在各个环节始终处于其所必需的低温环境下，以保证食品质量安全、减少损耗、防止污染的特殊供应链系统。

目前冷链使用的食品范围包括：初级农产品，如蔬菜、水果，禽、肉、水产等包装熟食，冰激凌和奶制品，快餐原料和特殊商品（如药品）。冷链物流的概念模型如图 9-1 所示。

二、冷链物流的构成

冷链物流由冷冻加工、冷冻贮藏、冷藏运输、冷冻销售四个方面构成。

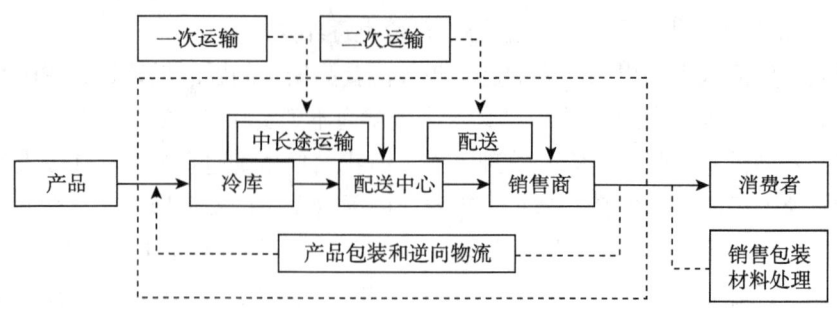

图 9-1 冷链物流的概念模型

(一) 冷冻加工

冷冻加工包括肉禽类、鱼类和蛋类的冷却与冻结,如在低温状态下的加工作业过程;也包括果蔬的预冷、各种速冻食品和奶制品的低温加工等。这个环节主要涉及的冷链装备是冷却/冻结装置和速冻装置。

(二) 冷冻贮藏

冷冻贮藏包括食品的冷却贮藏和冻结贮藏,如水果蔬菜等食品的气调贮藏㊀、活鱼冷冻复活技术等。它保证食品在贮藏和加工过程中的低温保鲜环境。此环节主要涉及各类冷藏库/加工间、冷藏柜、冻结柜及家用冰箱等。

(三) 冷藏运输

冷藏运输包括食品的中长途运输及短途配送等物流环节的低温状态。它主要涉及铁路冷藏车、冷藏汽车、冷藏船、冷藏集装箱等低温运输工具。在冷藏运输过程中,温度波动是引起食品品质下降的主要原因之一。所以,运输工具应具有良好的性能,在保持规定低温的同时,更要保持稳定的温度,这在长途运输中尤其重要。

(四) 冷冻销售

冷冻销售包括各种冷链食品进入批发零售环节的冷冻贮藏和销售,它由生产厂家、批发商和零售商共同完成。随着大中城市各类连锁超市的快速发展,各种连锁超市正在成为冷链食品的主要销售渠道。这些零售终端大量使用了冷藏/冷冻陈列柜和贮藏库。它成为完整的食品冷链中不可或缺的重要环节。

三、冷链物流的特点

与一般的食品物流相比,冷链物流是以保证易腐食品品质为目的的,因此它对物

㊀ 气调贮藏是指通过调整和控制食品储藏环境的气体成分和比例以及环境的温度与湿度来延长食品的储藏寿命和货架期的一种技术。

流的要求更高，主要有以下三个特点。

（一）冷链物流要求高

冷链物流的高要求主要表现在以下三个方面。

（1）由于大部分冷藏食品的生鲜或鲜活性，它们在运输中需要防腐保质，需要采用特定的低温运输设备或保鲜设备等组织冷链物流。

（2）冷链食品一般保鲜期短，容易腐烂变质，冷链食品物流服务半径受限，因此对运输效率和流通保鲜条件提出了更高的要求。

（3）易腐食品的特性决定冷链的各个环节（冷藏、冷冻、产地的冷藏以及控温运输）必须具有连贯性。

（二）冷链物流效率低、成本高

有数据表明，仅仅由于冷链食品在运输过程中的损耗，整个物流费用占到易腐食品成本的70%，而按照国际标准，易腐食品物流成本最高不超过其总成本的50%。这是因为目前我国冷链食品生产企业普遍规模较小、较分散，而农贸市场、超市、专卖店、餐饮企业、大型企事业单位等需求也有同样的特点。这使得冷链食品在流通过程中不可避免地要进行一次或多次集散，增加了冷链食品的流通环节，而多环节的流通链条，不仅降低了流通效率，造成了相当一部分冷链食品的损失，而且进一步增加了流通成本。

（三）冷链物流信息传递效率低

冷链物流的各个环节信息传递不畅，使库存、装卸、运输等缺乏透明度，造成冷藏产品在配送、运输途中发生无谓耽搁，导致风险及成本增加。目前的冷链信息系统功能还不够完善，不能及时对市场需求进行有效预测，不能发挥有效的信息导向作用，导致信息延滞，从而造成冷链食品流向的盲目性。

四、冷链物流的关键技术支撑要素

（一）冷藏、保温汽车

随着社会经济的飞速发展和人民生活水平的不断提高，人们对冷藏食品的需求不断增多，冷藏、保温车主要用于生鲜农副产品和食品饮料的储运。由于其具有冷藏、保温的特殊功能，能满足生鲜食品冷藏运输中的保鲜和冷冻要求，其在冷链物流中扮演着重要角色，成为冷链物流的宠儿。

冷藏、保温汽车是重要的公路冷藏运输工具，用以运输易腐烂货物和对温度有特定要求的货物，如鱼、肉、新鲜蔬菜、水果和其他食品等。冷藏、保温汽车与普通载货汽车的区别在于其具有封闭的、绝热的车厢和独立的产生冷气的制冷机组。

用保温汽车运输易腐货物时，车厢的隔热层起着阻滞车厢内外热交换的作用。在运输过程中，外界传入的热量和食物放出的热量会导致车厢内温度的升高。所以，保温汽车只适用于短距离运输和运输适温范围较宽的易腐货物。

冷藏汽车按制冷方式分为机械冷藏汽车、液氮冷藏汽车、冷板冷藏汽车和干冰冷藏汽车。

冷藏、保温汽车按照所选用底盘的吨位分为重型、中型、轻型和微型冷藏、保温汽车，如表 9-1 所示。

表 9-1 冷藏、保温汽车分类　　　　　　　　　　　　　　　　（单位：吨）

底盘吨级	总质量	同类底盘货车装载质量	冷藏汽车装载质量	保温汽车装载质量
微型	<2.4	<1	<0.5	<0.75
轻型	2.4~6.2（不含 6.2）	1~3（不含 3）	0.5~2（不含 2）	0.75~2.5（不含 2.5）
中型	6.2~15（不含 15）	3~8（不含 8）	2~6（不含 6）	2.5~6.5（不含 6.5）
重型	≥15	≥8	≥6	≥6.5

（二）冷库

冷库作为专业化的仓库，具有较为特殊的布局和结构，用具、货物也较为特殊，对管理技术、专业水平要求较高。冷库存放的多是食品，管理不善不仅会造成货损事故，还会发生食品不安全事故，影响人们的身体健康。

冷库按照用途不同，分为冷冻库和冷藏库。冷冻库库温较低，用于快速冷却食品；冷藏库温较高，用于长时间冷藏食品。所以，必须按照货物的类别和保管温度的不同分类使用库房，不得为了最大限度地利用库房面积，把各种控制温度不同的货物混杂在一起存放，致使食品间串味，微生物交叉污染，存活品质下降，甚至影响使用者健康。应杜绝食品混藏的现象，做好食品的系统分类。

冷藏库要保持清洁、干燥，经常清洁、清除残留物和结冰，库内不能出现积水。食品每冷加工一次就要做机械除霜，冷加工三四次就要用氨蒸气热融除霜，而且应随着冷却器上的霜层增加经常进行。同时还需要经常通风换气，保持库内含氧量合适度。

对于出入库等冷货作业，为了减少能耗，出入库作业应选择在气温较低的时段进行，集中作业力量，尽可能缩短作业时间。对于冷冻库来讲，冷冻库作业多采用搁架排管冻结，这种方法虽然速度很快，但是却加大了上架、下架的操作难度，直接影响出入库的时间，对工人的劳动强度要求也比较大。为了解决这个问题，冷库应在货物冻结前的预处理的细节、标准化，以及如何降低上下架难度，增加机械化程度，提高效率等方面下功夫。对于冷藏库，问题主要在货物的堆垛上，要求既不能胡乱摆放也不能为追求堆垛密度而影响换气和冷风流动，应严格按照规章进行，堆垛间距要合适，货堆要稳定，不能太高，存期长的应存放在库里端，存期短的应存放在库门附近。

长期在冷库低温封闭的环境下工作，对劳动人员的伤害比较大。同时库房中氨气的挥发也对工人的呼吸系统造成慢性伤害。低温环境还会造成设备的材料强度、性能降低，这都需要引起足够重视。对于进入库房的人员，必须要求保温防护，穿戴手套、工作鞋，尽量减少在库房内的停留时间。进入库房前，尤其是长期封闭的库房，需进行通风，防止由于植物和微生物的呼吸作用使二氧化碳浓度增加，造成人员氧气不足而窒息。库房和机房内应时时监控制冷剂浓度以及各处管道、容器压力，防止制冷剂中毒和爆炸的发生。

（三）现代信息技术

对于 EDI 系统的使用，除了能够提高冷链物流企业内部的生产效率，降低运作成本，改善渠道关系，提高对客户的响应，缩短食物处理周期，减少订货周期以及不确定性，提高企业的国际竞争力之外，利用 EDI 系统相关数据，并借助于某些 ERP 软件，还能够对未来一段时期内的销售进行预测，从而控制库存水平、缩短订单周期、提高顾客满意度。

据 Texas Instruments 公司的报告，EDI 系统已经将其装运差错减少 95%，实地询问减少 60%，数据登录的资源需求减少 70%，以及全球采购的循环时间减少 57%。EDC 公司通过将 EDI 和 MRP 结合，使 MRP 实现电子化，公司库存因而减少 80%，交货时间减少 50%。

目前我国大多数连锁零售业建立了 POS 系统，有的甚至已经采用无线 POS 系统，因此零售商能够获得动态的销售信息。如果能将信息再通过 EDI 系统及时地传至制造商，实现信息数据共享，那么制造商就能根据市场需求的变化相应地调整生产，避免过高的库存水平，零售商也能及时地得到批发商（或制造商）的补货，以免产生缺货的现象，这样整条冷链上的成员都能从中获得收益。

众所周知，对于冷链管理来说，信息的准确性和及时性是其中的关键因素，RFID 能够对此提供充分的保证，其技术特点也使其非常适合于在该领域中应用。RFID 系统能够使其冷藏供应链的透明度得到提高，物品能在冷链的任何地方被实时地跟踪，同时消除了以往整个冷链体系中各环节上的人工错误。安装在工厂、配送中心、仓库及商场货架上的阅读器能够自动记录物品在整个冷链的流动——从生产线到最终的消费者。

第二节　智慧物流

物联网的概念最初是在 1999 年被提出的，最初物联网的定义是通过射频识别技术（RFID）、红外感应器等智能信息传感设备，按照既定的协议规程，把世间万物与互联网连接起来，进行信息的交互和通信，从而实现智能化定位、智能识别、智能追踪、监控以及管理的一种网络。简而言之，物联网的本质是"物－物相连的互联网"，进而实现物体及其网络的智能化。在此基础上形成的智慧城市、智慧家园等概念均对物流系统的协调配合提出了更高的要求，从而带来了对智慧物流技术的研究与开发。

一、智慧物流的基本功能

感知功能。运用各种先进技术能够获取运输、仓储、包装、装卸搬运、流通加工、配送、信息服务等各个环节的大量信息,实现实时数据收集,使各方能准确掌握货物、车辆和仓库等信息,初步实现感知智慧。

规整功能。继感知之后把采集的信息通过网络传输到数据中心,用于数据归档.建立强大的数据库并一一分门别类后加入新数据,使各类数据按要求规整,实现数据的联系性、开放性及动态性。并通过对数据和流程的标准化,推进跨网络的系统整合,实现规整智慧。

智能分析功能。运用智能的模拟器模型等手段分析物流问题,根据问题提出假设,并在实践过程中不断验证问题,发现新问题,做到理论与实践相结合。在运行过程中系统会自行调用原有经验数据,随时发现物流作业活动中的漏洞或者薄弱环节,从而实现发现智慧。

优化决策功能。结合特定需要,根据不同的情况评估成本、时间、质量、服务、碳排放和其他标准,评估基于概率的风险,进行预测分析,协同制定决策,提出最合理有效的解决方案,使做出的决策更加的准确、科学,从而实现创新智慧。

系统支持功能。系统智慧集中表现于智慧物流并不是各个环节各自独立、毫不相关的物流系统,而是每个环节都能相互联系、互通有无、共享数据、优化资源配置的系统,从而为物流各个环节提供最强大的系统支持,使得各环节协作、协调、协同。

自动修正功能。在前面各个功能的基础上,按照最有效的解决方案,系统自动遵循最快捷有效的路线运行,并在发现问题后自动修正,并且备用在案,方便日后查询。

及时反馈功能。智慧物流系统是一个实时更新的系统,反馈是实现系统修正、系统完善必不可少的环节。反馈贯穿于智慧物流系统的每个环节,为物流相关作业者了解物流运行情况、及时解决系统问题提供强大的保障。

二、智慧物流的体系结构

按照服务对象和服务范围划分,智慧物流体系可以分为企业智慧物流、行业智慧物流,区域或国家智慧物流三个层次。

(一) 企业智慧物流层面

推广信息技术在物流企业的应用,集中表现在应用新的传感技术实现智慧仓储、智慧运输、智慧装卸、搬运、包装,智慧配送、智慧供应链等各个环节,从而培育一批信息化水平高、示范带动作用强的智慧物流示范企业。

(二) 行业智慧物流层面

行业智慧物流的建设主要包括智慧区域物流中心、智慧区域物流行业以及预警和协调机制的建设三个方面。

(1) 智慧区域物流中心。建立智慧区域物流中心的关键是要搭建区域物流信息平台，这是区域物流活动的神经中枢，连接着物流系统的各个层次、各个方面，将原本分离的商流、物流、信息流和采购、运输、仓储、代理、配送等环节紧密联系起来，形成了一条完整的供应链。另外，要建设若干智慧物流园区。智慧物流园区是指加入了信息平台的先进性、供应链管理的完整性、电子商务的安全性的物流园区，其基本特征是商流、信息流、资金流的快速安全运转，满足企业信息系统对相关信息的需求，通过共享信息支撑政府部门监督行业管理与市场规范化管理方面协同工作机制的建立，确保物流信息正确、及时、高效、通畅。智慧技术的运用使得运输合理化、仓储自动化、包装标准化、装卸机械化、加工配送一体化、信息管理网络化。

(2) 智慧区域物流行业（以快递为例）。在快递行业中加强先进技术的应用，重视新技术的开发与利用，利用自动报单、自动分拣、自动跟踪等系统，加强信息主干网的建设，PC 机和手提电脑、无线通信和移动数据交换系统的建设等。这些投资不仅使运件的实时跟踪变得轻而易举，而且还大大降低了服务的成本。

(3) 预警和协调机制。最后深入研究、加强监测，对一些基础数据进行开拓和挖掘。做好统计数据和相关信息的收集等工作，及时反映相关问题，建立相应的预警和协调机制。

(三) 国家智慧物流层面

国家智慧物流旨在打造一体化的交通同制、规划同网、铁路同轨、乘车同卡的现代物流支持平台，以制度协调、资源互补和需求放大效应为目标，以物流一体化推动整个经济的快速增长。与此同时，着眼于实现功能互补、错位发展，着力构建运输服务网络，基本建成以国际物流网、区域物流网和城市配送网为主体的快速公路货运网络，"水陆配套、多式联运"的港口集疏运网络，"客货并举、以货为主"的航空运输网，"干支直达、通江达海"的内河货运网络。同时打造若干物流节点，智慧物流网络中的物流节点，对优化整个物流网络起着重要作用，从发展的角度看，它不仅执行一般的物流职能，而且越来越多地执行指挥调度、信息服务等神经中枢的职能。

三、智慧物流的实施基础

1. 信息网络是智慧物流系统的基础

智慧物流系统的信息收集、交换共享、指令下达都要依靠一个发达的信息网络。没有准确的、实时的需求信息、供应信息、控制信息做基础，智慧物流系统就无法对信息进行筛选、规整、分析，也就无法发现物流作业中有待优化的问题，更无法创造性地做出优化决策，整个智慧系统也就无法实现。

2. 网络数据挖掘和商业智能技术则是实现智慧物流系统的关键

对海量信息进行筛选规整、分析处理，提取其中的有价值信息，实现规整智慧、发现智慧，从而为系统的智慧决策提供支持，必须依靠网络数据挖掘和商业智能技术。并在此基础上，自动生成解决方案，供决策者参考，实现技术智慧与人的智慧的结合。

3. 良好的物流运作和管理水平是实现智慧物流系统的保障

智慧物流的实现需要配套的物流运作和管理水平。实践证明，如果没有良好的物流运作和管理水平，盲目发展信息系统，不仅不能改善业绩，反而会适得其反。智慧物流系统的实现离不开良好的物流运作和管理水平，只有二者结合，才能实现智慧物流的系统智慧和发挥协同、协作、协调效应。

4. 智慧物流的实现更是需要专业的 IT 人才与熟知物流活动规律的经营人才的共同努力

物流业是一个专业密集型和技术密集型的行业。没有人才，大量信息的筛选、分析，乃至应用将无从入手，智慧技术的应用与技术之间的结合也无从进行。

5. 智慧物流的建成必须实现从传统物流业向现代物流业的转换

智慧物流所要实现的产品的智能可追溯网络系统、物流过程的可视化智能管理网络体系，智能化企业物流配送中心和企业智慧供应链必须建立在"综合物流"之上。如果传统物流业不向现代物流业转换，那么智慧物流只是局部智能而不是系统智慧。

物流系统只有在物流技术、智慧技术与相关技术有机结合的支持下才能得以实现，两者相辅相成。只有应用这些技术，才能实现智慧物流的感知智慧、规整智慧、发现智慧、创新智慧、系统智慧。这些技术主要包括新的传感技术、EDI、GPS、RFID、视频监控技术、移动计算技术、无线网络传输技术、基础通信网络技术和互联网技术。

四、智慧物流的实施模式

（一）第三方物流企业运营模式

第三方智慧物流不同于传统的第三方物流系统，顾客可以在网上直接下单，然后系统将对订单进行标准化，并通过 EDI 系统传给第三方物流企业。第三方物流企业利用传感器、RFID 和智能设备自动处理货物信息，实现实时数据收集和透明化，准确掌握货物、天气、车辆和仓库等信息，利用智能的模拟器模型等手段，评估成本、时间、碳排放和其他标准，将商品安全、及时、准确无误地送达客户。

（二）物流园区模式

在智慧物流园区的建设中要考虑信息平台的先进性、供应链管理的完整性、电子商务的安全性，以确保物流园区商流、信息流、资金流的快速安全运转。智慧物流园区要有良好的通信基础设施、共用信息平台系统，提供行业管理的信息支撑手段来提高行业管理水平。建立智慧配送中心使用户订货适时、准确，尽可能不使用户所需的订货断档，保证订货、出货、配送信息畅通无阻。

（三）大型制造企业模式

大型制造企业模式要求制造企业里的每个物件都能够提供关于自身或者与其相关联的对象的数据，并且能够将这些数据进行通信。这样一来每个物件都具备了数据获取、数据处理以及数据通信能力，从而构建由大量的智慧物件组成的网络，在智慧物件网络的基础上，所有的物品信息均可联通，组成物联网。这样企业就有了感知智慧，能够及时、准确、详细地获取关于库存、生产、市场等所有相关信息，然后通过规整智慧、发现智慧找出其中的问题、机会和风险，再由创新智慧及时地做出正确的决策，尽快生产出满足市场需求的产品，从而实现企业的最大效益。

五、智慧物流的实施步骤

第一步，完善基础功能。提高既有资源的整合和设施的综合利用水平，加强物流基础设施在规划上的宏观协调和功能整合，使物流基础设施的空间布局更合理、功能更完善。逐步提高各种运输服务方式对物流基础设施的支持能力、经营与网络化服务能力以及信息化水平。

第二步，开发智慧物流模块。智慧物流系统设计可以采取模块设计方法，即先将系统分解成多个部分，逐一设计，最后再根据最优化原则将其组合成为一个满意的系统。在智慧物流感知记忆功能方面智慧物流模块包括基本信息维护模块、订单接收模块、运输跟踪模块、库存管理模块。在智慧物流的规整发现功能方面主要是调度模块，这是业务流程的核心模块。通过向用户提供订单按关键项排序、归类和汇总，详细的运输工具状态查询等智能支持，帮助完成订单的分理和调度单的制作。智慧物流的创新智慧主要表现在分析决策模块，系统提供了强大的报表分析功能，各级决策者可以看到他们各自关心的分析结果。系统智慧体现在技术工具层次上的集成、物流管理层次上的集成、供应链管理层次上的集成、物流系统同其他系统的集成，共同构成供应链级的管理信息平台。

第三步，目标和方案的确立。智慧物流的建设目标包括构建多层次智慧物流网络体系，建设若干个智慧物流示范园区、示范工程、产业基地，引进一批智慧企业。智慧物流系统的建设步骤为：搭建物流基础设施平台，加强物流基础功能建设，开发一些最主要的物流信息管理软件，完成服务共享的管理功能和辅助决策的增值服务功能，进一步完善物流信息平台的网上交易功能。

第四步，发现智慧、规整智慧的实施创新和系统的实现。在利用传感器、RFID和智能设备自动处理货物信息，实现实时数据收集和透明化，各方能准确掌握货物、车辆和仓库等信息的基础上，通过数据挖掘和商业智能对信息进行筛选，提取信息的价值，找出其中的问题、机会和风险，从而实现系统的规整智慧和发现智慧。然后利用智能模拟器模型等手段，评估成本、时间、质量、服务、碳排放和其他标准，评估基于概率的风险，进行预测分析，并实现具有优化预测及决策支持的网络化规划、执行，从而实现系统的创新智慧和系统智慧。

六、智慧物流实施的瓶颈制约

（一）基础信息缺乏的制约

物流信息是物流系统的整体中枢神经，是物流系统变革的决定力量。在智慧物流系统中，必须对海量、多样、更新快速的信息进行收集、加工、处理，它们才能成为系统决策的依据。如果物流基础信息缺乏，智慧物流系统也就无从谈起。

（二）对智慧物流功能需求、市场需求不明确的制约

一个系统能否运行成功，就要看它所提供的功能是否能被系统参与使用者接受。因此，进行智慧物流系统的功能需求分析，就成为构建智慧物流系统的首要任务。

（三）传统物流企业发展现状层次较低的制约

首先，传统物流发展整体规划不足，基础平台相对薄弱，难以发挥物流资源的整合效应。其次，物流企业专业化、信息化程度较低，缺乏参与国际竞争的物流企业。最后，第三方物流功能较为单一，物流服务专业化程度不高。

（四）专门人才短缺的制约

物流是一个人才和技术密集型行业，智慧物流的实现更是需要专业的 IT 人才与熟知物流活动规律的经营人才的共同努力，物流人才的欠缺、从业人员素质不高势必会阻碍智慧物流的发展。

七、发展智慧物流的作用

智慧是对事物能迅速、灵活、正确地理解和解决的能力。由智慧的定义可以引申，智慧物流就是能迅速、灵活、正确地理解物流，运用科学的思路、方法和先进技术解决物流问题，创造更好的社会效益和经济效益，具体作用表现如下。

（一）降低物流成本，提高企业利润

智慧物流能大大降低制造业、物流业等各行业的成本，实打实地提高企业的利润，生产商、批发商、零售商三方通过智慧物流相互协作、信息共享，物流企业便能更节省成本。其关键技术诸如物体标识及标识追踪、无线定位等新型信息技术的应

用，能够有效实现物流的智能调度管理，整合物流核心业务流程，加强物流管理的合理化，降低物流消耗，从而降低物流成本、减少流通费用、增加利润，进而改善备受诟病的高物流成本居高不下的现状，并且能够提升物流业的规模、内涵和功能，促进物流行业的转型升级。

（二）加速物流产业的发展，成为物流业的信息技术支撑

智慧物流的建设，将加速当地物流产业的发展，集仓储、运输、配送、信息服务等多功能于一体，打破行业限制，协调部门利益，实现集约化高效经营，优化社会物流资源配置。同时，将物流企业整合在一起，将过去分散于多处的物流资源进行集中处理，发挥整体优势和规模优势，实现传统物流企业的现代化、专业化和互补性。此外，这些企业还可以共享基础设施、配套服务和信息，降低运营成本和费用支出，获得规模效益。

智慧物流概念的提出对现实中局部的、零散的物流智能网络技术的应用有了一种系统的提升，契合了现代物流的智能化、自动化、网络化、可视化、实时化的发展趋势，对物流业的影响将是全方位的，因为现代物流业最需要现代信息技术的支撑。

（三）为企业生产、采购和销售系统的智能融合打基础

RFID 与传感器网络的普及、物与物的互联互通，将给企业的物流系统、生产系统、采购系统与销售系统的智能融合打下基础。网络的融合必将促进智慧生产与智慧供应链的融合，企业物流完全智慧地融入企业经营之中，打破工序、流程界限，打造智慧企业。

（四）使消费者节约成本，轻松、放心购物

智慧物流通过提供货物源头自助查询和跟踪等多种服务，尤其是对食品类货物的源头查询，能够让消费者买得放心、吃得放心。在增加消费者的购买信心的同时促进消费，最终对整体市场产生良性影响。

（五）提高政府部门工作效率，有助于政治体制改革

智慧物流可全方位、全程监管食品的生产、运输、销售，在大大节省相关政府部门的工作压力的同时，使监管更彻底、更透明。通过计算机和网络的应用，政府部门的工作效率将大大提高，这有助于我国政治体制的改革，精简政府机构，裁汰冗员，从而削减政府开支。

（六）促进当地经济进一步发展，提升综合竞争力

智慧物流集多种服务功能于一体，体现了现代经济运作特点的需求，即强调信息流与物质流快速、高效、通畅地运转，从而降低社会成本，提高生产效率，整合社会资源。

智慧物流的建设，在物资辐射及集散能力上同邻近地区的现代化物流配送体系相衔接，全方位打开企业的对外通道，以产业升级带动城市经济发展，推动当地经济的发展。物流中心的建设，将增加城市整体服务功能，提升城市服务水平，增强竞争力，从而有利于商流、人流、资金流向物流中心所属地集中，形成良性互动，对当地社会经济的发展有较大的促进作用。

【案例分析】

菜鸟智能物流网络带来了显著的物流效率提升以及一流的用户体验

菜鸟网络是一个开放协同的物流数据平台，通过大数据预测、多地分仓和运力整合，对社会化的物流资源实现了高效整合与流畅协同。

阿里财报显示，2016 年菜鸟网络平台上运行着超过 170 万名快递和仓库工作人员，数据涵盖 18 万个快递站点，每天平均处理 4 200 万个包裹。这一数据是其他自营电商物流公司的 10 多倍。

菜鸟网络不仅规模巨大，而且极富增长性。比起那些只顾自己发展的自营电商物流公司，菜鸟网络对整个物流行业起到了协同共赢的作用。

菜鸟网络持续向快递行业输出自己的核心能力，帮助快递企业推出面向商家的优质物流服务"橙诺达"，并搭建起统一的云客服平台，帮助快递企业整体投诉率降低 30%。

在跨境领域，菜鸟不断提升进出口主要国家线路上的物流时效，并推出了全球智能配送平台，技术接口使得跨境物流链路实现了端到端的无缝对接，目前菜鸟跨境网络已经接入 110 个仓，服务覆盖 224 个国家和地区，到俄罗斯最快能实现 3.8 天送达。

技术领先优势扩大

菜鸟网络在数据和算法上做了大量提升，并以此引领智慧物流的未来方向。

菜鸟 ET 物流实验室揭开神秘面纱，更多的仓内机器人开始投入分拣作业，末端配送机器人已经成型并开始测试。在智能仓库方面，日处理百万级商品的全自动仓库正式运行，吞吐量居国内第一，把仓内作业水平带上了新的层次。

为解决物流带来的资源浪费和环境污染问题，菜鸟网络联合全球 32 家合作伙伴，发起了绿色行动计划。截至目前，菜鸟仓内已经开始引入免胶带的纸箱，并开始对纸箱做回收利用。

在用户层面，菜鸟裹裹继续拓展服务范围，为全国近 30 个主要城市的消费者提供线上寄件和一键退货服务，并开始承接大件包裹的个人投递。运用平台和数据优势，菜鸟裹裹还打造了一个线上公益物资流转平台，促进公益的透明化。

资料来源：https://wenku.baidu.com/view/868c979876eeaeaad1f330b9.html?from=search.

案例思考题

1. 学习菜鸟智慧物流资料，并分析菜鸟物流取得成功的主要原因有哪些。
2. 就目前的新型技术讨论其对物流行业的影响。

【实践技能训练】

调查当地市场冷链物流企业的运营,进行调查分析,并提出发展建议。

实训要求

1. 学生建立调查小组,选择当地具有代表性的冷链企业进行实地调查。
2. 教师提前给学生指出调查方向,配合学生拟订调查计划。
3. 学生根据调查结果,进行结果分析并撰写调查总结报告。

第十章 • Chapter10

新需求影响下的物流展望

学习目标

【掌握】
1. 物流金融的含义。
2. 物流金融模式。

【理解】
1. 电子商务对物流业及物流功能要素的影响。
2. 物流金融服务内容。
3. 物流金融服务风险。

【了解】
1. 物流金融产生的背景。
2. 物流金融服务效用。

第一节 电子商务物流

一、电子商务的概念及其基本运作程序

(一) 电子商务的概念

1997年11月在法国举行的国际商会世界电子商务会议给出了电子商务（Electronic Commerce，EC）最有权威的概念阐述：电子商务是指整个贸易活动实现电子化。其内容包含两个方面：一是电子方式，二是商贸活动。电子商务指的是利用简单、快捷、低成本的电子通信方式，买卖双方不谋面地进行各种商贸活动。

（二）电子商务的基本运作程序

电子商务就是指借助互联网，如利用电子邮件（E-mail）、电子数据交换（EDI）、电子转账（EFT）等，进行的各项商务活动。

电子商务的核心内容是商品交易，而商品交易涉及四个方面：商品所有权的转移、货币的支付、有关信息的获取与应用、商品实体本身的转交，即商流、资金流、信息流、物流。其中，商流是指商品在购、销之间进行交易和商品所有权转移的运动过程，具体是指商品交易的一系列活动；资金流主要是指资金的转移过程，包括付款、转账等过程；信息流既包括商品信息的提供、促销行销、技术支持、售后服务等内容，也包括诸如询价单、报价单、付款通知单、转账通知单等商业贸易单据，还包括交易方的支付能力、支付信誉等。电子商务的基本运作流程可简要表述如下。

（1）企业将商品信息通过网络展示给客户，客户通过浏览器访问网络，选择需要购买的商品，并填写订单。

（2）厂方通过订单确认客户，告知收费方法，同时通知应用系统组织货源程序。

（3）客户通过电子结算与金融部门相互执行资金转移。

（4）金融部门通过电子邮件（或其他方式）通知买卖双方资金转移的结果。

（5）厂方组织货物，并送到客户手中。

在上述电子商务的实际流程中，电子商务集信息流、商流、资金流、物流于一体，是整个贸易的交易过程。

二、电子商务与物流的关系

近年来，人们越来越认识到物流在电子商务活动中的重要地位，认识到现代化的物流是电子商务活动中不可缺少的部分。"成也物流、败也物流"就是用来形容电子商务与物流的关系的。可以说，电子商务是信息传播的保证，而物流是执行的保证，没有物流的电子商务只能是一张空头支票。有些网上商店由于解决不了物流问题，只好告诉购买者送货必须在一定的范围内，电子商务的跨地域优势就一点也没有了。

（一）电子商务给物流业带来的变化

由于电子商务与物流间的密切关系，电子商务这场革命必然对物流产生极大影响。这个影响是全方位的，从物流业的地位到物流组织模式，再到物流各作业、功能环节，都将在电子商务的影响下发生巨大变化。

1. 物流业的地位大大提高

电子商务是一次高科技和信息化的革命。它把商务、广告、订货、购买、支付、认证等实物和事务处理虚拟化、信息化，使它们变成脱离实体而能在计算机网络上处理的信息，又将信息处理电子化，强化了信息处理，弱化了实体处理。这必然导致产业大重组，原有的一些行业、企业将逐渐压缩乃至消亡，另一些行业、企业将扩大或产生。

物流企业会越来越强化，因为在电子商务环境里物流企业必须承担更重要的任务，物流企业既是生产企业的仓库，又是用户的实物供应者。物流企业成为代表所有生产企业及供应商的面对用户的唯一最集中、最广泛的实物供应者。物流业成为社会生产链条的领导者和协调者，为社会提供全方位的物流服务。可见电子商务把物流业提升到了前所未有的高度，为其提供了空前的发展机遇。

2. 供应链的变化

（1）实体分销渠道更加简洁。现代电子商务缩短了生产厂家与最终用户在供应链上的距离，改变了传统市场的结构。企业可以通过自己的网站绕过传统的经销商而与客户直接沟通。虽然目前很多非生产企业的商业网站继续充当着传统经销商的角色，但由于它们与生产企业和消费者都直接互联，只是一个虚拟的信息和组织中介，不需要设置多层实体分销网络（包括人员与店铺设施），也不需要存货，因此必然降低了流通成本，缩短了流通时间，使供应链的距离也大大缩短了。

（2）供应链中货物流动方向由"推动式"变成"拉动式"。在电子商务环境下，供应链实现了一体化，供应商与零售商、消费者通过互联网连在了一起，通过POS、EOS等供应商可以及时且准确地掌握产品销售信息和顾客信息。此时存货管理采用反应方法，按所获信息组织产品生产和对零售商供货，存货的流动变成"拉动式"，可以完全消除上述两个缺点，并实现销售方面的零库存。

3. 第三方物流成为物流业的主要组织形式

第三方物流是指由物流劳务的供方、需方之外的第三方完成物流服务的物流运作方式。鉴于目前第三方物流在实践中的成功发展，有人预言它将是电子商务时代物流业方面最大的变化。第三方物流将在电子商务环境下取得极大发展。

（1）跨区域物流。电子商务的跨时域性与跨区域性，要求其物流活动也具有跨区域或国际化特征。电子商务按其交易对象可分为"B2C"和"B2B"。在"B2C"形式下，如A国的消费者在B国的网上商店用国际通用的信用卡购买了商品，若要将商品送到消费者手里，对于小件商品（如图书），可以通过邮购，对于大件商品，则是由速递公司完成交货。目前这些流通费用一般均由消费者承担，对于零散用户而言，流通费用显然过高。如果在各国成立境外分公司和配送中心，利用第三方物流，由用户所在国的配送中心将货物送到用户手里，则可大大降低流通费用，提高流通速度。在"B2B"形式下，大宗物品的跨国运输是极为复杂的，如果有第三方物流公司能提供一票到底、"门到门"的服务，则可大大简化交易，减少货物周转环节，降低物流费用。并且，网上商店一般都是新建的企业，不可以投资建设自己的全球配送网络，甚至全国配送网络都无法建成，所以它们对第三方物流的迫切要求是很容易理解的。

（2）电子商务时代的物流重组需要第三方物流的发展。在电子商务时代，物流业的地位将大大提高，而未来物流企业的形式就是以现在的第三方物流公司作为雏形的，第三方物流将发展成为整个社会生产企业和消费者的"第三方"。

（二）电子商务对物流各功能环境的影响

1. 对物流网络的影响

下面将从两个方面探讨电子商务对物流网络的影响：一个方面是与信息直接相关的物流网络；另一个方面是实际的物流网络。

（1）物流的网络信息化。物流的网络信息化是物流信息化的必然，是电子商务环境下物流活动的主要特征之一。当今世界互联网等全球网络资源的可用性及网络技术的普及为物流的网络信息化提供了良好的外部环境。

网络信息化主要指以下两种情况：一是物流配送系统的计算机通信网络，物流配送中心与供应商或制造商的联系要通过计算机通信网络，另外与下游顾客之间的联系也要通过计算机通信网络；二是组织的网络，即内联网。

（2）实体物流网络的变化。物流网络可划分成线路和节点两部分，二者相互交织连接，就成了物流网络。电子商务会使物流网络产生哪些变化呢？

第一，库存数目将减少，库存集中化。配送与JIT的运用已使某些企业实现了零库存生产，将来由于物流业会成为制造业的仓库与用户的实物供应者，工厂、商场等都会实现零库存，自然也不会再设仓库了。配送中心的库存将取代社会上千家万户的零散库存。

第二，将来物流节点的主要形式是配送中心。根据现在仓库的专业分工将其分为两种类型，一类是以长期储存为主要功能的"保管仓库"，另一类是以货物的流转为主要功能的"流通仓库"。在未来的电子商务环境下，物流管理以时间为基础，货物流转更快，制造业都实现零库存，仓库为第三方物流企业所经营，这些都决定了"保管仓库"的进一步减少，而"流通仓库"将发展为配送中心。

第三，综合物流中心将与大型配送中心合二为一。物流中心被认为是各种不同运输方式的货站、货场、仓库、转运站等演变和进化而成的一种物流节点，其主要功能是衔接不同的运输方式。综合物流中心一般设于大城市，数目极少，主要衔接铁路与公路运输。配送中心是集集货、分货、集散和流通加工等功能于一体的物流节点。

结合运输考虑，物流中心与配送中心都处于运输的衔接点，都具有强大的货物集散功能，因此综合物流中心与大型配送中心很可能合二为一。

目前在实践中，城市综合物流中心的筹建已经开始，它是上述变化的一个具体体现。城市综合物流中心将铁路货运站、铁路编组站和公路货运站、配送、仓储、信息设施集约在一起，既可以减少必须经过大规模编组站进行编组的铁路运输方式，实现各城市综合物流中心之间的直达货物列车运行，又可以利用公路运输实现货物的集散，还可以实现配送中心的公用化、社会化，并使库存集中化。物流中心已成为城市功能的有机组成部分，一般来说，其选址应处于市区边缘和交通枢纽节点。

2. 对运输的影响

在电子商务环境下传统运输的原理并没有改变，但运输组织形式受其影响，有可能发生较大变化。

（1）运输分为一次运输和二次运输。物流网络由物流节点和运输线路共同组成，节点决定着线路。在传统经济模式下，各个仓库位置分散，物流的集中程度比较低，这使得运输也很分散，像铁路这种运量较大、较集中的运输方式，为集中运量，不得不采取编组而非直达的方式（只有煤炭等几种大宗货物才可以采用直达方式）。

在电子商务环境下，库存集中起来，而库存集中必然导致运输集中，随着城市综合物流中心的建成，公路货站、铁路货站、铁路编组站被集约在一起，物流中心的物流量足够大，可以实现大规模的城市之间的铁路直达运输，运输也就被划分成一次运输与二次运输。一次运输是指综合物流中心之间的运输，二次运输是指综合物流中心辐射范围内的运输。一次运输主要运用铁路运输，因为运输费率低，直达方式又使速度大大提高。二次运输用来完成配送任务，它由当地运输组织（即运输组织人员、运输范围、服务对象都在当地区域范围内）来完成。

（2）多式联运大发展。在电子商务环境下多式联运将得到大发展，这是由以下原因所导致的。

1）电子商务技术，尤其是外联网使企业联盟更加容易实现，而运输企业之间通过联盟，可扩大多式联运经营。

2）多式联运方式为托运人提供了一票到底、"门到门"的服务方式，因为电子商务的本质特征之一就是简化交易过程，提高交易效率。在未来电子商务环境下，多式联运与其说是一种运输方式，不如说是一种组织方式或服务方式，它很可能成为运输所提供的首选服务方式。

（3）物流信息的变化。物流信息在将来会变得十分重要，将成为物流管理的依据。

1）信息流由闭环变为开环，原来的信息管理以物流企业的运输、保管、装卸、包装等功能环节为对象，以自身企业的物流管理为中心，与外界信息交换很少，是一种闭环管理模式。现在和未来的物流企业注重供应链管理，以顾客服务为中心，通过加强企业间的合作，把产品生产、采购、库存、运输配送、产品销售等环节集成起来，将生产企业、配送中心（物流中心）、分销商（零售点）网络等经营过程的各方面纳入一个紧密的供应链中。此时，信息就不只是在物流企业内闭环流动，信息的快速流动、交换和共享成为信息管理的新特征。

2）信息诸模块功能发生变化。在电子商务环境下现代物流技术的应用，使得传统物流管理信息系统的某些模块的功能发生变化。

采购。在电子商务环境下，采购的范围扩大到全世界，可以利用网上产品目录和供应商供货清单生成需求与购货需求文档。

运输。利用 GIS、GPS 和 RF 等技术，运输更加合理、路线更短、载货更多，而且运输由不可见变为可见。

仓库。条形码技术的使用使企业可以快速准确而可靠地采集信息，这极大地提高了成品流通的效率，而且提高了库存管理的及时性和准确性。

发货。原先一个公司的各仓库管理系统互不联系，从而造成大量交叉运输、脱销及积压。在电子商务环境下，各个仓库管理系统实现了信息共享，发货由公司中央仓库统筹规划，可以消除上述缺点。发货的同时发送相关运输文件，收货人可以随时查询发货情况。

3. 对采购的影响

传统的采购极其复杂。采购员要完成寻找合适的供应商、检验产品、下订单、接取发货通知单和货物发票等一系列复杂烦琐的工作，而在电子商务环境下，企业的采购过程会变得简单、顺畅。近年来，国际上一些大公司已在专用网络上使用EDI，以降低采购过程中的劳务、印刷和邮寄费用。通常，公司可由此节约5%~10%的采购成本。

互联网与之相比可进一步降低采购成本。与专用增值网相比，大公司都能从互联网的更低传输成本中获得更多收益。互联网也为中小型企业打开了一扇大门，通过互联网采购，它们可以接触到更大范围的供应厂商，因而也就产生了更为激烈的竞争，又从另一方面降低了采购成本。

4. 对配送的影响

配送在其发展初期，主要是以促销手段的职能发挥作用。据有关学者研究，供大于求的买方市场格局才是推行和发展配送的适宜环境。这说明在电子商务产生之前，配送存在的根本原因是为了促销。配送建立在这样的层次上，地位并不高，发展也不快。

在电子商务时代，"B2C"的物流支持都要靠配送来提供，"B2B"的物流业务会逐渐外包给第三方物流，其供货方式也是配送。没有配送，电子商务物流就无法实现，电子商务也就无法实现，电子商务的命运与配送快递业连在一起。同时，电子商务使制造业与零售业实现零库存，实际上是把库存转移给了配送中心，因此配送中心成为整个社会的仓库。由此可见，配送快递业的地位大大提高了。

实际上，对于电子商务交易方式本身来说，买方通过轻松点击完成购买，卖方势必要把货物配送到家，否则买方选择这种交易方式就没有意义。所以，从某种程度上说，电子商务时代的物流方式就是配送方式。

物流、商流和信息流是"三流分立"的，而信息化、社会化和现代化的物流配送中心把三者有机地结合在一起。从事配送业务离不开"三流"，其中信息流最为重要。实际上，商流和物流都是在信息流的指令下运作的。畅通、准确、及时的信息才能从根本上保证商流和物流的高质量与高效率。

第二节 物流金融

一、物流金融概述

现代物流发展离不开金融服务的支持，我国经济的高速发展及政策的逐步开放，使物流金融逐渐成为我国经济发展的必要成分。银行作为金融业的重要组成部分，从物流角度支持企业，对于支持企业融资、控制银行风险以及推动经济增长都具有非常积极的意义。但与物流业的发展速度相比，目前我国金融服务体系明显滞后。由于传统银行体制的原因，金融业对物流业发展的需求重视不足；管理者对物流业的资金监督不够；金融手段落后，不能跟上物流发展的需要。尽管当前国内金融服务发展较慢，在一定程度上影响了现代物流的发展，但回首物流业近几年的发展，成绩斐然，其中一个重要原因是物流业与金融业之间建立起了一种能为双方理解并便于沟通的较为融洽的关系和运作体制。随着物流业的发展和金融体制改革的不断创新，双方还需要在更高层次上以一种更新的理念构建更顺畅的合作关系和更高效的运行体制以取得良好的互动效果。

（一）物流金融服务产生的背景

1. 第三方物流服务的革命

现代物流服务正在发生巨大的变革，物流管理从物的管理提升到物的附加值方案的管理，更加强调对资源的整合作用。物流金融不仅能提高第三方物流企业的服务能力、经营利润，而且还可以协助企业拓展融资渠道，降低融资成本，提高资本的使用效率。物流金融服务将开国内物流业界之先河，是第三方物流服务的一次革命。

2. 中小企业融资困境

在国内由于中小企业存在信用体系不健全的问题，所以其融资渠道贫乏，生产营运的发展资金压力大。物流金融服务的提出，可以有效支持中小企业的融资活动。

3. 供应链管理的发展

现代企业为了应对快速变化的市场，提高自身的竞争力，开始走向"横向一体化"的供应链管理模式，企业的竞争模式也从传统的单个企业竞争向供应链竞争迈进。供应链管理强调附加值的提升和"共赢"的目标。物流金融可以使各参与方共同获利，提高企业一体化服务水平、企业的竞争能力、企业的业务规模，增加高附加值的服务能力，扩大企业的经营利润。

4. 金融机构创新意识增强

当前，金融机构面临的市场竞争越来越激烈，为在竞争中获取优势，金融机构不断进行业务创新，这也促使了物流金融的诞生。金融机构可以帮助银行吸引和稳定客户，扩大银行的经营规模，增强银行的竞争能力；可以协助银行解决在质押贷款业务中面临的"物流瓶颈"——质押物仓储与监管；可以协助银行解决在质押贷款业务中银行面临的质押物评估、资产处理等服务。

（二）物流金融服务的含义

1. 物流金融服务的定义

物流金融服务是指物流企业与金融机构联合为企业的物流和供应链运作提供物流

及金融的一体化服务,以及物流企业为金融机构提供服务和金融机构为物流企业提供服务(见图10-1)。物流金融服务的职能包括物流与金融两大类。物流服务为采购、配送、加工、运输、装卸、信息服务、监管和物流解决方案,金融服务为结算服务、融资服务、物流保险、供应链风险管理服务及这些服务的配套服务。物流企业为金融机构提供的服务主要是在融资业务中对质押物的监管,有助于降低银行风险;金融机构为物流企业提供的服务主要为物流保险。金融服务贯穿于物流与供应链运作,所以物流企业与金融机构联合为企业提供物流和金融的繁荣一体化服务,有利于企业供应链的"三流"整合和风险管理。

物流金融服务的定义有广义与狭义之分。广义的物流金融服务就是面向物流业的运营过程,通过应用和开发各种金融产品,有效地组织和调剂物流领域中资金的运动。这些资金运动包括发生在物流过程中的各种存款、贷款、投资、信托、租赁、抵押、贴现、保险、有价证券发行与交易,以及金融机构所办理的各类涉及物流业的中间业务等。狭义的物流金融服务可以定义为:物流金融服务是指物流供应商基于专业化的物流服务和信息平台向客户提供的流动资产融资服务,这类服务往往需要金融机构的参与。

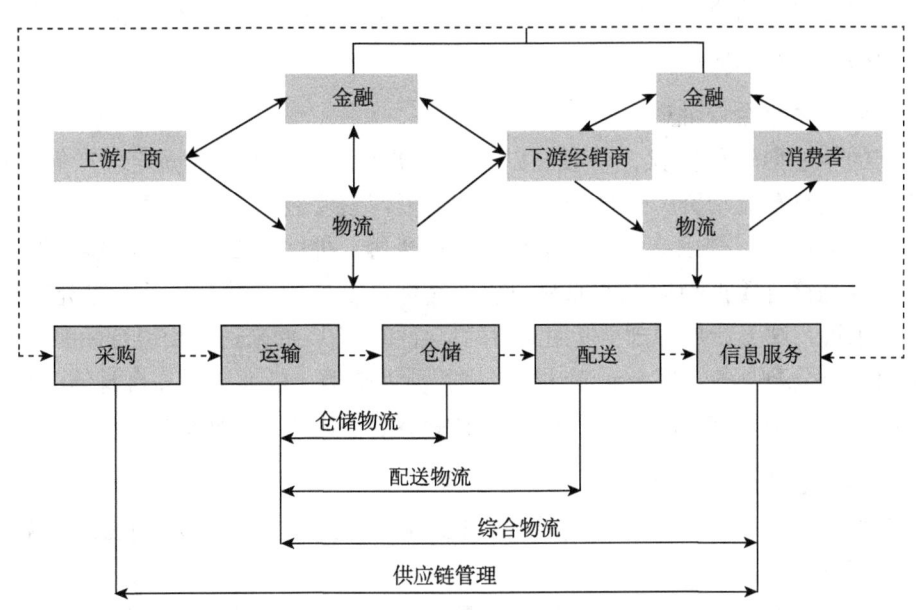

图10-1　物流与物流金融

2. 物流金融服务的原理

在企业生产、流通、消费的整个供应链过程中,从原材料生产、采购到产品生产加工、仓储运输、配送和批发、零售等一系列环节,都存在大量的库存活动,占用企业大量的流动资金。物流金融服务就是以在企业生产、流通和消费的整个供应链过程中产生的库存为质押物,向金融机构或物流企业融资,然后在其后续生产经营中或质押物销售中还贷。

利用企业流动资产作为质押物进行融资，贷款人就需要了解企业的资信状况，还需要了解质押物的规格型号、质量、原价和净值、销售区域、承销商等情况，需要对质押物进行实时监管，这对传统的金融机构而言，将面临很高的交易成本，尤其对中小企业来说，不仅贷款数量少、笔数多，而且金融机构没有其信用记录，更是增加了流动资产质押服务的成本，金融机构是不可能单独开展流动资产质押业务的。但是，第三方物流企业通过物流管理和配送管理可以掌握库存的变动情况，掌握充分的客户信息，对库存物品的规格型号、质量、原价和净值、销售区域、承销商等情况都非常了解，由物流供应商作为物流金融服务的直接提供者，进行流动资产质押业务是可行的。物流企业在提供物流金融服务时，往往与金融机构合作，由金融机构提供融通资金，由物流企业负责对质押物进行监管，这不仅可以减少客户交易成本，对金融机构而言则降低了信息不对称产生的风险，成为连接客户与金融机构的桥梁。

（三）物流金融服务的效用

第三方物流企业开展金融服务不仅有利于中小企业融资和银行金融服务的创新，而且也提高了第三方物流企业的服务能力，推动其向更高层次发展。可以说，物流金融是一个"多赢"的合作。从整个社会流通的角度看，物流金融极大地提高了全社会生产流通的效率和规模。

1. 有利于中小企业融资

传统的企业向银行贷款，一般是以厂房、机器设备、车辆等固定资产做抵押的，而物流金融能够拿流动资产做抵押。这些流动资产主要包括一些价值稳定、市场畅销的原材料、半成品、产成品等，如钢材、有色金属、棉纱、石油类、电器、陶瓷、家具等，只要是符合质押物标准的原材料或产品都可以抵押。对于缺乏固定资产抵押的中小企业来说，这无疑是对自身信用能力的整合和再造，原来达不到银行标准的中小企业，利用物流金融业务，将企业流动资产进行质押贷款，极大地提高自身的融资能力。物流金融是企业融资方式的变革，对于破解中小企业融资的"瓶颈"具有重要意义。

2. 有利于企业盘活沉淀

物流可以帮助企业加速资金周转率，提高经营能力和利润。利用物流金融融资，企业能够把动产都盘活起来。原来拿来购买原材料的钱，经生产产品并卖出去后才能变成现金；但现在，原材料买回来后通过融资在仓库内就立刻变成现金。如果把这笔现金再拿出去做其他的流动用途，便能增加现金的周转率，这对企业生产有很大的推动作用。

同时，在货物融资抵押方面，厂方发给经销商的货物，其运输过程整个都被质押了，这样物流企业、厂方、银行、经销商这几方面都有效地结合起来，形成动态的质押方式，等于"流动银行"。举个例子，一家小型商贸 A 企业，在 21 天的销售周期内销售 75 万元的商品，采用物流金融融资模式后，用 60 万元作为保证金开出 20 万元的银行承兑汇票向厂商购买商品，厂商将商品发至银行指定的物流公司在 A 企业所在城市的仓库，并由物流公司负责质押监管。A 企业在银行存入 15 万元的补充保证金后，银行计算发货量，当天通知物流公司将商品发至 A 公司进行销售。如此，A 企业用 37 天便完成了按原销售模式约需 56 天才能达到的 20 万元销售规模，销售额扩大了近 50%。

3. 有利于第三方物流企业扩展新的利润增长点

目前，第三方物流企业数量众多，素质参差不齐，众多企业切分物流蛋糕，致使物流市场竞争异常激烈。据统计，传统的运输、仓储和其他物流服务平均利润下降到只有 2% 左右，已没有进一步提高的可能性。因此，许多物流企业为了生存和发展，纷纷在物流活动中提供金融服务，以提升竞争力，扩展新的利润增长点。国际物流巨头美国联合包裹服务公司（UPS）将物流金融服务作为争取客户、增加企业利润的一项战略举措。UPS 中国董事总经理陈学淳先生说："未来的物流企业，谁能掌握金融服务，谁就能成为最终的胜利者。"中国城通集团下属的中储总公司从 1999 年起开展仓单质押业务。先后与中国工商银行、中国农业银行、中国建设银行、深圳发展银行等十几家金融机构合作，每年为客户提供数十亿元人民币的融资资源。

4. 给银行带来新的业务和利润空间

当前我国的贷款资产质量不高，呆坏账比例居高不下。如何提高贷款质量、控制贷款风险、发展新的业务成为银行关注的首要问题。中小企业具有巨大的融资市场，但由于中小企业信用度不高，达不到银行的贷款标准，银行贷款不可能满足中小企业的融资需求。物流金融可将企业的流动资产进行抵押，又有第三方物流企业提供担保，可切实保证银行的资金安全，降低贷款的风险，物流金融融资业务将成为银行新的利润源泉。例如，2004 年 6 月，广东发展银行推出物流银行业务，半年运作金额即突破了 40 亿元，显示了强劲的发展势头。

二、物流金融运作模式

根据金融机构对物流金融业务的参与程度，把物流金融运作模式分为资产流通模式、资本流通模式和综合运作模式。资产流通模式是第三方物流企业利用自身综合实力独立为客户提供物流金融服务的模式，这种模式一般没有金融机构的参与；资本流通模式是第三方物流企业与金融机构（如银行）合作共同提供物流金融服务的模式；综合运作模式是资产流通模式和资本流通模式的结合，是第三方物流企业与金融机构高度配合，提供专业化物流服务的模式。

（一）资产流通模式

资产流通模式是指第三方物流企业利用自身的综合实力、良好的信誉，通过资产运营方式，间接为客户提供融资、物流、流通加工等集成服务。在这种模式中，一般没有金融机构的参与。这种模式对第三方物流企业的要求较高，第三方物流企业必须有较强的资本实力、人才队伍、信息支持系统和先进的现代管理技术。资产流通模式一般可以分为垫付货款和代收货款两种模式。

1. 垫付货款模式

在垫付货款模式中，发货人、提货人和第三方物流供应商签订协议，第三方物流供应商在提供物流服务的同时，为提货人的采购活动垫付货款，同时发货人应无条件地承担回购义务。垫付货款模式的操作流程是：发货人委托第三方物流供应商送货，第三方物流供应商垫付扣除物流费用的部分或者全部货款，第三方物流供应商向提货人交货，根据发货人的委托同时向提货人收取发货人的应收账款，最后第三方物流供应商与发货人结清货款（见图10-2）。这样一来既可以消除发货人资金积压的困扰，又可以让两头放心。对第三方物流供应商而言，其盈利点是将客户与自己的利害连在一起，"你中有我，我中有你"，客户群的基础越来越稳固。

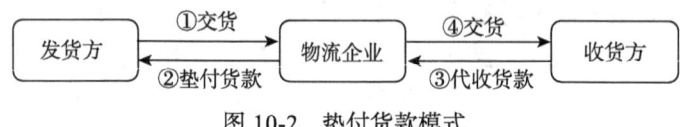

图 10-2　垫付货款模式

垫付货款模式实质上是一种替代采购模式。在实际运作时，物流公司可以在向发货人垫付货款时获得货品所有权，然后根据提货人提供货款的比例释放货品。这种模式对于只有一家供应商面对众多中小型采购商的情形时优势更加明显，第三方物流供应商不仅起到为中小型企业提供间接融资的功能，而且可以成为中小型采购商的采购中心，起到降低成本的效果。

2. 代收货款模式

不同于垫付货款模式，代收货款模式是第三方物流供应商先向发货人提货，然后在向提货人送货时代替发货人收取货款，最后由物流企业和发货人结算（见图10-3）。代收货款模式已经在发达地区的邮政系统和很多中小型第三方物流供应商中广泛开展。在代收货款模式中，发货人与第三方物流供应商签订协议，第三方物流供应商在每日向用户送货上门的同时根据合同代收货款，每周或每月第三方物流供应商与发货人结清货款。第三方物流供应商代收的资金在交付前有一个沉淀期。在资金的这个沉淀期内，第三方物流供应商相当于获得了一笔不用付息的资金，物流供应商可以将这笔资金进行资本运作，使其增值。在这里这笔资金不仅充当了交换的支付功能，而且具有资本运动的含义，并且这种资本运动紧密服务于物流服务，这不仅加快了客户的流动资金周转，有助于改善客户的财务状况，而且为客户节约了存货的特有成本。

图 10-3　代收货款模式

（二）资本流通模式

资本流通模式是指第三方物流企业利用自身与金融机构的良好合作关系，为客户与金融机构创造良好的合作平台，协助中小型企业向金融机构进行融资，提高企业运作效率。资本流通模式是最基本、最重要的业务模式，目前大多数研究和实践活动都是集中在这种模式上的。在这种模式中，第三方物流企业与银行合作搭建平台，消除信息不对称和企业信用体系不发达所造成的"融资"困境。资本流通模式主要有质押模式和信用担保模式两种。

1. 质押模式

质押模式是借款企业以存放于物流企业仓库的货物，或者物流公司开出的代表货物所有权的仓单向银行提供质押物，银行根据质押物的价值向借款企业提供一定比例的贷款，物流企业为借贷双方提供货物监管、反担保、评估、资产处置等服务。根据质押物的不同，质押模式可以分为权利质押模式和流动货物质押模式。

（1）权利质押模式。基于权利质押的物流金融业务，主要是以代表物权的仓单或者类仓单（如质押入库单、质押货主通知单）出质的质押业务。仓单是由货物保管方向存货人开具的代表拥有货物物权的凭证。在统计的现货交易中，产品从产地到消费地，一般要经过收购、批发、中转、零售等环节。仓单的出现把货物流动转换成为单据的流动，不移动现货也能实现最终的销售目的，这就节省了大量的时间、人力、运杂费、装卸费，减少了商品损耗、迂回运输（二次运输）或重复运输等，大大节省了货物流通费用。由于标准仓单对待销售商品有严格的管理标准和质量要求，所以仓单流通也可以避免现货市场目前出现的上当受骗、质量纠纷、债务链深重和不合理运输等问题，使现货交易更为快捷、方便和安全，可大大提高现货交易的效率和大幅降低交易成本。另外，仓单流动是一种高层次的现货流通形式，由此也带动了资金的流通，通过等待卖出好价钱。厂商将产品交仓库制仓单后，如果觉得市场价格偏低，希望通过等待卖出好价钱，或者消费者购买仓单后，暂时还不想用于消费，则可以到银行办理仓单质押业务。国外认为这是现货抵押，间或出于投机而且有仓储企业的信誉担保，在抵押贷款期限内，如果有必要，银行有权凭仓单到仓库查验货物，仓单在贷款期限前必须赎回，否则到期后银行有权委托将仓单或货物进行拍卖。所以，仓单质押贷款不会形成银行的不良贷款资产业务，也就是说仓单具有良好的资金融通功能。

基于仓单质押的物流金融业务的运作过程一般如下（见图10-4）：有融资需求的企业提交申请，并同意遵守业务规则，由仓储企业协助银行对需要融资企业进行资质认证、审核，符合要求的企业与银行、仓储企业签订三方协议，协议规定服务内容、费用标准、各方的权利和义务等，签订协议后企业就可以开展质押业务；需要融资的企业将货物发运到仓库，由仓储企业对货物进行验收入库，并根据实际验收情况开具仓单；融资企业将仓单交给银行，银行根据市场价格并参考仓储企业的建议，确定质押市场价格，然后根据约定的比例（根据具体情况确定质押贷款的贷款比例）确定质押贷款额，并在约定时间内将资金打到融资企业在银行开立的账户；仓储企业根据协议要求对出质仓单所记载的仓储货物进行监管，在质押期间，仓储企业要定期检查质押物的状况，并与银行及时沟通，融资企业自主进行质押物的销售，销售的货款直接汇入银行看管的账户；融资企业全部或部分归还贷款，银行归还仓单或开具仓单分割提货单，融资企业凭仓单或仓单分割提货单提货。

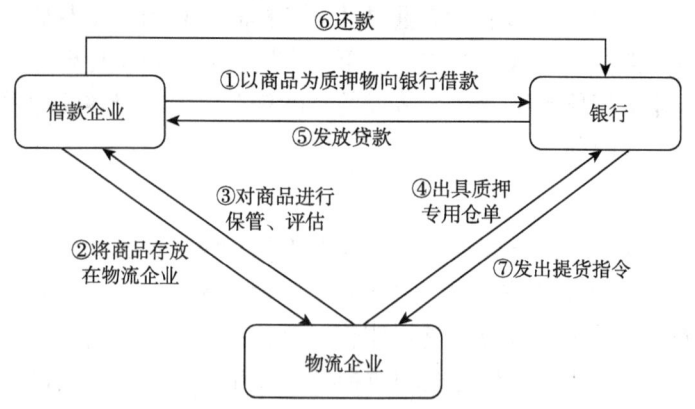

图 10-4　仓单质押物流金融业务流程图

（2）流动货物质押模式。流动货物质押模式与仓单质押模式在性质上和操作方法、流程上是相同的，最大的不同是流动货物质押模式是以流动中心的货物为质押物的。从实际操作来看，基于流动货物质押模式的物质进入业务有两种类型。一种是对具体货物的实体进行的质押，类似于冻结。仓储企业替银行对相应货物进行特别监管（冻结），融资企业提货时应有银行的允许（解冻或部分解冻的指令）。另一种是在保持质押物的名称、质量、状况不变，同时数量不低于一定量的前提下，质押物可以相对地动态流动，即在保持一定总量的前提下，货物可以正常的进出入库，相当于用相同的物品（相同名称、质量、状况、数量）替换标的物品。第一种质押业务对质押物的监管更为严格，保证了质押物的安全，但与此同时使得物资的流动性受到限制，对融资企业物资的销售过程不利；而第二种质押业务在对物资进行有效监控的同时，允许物资在总体平衡下，保持动态流动状态，这样就有力地支持了融资企业的经营活动。然而，第二种质押业务需要仓储企业具有更高的管理水平和资信。

2. 信用担保模式

信用担保模式不需要借款企业向银行提供相应的质押物，而是通过物流公司向银行进行信用担保再由借款企业向物流公司反担保或质押物，来实现融资。信用担保模式（见图10-5）中最具有代表性和典型性的是统一授信模式，它是由物流公司按企业信用担保管理的有关规定和要求向金融机构提供信用担保，金融机构直接把贷款额度授权给物流公司，由物流公司根据借款企业的要求和条件进行质押贷款和最终结算。在此模式中，金融机构基本上不参与质押贷款项目的具体运作。物流公司在提供质押融资的同时还为借款企业寄存的货物提供仓储管理服务和监管服务。该模式有利于企业更加快捷地获得融资，减少原先贷款中的一些烦琐的环节；也有利于银行提高对质押贷款全过程的监控能力，更加灵活地开展质押贷款业务，优化质押贷款的业务流程和工作环节，节约监督和运营成本，降低贷款的风险。

图 10-5　信用担保模式

(三) 综合运作模式

综合运作模式包括资金流通模式和资本运作模式，是物流金融高层次的运作模式，其对物流金融提供商有较高的要求。综合运作模式一般是第三方物流企业拥有自己全资、控股或参股的金融机构，或者相反，也就是说，物流企业和金融机构已经实现了一体化，专业化地提供金融服务和物流服务相结合的服务（见图 10-6）。

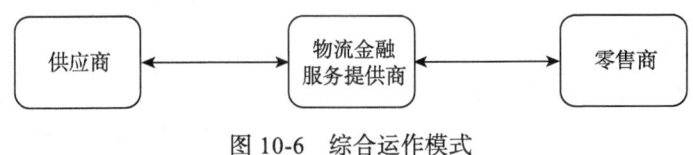

图 10-6　综合运作模式

例如，我们所熟悉的 UPS 公司，在 2001 年 5 月并购了美国第一国家银行（First National Bank），将其改造成 UPS 金融公司。UPS 金融公司推出包括开出信用证、对付出口票据等在内国际型产品或服务。UPS 作为中间商在沃尔玛和东南亚数以万计的中小出口商之间斡旋，在两周内把货款打给出口商，其条件是揽下其出口清关、货运等业务和得到一笔可观的手续费，而拥有银行的 UPS 再和沃尔玛在美国进行一对一结算。

三、物流金融服务的运作

(一) 物流金融服务的内容

1. 物流融资与结算服务

物流融资服务是指企业将其所拥有的生产资料、存货商品等动产交给具有合法资格的物流企业保管，由银行、企业和专业物流公司三方或多方签订相关协议，银行依据动产或财产权利为借方企业提供所需短期贷款。该服务贯穿于企业物流中的采购、生产、加工、仓储、运输、装卸、配送和销售的整个过程。当企业物流中的某个环节出现资金缺口时，融资服务就可以解决融资问题。根据企业运营过程中的资金缺口周期以及融资质押物的不同，融资模式可以分为两大模式：第一，基于动产管理的融资模式，该模式具体的业务形式有"仓单质押""动产抵押和质押"和"保税仓"；第二，基于资金管理的融资模式，该模式的业务形式有"应付账款管理"。按照质押物所在供应链的环节，融资模式可分为保税仓融资、存货质押融资和应收账款质押融资。

物流结算服务是指物流企业在为客户服务的同时替客户付款和替客户收款，从而实现货物和资金的同步化。美国快递物流公司 UPS 是物流结算服务的典范。

2. 保险服务

传统保险在物流领域中存在以下缺点：①各环节的投保相对独立，有悖于现代物流功能整合理念。②仅对部分环节进行承包，第三方物流保险存在真空。在传统保险体系下，保险公司并未提供包装、装卸搬运、流通加工、配送等诸多物流环节的保险服务，这就使得物流货物的保险出现真空。③制度设计与现代物流不配套，传统保险的高保费率和长期保险，与现代物流企业的准时制（JIT）和快速响应（QR）运行机制不相适应。

在物流业发达的欧美国家，物流综合保险已经被广泛接受。在我国，随着物流业的发展将形成物流综合责任险。保险公司应与物流公司进行合作，根据物流业的具体情况开发出适应现代物流的保险产品，实现物流公司经营分线的转移。

3. 风险管理服务

可以从运营和财务的角度管理供应链风险。从财务角度，企业可以通过购买保险、修改供货合同条款和利用期货、期权、远期等衍生工具来降低风险。

（1）供应链部分的外生风险管理。外生风险是指由外部环境的不确定性对供应链系统产生的不利影响。外生风险一般不能通过供应链节点企业的努力加以消除，而只能利用警告系统进行预测和利用金融工具实现风险转移，属于不可控风险。衍生金融工具是在原生金融工具的基础上产生和发展起来的金融工具，风险规避是其最重要的功能。对于供应链中的利率、汇率和生产资料等外生风险，我们可以利用相应的衍生金融工具进行风险对冲来实现风险向供应链系统外部转移，从而控制这些风险在整个供应链中的蔓延。

（2）供应链部分的内生风险管理。内生风险是指由供应链系统本身原因产生的风险，可以通过供应链节点企业特别是核心企业的努力加以克服，或者在节点企业之间合理共担，以提高积极性，其属于可控风险。供应链内生风险主要来自供应链系统各个环节之间的关系，它由各环节之间潜在的互动博弈与合作造成。衍生工具是风险管理的一种有效工具，它是一种所有权契约，其价值依赖于另一个潜在变量。在供应链内生风险管理中，我们主要应用期权。期权赋予它的持有者以一个特定的价格、在特定的时间或之前买卖某种资产的权利，但没有义务。供应链合同条款的特征与期权有很多相似之处，回收条款、备份条款、弹性订货量等为类期权合同条款。

期权常应用于供应链节点中供应链双方的合作与交易。期权可以通过供给弹性、渠道协商、风险共享、信息共享等几个角度对供需双方的合作产生影响。研究表明，期权应用于供应链管理中可以促进企业之间的信息分享、风险分担、紧密合作和提高供应链应对环境变化的能力，从而降低供应链的内生风险。

（二）物流金融服务的风险

物流金融服务是一种新型的、具有多赢特性的物流和金融业务品种，但对于每一种业务模式而言，均是风险和收益并存的。只有充分认识、理解业务中的风险因素，才能在业务操作中有针对性地采取措施预防、控制风险，才能使业务健康有序地发展。

风险分析必须从风险产生的源头进行。从物流金融业务风险产生的来源来看，借款企业是物流金融业务的风险来源。虽然我们从银行参与物流金融服务的角度将物流金融业务分为资产流通模式、资本流通模式和综合运作模式，但是，从借款企业提供的质押物的角度来看，物流金融业务的运作模式只要两种，即基于权利质押的物流金融业务模式和基于流动货物质押的物流金融业务模式。因此，本书为了分析上的方便，在分析物流金融业务的风险时，将物流金融业务从质押物的角度重新分为基于权利质押物的物流金融业务模式和基于流动货物质押物的物流金融业务模式两种。

从实际情况和现有业务模式看，物流金融业务的风险先分为两大类：共性风险和特性风险。共性风险是指每种业务模式都涉及的风险，分为欺诈类风险和业务操作类风险。欺诈风险主要包括：客户资信（质押物合法性）风险、提单风险、内部欺诈风险；业务操作类风险包括：质押物品种选取风险、市场变动风险、操作失误风险。特性风险主要是指权利质押中的仓单风险和控制存量模式中的存量（数量、质量）控制风险。

总体上说，以上各种风险都可以通过规范管理制度和采用新的管理工具（主要是指支持物流金融业务的管理信息系统）得以有效控制，使物流金融业务健康发展，使更多的企业从中得到帮助，促进企业的活跃与发展。下面就各种风险以及预防、控制措施做出分析。

1. 共性风险的预防及其控制措施

（1）客户资信（质押物合法性）风险。客户资信风险是贷款难的根源。在传统贷款业务中，由于中小型企业资信差，加上信息不对称和没有健全的信用评价体系，银行对于中小型企业出现"惜贷"现象，并且门槛很高、手续烦琐。对于物流金融业务而言，由于有实实在在的物品作为担保，所以对客户资信等级、偿债能力的考察相对简单一些，只要侧重考察企业的业务能力（市场销售能力、以往销售情况）即可，而对资信客户的考察重点是质押物的合法性，即融资企业应该具有相应的物权，避免有争议的、无法行使质权的或者通过走私等非法途径取得的物品成为质押物。

对客户资信的考察。由于物流企业对借款企业有着较长时间的业务合作关系，对企业的了解比较深入，对于客户资信就相对有了保障。尤其对于使用了信息管理系统的物流企业，它可以通过信息系统了解存货人的历史业务情况、信用情况，及时全面地掌握客户资信信息。

对于质押物合法性的检查。在对借款企业的资信进行考察的基础上，可以要求借款企业提供与质押物相关的单据（如购销合同、发票等），通过检查相关单据的真实性确认质押物的合法性。

（2）提单风险。提单风险是指物流企业开展业务时遇到的经常性风险。防止虚假提单造成损失是物流企业控制风险的重点，因此物流企业对控制此类风险积累了丰富的经验，形成了一套切实可行的办法。物流企业在办理各种出库业务时要根据预留的印鉴，进行验单、验证、验印，必要时还要与货主联系或者确认提货人身份。对于物流金融业务而言,除了进行上述一般的检验外,还应根据业务要求及时与银行联系,取得银行的确认与许可,同时物流企业还可以利用带密码的提单,在提货时进行密码确认,防止假提单的风险。

(3) 内部欺诈风险。内部人员作案或者内外串通作案,会给企业带来很大的损失。防范此类风险除了管理制度、检查制度的完善和有效执行外,企业还应借助有效的管理监督手段,如采取计算机管理系统辅助业务操作,使业务操作流程化、透明化,保证业务活动可追溯,减少人为的随意性。

(4) 质押物品种选取风险。质押物品种选取的恰当与否直接关系到物流金融业务的风险大小。为了控制风险,在确保特定物是动产的大前提下,质押物品种的选取主要以好卖、易放、投机小为原则,即物品的市场需求量大而稳定,物品的市场流动性好、吞吐量大,物品的质量稳定,容易储存保管,物品的市场价格涨跌不大,相对稳定。

(5) 市场变动风险。市场变动尤其是质押物的市场价格下跌,会造成质押物价值缩水。为控制此类风险,应在有关物流金融企业操作的协议中约定风险控制的办法。一般应在协议中约定当价格下跌至原价格评估值的一定比例(如30%)时,要求借款企业及时进行补货或还货,否则银行将对质押物进行处置(如拍卖)。

(6) 操作失误风险。物流金融业务涉及物流企业和银行之间的相互协作配合,业务流程相对复杂,其中的操作风险包括物流企业或者银行内部操作失误的风险以及物流企业与银行之间业务衔接操作失误的风险。要防止此类风险,就要求企业有健全的管理制度和先进的管理工具,例如,仓储企业根据各业务环节的功能重新设计业务流程,合理划分岗位,使得各岗位之间能够做到既相互衔接配合又相互监督检查,同时通过先进的计算机业务系统,不但保证业务流程顺畅,还可以让各方及时、便捷地了解质押物进出库的情况和在库的状态。由此仓储企业就可凭借丰富的经验、完善的管理制度、优良的信誉以及先进的信息系统减少不必要的失误、损失,控制风险。

2. 特性风险的预防及其控制措施

(1) 仓单风险。虽然仓单的应用已经拓展到现货交易、资金融通领域,但是由于仓单市场在中国刚刚兴起,其运作流通机制、对现货的期货市场以及宏观经济的影响、仓单标准化以及相关法律法规等方面都需要进一步研究和积累实践经验。所以由于惨淡的物流银行业务,仓单风险是最不确定和值得研究的问题。

仓单是保管人在与存货人签订的仓储合同的基础上,对存货人交付的仓储物进行验收入库而出具的收据。仓单不仅仅是仓储合同的证明和对货物出具的收据,它更是货物所有权的凭证。从此角度讲,仓单可与海运中的提单作类比。

提单的使用由来已久。早期的提单,无论是内容还是格式,都比较简单,而且其作用也较为单一,仅作为货物的交接凭证,只是表明货物已经装船的收据,随着国际贸易和海上货物运输的逐步发展,为了适应发展要求,提单的性质、作用和内容,特别是其中的背面条款都发生了巨大变化。为了促进提单的流转,明确承运人、托运人、收货人、银行、保险等各方面的权利与义务,国际上制定了统一的国际海上货运输公约,有的国家虽未加入,但根据公约的这一基本精神,另行制定了相应的国内法,如我国的《海商法》。提单的规范使用有效地促进了国际贸易的不断发展。

反过来看仓单,我国现行的法律对仓单内容、签发、分割、转让等没有明确的规定,基本上可以参照的只有《民法通则》和《担保法》,而统一、合理的规则对仓单规范、安全、畅通的运作流通起着关键作用。因此,需要专门的法规对仓单的必要内容、签发、转让、分割、提货、效用、标准格式等进行明确、统一的要求,同时进一步明确保管人、货主各自对仓储物的权利和责任。

就像提单随着国际贸易和海上货物运输的逐步发展而不断完善一样,相信信息技术、互联网、电子商务的兴起和不断发展必将使仓单有更大的作用空间,促进有关仓单的法规进一步完善,有效地促进电子商务的发展。

从现阶段来看,为了控制物流企业金融业务中的仓单风险,有的物流企业,特别是实力较强的企业根据本企业的自身情况和经验积累,制定出各自的仓单管理规范或者类仓单单据的规范管理,从企业着手控制风险,起到了一定效果。但不同的规范也给其他物流金融企业参与方尤其是银行带来了麻烦和一定程度的风险,影响了物资银行业务规模的进一步扩大。

(2)存量控制风险。流动货物质押业务中的控制存量下限的业务模式,需要按规定控制质押物的质量、数量。货物是流动的,有进库、有出库,因此要求物流企业不但要保证质押物的名称、规格型号、材质等属性,还要使质押物的库存数量保持在规定的额度内。否则,如果不能控制物品存量,或者物品出库时没有避免提好补坏、以次充好的现象发生,这将给整个业务带来很大的风险,影响物流金融业务的进行。

物流企业开展此类业务时要对仓储物的存量下限进行严格控制。当仓储物的存量达到规定限度时要有应对措施,如警告、冻结。随着物流金融业务的开展,业务量的不断增多,仅仅通过人工手段控制存量下限的难度越来越大,容易出现人为失误。因此,企业应通过具有存量下限控制功能的计算机业务管理信息系统辅助操作人员进行仓储物的管理,同时应保证业务系统的正常使用,保证业务数据的实时反映。另外,物流企业还应通过业务流程优化、岗位职责规划、相关业务制度的完善,保证货物入库验收、出库检验等相关业务的可靠进行。

【补充资料】

我国物流金融服务的发展现状

国内物流金融服务的推动者是第三方物流企业,它是伴随着现代第三方物流企业而生的。物流企业开展物流金融的巨大成功引起了金融机构的兴趣,金融机构由被动变为主动,积极开展物流金融服务。2004年6月,广东发展银行在广州、北京、杭州、南京等10个城市做试点,正式推出物流银行业务。截至2004年12月,广发银行通过中国远洋物流有限公司、中国外运股份有限公司等全国龙头性物流公司,向一汽贸易总公司、北京全国棉花交易市场电子商务有限责任公司、嘉里粮油商务拓展(深圳)有限公司和郑州宇通客车股份有限公司等大型公司（集团）提供物流金融服务，总融资额度达 10 多亿元。

到目前为止，中国开展物流金融服务只有不到 10 年的历史，还处于刚刚起步阶段。总结中国物流金融服务这几年的发展，具有如下特点：一是物流金融服务发展迅速。以中储为例，它在 1999 年开展物流金融服务，业务量每年成倍增长，2003 年的业务量比 2002 年增长了 138%，2004 年比 2003 年增长了 387%。二是我国物流金融服务的实践，围绕着银行、物流企业、申请贷款企业三方主体，商业模式正在不断发生演化，具体表现在：发放贷款方由单纯的商业银行向银行、担保机构、保险机构等联合体方向发展；物流企业由单纯地拥有仓库资产的企业向第三方物流企业、中介管理公司、特许连锁经营方向发展；申请贷款企业则由流通企业向流通、生产企业的更广范畴发展。另外，质押物的监管方式也在发生着变化，由静态货物质押变为动态货物质押。三是由于我国开展物流金融服务的市场和制度基础环境还没有完全成熟，纯粹意义上的基于仓单的质押融资业务几乎没有，仓单更多的是作为一种存货凭证，仓单的流通机制也没有形成。物流金融服务基本上处在基于流通货物控制的初级阶段。四是服务模式处于资本流通模式，资产流通模式和综合运作模式暂时还未出现。五是业务品种单一，目前只有融资服务，还没有涉及结算、评估、保险、资产处置、金融咨询等综合性金融服务，金融服务与物流服务的结合性差，金融不能服务于生产供应链全过程。

（一）我国物流金融服务运作面临的问题

虽然我国发展物流金融服务具有广阔的前景，但是物流金融在我国还处于刚刚起步阶段，在前进的道路上面临着许多困难，它们阻碍着物流金融服务的发展。物流金融服务发展面临的问题主要表现在以下几方面。

1. 第三方物流企业发展落后

物流金融服务是依赖于第三方物流企业的物流和信息平台而开展的服务，第三方物流企业不仅是物流金融服务的直接提供者，也是质押物的监管者，在物流金融服务中处于核心地位。物流金融服务对第三方物流企业也提出了更高的要求，不仅要求其具有雄厚的实力、良好的信誉，而且必须具有先进的管理手段。但是，目前我国第三方物流企业整体水平发展滞后，明显不能适应物流金融服务发展的需要，成为制约物流金融服务发展最主要的因素。

2. 物流金融服务发展水平低

物流金融服务的顺利发展，需要高效的服务效率、现代化的管理手段。但是在我国，由于物流金融服务刚刚起步，经验不足，加上我国相关商贸环境不成熟，致使物流金融服务效率低下，管理水平落后，主要表现在以下几方面。

（1）缺乏社会化的仓单和仓单管理系统，影响仓单质押融资业务的发展。国外物流金融服务蓬勃发展的一个重要因素，就是社会化的仓单及仓单管理系统的推广。在美国，不但仓单具有统一的标准，如同期货标准一样，这使得仓单可以在市场上流通转让，而且仓单具有统一的管理规范，美国政府专门颁布了《仓单法》，对仓单的标准、开具、质押、转让等各方面进行了详细的规定，并建立了全国的仓单管理系统，使得仓单具有高度的统一性和流行性，社会化的仓单和仓单管理系统大大提高了仓单质押金融业务的效率，降低了交易成本，减小了仓单风险，促进了物流金融服务的发展。但在我国，目前还没有形成社会化的仓单市场，每个仓储企业都开具自己的仓单，格式、内容、合同条款彼此不统一，操作流程更是不相同，这使得仓单仅仅相当于存货凭证，不是真正意义上的仓单，流通性差。仓单市场的不成熟，影响了仓单质押融资业务的发展。目前我国仓单质押融资业务的模式有十几种，不同的银行、不同的物流企业和不同的地区都有不同的操作模式与合同条款，这种情况不利于风险控制，操作程序比较烦琐，影响了仓单质押融资业务的效率，阻碍了仓单质押融资业务的发展。物流金融的发展迫切需要社会化的仓单和仓单管理系统，迫切需要制定相对统一的仓单质押融资业务流程、规范合同条款。

（2）物流金融服务发展层次低。目前我国物流金融服务基本上处于流动货物质押的初级阶段。在物流环节上，大部分物流金融服务只能对仓储物资进行质押融资，不能将服务延伸到供应、生产、销售、运输等环节，不能从企业物流、供应链管理的全过程为企业提供金融支持，从而使企业的物流、资金流和信息流有机地结合在一起，以物流带动资金流的流动，以资金流促进物流的发展；在服务范围上，大部分物流金融服务只能就近提供物流金融服务，异地提供物流金融服务的能力差；在服务内容上，只能提供融资服务，不能提供评估、资产处置、结算等综合性金融服务；在运作模式上，我国目前只有资本流通模式，暂时没有资产流通模式和综合运作模式的出现。

（3）物流金融服务流程不规范、手续烦琐。由于物流金融服务在我国发展的历史不长，我国还没有制定出相对科学、合理、统一的作业规范，物流企业和银行没有统一标准可以参照。银行没有专门针对物流金融信贷业务的操作规范，还是运用一般信贷操作流程规则来办理物流金融信贷业务，致使物流金融信贷业务手续异常烦琐，效率低下。虽然不少物流企业制定了自己的物流金融服务操作流程，但是大多数操作流程规范存在不科学、不简便的缺点，没有从物流系统化的角度制定物流金融服务操作规范，不能起到既提高作业效率，又能有效防范风险的作用。

（4）银行和物流企业开展物流金融服务的经验不足，风险管理手段相对落后。由于银行开展物流金融信贷业务的时间不长，在贷款工具设计、资金筹集、风险管理方法和内部监控方面经验积累不足，又受到各种制度、法律的瓶颈制约，操作疏漏和失误难以避免。其中主要问题有：信贷资金渠道狭窄，筹集方式少；贷款工具缺乏灵活性；银行管理风险手段受到外部环境的限制；内部监控系统还不完善。对物流企业而言，在客户管理、货物所有权和仓单的调查与审核、合同的签订与执行、内部人员管理等方面也存在很大问题，欺诈风险和操作风险很大。

3. 物流金融服务发展的市场环境急需改善

目前，我国企业信用的缺失、金融体制不健全、流动资产评估体系尚未建立、物流标准化建设滞后等方面的问题制约着物流金融服务的发展，物流金融服务发展的市场环境急需改善。

（1）企业信用的缺失。现代经济就是信用经济，信用的好坏是衡量、制约或促进社会经济发展的主要指标。随着市场经济的深入，我国相关信用制度出现了一些问题，信用制度建设仍滞后于市场经济发展的需要。因企业信用的缺失，市场上假冒伪劣商品、逃废债务、偷税漏税等时有发生。调查数据显示，不守信用、恶意违背信用使全国企业经济合同履约率不足50%。每年由于逃废债务造成的直接损失约为1 800亿元，由于合同欺诈造成的损失约55亿元，由于产品质量低劣或制假售假造成的各种损失约为2 000亿元，三角债和现款交易增加的财务费用也在2 000亿元以上，还有逃废税收损失及发现的腐败损失等。企业信用的缺失，一方面给物流金融服务发展带来了机遇，银行等金融机构因企业信用的缺失而愿意选择物流金融信贷方式；另一方面，因企业信用的缺失，物流企业开展物流金融服务时必须对客户、货物进行严格审查，导致手续复杂，所需时间长，这无疑降低了物流金融服务的效率，并增加了物流金融服务的风险。尤其当物流金融发展到一个较高层次的时候，企业信用的缺失对物流金融服务的发展起到的反作用更加明显。

（2）金融体制不健全，物流金融信贷资金来源单一。我国对金融业进行了严格的管制，物流金融信贷资金只能来自商业银行，物流公司是不能从事信贷业务的。但是目前我国金融体制不健全，国有或国有控股的商业银行完全垄断市场，民营资本很难进入正规金融市场，这就决定了物流金融信贷资金来自大银行，渠道比较单一。同时，商业银行创新能力不强，利率缺乏灵活性，使得物流金融信贷工具单一，不能满足多样化的需求。

（3）流动资产评估体系尚未建立。物流金融服务引入了第三方物流企业，以存货作为质押物，克服了中小型企业信用度低、固定资产规模偏小的缺陷，重新整合和再造了中小型企业信用，大大拓展了银行信贷业务的范围，同时期望降低贷款风险。但是出现了一个新问题，以存货为质押物，就需要建立流动资产评估体系，以便对存货价值进行评估。目前，我国尚未建立统一的流动资产评估体系，不同的物流企业和银行自行建立各种评估方法和标准，彼此不一致，存在缺乏科学性和混乱的问题。各种评估方法和标准的不统一使得存货的价值难以与信贷资金相一致，贷款收回的隐形风险非常大。

（4）物流标准化建设滞后。物流是跨地区、跨行业的运作系统，标准化程度的高低不仅关系到各种物流功能、要素之间的有效衔接和协调发展，也在很大程度上影响物流金融服务的运作效率。我国对物流作业环节使用的设备及包装、运输、装卸流通环节，都缺乏必要的行业标准和行业规范。旧体制形成了多种标准，不仅机械、工具、设备标准不统一，表单核算等信息体系也不统一，甚至连业务模式和规章制度也彼此独立，从而阻碍了物流金融运作效率的提高。

4. 相关法律法规建设滞后

法律法规建设滞后表现在两个方面：一是物流金融服务发展存在法律上的障碍；二是相关法律法规的缺失。

（1）物流金融服务发展存在法律上的障碍。我国为了防范金融风险，对金融业实行严格管制，银行业务只能由传统的商业银行来做，其他公司和机构不能从事银行业务。目前，在中国，物流公司独自开展物流金融融资业务在法律上是不允许的，这决定了我国物流金融服务在运作模式上只能是资本流通模式，物流公司为银企合作创造良好的合作平台，而不能开展资产流通模式和综合运作模式。这大大阻碍了物流金融服务的发展，使得物流金融服务只能停留在初级阶段，很难向更高层次发展。

（2）相关法律法规的缺失。在发达国家，有关物流金融的法律和法规环境比较成熟，几乎所有有关物流金融的业务行为，都有相关的法律法规对其进行约束和规范。这不仅有力地保证了物流金融服务中的责权关系，抑制了恶性欺诈行为的发生，为风险发生时的处理提供了明确的法律依据，而且使物流金融服务成为企业融资的重要手段和物流企业增值业务的重要组成部分。在我国，物流金融服务明显缺乏相关的法律法规依据，这不仅使有关纠纷的处理缺乏法律依据，而且不利于物流企业服务的增值。比如，在中储开展的仓单质押融资业务中，由于没有相关政策，中储开展这类业务都是为银行、货主企业免费服务的。但是中储开展仓单质押融资业务不仅需要承担责任，而且还需要一定的资产投入和劳务付出。因此，法律法规的滞后严重制约了物流金融服务的发展。

(二) 我国物流金融服务发展的对策

物流金融服务是物流服务与金融服务相结合的复合业务，它以物流服务为平台，以资金流为纽带，服务于企业供应链业务活动。由物流引发的物流经济，其经济规模与物流业市场的成熟程度决定了物流系统开展物流金融服务的基础。因此，物流产业和第三方物流企业的发展是发展物流金融服务的基础。金融市场的发达程度影响着资金的来源和资本的运作效率，物流金融的发展离不开金融市场的健全和完善。相关市场体系的发展和完善为物流金融服务的发展创造必要条件，可以促进物流金融的发展。物流金融服务是在政府一定的政策法规环境下发展的，政府的政策法规对发展物流金融服务产生很大影响，发展物流金融服务需要完善的政策法规框架。

1. 大力发展物流产业

大力发展物流产业是发展我国物流金融服务的前提。针对我国目前物流产业起步较晚、发展水平低下的状况，政府应把发展现代物流产业作为新世纪我国经济新的增长源，作为经济工作中的一件大事，采取有力的政策和措施，引导和促进我国物流产业的发展。

2. 培育和增强第三方物流企业的管理创新能力

在物流金融服务活动中，第三方物流企业不仅要为客户提供高质量、高附加值的物流与加工服务，还要提供直接或间接的金融服务。第三方物流企业不仅是物流金融服务的直接提供者，也是物流金融服务创新的微观主体。随着经济和业务的发展，客户对物流金融服务的需求日益多样化，第三方物流企业必须进行业务创新，才能满足客户需求，才能推动物流金融服务的发展。因此，发展物流金融服务，必须培育和增强第三方物流企业的管理创新能力。

3. 加快发展和完善我国金融业

对金融机构而言，物流金融服务是一种新的物流工具，是金融服务的新内容。金融机构的服务能力决定了物流金融服务的供给能力，也影响物流金融服务产品的创新能力。目前，我国金融业的发展滞后，资金来源单一，业务创新能力差，因此，要大力发展我国物流金融服务，必须加快发展和完善我国金融业。

4. 完善物流金融服务的相关市场体系

建立和健全物流金融市场是一项涉及面广、政策性强的系统工程，单靠建立发达的物流市场是不够的，还需要社会各个方面的参与，完善相关配套措施，共同促进物流金融服务的发展。

5. 建立企业信用制度

企业信用制度建设主要包括重树企业信用观念、完善企业信用评价体系和建立企业信用查询系统等方面。措施包括：由中央银行牵头建立股份制企业征信公司，或直接组建合资的独立征信公司，或由商业银行先行建立内部企业账户信用系统；逐步建立企业信贷信用登记制度，建立全国信用档案系统；提高企业信用材料的真实性；因地制宜地设立企业信用评级标准。在此基础上，建立科学的流动资产评价方法和标准，建立公正、公平的社会认同的企业流动资产评估公司，逐步完善流动资产评估体系。

6. 建立和完善相关中介组织

建立和完善与物流金融服务有关的法律、评估、资质认定、拍卖等中介组织，为物流金融服务提供中介服务，支持物流金融服务的发展。首先，进一步发挥律师事务所的专业法律服务功能，为物流金融服务提供法律服务。律师事务所应在现有业务的基础上，增加物流金融法律服务，在条件成熟的情况下，可建立专业的物流金融律师事务所。其次，为了规范物流金融市场，必须建立物流企业资质认定制度，建立专业的资质认定机构，对物流企业进行资质认定，只有达到标准的物流企业才可以开展物流金融服务，防止管理水平低、资信状况差、赔付能力差的物流企业开展物流金融服务，防范金融风险。最后，要完善拍卖制度，建立公正、透明的拍卖公司，以便物流企业对有关资产及时进行处置，及早收回资金。

7. 建立和健全物流金融信贷资产的流通转让机制

应进一步完善物流金融市场，拓展物流金融信贷业务规模。同时，建立和健全物流金融信贷资产的流通转让机制，化解和分散物流金融信贷风险。因此，应加强标准仓单建设，扩大仓单流通范围，使得有关物流信贷资产能够在市场上出售转让。建立和健全物流金融信贷资产的流通转让机制，不仅可以化解和分散风险，也可以加快物流企业或金融机构的资金周转，扩大物流金融业务量。同时，物流企业或金融机构可以利用期货市场或保险市场，为有关物流金融信贷资产套期保值或投保，进一步完善防范物流金融信贷风险的市场环境。

8. 完善相关政策和法规

一是政府尽快出台扶植物流金融服务发展的政策。政府应放松对金融业的管制，允许物流企业开展部分金融业务，明确允许物流企业在物流金融融资业务中提供监管服务时收取一定的费用；政府应加紧研究建立中国专业物流金融公司的可行性，采取支持政策，早日筹建中国专业物流金融公司；扶植大型第三方物流企业开展物流金融服务，并在资金上给予一定支持。二是政府应对物流金融业务进行指导和规范。政府应加强对物流行业的关注，制定物流企业资质认定制度，实行物流金融业务审批制度；制定物流金融业务的作业规范，为物流企业开展物流金融服务提供操作标准；加强物流标准化建设，规范物流中运输、搬运、包装和仓储等操作标准；行业协会可制定各个行业的商品质量标准，为物流金融服务的开展创造有利条件，节约交易费用。三是加强立法。政府要加快立法，出台包括仓单法、物流监管法和担保法规、质押及质押权转让法规等相关法律法规，建立和完善物流金融法规体系，为有关业务的开展提供法律依据。四是加大执法力度，严格查处违法违规行为。

【案例分析】

案例1 荷兰可尼德仓储货运集团的保税仓业务

荷兰可尼德仓储货运集团（简称可尼德）是一家有着30多年历史的知名物流企业。目前，公司已在100多个国家和地区建立了分支机构，业务遍及全球。但是公司最引人注目的地方，不是其雄厚的资本实力或者先进的管理技术，而是其多年来一直从事的保税仓业务。可尼德通过物资抵押贷款，实现企业短期流动资金的融通。下面我们介绍并分析可尼德为中国铝产业系列产品供应链提供的物流金融业务。

供应链是指产品在生产和流通过程中所涉及的原材料供应商、生产商、批发商、销售商以及最终消费者组成的供需传输网络，即由物料获取、物料加工并将产成品送到用户手中这一过程所涉及的企业和企业部门组成的网络。可尼德为铝产业系列产品提供的物流金融业务运作流程如下（与荷兰合作银行）：

1）冶炼厂向国外氧化铝供应商购买氧化铝。

2）国外氧化铝供货商将氧化铝运至可尼德保税仓。

3）荷兰合作银行就可尼德保税仓中的氧化铝进行融资，比例为60%~70%，按氧化铝相对于铝锭期货套期保值的价格提供。

4）冶炼厂将本厂冶炼的铝锭产品运至可尼德保税仓。

5）收到铝锭后，银行将氧化铝交给冶炼厂，并提供铝锭的融资贷款，比例为80%~90%（取决于铝锭期货套期保值价格）。

6）氧化铝加工成铝锭后，会进一步加工成PS版或铝箔，生产商将存放在可尼德保税仓中的铝锭出售给日本的进口公司。

7）日本进口公司开信用证给荷兰合作银行。

8）荷兰合作银行一旦收到日本进口公司的货款，立即发出发放同等价值的铝锭的指令。

9）可尼德将铝锭运至PS版或铝箔加工厂。

可尼德通过与荷兰合作银行的合作，将物流服务延伸至供应链中的每一个环节。通过保税仓业务，可尼德至少获得了三次不同物流服务的商机，即产品形态的不断加工转化过程的供应链服务：氧化铝-铝锭-铝箔（PS版），并且将服务延伸到客户生产销售的全过程，增加了客户对其依赖性。这有利于可尼德稳定客户、扩大业务范围、提高利润率。

荷兰合作银行通过可尼德的保税仓，将贷款业务扩展至全球，并获得可靠的保证。对国内企业来说，通过可尼德的保税仓，完成了国内物资与国外资本的嫁接，国内产能在产品的深加工过程中获得了增值，同时盘活了存货，节约了流动资本，加速了流动资产周转率。因此，这是一个多方共赢的业务模式。

资料来源：http://www.56885.net/news/201015/185054.html。

案例思考题

1. 案例中描述的是哪种物流金融模式？
2. 分析这种物流金融模式提供了哪些内容的金融服务。
3. 在提供这些服务的同时，各方分别承担着怎样的风险？

案例 2　UPS 的物流金融服务

美国联合包裹服务公司（UPS）是全球最大的快递和包裹运送公司，是美国经济的支柱企业之一。总部设在美国亚特兰大，其业务网点遍及世界 200 多个国家和地区，目前公司拥有超过 150 000 辆的地面运输能力，每天为全球超过 700 万用户送近 1 360 万份包裹和文件，2003 年营业收入为 498 亿美元。

UPS 很早就认识到物流金融业务的巨大价值和广阔发展空间，较早涉足了这一业务领域。UPS 依托自身良好的信誉和强大的资金实力，结合自己对物流过程中货物的实际监控，在为发货方和货主提供物流服务的同时，也提供金融性服务。早期，UPS 的物流金融业务主要是资产流通模式，即从事垫付货款和代收货款业务。其操作流程是：当 UPS 为发货人承运一批货物时，UPS 为提货人预付一半货款，而将承运的货物作为抵押。当提货人提货时则交付全部货款给 UPS，UPS 在扣除有关费用和收回垫付的货款后，将余款还给发货人。这样，一笔货运业务就完成了垫付货款和代收货款两笔物流金融业务。

UPS 推出物流金融业务后，受到了企业的欢迎，业务规模迅速发展壮大。为了更好地服务客户，UPS 在 1998 年投入巨资专设了投资公司（UPS Capital Corp），专业从事物流金融服务，业务模式从垫付货款和代收货款业务发展到垫付货款、代收货款、质押贷款、设备租赁和国际贸易融资等业务，但其代收货款业务还是 UPS 物流金融服务的核心。UPS 在开展代收货款业务时，会产生一个资金流动的时间差，即这部分资金在交付期前有一个沉淀期。在资金的这个沉淀期内，UPS 等于获得了一笔无息贷款。UPS 用这笔不用付息的资金从事贷款，而贷款对象仍为 UPS 的客户或者限于与快递业务相关的主体。

2001 年 5 月，UPS 并购了美国的第一国家银行（First National Bank），将其改造成为 UPS 金融公司。由 UPS 金融公司推出包括开具信用证㊀、兑付出口票据等国际性产品和服务业务。至此，UPS 物流金融业务模式已发展到了综合运作模式，物流服务和金融

㊀ 在国际贸易活动中，买卖双方可能互不信任，买方担心预付款后，卖方不按合同要求发货；卖方也担心在发货或提交货运单据后买方不付款。因此需要两家银行作为买卖双方的保证人，代为收款交单，以银行信用代替商业信用。按照这种结算方式的一般规定，买方先将货款交存银行，由银行开具信用证，通知异地卖方开户银行转告卖方，卖方按合同和信用证规定的条款发货，银行代买方付款。

服务实现一体化，UPS 兼有物流供应商和银行的双重角色。

相比传统的物流服务，UPS 在提供物流服务时增加金融服务，不但提高了物流服务能力，稳定了客户，而且大大提高了利润率。一是 UPS 提供物流金融服务，不但可以收到一笔可观的手续费，重要的是，对于代收货款业务，由于代收的资金有个沉淀期，UPS 等于获得了一笔不用付息的资金，UPS 将这笔不用付息的资金向其客户提供短期流动资金贷款业务，又获得一笔收入。这样，这笔资金不仅充当了支付功能，而且具有资本与资本运动的意义，并且这种资本运动紧密服务于业务链的运动之中。二是物流金融服务可以扩大物流服务市场的占有率。对供应商来说，物流金融服务可以帮助其尽快收回资金，提高其资金周转率；而对于采购商而言，由于只直接和 UPS 进行一对一的结算，简化了结算手续，降低了费用。因此，增加了金融服务的物流服务深受客户的欢迎，不少客户优先选择这种服务模式。这大大扩大了 UPS 的客户群，提高其市场占有率，增加其业务量，从而进一步增加了 UPS 的吸引力。例如，2003 年，UPS 作为中间商与沃尔玛及沃尔玛供应商进行合作，UPS 揽下东南亚数以万计供应商的物流服务，并为他们提供金融服务。拥有银行的 UPS 业务在客户中显示了强大的吸引力。

UPS 为客户提供垫付货款和贷款业务，其风险相对于商业银行要小得多。如果有商业银行来提供业务的话，商业银行对于作为抵押物的流动资产无法管理，即使可以管理，管理费用也很高昂。但对于 UPS 来讲，则不存在这种问题。UPS 在提供垫付货款和贷款业务时，将货物作为抵押，有货物在手，UPS 不担心客户赖账的风险。因此，UPS 提供的金融服务风险性较低，具有较高的安全性和可靠性。

对于出口商尤其是中小型出口商来说，UPS 的物流金融服务可以帮助他们及时得到现金流，货物发出之后立即变现，如果把这笔现金再拿去做其他的流动用途，便能增加资金的周转率。如果通过传统的国际结算方式，从发出货物到收回现金，按照惯例，至少需要 45～60 天的时间，营运周转的资金压力极其沉重。

资料来源：https://wenku.baidu.com/view/7a055806ed630b1c58eeb51f.html。

案例思考题： 为什么会发展物流金融？

【实践技能训练】

到网上查找一家发展电商物流的企业作为案例进行分析。

实训要求

1. 学生建立小组，选择一家电商企业进行调查。

2. 模拟电商企业的运营过程。

3. 教师组织各小组开展辩论会，分析物流金融的利与弊。

第十一章 • Chapter 11

新环境影响下的物流展望

学习目标

【掌握】

1. 绿色物流的概念。
2. 再生资源物流的概念。
3. 应急物流的概念。
4. 逆向物流的概念。
5. 国际物流的概念。

【理解】

1. 物流对环境的影响。
2. 绿色物流的主要内容。
3. 再生资源物流的特点。
4. 应急物流的特点。
5. 逆向物流的特点。
6. 国际物流的特点。

【了解】

1. 发展绿色物流的意义与作用。
2. 再生资源物流的作用与发展趋势。
3. 再生资源物流的发展对策。
4. 应急物流系统的结构、组成与保障机制。
5. 逆向物流的成因与分类。
6. 国际物流的发展。

第一节 绿色物流

在世界生产力突飞猛进的同时,一个全球性的问题也随之出现,即地球环境的不断恶化及资源的过度消耗,使我们后续的生存环境和经济运行受到极大的挑战。但是,由有关国家及人士提出和发起、由联合国倡议和引导的一场旨在保护地球环境、保护自然资源的"绿色革命"在生产、流通和消费领域应运而生,并渐渐风靡全球。当代物流营运作为商品贸易的重要环节,同样也存在高效节能、绿色环保等可持续发展问题。因此,在我国社会主义市场经济提倡大生产、大市场、大消费,并建立与之相适应的现代物流的同时,创建我国的现代绿色物流(Environmental Logistics),不仅是必要的,也是迫切的。

一、绿色物流的概念及内容

绿色物流是指在物流过程中抑制物流对环境造成的危害的同时,实现对物流环境的净化,使物流资源得到最充分合理的利用。绿色物流是一个多层次的概念,它既包括企业的绿色物流活动,又包括社会对绿色物流活动的管理、规范和控制。从绿色物流活动的范围来看,它不仅包括各个单项的绿色物流作业(如绿色运输、绿色包装、绿色流通加工等),还包括为它实现资源再利用而进行的废弃物循环物流。绿色物流建立在物流进一步发展的基础上,是物流操作和管理全程的绿色化,它一般包括以下内容。

(一)绿色的存储和装运

在整个物流过程中运用最先进的保质保鲜技术,保障存货的数量和质量,在无货损的情况下同时消除污染。周密策划运力,合理选择运输工具和运输路线,克服迂回运输和重复运输,多快好省地完成装卸运输。

(二)绿色的包装和再加工

包装不仅是商品的卫士,也是产品进入市场的通行证。绿色包装要醒目环保,还应符合4R要求,即少耗材(Reduction)、可再用(Reuse)、可回收(Reclaim)和可再循环(Recycle)。在物流中的加工虽然简单,但也应遵循绿色原则,少消耗、高环保,尤其要防止加工中的货损和二次污染。

(三)绿色的信息搜索和管理

物流不仅是商品时间和空间的转移,也包括相关信息的搜索、整理、存储和利用。绿色物流要求搜索、整理、存储的都是各种绿色信息,并及时运用到物流中,促进物流的进一步绿色化。绿色物流的运行和管理是一致的,仅有物流运作的绿色化,而管理上仍因循守旧、墨守成规是行不通的。管理上只有保持绿色的思想、运用绿色先进的技术手段、争取绿色的绩效,才能与绿色物流营运同步并发挥更大的作用。

二、现代物流对环境的影响

物流活动与社会经济的发展相辅相成。一方面,现代物流是经济发展的支柱,另一方面,经济的发展又会引起物流总量的增加。物流活动的频繁以及物流管理的变革,会增加燃油消耗、加重空气污染和废弃物污染、浪费资源、引起城市交通堵塞等。因此,其对社会经济可持续发展产生了消极影响。

现代物流活动对环境的影响主要表现在以下几个方面。

(一) 货物运输对环境的影响

运输是物流活动中最主要、最基本的活动,运输车辆的燃油消耗和燃油污染是物流作业造成环境污染的主要原因。物流管理活动的变革,如集中库存和即时配送,也对运输和环境造成了影响。

不合理的货运网点及配送中心布局会导致货物的迂回运输,增加车辆燃油消耗,加剧废气污染和噪声污染,过多的在途车辆会增加对城市道路面积的要求,加剧城市交通的阻塞。

集中库存虽然能有效地降低企业的物流费用,但由于产生了较多的一次运输,从而增加了燃料消耗和对道路面积的要求。

即时配送强调无库存经营,从环境角度看,即时配送适合于近距离企业间的配送。如果供应商与生产商之间的距离较远,要实施即时配送就必须大量利用公路网,使货运从铁路转到公路,这样又增加了燃油消耗,带来空气污染、噪声等,从而使环境遭到破坏。

(二) 包装对环境的影响

包装具有保持商品品质、美化产品、提高商品价值的作用。当今大部分商品的包装材料和包装方式,不仅造成资源的极大浪费,而且严重污染环境。

目前市场上流行的塑料袋、玻璃瓶、易拉罐等包装品种,使用后会给自然界留下长久的污染。

相当一部分工业品特别是消费品的包装都是一次性使用,且越来越复杂。这些包装材料不仅消耗了有限的自然资源,废弃的包装材料还是城市垃圾的主要组成部分,处理这些废物要花费大量人力、物力。

不少包装材料是不可分解的,它们长期留在自然界中,会对自然环境造成严重影响。

(三) 流通加工的影响

流通加工是指为完善使用价值和降低物流成本,对流通领域的商品进行的简单加工。流通加工具有较强的生产性,会造成一定的物流停滞,增加管理费用,不合理的流通加工方式对环境造成负面影响。

由消费者分散进行的流通加工,资源利用率低下、浪费能源。例如,餐饮服务企业对食品的分散加工，既浪费资源，又污染空气。

分散流通加工生产的边角废料，难以集中和有效再利用，造成废弃物污染。

流通加工中心选址不合理，也会造成费用增加和有效资源的浪费，还因增加了运输量而产生新的污染。

三、发展绿色物流的意义

绿色物流的目标不同于一般的物流活动。一般的物流活动主要是为了实现物流企业的盈利、满足顾客需求、扩大市场占有率，这些目标最终均是为了实现某一主体的经济利益。而绿色物流的目标在上述经济目标之外，还追求节约资源、保护环境这一既具经济属性又具有社会属性的目标。尽管从宏观角度和长远利益看，节约资源、保护环境与经济利益的目标是一致的，但对某一特定的物流企业却是矛盾的。因此，有必要探索发展绿色物流的意义，以及有利于开展绿色物流的活动与管理。

（一）绿色物流是经济全球化和可持续发展的必然要求

保护地球环境和大自然是世界各国人民义不容辞的责任。但是，导致环境遭受污染、资源遭受破坏的行为涉及人类生产经营和社会消费等诸多方面。而作为生产和消费中介的物流，其对地球环境的影响，仍未受到应有的重视。伴随世界大市场和经济全球化的发展，物流的作用日益明显。绿色浪潮惠及的不仅是生产、营销和消费，物流的绿色化也作为可持续发展的必然要求被提到了战略日程上来。

（二）绿色物流是最大限度降低营运成本的必由之路

有专家分析认为，产品从投产到销出，制造加工时间仅占约10%，而几乎90%的时间为储运、装卸、分类、二次加工、信息处理等物流活动。因此，物流专业化无疑为降低成本奠定了基础。但当前物流基本还是高投入大物流、低投入小物流的运作模式，而绿色物流强调的是低投入大物流的方式。显而易见，绿色物流的目的不仅是一般物流的节约和降低成本，更重视的是绿色化和由此带来的节能、高效、少污染，它在节约生产经营成本方面的意义不可估量。

（三）绿色物流还有利于企业取得新的竞争优势

日益严峻的环境问题和日趋严格的环保法规，使企业为了持续发展，必须积极解决经济活动中的环境问题。改变危及企业生存和发展的生存方式，建立并完善绿色物流体系，通过绿色物流追求高于竞争对手的相对竞争优势。

（四）绿色物流的建立，更有利于全面满足人民不断提高的物质文化需要

物流作为生产和消费的中介，是满足人民日益增长的物质文化需要的基本环节。而绿色物流则伴随着人民生活需要的进一步提高，绿色物流的提出的应运而生的。同

时，不断提高的物质文化生活，意味着生活的电子化、网络化和连锁化。电子商务、网上购物、连锁经营，无不依赖于绿色物流的发展，可以说没有绿色物流，就没有人类休闲的生活空间。

（五）绿色物流是适应国家法律法规的必然要求

随着社会进步和经济发展，世界上的资源日益紧缺。同时，由于生产所造成的环境污染进一步加剧，为了实现人口、资源与环境相协调的可持续发展，许多国际组织和国家相继制定出台了一系列与环境保护相关的协议、法规与法律体系。这些法律法规都要求产品的生产商必须对自己所生产的产品造成的污染负相应的责任，并且采取相应的措施，否则将会受到法律的严厉制裁。

四、绿色物流的主要内容

在具体的运作过程中，绿色物流包括以下内容。

（一）物流环节的绿色化

（1）绿色运输。运输过程中的尾气排放是造成大气污染的主要原因。绿色运输的具体措施包括：使用清洁能源的运输工具或排放标准要求严格的运输工具，降低废气排放量；对工厂、配送中心的地理位置进行合理的布局与规划，缩短运输路线，实现节能降污的目标；积极使用第三方物流，提高车辆装载率；加强运输过程中的安全管理，避免在运输易燃易爆品、化学品等危险原材料或成品的过程中可能引起的爆炸、泄露等事故的发生。

（2）绿色存货管理。在仓库建设前应进行相应的环境影响评估，避免仓库对周围环境的不利影响。例如，易燃易爆品仓库不应设在居民区，有害物品仓库不应设在重要水源地附近。在存储过程中，对货物品质进行妥善保护，防止有害物质对货物的污染。对危险品的存储进行严格的管理，防止危险品发生泄漏、爆炸等事故，对环境造成污染。

（3）绿色装卸搬运。积极采用节能降耗的装卸搬运设备，合理设计装卸搬运的路径。积极采取托盘、集装箱既是提高装卸搬运效率的重要手段，又是绿色装卸搬运的重要体现，可以减少对货物的消耗，减少货物的损失，降低货物损毁、泄漏对环境造成的污染等。

（4）绿色配送。通过有效地配置配送车辆、合理规划配送中心及配送路线、采用排污量小的货车车型、提倡共同配送、提高往返载货率等手段，达到降低能源消耗、减少污染排放量的目的。例如，积极开展夜间配送，可以避免白天的交通堵塞，节省燃料、降低排放量。

（5）绿色包装。绿色包装应符合以下特性：节省包装材料，利用率高。不出现过剩包装；包装过程节约能源；包装材料环保，对产品和人体不构成危害；包装物易于回收和再循环使用；包装材料在自然界容易分解等。

（6）绿色流通加工。积极提高流通加工的比例，通过变消费者分散加工为集中的流通加工，以规模作业提高资源的利用效率，便于集中处理消费品加工过程中所产生的废弃物，来减少消费者分散加工所造成的环境污染。同时，在流通加工过程中，要优先选择能耗小、污染少的加工设备，加强对流通加工人员的合理组织和有效管理，减少对资源的消耗和对环境的污染。

（二）回收物流的积极开展

对于使用过的废旧物品的再生资源，如果废弃不用，不但白白浪费，而且对自然环境构成很大的压力。而积极开展回收物流，则能够充分利用现有资源，减少对原材料的需求，缓解对稀缺资源所构成的巨大的供应压力，对环境的排放量也大大减少。

（三）废弃物流的合理组织

对于废旧物品中基本或完全失去利用价值的部分，如果不对其进行适当的处理，任由其排放到环境中，将严重污染环境，不利于人类的可持续发展。合理组织废弃物流，可以使废弃物的排放更加科学、合理，达到保护环境、实现可持续发展的目的。

五、绿色物流的作用

绿色物流的实施，无论对企业还是对整个社会而言都是一件好事。总而言之，绿色物流具有以下几方面的突出作用。

（一）保护人类环境

从整个社会的角度而言，绿色物流的开展有效地提高了能源和资源的利用率，减少了交通工具尾气的排放量，降低了环境对废弃物的承载压力，对于协调人类与自然环境的关系大有裨益。有关资料显示，用废钢铁代替铁矿石炼钢，可减少86%的气体污染、减少76%的水资源污染、降低40%的耗水量、减少97%的采矿废弃物。因此，废钢铁被称为钢铁工业的清洁资源。

（二）提高企业经济效益

资源循环、重复使用等绿色物流举措有利于企业提高资源利用率，为企业带来可观的经济效益，成为企业重要的物流利润源泉。根据中国汽车工业协会汽车零部件再制造分会的估计，全世界汽车制造业每年通过再制造节约的原材料可以装满 155 000 节车皮，可以排列成 1 100 英里㊀长的火车。可见，其经济利益是非常可观的。

以海尔集团为例，该集团从 2002 年 1 月开始正式采用蜂窝纸板包装材料，以替代原来使用的泡沫塑料衬垫和木制板架材料。这一绿色包装材料的采用，取得了以下

㊀ 1 英里＝1 609.344 米。

经济效益：第一，蜂窝纸板具有优异的抗压和抗弯曲性能，降低了产品的破损率；第二，蜂窝纸板的厚度较以前的包装衬垫薄，使得产品包装的外形尺寸减小，空调堆码由原来的4层增加到6层，节省了存储和运输费用；第三，采用蜂窝纸板进行包装后，每台空调柜机的包装费用下降15～20元人民币。

（三）提高企业竞争地位

顾客价值是决定企业生存和发展的关键因素。绿色物流中的回收物流，不仅可以满足资源再利用的需要，也可以有效地确保不符合顾客订货要求的产品能及时退货，有利于消除顾客的后顾之忧，增加其对企业的信任感及回头率，扩大企业的市场占有率。

（四）提升企业形象

随着可持续发展的观念不断深入人心，消费者越来越关注企业是否具有社会责任感，企业是否节约利用资源、是否注重保护环境成为决定企业形象与声誉的重要因素。尤其是对于开拓国际市场的企业而言，这一点至关重要。

美国已明确表示，从2001年开始，将对所有在其国内上市的商品进行绿色认证检查，并宣称美国厂商将在贸易绿色化方面同其他国家开展竞争。欧洲一些国家甚至认为，实施绿色认证不仅可以保护本国环境，而且可以将其他国家的许多商品拒之门外，有助于提高本国工厂的开工率和本国的就业率。例如，荷兰政府规定，汽车制造商必须使用的可回收材料比例提高到86%；欧盟规定生产商必须将不少于45%的包装材料回收利用。因此，企业如果能够将绿色物流与绿色生产、绿色营销紧密结合起来，将有助于提升自己的形象，成为拓展市场的有力武器。

第二节　再生资源物流

一、再生资源物流的定义

再生资源物流是指将有一定使用价值的废旧物资进行回收，通过分拣、加工、分解，重新进入生产和消费领域的物品实体流动过程。

二、再生资源物流的种类

再生资源的物流主要有以下几种。

（1）以废旧汽车为代表的拆卸及破碎分选流通加工。废旧汽车再生资源的物流主要有两类不同的流通加工形式：一是拆卸，即通过拆卸将汽车上可以再利用的物质拆选下来，分别送至不同应用领域再投入新一轮的利用。二是破碎分选，即通过破碎分选方式将汽车破碎后，将不同部分区分开，分选出可用的资源，让其进入新的循环。

（2）以玻璃瓶为代表的回送物流。该物流有一个回送复用的运输系统，依靠这个运输系统，可以将用毕的玻璃瓶再运回生产企业，而不使之成为废弃物。这种回送复用的运输系统是配送运输的逆运输。在实践中，配送运输和回送复用的运输系统是一个完整的双向配送系统。这种双向配送系统的主要优点是，回送复用运输不需要专门安排运力，只是配送回程的连带运输，因此并不增加多少投入便解决了空瓶回送问题。这种回送系统只适合于汽车运输方式。除了瓶子外，采用这种方式的还有包装箱等。

（3）以废纸为代表的收集、集货物流。该物流有一个收集废纸的废纸收集物流系统，这种收集系统是集货系统的一种。与上述两种资源不同，废纸需要收集、集中，才能批量提供给再生产加工企业。金属加工碎屑、不复用玻璃器皿、碎废布等再生资源也采用这种物流方式。

（4）以粉煤灰为代表的联产供应物流系统。电厂排放的粉煤灰通过管道可直接输送给建筑材料生产企业，使这种再生资源成为建筑材料生产企业的主要原料。这个物流系统既是电厂的排放系统，又是建材厂的供应系统。此外，化工石膏、冶金矿渣也采用这种物流方式。

（5）以碎玻璃为代表的复用物流。无论哪个工序产生的碎玻璃，都可回运至配料端，由于其成分与本厂所生产的玻璃成分一致，无须进行成分的化验和组成的计算，可按照一定的配料比例与混合料一起投入炉内重新熔制。陶瓷工业的泥料，冶金工业的金属块、金属渣，机械工业中的边角料等再生资源均可采取这种方式。

三、再生资源物流的特点

（一）再生资源物流种类繁多

再生资源种类繁多，是由于它的产生渠道多、方式复杂，这就决定了再生资源物流方式的多样性。企业再生资源种类繁多，是由多个因素决定的：①几乎所有的生产企业都可能产生再生资源，企业类型不同，则产生的再生资源不同；②几乎每个生产企业的每道工序，每个阶段的生产过程都会产生再生资源；③社会各行业，几乎所有人类的成果，最终都可能产生再生资源。

（二）企业再生资源的物流数量大

企业再生资源数量一般较大，不仅总量大，而且许多再生资源的单独处理数量也较大。这就决定了再生资源物流消耗很大的物化劳动，需要有一个庞大的物流系统来支撑。

（三）企业再生资源物流的粗放运作

企业再生资源中除少数特别有价值外，绝大多数价值低且数量大。一般经过一次生产或消费之后，其主要使用价值已被耗尽，因而在纯度、精度、质量、外观等方面都不是很好，这就决定了采取粗放运作的物流方式处理企业再生资源是很有必要的。这样，可以使再生资源在被重新使用形成新的价值中，物流成本不至于太高。

（四）企业再生资源物流的路程较短

企业再生资源物流的路程一般都很短，这是由于企业在处理再生资源时，承受的去留费用较高。企业再生资源一般都尽可能在企业内部解决或由相关企业消化。企业再生资源的主要使用价值已丧失，新的使用价值需要承受的物流费用和研究费用等，决定了其就近利用的性质，因而企业再生资源的物流路程不会太长。

四、再生资源物流的作用

再生资源的回收利用，在国民经济中占有重要地位，它是我国社会主义市场经济的一个组成部分。做好再生资源的回收利用工作，对于支援工农业生产、挖掘物资潜力、增加社会资源量、创造社会财富、推动社会节约、保护环境卫生、促进国民经济发展等方面有着重要的意义和作用。

（一）做好再生资源的回收利用工作，可以减少对原生资源的开采，使社会资源量相对增加

物质资源在任何一个国家都是有限的。资源量开发得越多，留存量也就越少。随着生产规模的不断扩大，资源的紧张和短缺现象就会越来越严重。即使是较丰富的资源，也存在一个合理的开发和利用的问题。废旧物资的回收和利用的数量越多，社会资源也就越丰富，这就是社会的潜在资源。

再生资源所提供的物资，在国民消费中占有相当大的比重。例如我国40多年来，回收废钢铁5.36亿吨，占钢产量的47%，其中有70%用于炼钢，相当于多炼出3.75亿吨钢；再生铜、铝、铅、锌300多万吨，价值120亿元以上；再生利用废纸1 420万吨，节省造纸用木材5 680万立方米；再生废塑料237.4万吨；再生胶产量已占生胶耗用量的1/4。工业发达国家所占比重更高，如法国，1983年再生铜量已占精铜产量的82%；日本废塑料回收率已达48%，再生铝为原生铝的3.2倍；美国年消耗新闻纸310万吨，其中有100万吨来自废纸的再生；巴西和意大利等国每年消耗的贵金属几乎全部来自再生；日本国内无石膏原生矿，工业使用的数万吨石膏，全部来自再生的化学石膏。

和原生资源加工比较，再生资源作为原料再循环利用，物料投入总量比原生资源投入总量小而产出更高，这使得再生资源作为原料利用有很大优势。例如，用1万吨废钢铁，可炼出9 000吨好钢，可节约铁矿石2万吨，石灰石5 000吨，优质煤1万吨；用1吨废杂铜可提炼电解铜860千克，节约铜矿石160吨；用1吨废玻璃可产出900千克好玻璃，可生产2毫米平板玻璃15重量箱，和利用新原料生产相比，可

节约纯碱 2 000 千克、石英砂 720 千克、长石 60 千克、煤 1 吨、电 400 千瓦时，降低成本 20%；用 1 吨废纸可生产再生纸 800 千克，节约木材 3 立方米，根据美国造纸部门的估计，造 1 吨纸需要放倒 17 棵树，如果生产 100 万吨再生纸，则可保住 1 700 万棵树；用 1 吨废聚氯乙烯生产塑料制品，可节约增塑剂 200～300 千克，省去全部合成工艺及所耗用的石油、氯气。

（二）做好再生资源的回收利用工作，可以提供能源、节约能量

做好再生资源的回收利用工作可以节约能源并能开辟新能源，它有着广阔的发展天地。例如，用废钢铁作原材料炼钢比用铁矿石炼钢，每吨大约可以节约 80% 的能源；用 1 吨废纸造新纸 800 千克，可节煤 500 千克，节电 500 千瓦时；用碎玻璃制造 1 吨成品玻璃可以节电 400 千瓦时。总之，利用废旧物资既可以节省开采矿产资源或原材料的能源消耗，又可以节省产品生产过程中的能源消耗。另外，在绝大多数再生资源中，都蕴藏着一定能量。城市垃圾中也蕴藏着许多能量，其容量达 11 600 千焦/千克，约占煤能量的 1/3，在生活水平较高的城市（如美国各大城市），其生活垃圾中能量的蕴藏量更大。一般的生活垃圾也含有 50%～60% 的可燃性物质。一些先进国家采用垃圾焚烧炉对垃圾进行处理，其燃烧热值可达 8 000 千焦/千克左右。全球 2016 年垃圾焚烧发电市场达到 29 亿美元，亚太地区目前就有将近 1 500 个焚烧发电厂，通过对生活垃圾的回收利用，极大地节约了能源。

（三）做好再生资源的回收利用工作，有利于减少污染，保护生态环境

再生资源的回收利用对于解决威胁人类生存的生态环境恶化问题有重大作用。这是由于再生资源作为生产及消费中排放的废弃物，在没有利用之前，只能消极地排放。向空气中排放废气、向水中排放废液及在陆地上堆存废渣及垃圾，是现代社会根本的环境污染源。由于排放需要费用，因此它们也是降低企业效益、影响整个宏观经济效益的因素。仅我国，由于"三废"污染所造成的经济损失每年要超过 500 亿元。

各种废弃物对环境的破坏作用表现在以下三个方面。

1. 与农业争地

工业废渣和垃圾的堆放，每年都要侵占大量土地。据估算，全世界仅垃圾的排放，每年约毁地 600 万平方米，同时由于破坏了植被，减少约 1 万亿吨氧气的生成能力。

2. 污染土壤、水源及空气

工业"三废"及垃圾对环境污染非常严重。例如，一般在有色金属冶炼厂附近的土壤，铅含量为正常值的 10～40 倍，铜为 5～200 倍，锌为 5～50 倍；在水泥厂周围往往地面上都是一薄层水泥；世界上有名的一些大水系，已不再是清洁水系了。

3. 破坏植物植被，影响人们的健康

世界上每年都有大面积植物被污染所形成的酸雨毁掉。在影响人身体健康的诸多

因素中，环境因素、水质、空气、食物等因素成了致病的重要因素，有许多病症是污染直接引起的，如重金属中毒、污染空气导致的呼吸疾病等。

废弃物的资源化，大量再生成有用原材料，可有效解决上述问题。例如，再生玻璃的工艺比原生制造玻璃，可减少 10%~35% 的空气污染；废钢铁炼钢比矿石炼铁、炼钢工艺可减少 88% 的空气污染，76% 的水污染；造纸废水的循环封闭利用，可根本解决造纸黑液水对江河的污染。据美国工业部门估计，利用废物再生产，可使一些工业生产造成的空气污染减少 60%~80%，水污染减少 70% 以上。由此可见，再生资源利用对环境的重要作用。

（四）再生资源产业的发展壮大有助于增加就业机会

我国目前正处于经济社会转型时期，人口和就业的压力很大。再生资源利用是一个吸纳劳动力就业比重相对较高的产业部门。在我国，目前大约有近千万劳动力在再生资源产业内从业。因此，大力发展再生资源产业，将对我国拓展城乡劳动力就业的渠道产生重要的积极影响。

五、再生资源物流的发展趋势

（一）生产和流通企业是目前从事再生资源物流的基本主体

对于生产者而言，一切由产品设计、质量等问题引起的退货，在买方市场下多数商品的积压、过期等方面原因引起的退货，对环境污染较大的产品最终消费废弃物的处理等，由于逐级回溯，生产商往往承担主要责任、承受最终压力，从而成为再生资源物流问题的最关心者，并且越是大企业就越重视再生资源物流，许多知名企业以自营、合作和外包等形式从事再生资源物流运作。流通企业处于供应链的中下游，是生产者和消费者的中介或桥梁，拥有利用正向物流的网络和渠道方面的优势，特别是零售企业直接面对最终消费者，可以直接回收和处理退货商品和包装废弃物，或者借助正向物流渠道把退货商品和包装废弃物沿供应链向上游转移，因此流通企业具有从事再生资源物流的优势。

（二）第三方物流企业是未来从事再生资源物流的主导力量

（1）由于再生资源物流具有分散性、混杂性、不确定性等特点，再生资源物流的单个回流、小批量、远距离的运输是生产厂家要考虑的，同时再生资源物流资产专用性和回收利用技术要求较高，若由制造商或流通企业独家经营运作，投资风险大，虽然可以降低交易成本，但增加了库存成本、运输成本，且需求响应迟缓，服务水平低，致使顾客价值下降，企业竞争能力降低，因此往往需要采取合作的方式或专业化再生资源物流公司来运作。

（2）从培养企业核心竞争力的角度，许多企业把自己的主要精力和资源集中在自己的具有核心竞争优势的活动上，而把非核心领域外包给其他专业企业。一些企业把自己不擅长的非核心的再生资源物流业务外包已成为其增加竞争力的重要和有效的战略。

（3）大量中小型企业对再生资源物流重要性的认识及实施方面与大企业之间存在较大差距，其独自开展再生资源物流，在财力、管理及技术水平等方面都是不现实的。通过中间商和代理商的方式，或委托专业物流服务商实现企业的再生资源物流服务是较为明智的选择。

（4）第三方物流公司可以同时为多个商家和厂家提供返品处理服务，使得再生资源物流管理的规模化效应更加突出；同时使得专业分工更细，集约化与效率化程度更高，拥有完备的物流网络、先进的物流运营经验和管理体系，可以提供更加专业、更加优质的服务；有利于采用更完善的专业物流管理技术，以最大限度地回收废品和废弃物的经济价值。

（三）再生资源回收企业是我国从事再生资源物流的新生力量

据统计，我国再生资源循环利用行业有各类企业5 000多家、循环网点16万个、循环加工厂3 000余座、从业人员140多万人，六大类废旧物资年循环量已突破5 000万吨，年循环总值超过450亿元，全国已建立起近500个各类废旧物资交易市场，形成了以废旧物资交易、超储积压物资调剂、旧货拍卖、典当为主体的再生资源市场体系。我国再生资源回收企业是从事再生资源物流的新生力量，主要是基于以下因素。

（1）网络优势。无论是生产废料、退货产品，还是最终消费废弃物，往往来源地域的分散度较大，其回收利用需要有实体网络和网点的支持，而我国再生资源行业从20世纪50年代发展至今，回收网络系统已经深入厂矿企业、居民小区和农村小城镇，一些大型再生资源企业已经形成了跨地区、跨行业的回收网点，从而为开展再生资源物流提供了网络支持。

（2）加工技术优势。再生资源物流与正向物流在功能上的要求有所不同，再生资源物流除了强调运输和仓储等基础功能外，对流通加工功能的要求较高，不具有退货物品、废弃物等流通加工技术和能力的企业，很难胜任再生资源物流的任务；而再生资源企业是专门从事废旧物资回收加工利用的企业，不但其从事物品储运的能力较强，而且良好的流通加工技术能力是其开展再生资源物流的独特竞争优势。

（3）市场优势。再生资源行业已经建立了包括旧货市场在内的市场交易体系，再生资源企业在长期经营实践中，对废旧物资的特点、流向、市场供求、价格走势、经营方式等方面比较熟悉，有着固定回收和销售渠道以及较为稳定的客户关系，具有以市场为导向开展再生资源物流的能力。

（4）市场压力和经济动力。近年来，由于再生资源市场的开放、个人私营企业的发展以及扶持政策的变化等，许多再生资源企业效益低下，迫切需要围绕关联业务拓展新的发展空间，而再生资源深加工和再生资源物流是两个首选领域。再生资源物流领域具有较大的社会价值和经济价值，特别是经济价值越来越显露出来，开展包括退货、配送等在内的再生资源物流可能成为再生资源企业的一个新的利润增长点。

六、再生资源物流的发展对策

(一) 建立专业化、规模化、现代化的再生资源物流企业

再生资源物流企业不同于以往的废弃物填埋场、贮存厂、回收站,而是集废弃物回收、运输、拆解、分类、恢复、加工、储存及处置等多种功能为一体的现代化废弃物物流中心。它可以打破目前以行政区域划分为界的废弃物"条块"管理模式,建立以再生资源物流产业为"条",地方行政政府为"块","条块"结合,以法律手段和经济利益推动,充分发挥政府宏观调节的作用,克服废弃物各自回收、处理的技术、资金问题,进行专业化处理。行业中互通有无、优势互补,既促进了回收行业的发展,也提高了二次资源的利用率;既理顺了回收物资流动渠道,也建立了信息联系网络。

再生资源物流企业与单纯政府行为的废弃物处理厂的区别主要表现在:回收行为发生的时间、空间不同;前者进行简单的拆解、加工行为;前者进行分类、恢复不仅仅为了处理,其主要目的是进行重复利用,使废弃物重复进入物质资料循环系统。还有一个重要不同是,再生资源物流企业是以获得经济利益和环境利益双重标准运行的,具有市场化的一切特征。因此在一定的政策体系下,可以多种经营方式并行,并最终减轻政府的负担。

再生资源物流企业的功能更像一个废弃物加工库,将各地(城镇)产生的废弃物根据产量(重量、体积)进行回收、运输和简单的拆解、加工及分类后,或储存,或作为原材料、零件、包装物出售,最后对暂时无法利用和不能利用的废弃物进行安全处置。再生资源物流企业的建立,可以采取以下形式。

1. 公益性社会机构负责再生资源物流的模式

在生产流通过程中和消费后产生的价值较低的报废品,如生活垃圾以及工业、建筑垃圾等,其回收处理或者再生利用的成本较高,而其生产企业通常规模较小,不具备从事再生资源物流业务的实力,即使在政府管制的情况下,仍然可能不愿实施再生资源物流。在这种情况下,政府需要委托公益性社会机构(主要是公用事业机构)或者实力较强的国有企业等来承担,同时考虑到该行业的公益性质,政府应给予适当的优惠政策。该模式的典型代表就是城市垃圾处理行业,目前,在我国一些城市已经开始垃圾回收再利用的尝试,上海、北京、广州、天津、深圳、珠海、杭州、宁波、温州、武汉等城市已经建成或正在规划建设垃圾焚烧发电厂,其中上海除了两座垃圾焚烧发电厂之外,还将建设一座生物垃圾处理厂,此外南京还在尝试利用垃圾沼气发电。

2. 生产企业联合建立再生资源物流企业的模式

在诸如废旧家用电器、电子产品、家具、生产过程中报废的金属器具、塑料制品及橡胶制品等回收价值较高的废旧物品中,有些在回收之后经过简单修理就可以进入

二手市场，有些经过拆解之后可以作为零件重新使用，有些经过处理之后可以作为工业原料重新进入生产领域，因此对于生产企业来说，废旧物品可以作为重要的零部件或原料来源，其中蕴藏着巨大的商机。另外，如果这些废旧物品不经过适当处理，很可能会对环境产生巨大的破坏，特别是一些塑料橡胶制品、危险化学品、含有重金属的废旧电子和电器产品等。要对这些废旧物品回收处理需要较大的投资，而这往往是单个企业不愿或者不能负担的，在这种情况下，同行业的多家企业，可以通过合资等方式，建立面向各合作企业甚至整个行业的专门从事再生资源物流的企业。在政府管制的条件下，建立联合的再生资源物流系统，不仅可以减轻单个企业的资金压力，使其更具有专业优势，而且可以保证该企业运作过程中的原料来源问题，容易实现规模经营。近年来，国内外手机厂商联合有关机构，承诺将对污染环境的手机及配件进行回收处理。或许，这会成为手机厂商联合建立再生资源物流系统的开始。

3. 生产企业独立自建的再生资源物流企业的模式

企业自建再生资源物流的模式适合于比较广泛的回流物品，包括产品退货、维修和召回，报废品的回收处理和包装材料的循环使用等。一般来讲，需要建立独立再生资源物流系统的企业，其回流产品的数量较大、回收价值较高，对环境的潜在危害也比较严重。实施再生资源物流，不仅仅是企业应对环境管制的策略，更具有战略性意义。对生产企业来说，实施再生资源物流，不仅可以降低原材料的成本、节约资源；可以了解本企业产品的缺陷，不断提高产品质量；可以解除顾客的后顾之忧，增加顾客忠诚度；还可以塑造良好的企业形象，增强企业的竞争优势。通用汽车、奔驰、戴姆勒－克莱斯勒、宝马、福特等世界著名的汽车厂商都曾有过召回汽车的记录；2016年全年仅在我国有关汽车召回的公告就有171次涉及45个品牌的近200款车型，召回总量达到1 179.49万台；华为2013年启动的"绿色行动"回收旧手机进行环保无公害处理。资源再利用的业务服务规模已经扩大到全球10余个国家的327个回收站。

4. 生产企业再生资源物流外包模式

社会上有一些有远见的厂商，逐渐地认识到了废旧物品回收行业中的巨大商机，他们会主动进入该行业，专门为生产企业提供再生资源物流服务。虽然从事该行业需要的初期投资较大。环保要求很高，初期回报率不是很高甚至可能出现暂时的亏损，但这是社会发展必需的公益性行业，政府也会给予政策上的支持，而且随着产品种类数量的增加，政府的环境管制措施将越来越严格，这个行业的前景会非常广阔。在芬兰，以回收利用废旧金属起家的芬兰库萨科斯基公司，专门为大量使用电子设备的客户提供全套产品再生资源物流服务，根据不同客户的需求，制定产品回收计划并签订回收协议，定期到这些公司、机构及政府有关部门回收废旧物品。目前该公司每年回收处理超过1万吨废旧家电和电子产品，占芬兰每年回收处理总量的50%左右。

（二）建立再生资源物流的法律保障体系

再生资源物流的法律保障体系是指以法律的手段影响再生资源物流产业的市场行

为和市场结构,使资源的分配产生倾斜,促进产业组织的变化。建立专业化、规模化的现代再生资源物流企业,实现再生资源物流,必须建立起完善的法律体系,才能保障再生资源物流产业能够在市场经济条件下的持续健康发展。

我国的环境保护法律体系是一个包含多种法律形式和法律层次的综合性系统。包括《宪法》中有关环境的条款,合理开发、利用、保护、改善环境和资源方面的法律,针对特定环境保护对象,例如《固体废物污染环境防治法》《水污染防治法》等七部侧重防治环境污染的环境保护的法律;侧重资源环境保护的法律,例如《水法》《矿产资源法》《节约能源法》等,环境保护行政法规100多件,例如《环境噪声污染防治条例》《海洋倾废管理条例》等,以及环境保护地方法规和规章900余项。加入的国际公约和签订的国际条约37项,也是我国环境法律体系的一部分。截至2017年年初,我国已颁布各类环境保护标准2 038项,其中现行标准1 753项,"十三五"期间还将增加近千项标准出台,我国已经形成国家级和地方级包括污染物排放(控制)标准、环境质量标准、环境监测类标准、环境管理规范标准和环境基础类标准在内的较完善的两级五类环保标准体系。

法律是政策在法律形式的具体落实。物流能否与废弃物管理相结合并成为真正的产业形式,首先要依赖于环境法的具体制定和执行,即有法可依、执法必严。

1. 有法可依

相对于污染防治而言,生态保护缺乏具体的、可操作性的法律规定。我国目前的生态问题主要表现为水土流失、荒漠化、生物多样性减少以及资源的破坏。再生资源物流的一个最主要的功能就是废弃物的资源化,解决资源破坏主要从以下几方面入手。

(1)制定阶段性的合理调整、制定有关资源价格、废弃物处理后产生的二次资源的价格的法律。这一方面主要涉及对国民生产、国家安全以及人民生活息息相关的资源,例如煤、石油、钢铁、水、土地、海洋等资源。价格的制定可以参考一些学者提出的资产论、纳入国民经济体系等,但一定要避免无法操作出现最终形同虚设的局面。例如对于水资源可根据地区性经济发展的不平衡、居民收入以及消费情况制定水价,不可照搬其他国家,也不可全国执行同一标准。

(2)出台鼓励发展、具有政策倾斜性质的法律。我国虽然对一些环境保护产业实行了鼓励发展和限制发展的相应政策,也加大了资金的投入和管理,但相对于资源再利用、污染治理的现状仍是显得力不从心。制定专门的法律、利用经济杠杆的作用鼓励资源再利用产业的发展,以便建立相应规范的市场及进行进一步实用的科学研究,防止重蹈以前政策超前、行动滞后的覆辙;鼓励社会资金的融入,探讨私人与政府合作形式的废弃物治理和利用途径,开辟环境保护资金的新途径,解决或缓解环境治理费用对国家财政的压力;鼓励在经营上发展多种形式,为再生资源物流真正进入市场并良性发展提供法律保障。

(3)严格奖惩制度。在现有环境保护相应法律体系中有惩罚和奖励条文,并在以往企业污染治理上发挥了一定的作用。但对于事业单位污染治理以及其他一些主体不易确认的污染治理上作用不明显；对于资源开采、利用、再生影响的评估不真实甚至根本没有，惩罚与奖励都失去意义。在严格奖惩制度，正确评价损失的同时，要严格区分责任人、事件主体、执行主体以及监督机构，缺一不可。

（4）制定废弃物回收利用相应法律、法规。规范和强制废弃物回收利用，这是大部分发达国家行之有效的经验。它不仅约束了回收机构普遍短视和单纯追求效益的行为，也刺激了废弃物再利用行业的发展，从而出现再生资源物流行业的需求和发展。废弃物回收法律法规一般包括：回收范围、种类；回收价格范围；国家对某些经济效益较差物质的优惠方法，包括回收业以及居民两方面；对废弃物生产企业的限制；对某些废弃物回收责任的确定；回收达到的效果，以及相对的奖惩。

2. 执法必严

根据发达国家的废弃物管理经验，在民众的认识很少和体系没建立起来或建立初期时，根据现有法律、法规严格执法是实现废弃物管理和传播废弃物意识的最重要与最有效的途径。严格执法包括以下几部分。

一是制定的法律、法规要符合当前形势、未来发展趋势，可操作性强。不能一味强调与国际接轨，要根据我国环境保护所处阶段、经济能力、科技水平以及民众接受程度分阶段、分目标的逐渐完成。二是在法律制定时，责、权、利三者严格分开，并赋予监督者较大的实际权利。

(三) 建立再生资源物流的政策保障体系

再生资源物流的政策保障体系是指以政府行政的手段影响再生资源物流产业的市场行为和市场结构，促进产业组织的变化。再生资源物流产业得以正常运行并发挥应有的效益，一个重要的支柱就是政策对产业提供的发展和经济政策支持。再生资源物流包括的行业纷繁，有一个共同的特点就是废弃物资源化，因此资源环境政策的出台和实施就成为再生资源物流的宿命。

我国确立的可持续环境发展战略已经为环境的未来指明了发展的方向，即继续污染防治工作的同时加强生态保护的力度；以防为主，实施全过程控制；以流域环境综合治理带动区域的环境保护。

我国的环境保护政策经历了三个阶段的发展，从无到有并随着经济社会的发展逐步建立了包括国家和地方环境保护政策、基本环境保护政策以及单项环境政策等不同层面和类型较为完善的政策体系，但在一些领域还存在空白和不完善的情况。对于废弃物资源化产生的二次资源行业有建立相应的政策，对于行业的发展政策、经济政策只是参考相应废弃物治理政策，远不能适应解决当前紧迫的资源现状和污染现状。

再生资源物流产业发展迫切需要制定符合当前市场经济条件下，废弃物产生、贮存、处理以及管理的政策，将废弃物当作原料发展相应产业（或者生产、消费、流通的全过程控制），制定相应的发展、经济、技术等政策，并尽快完善资源政策，理顺两者的关系。这样才能为废弃物资源化、减量化、无害化奠定坚实的物质基础，并打破再生资源物流区域化的限制，走出地方保护的陷阱。

再生资源物流发展的政策保障体系应包括以下几个方面。

1. 政府职能的转变

首先，政府的职责从废弃物政策的制定者、政策的执行者、政策的监督者三位一体中脱离出来，成为废弃物政策的监督者。确保政策能真正地落实和被执行，督促和检验废弃物治理的效果并及时向社会反馈，保证公民的知情权。

其次，政府与民众之间是代表和被代表的关系，即政府作为生活垃圾和生活废水产生源——民众的代表，应以一定形式制定约束条件以保障民众有正常通畅的渠道对自己的排污行为负责，而使政府不再陷于当前这种"收不收费一样""收取费用太低"的尴尬境地。

再次，废弃物的治理行为成为独立经营的实体行为，应有一定的政策和机制进行保障。例如政府应对生活垃圾、生活废水处理进行一定形式的投资或补贴或联合经营，保障和鼓励企业运行。

最后，政府利用一定的行政方法，鼓励企业废弃物处理变自己解决为由专门的废弃物处理企业解决的新途径。

2. 产业组织政策

为了使再生资源物流产业整体上获得理想的市场绩效，制定相应的再生资源物流产业组织政策已成当务之急。应通过协调竞争与规模经济的关系，建立有序的市场秩序，维护市场的有效竞争，提高再生资源物流产业内的资源配置效率。

（1）再生资源物流产业组织政策制定的依据。环境保护是我国的一项基本国策，因而调整再生资源物流产业组织结构，促进我国再生资源物流产业的发展，对保证我国可持续发展战略的实施具有重要的意义。在制定我国再生资源物流产业组织政策时，无疑要依照我国的产业政策发展纲要和可持续发展战略，制定符合我国经济发展阶段和再生资源物流产业特征的政策。同时，也要从我国再生资源物流产业现实的市场结构出发，以强有力的政策手段克服生产分散和竞争无序，促成以大企业集团为竞争主体的市场结构。

（2）再生资源物流产业组织政策的目标取向如下。

1）提高产业的总体规模经济性。生产分散和规模经济效益低下是阻碍再生资源物流产业发展的最大痼疾，因此，改变再生资源物流产业绩效低下的当务之急就是要改变再生资源物流产业产量极其分散的局面，提高整个产业的经济规模性。

2）建立健全市场规则。要实现市场经济的健康运行必须建立健全各项市场规则，比如市场的进入与退出规则、市场交易规则和市场竞争规则等。在此，主要强调其中的市场进入与退出规则，以促进和鼓励有效竞争和有序竞争，实现规模经济、资源配置效率和社会福利水平提高的有机结合。必须指出的是，建立和健全市场规则必须以资源的自由流动为前提，否则厂商就会有动力去破坏市场规则，导致寻租行为的产生进而损害社会福利。

3）促进技术进步，提高产业效率和服务质量。要改变我国再生资源物流产业运作的落后状况，增强市场竞争实力，就必须制定能够促进科技投入和鼓励引用信息技术、新材料、新工艺等高新技术的产业政策，以提高再生资源物流运作的现代化程度和产品科技含量。

(3) 建立健全再生资源物流产业组织政策的建议如下。

1) 完善市场的进入和退出机制。要塑造合理的产业组织结构，必须首先调整再生资源物流产业的壁垒状况。我们认为在制定再生资源物流产业的进入与退出政策时，其基本思路应该是"对进入进行管制，降低退出壁垒"。进入管制是通过控制厂商的进入行为，限制产业内现存厂商数量，避免厂商过度进入导致低效竞争的有力措施，这与提高产业经济规模的要求是一致的。具体可以从以下几个角度入手：制定最低经济规模标准，对厂商规模进行限制，严格控制新投产企业的规模水平，从而达到控制整个行业规模水平的目的；制定各种规模的环保企业所应达到的技术水平标准，以法律的形式限制新进入企业的技术水平，从而达到杜绝技术落后、质量低劣的企业进入的目的；制定特许经营权制度，国家对那些特殊的环保企业的经营权应以适当的方式（比如拍卖、招标等）有偿出让，而且取得该经营权的企业对该经营权具有转让、处置和收益的权利；制定并严格实施环保产品的标准，这一方面有利于环保产业的发展，同时也有利于各种类型的环保企业之间的平等竞争。

市场退出壁垒包括市场退出的技术性壁垒和市场退出的制度性壁垒，在西方较为发达的市场经济中，企业的退出壁垒多为技术性壁垒，而我国则多为制度性壁垒。对再生资源物流企业来说，由于资产的专用性，使得正常退出面临极大的困难，因而需要对企业退出实施援助，降低退出壁垒。目前应解决的主要问题有：企业职工的再就业问题和退休职工的养老保险问题；克服地方保护主义造成的障碍，破除市场分割，建立全国统一市场，让市场功能充分发挥作用，形成"易进易出""难进易出"的壁垒组合；建立健全产权交易市场，厂商退出作为一种资产、产权转让交易，一般要在要素市场上完成，但长期以来我国产权交易市场体系不够完善，这在一定程度上制约着环保企业的退出。

2) 促进产业内有条件的企业实现资本集中。我国的再生资源物流企业与发达国家的相比规模还太小。发达国家的再生资源物流企业，尤其是那些跨国再生资源物流公司，往往具有雄厚的经济实力和技术实力，集科研、设计、制造、安装于一体，例如美国的艾利斯-查默斯公司，它在加拿大、澳大利亚、英国、法国等14个国家设有分公司，在美国500家最大制造商中名列前茅。为了优化我国再生资源物流产业结构，应制定和采取一些扶持及鼓励政策，通过改组、兼并、控股、参股及战略联盟等多种方式，做大做强几个大型企业或企业集团，提高它们在产业中的带动作用和辐射作用。与此同时，对一些科技水平低、成本高、长期亏损、扭亏无望的企业，应采取相应措施，使其顺利退出市场，以提高环保产业总体上的资源配置效率。

3) 完善市场机制和健全企业的经营机制。市场的条块分割和缺乏统一有效的市场竞争规则限制了再生资源物流产业的集中，因此提高产业的绩效水平，必须打破市场的条块分割，建立统一的全国大市场，使经济资源在市场内自由流动。同时，要建立统一有效的市场竞争规则，以使市场竞争更加平等、有序。另外，长期以来，企业产权主体模糊，企业不能按照利润最大化的原则进行决策，比如，在企业破产退出市场的问题上，本来应该是企业按照经济利益的原则自主决策的问题，但企业产权主体的错位，使之变为一个公共选择的问题，这无形中增加了企业的退出壁垒。当然，再生资源物流企业的机制问题不但影响企业的进入与退出行为，而且影响企业的其他决策行为，比如资产重组行为、定价行为等，进而影响整个产业的绩效水平。所以，优化我国再生资源物流产业组织结构，提高产业绩效，必须健全环保企业经营机制，明晰产权，重构多元产权主体。

3. 投资政策

对于再生资源物流产业的企业化运行，资金是重要问题。废弃物的处理，前期基础设施的投资非常巨大，后期保障企业性运行的资本根据不同的处理方法和技术以及产品可市场化程度，有很大的不同，因此再生资源物流企业的运营资金成为重要问题。

（1）资金来源。在再生资源物流产业中，不论是废水的治理还是固体废弃物的处理，前期的设施建设主要包括交通设施、运输设施、贮存设施、处理设施以及设备。交通设施主要包括道路；运输设施主要是指运输车辆、输送管道；贮存设施主要指贮存场地建设；处理设施、设备根据不同的处理方法、方式而不同，这些设施、设备目前大部分由政府投资兴建。市场化要求在政策体制的前提下，建立多元化投资机制，吸引各类社会资本进入以减轻政府的财政压力，使得资金的最终来源主要包括政府投入、社会收费和其他收益。

第一，政府投入始终是解决再生资源物流企业化运行的重要内容，作为民众利益的代言人始终对社会发展、人民非物质生活水平的提高有着天然的责任，因此，再生资源物流前期投入（基础设施）的主要承担者自然是政府，这也是由发达国家实践了的，如日本、法国、英国等国家在新建、改建或扩建污水和垃圾集中处理设施时，首先由政府进行投资，不足部分发行地方债券筹资，然后才是私人资本的不断进入。

第二，社会收费，主要是指污水处理费、固体废弃物处理费以及其他设施有偿使用费，根据污染者付费和受益者负担原则对污染物产生者和治理受益者——企业以及民众征收。目前，我国普遍存在着处理费缴收情况不合理的现象，一是收费偏低，二是收缴率偏低。因此政府应在这两方面下功夫，区分不同地区、不同经济状况，建立合理的收费标准和收费渠道。

第三，其他收益，主要是指循环利用、产品出售、厂家补贴等。循环利用指在废弃物处理过程中，某些可以循环使用的物资，如包装物品、废旧钢铁等，作为废旧物资重新进入市场所获得的收益；产品出售主要指再生资源物流产品进入商品流通领域的收益；厂家补贴指产生废弃物的生产厂家，在企业盈利之后有责任对废弃物的处理承担一部分费用，这部分收益在西方国家中，所占的比例不小。

（2）投资机制。在当前的经济体制下，参照西方发达国家已经实践过的经验，可以采取以下方式：贷款、筹措环境保护资金、建设－运营－移交方式、资产证券化融资、承包经营以及开发商融资等。

4. 政府管制

政府管制是指政府介入产业市场的经济活动，对市场行为进行规范或干预，分为间接管制和直接管制。再生资源物流产业实行间接管制的方法，即政府依法对企业行为进行规范，维护市场秩序。

再生资源物流实行政府管制主要保障企业有稳定的原材料市场、合理的产品市场以及经营活动正常运转，包括原料质和量的保障、产品价格的确定和补贴、产品质量的监督、与其他同类产品的竞争等。

（四）建立再生资源物流的技术保障体系

再生资源物流企业涉及的技术问题主要包括两部分：一是废弃物的收集、运输、处理技术；二是物流管理技术，以及信息技术的应用。对于第一部分，目前我国和世界发达国家研究的成熟技术很多，也经过了实践和时间的考验，因此在应用中遇到的问题主要是成熟技术在我国的移植和应用、技术人员的培训，必须达到国家规定的资质要求。对于第二部分，要求企业管理人员具备统筹管理、物流管理的技术和经验以及信息系统应用技术。

基于再生资源物流的特点和目标，对其进行统筹管理和控制，可以从以下的几条思路出发。

1. 建立独立的再生资源物流处理中心

鉴于再生资源物流的复杂性和不确定性，以及鉴别和处理的技术要求，在企业建立起完整的逆向供应链体系之前，为节约成本，加强流通，可先成立专门的再生资源物流处理及相关信息搜集整理中心，将进入逆向流通的产品集中到处理中心统一调配，可以形成规模效益。虽然如果能使再生资源物流的处理中心与正向物流商品配送中心合二为一，共同使用仓储、运输等硬件及管理等设施，将再生资源物流与正向物流充分结合起来，看上去似乎非常理想，但一些有关的实践却并不如预料之中的成功。同时管理双向物流使一些物流经理们感觉到力不从心，结果通常是再生资源物流成为管理中被忽略的牺牲品。现在的多数做法是使用独立的再生资源物流处理中心，或即使与配送中心使用同一设施，但保持独立的两套操作系统。建立专门的退货中心或回收物料处理机构能缩短反应的时间，对随机发生的情况，特别是退货、问题商品回收能快速反应，并为企业赢得信用，改善企业的现金流。另外，还可以由专人处理在退货或回收物料过程中的产品市场信息，使信息反馈渠道畅通。

2. 从产品设计开始充分考虑再生资源物流的需要

积极地把从再生资源物流中收集到的信息运用于改善产品设计、改善供应链管理和企业文化建设，在产品设计、生产、原材料选择上充分考虑回收时的需要，加快回收分解过程，降低再生资源物流管理的成本，从根本上控制进入流通领域的商品和包装材料。

3. 利用现代信息技术，建立物流信息系统

现代信息技术的运用是再生资源物流发展的必然趋势，是基于电子资料交换系统设计的资讯系统，能让制造商与销售商共用退货资讯，为服务商提供包括品质评价、产品生命周期在内的各类营销资讯，使退货在最短的时间内被处理完毕，为企业节省大量的库存成本和运输成本。目前国内再生资源物流系统的软件开发仍处于起步阶段，但设计个性化的资讯系统连接再生资源物流管理中的各个环节，能有效地缩短处理过程，节约成本，并记录相关信息以供管理者评估追踪产品情况。

4. 采用第三方物流

对许多中小型企业来说，建立一个快速而成本低廉的物品回收系统是重要而又困难的，这意味着也许第三方物流由专业的配送中心或专注于废品处理和产品回收的供应商来处理可能会在此方面带来更多的效率。3M 公司自 1996 年起就将再生资源物流外包给两家物流服务商，委托他们处理由零售商及企业用户退回的约 50 000 件的商品。而英国邮政最近推出了一项新的再生资源物流服务，该项服务可通过更加有效的退货管理，帮助零售商节省上百万英镑的开支，据悉，目前美国西夫韦（Safeway）公司已经成为首家同英国邮政合作开展退货服务的零售商。英国邮政可直接在西夫韦公司的网点对错投、损坏的商品或对那些撤销订单的商品进行退货管理。双方希望通过有效的管理，取消西夫韦公司的仓储运营、库存以及货物搬移等环节，从而为该公司带来成本的大幅度下降。国际物流巨头 UPS 快递、联邦快递等已经开始在我国提供再生资源物流管理服务，第三方再生资源物流已成为物流管理的新趋势。

（五）建立再生资源物流的环境保障体系

1. 实施 ISO14000 环境管理体系认证

再生资源物流企业实施 ISO14000 环境管理体系认证，具有以下几个方面的意义。

（1）改善组织的环境行为，降低环境风险。企业在建立和实施环境管理体系时，其最高管理者必须对遵守本国环境法律、法规及其他要求做出公开承诺，这是企业建立和实施环境管理体系的基本要求，也是最低要求。既然对污染预防和持续改进做出了公开承诺，就要收集、熟悉和更新适合于企业的法律、法规和其他要求；从过去被动的执法而采取末端治理，转变为自觉地学法、用法，用环境保护法律、法规及环境标准规范自身的环境行为。

（2）降低能源、资源消耗。ISO14000 标准要求对企业的生产进行全过程控制，体现了清洁生产的思想，事事都考虑到如何防止和减少污染的产生与排放。此外，能源资源和原材料的节约、废物最大限度的回收利用，都是该标准考虑的范围。因而，该体系所做的有效控制和持续改进，不但使企业获得环境效益，而且使企业可获得更明显的经济效益。

（3）提高企业的管理水平和员工的环境意识。通过环境意识的培训，企业员工认识到当代环境问题的严重形势；理解到保护环境和节约资源是我们共同的责任；明确

环境污染和资源浪费是由于人类不文明活动所造成的结果；也增强企业每个员工爱护环境、保护环境，为子孙后代提供一个永续生存环境的使命感。

（4）提高企业的社会形象和竞争能力，有利于企业的长期发展。ISO14000标准的出台是为了促进环境保护和经济贸易的协调发展，随着越来越多的企业实施这一标准，更多的企业已经在经济活动和贸易中提出了对ISO14000认证的要求，其效应日趋明显。实施ISO14000标准可提高企业的形象，无疑也增强了企业的竞争能力。企业通过ISO14000认证，不但顺应国际和国内在环保方面越来越高的要求，不受国内外在环保方面的制约，而且可以满足当今经济体制和经济增长模式的要求，跻身于现代经济发展的浪潮而不被淘汰。此外，国内外对实施ISO14000的企业在政策和待遇方面给予的鼓励与优惠，会有利于企业良性和长期的发展。

2. 完善再生资源物流系统的环境影响评价

完善再生资源物流系统的环境影响评价有助于从环境角度对再生资源物流系统进行规划，一旦决定开始建立再生资源物流系统就必须考虑其本身的环境影响。再生资源物流系统运作过程产生环境影响的来源主要是运输与回收品处理。

（1）运输。与正向物流系统类似，其最主要的来源是运输过程造成的污染，环境影响评价采用的环境绩效指标通常是分摊到单位重量废弃产品的燃油消耗量。

（2）回收品处理和再加工。再生资源物流系统还要考虑回收品处理和再加工过程中的环境影响。而对于回收品的加工处理，与正常生产过程中的环境影响评价有所不同，主要包含两个层面：①传统的生产过程环境影响评价。生产过程环境影响评价通常使用的指标包括能耗、有毒排放、垃圾产生、非化学污染排放等，这些指标对于回收品处理和再加工过程的环境影响评价也是必要的。②重用率与残余物的环境影响评价。由于再生资源物流对回收品的处理和加工的主要目的是能够重新利用废弃的回收品，所以其环境影响评价应增加重用率这一指标，这个重用率需要按照不同原材料分别计算。同时，残余物仍会有环境影响，对这些残余物要做必要的处置，处置方式由残余物的物理和化学特性所决定，处置方式的不同会导致费用有所不同。因此，环境影响评价指标还应包括总的处置费用。根据再生资源物流系统的环境影响评价，可以获得整个再生资源物流系统的综合环境绩效。为企业在规划再生资源物流时提供了决策依据，也为再生资源物流日常运作提供了环境绩效的监控手段。

第三节 应急物流

一、应急物流的概念

当今世界科技发展日新月异，对自然灾害的预报已发展到相当水平，但局部的、区域性的，甚至是国家或全球范围的自然灾害、公共卫生突发事件以及大规模恐怖袭击活动时有发生，这都给社会造成了重大打击，对人类的生存和社会的发展构成了重大威胁。从中国唐山大地震到美国"9·11"事件，从SARS、禽流感到日本福岛核泄漏，人们在突发事件面前表现出的被动局面均暴露出现有的应急机制、法律法规、物资准备等多方面的不足，给世界各国都带来了巨大的教训和惨痛的记忆。

突发性公共卫生事件造成如此巨大的人员伤亡和财产损失，必然需要大量的应急物资，以解决或处理死者安葬、伤者救助、卫生防疫、灾后重建、恢复生产、恢复秩序等，否则受灾面积、人员、损失将会扩大，灾害有可能演化为灾难。

对某些自然灾害可以预报它发生的区域、强度及季节或时间（如洪水、台风等），但更多的突发性自然灾害、公共卫生事件及恐怖袭击活动（如地震、火山爆发、山洪、泥石流、大面积食物中毒、矿井安全事故、突发性传染病）都难以预测和预报。有些灾害即使可以预报，但因预报时间和发生时间间隔太短，赈灾的应急物资难以实现其事件效应和空间效应，即难以实现其物流过程。

我们所面对的现实是严峻的，而对应急物流系统的研究尚处在起步阶段。为使突发性自然灾害和公共卫生事件造成的损失极小化，急需对应急物流系统的内涵、规律、保障机制、实现途径等系统地进行研究，进而建立一套适合我国国情的应急物流系统。

所谓应急物流系统是指为了满足突发的物流需求，非正常性地组织物品从供应地到接收地的实时流动过程。根据需要，它包括物品获得、运输、储存、装卸、搬运、包装、配送以及信息处理等功能性活动。

二、应急物流的特点

应急物流是在各类突发事件中对物资、人员、资金的需求进行紧急保障的一种特殊物流活动，它具有以下特点。

（一）突发性

顾名思义，由突发事件所引起的应急物流，其最明显的特征就是突发性和不可预知性，这也是应急物流区别于一般物流的一个最明显的特征。由于应急物流的时效性要求非常高，必须在最短时间内，以最快捷的流程和最安全的方式进行应急物流保障。这就使得运用平时的那套物流运行机制已经不能满足应急情况下的物流需求，必须要有一套应急的物流机制来组织和实现物流活动。

（二）不确定性

应急物流的不确定性，主要是由于突发事件的不确定性。人们无法准确地估计突发事件的持续时间、影响范围、强度大小等各种不可预期的因素，这使得应急物流的内容随之变得具有不确定性。例如在2003年上半年对SARS战斗的开始阶段，人们对各类防护和医疗用品的种类、规格及数量都无法有一个确定的把握，各种防护服的规格和质量要求都是随着人们对疫情的不断了解而确定的。在其他应急物流活动中，许多意料之外的变数可能会导致额外的物流需求，甚至会使应急物流的主要任务和目标发生重大变化，如在抗洪应急物流进行过程中，可能会爆发大范围的疫情，使应急物流的内容发生根本性变化，由最初的对麻袋、救生器材、衣物、食物等物资的需求，变成对医疗药品等物资的需求。

（三）弱经济性

应急物流的最大特点就是一个"急"字，如果运用许多平时的物流理念，按部就班地进行就会无法满足应对紧急物流的需求。在一些重大险情或事故中，平时物流的经济效益原则将不再作为一个物流活动的中心目标加以考虑，因此应急物流的目标具有明显的弱经济性。

（四）非常规性

应急物流本着特事特办的原则，许多平时物流过程中的中间环节将被省略，整个物流流程将表现得更加紧凑，物流机构更加精干，物流行为表现出很浓的非常规色彩。例如在军事应急物流中，在以"一切为了前线、一切为了打赢"的大前提下，必然要有一个组织精干、权责集中的机构进行统一组织指挥物流行动，以确保物流活动的协调一致和准确及时；同样在地方进行的应急物流的组织指挥，也带有明显的行政性或强制性色彩，如在1998年的抗洪抢险战斗中，庐山站作为九江地区抗洪最前线的卸载站，承担了324个列车的卸载任务，列车卸载最短时间仅为20分钟，超过其卸载能力的一倍。当然，这种行政性和强制性与普通意义上的行政干预是不同的，前者是由专业化的物流组织机构组织的，是应急物流目标实现的一个重要保证，而后者可能会取的适得其反的结果。

（五）应急物流需求的事后选择性

由于应急物流的突发性和随机性，决定了应急物流的供给不可能像一般的企业内部物流或供应链物流，根据客户的订单或需求提供产品或服务。应急物流供给是在物流需求产生后，在极短的时间内在全社会调集所需的应急物资。

（六）流量的不均衡性

应急物流的突发性决定了应急物流系统必须能够将大量的应急物资在极短的时间内进行快速的运送。

（七）时间约束的紧迫性

应急物资多是为抢险救灾之用，事关生命、事关全局。应急物流速度的快慢直接决定了突发事件所造成的危害的强弱。

(八)社会公益性

在应急物流中社会公共事业物流多于企业物流,因此经济效益的重要性位于社会效益之后。

三、应急物流系统的结构

为了加快信息的交换速度,提高工作效率,将"减少组织层次,明确部门职能"作为应急物流系统部门设置的基本思想。应急物流系统可分为两部分:一是系统本部,二是加盟物流中心、物流企业(见图11-1)。

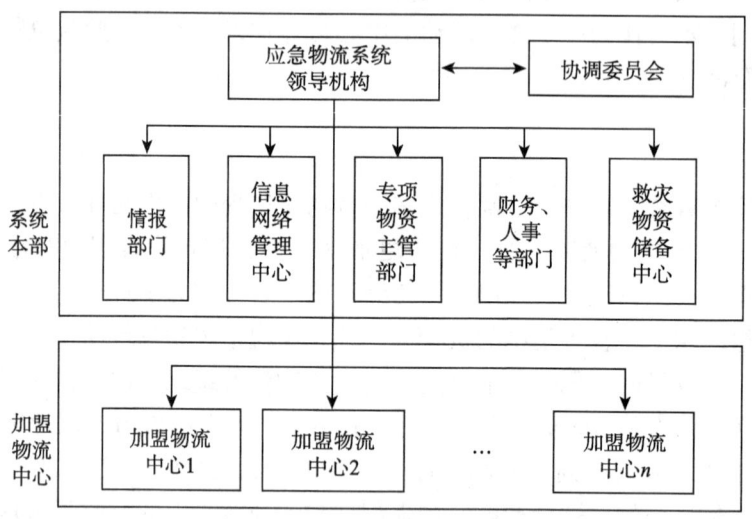

图11-1 应急物流系统组织结构

(一)系统本部

系统本部是整个系统的枢纽,是平时的业务指导机构和灾时的指挥协调机构,本身并不进行物资采购、储存、运输、配送等具体业务。它的主要工作是通过各业务部门指导各加盟物流中心、物流企业和救灾物资储备中心解决采购什么、储备什么、输送什么、何时送、送到哪、发给谁等问题。使整个应急物流系统"有序、高效、实时、精确"。

(二)加盟物流中心

各加盟物流中心、物流企业是应急物流系统物资保障的具体执行机构。根据应急物流系统分配的任务,利用自身的业务优势、技术优势筹集、储备、配送救灾物资,以最快的速度,保证质量地将救灾物资送到灾区、灾民手中。

四、应急物流系统的主要组成部分及职能

(一) 应急物流系统领导机构

应急物流系统领导机构负责应急物流系统平时和救灾时期的组织领导工作。对上向主管的政府部门和该地区政府首脑负责并汇报工作，对下负责整个应急物流系统的组织管理工作，保证系统在平时及灾时的正常运转。

(二) 协调委员会

协调委员会是应急物流系统平时、灾时工作的协调机构，也可起智囊团的作用，协助领导机构保持应急物流系统的高效运转。协调委员会成员由两部分组成：一是政府相关部门领导成员。其职责是给系统提供各种有用信息，对系统工作进行协调，在必要时利用行政职权支持系统工作，保证系统平时和灾时的各项工作能顺利进行。二是各加盟物流中心、物流企业的领导人员。这些人员对物流行业非常了解，是物流行业中的权威和专业人士。其职责是协助领导层进行决策，对各种应急方案进行审议，协助设计合理的运作流程，在救灾时期协助物资应急保障的协调工作。为了保证各加盟物流中心对系统工作的绝对支持和救灾时期物资应急保障的可靠性，各加盟物流中心、物流企业的领导必须是协调委员会的主要成员。

(三) 情报部门

情报部门主要负责灾前、灾中、灾后的情报收集和处理工作。长期与地震、气象、卫生防疫、环保等灾害检测部门保持密切、广泛的联系，及时掌握各种自然灾害、公共卫生、生产事故、环境污染等方面的情报，并做出准确的分析判断，将信息提供给系统的信息网络管理中心和专项物资主管部门，以便提前做好物资保障准备。

(四) 信息网络管理中心

信息网络管理中心负责信息管理、网络系统的构建维护工作。信息、网络系统是应急物流系统的基础设施，是系统工作的基本平台，是应急物流系统高效率、灵活性、可靠性的保证。应急物流系统通过该套网络系统与系统的各个部门、各个加盟的物流中心网络、信息系统进行连接，以便系统各专项物资管理部门了解各个物流公司的设备情况、人员情况、运营情况、运输能力、库房容量、主要业务等。在平时与公司间建立密切的联系，掌握公司的动向，指导其完善应急设施等。在应急情况下根据各物流企业的特点，合理安排好救灾物资的筹集、采购、流通、配送等各项工作。应急物流系统的网络管理系统的建设工作是系统工作的重点，系统能否在突发性自然灾害和公共卫生事件中发挥应有的作用，全在于该系统的灵活性与可靠性。因此，网络管理系统的建设不仅仅是指软、硬件或网络的建设，更重要的是信息获取、处理的能力和通过信息对业务的调控等能力。例如，根据地震、气象、卫生等部门提供的信息能够预测救灾物资的种类和数量情况的能力，掌握自身资源的信息以及形成优化解决

方案的能力，监控流程的动态信息以进行实时调整的控制能力等。网络信息系统的优势应该以以上能力为标准，以解决实际问题为标准。

(五) 专项物资主管部门

专项物资主管部门主要负责单项物资的预算、预测和筹备工作，可分为医药类、食品类、被装类等主管部门。在收到情报部门或者其他可靠的灾情信息之后，指导相应的医药、食品、被装等物流中心预先做好物资的筹集、采购工作，以保证在灾情爆发或进入扩大阶段以前，便已有了充分的物资准备，可以在最短的时间内将应急物资送到灾区、灾民手中。

(六) 各加盟物流中心、物流企业

加盟的物流中心是应急物流系统得以成功运作的基础，是应急物流系统各项保障业务的具体执行机构。平时各自自主经营，进行正常的商业活动，在应急物流中心的指导下，完善应急设施，制定应急方案，并根据情况做好救灾物资的在库管理。灾害发生后，在应急物流系统的领导和指挥下做好应急物资保障工作。

(七) 救灾物资储备中心

为了加强自燃灾害和重大事故的救助能力，许多省市都建有救灾物资储备中心，专门用于储备救灾物资。救灾物资储备中心的建立，对于提高为重特大自燃灾害和事故提供救灾物资紧急援助的能力，提高抗灾救灾水平，保障灾民的基本生活，维护社会的稳定意义重大。作为一个综合性应急物流系统，建立这样一个直属的物资储备中心是很重要也很必要的。救灾物资储备中心的主要职能包括三方面：一是负责本地区（或上级代储）救灾物资采购、储存、调拨、使用、回收、维修、报废等环节的管理工作；二是保障本地区紧急救助物资按质按量供应；三是围绕救灾物资的储备功能，开展综合经营业务。根据这些职能，物资的储备具体包括三个层次：一是救灾物资的储存管理，二是协同应急物流中心做好救灾物资的调拨，三是救灾物资的使用和回收。

五、应急物流系统的保障机制

建立应急物流系统保障机制的目的在于使应急物流的物流充裕、载体通畅、流向正确、流量理想、流程简洁、流速快捷，使应急物资能快捷、及时、准确地到达事发地。

(一) 政府协调机制

紧急状态下处理突发性自然灾害和公共卫生事件的关键在于：政府对各种国际资源、国家资源、地区资源、地区周边资源的有效协调、动员和调用；及时提出解决应

急事件的处理意见、措施或指示；组织筹集、调拨应急物资；采取一切措施和办法协调、疏导或消除不利于灾害处理的人为因素和非人为障碍。

政府协调机制可通过突发性自然灾害和公共卫生事件协调处理机构来实施，国家可以法律、法规形式给这些机构特定的权利和资源，并建立从中央政府到地方政府相应的专门机构、人员和运作系统。

(二) 全员动员机制

动员是一项民众广泛参与，依靠民众自己的力量，实现特定社会发展目标的群众性活动。他以民众的需求为基础，以社会参与为原则，以自我完善为手段。应急物流中的全民动员机制可通过传媒、通信等技术手段告知民众受灾时间、地点，受灾种类、范围，救灾的困难与进展，民众参与赈灾的方式、途径等。

(三) 法律保障机制

从世界范围看，在应对突发性自然灾害的时候，国家相关法律法规起着重要作用。一方面，相关法律可以保障在特殊时期、特殊地点、特殊人群的秩序和公正；另一方面，可以规范普通民众和特殊人群在非常时期的权利与义务、可为与不可为。应急物流中的法律机制实际上是一种强制性动员机制，也是一种强制性保障机制。如在发生突发性自然灾害和公共卫生事件时，政府有权有偿或无偿征用民用建筑、工厂、交通运输线、车辆、物资等，以解救灾之需。许多国家都制定了上述功能的法律法规，如美国的《国家紧急状态法》、俄罗斯的《联邦公民卫生流行病防疫法》、韩国的《传染病预防法》等。

(四)"绿色通道"机制

在重大灾害发生及救灾时期，建立地区间、国家间的"绿色通道"机制，即建立并开通一条或者多条应急保障专用通道或程序，可有效简化作业周期和提高速度，以方便快捷的方式通过海关、机场、边防检查站、地区间检查站等，让应急物资、抢险救灾人员及时、准确地到达受灾地区，从而提高应急物流效率，缩短应急物流时间，最大限度地减少生命财产的损失。"绿色通道"机制可通过国际组织，如国际红十字会，还可通过相关政府或地区政府协议实现，还可通过与此相关的国际法、国家或地区制定的法律法规对"绿色通道"的实施办法、实施步骤、实施时间、实施范围进行法律约束。

第四节　逆向物流与废弃物流

一、逆向物流的概念

"逆向物流"这一专业术语最早由 Stock 在 1992 年给美国物流管理协会（Council

of Logistics Management）的一份研究报告中所提出："逆向物流是指在产品的循环利用、废物的处理、有毒原料的管理中的物流；广义的逆向物流包括所有在节省原料、循环利用、调换物品、原料再次利用和处理中的所有相关物流活动。"

Kopicky 认为，逆向物流是一个概括性的术语，涉及从包装到产品的物流管理及有毒/无毒废料的处理，包括逆向配送——这将导致产品、信息沿传统物流的反方向运动。

吉恩蒂尼（Giuntini）和安戴尔（Andel）将逆向物流简单地概括为：组织对于来源于客户手中的物资的管理。

欧洲逆向物流管理协会 Revlog 认为，逆向物流是概括性的词。从广义上来说，逆向物流代表了与产品和材料重新使用相关的所有活动，对于这些活动的管理可以称为产品回收管理。这些活动从某种程度上来说，与企业内部由于产品加工而导致的产品回收有几分相似。逆向物流是为了保证可持续的（环保的）产品回收而产生的所有物流活动，包括对已用品、部件和/或材料进行收集、拆卸、加工。

美国逆向物流执行委员会（The Reverse Logistics Executive Council）主任 Dale S. Rogers 博士和 Ronald Tibben-Lembke 博士于 1999 年出版了第一本逆向物流著作 *Going Backwards：Reverse Logistics Trends and Practices*。他们根据物流管理理事会对于传统正向物流的定义，将逆向物流定义为：以资源回收和合理处理废旧物品为宗旨，基于成本效益原则，有效地计划、实施和控制从顾客消费端到原始产出点的整个动态链上原材料、库存、产成品和相关信息的流通。美国物流管理协会在 1999 年采用了 Dale S. Rogers 和 Ronald Tibben-Lembke 对逆向物流的这一定义，因此该定义成为比较通用的一个定义。

我国于 2006 年 12 月 22 日颁布的《物流术语》则将逆向物流定义为：物品从供应链下游向上游的运动所引发的物流活动，分为以下两大类。

回收物流（Returned Logistics）：不合格物品的返修、退货以及周转使用的包装容器从需方返回到供方所形成的物品实体流动。

废弃物物流（Waste Material Logistics）：将经济活动中失去原有使用价值的物品，根据实际需要进行收集、分类、加工、包装、搬运、储存，并分送到专门处理场所时所形成的物品实体流动。

二、逆向物流的内涵

逆向物流的内涵可以从逆向物流的流动对象、流动目的和活动构成等方面进行说明。

（1）从流动对象看，逆向物流是产品、产品运输容器、包装材料及相关信息，从它们的最终目的地沿供应链渠道的"反向"流动过程。

（2）从流动目的看，逆向物流是为了重新获得废弃产品或有缺陷产品的使用价值，或者为了对最终废弃物进行正确处理的处置。

（3）从活动构成看，为实现逆向物流的目的，逆向物流应该包括对产品或包装物的回收、重用、翻新、改制、再生循环和垃圾填埋等形式。

尽管逆向物流涉及的范围较广，但最主要的流动还是废、次产品及包装材料从顾客、零售店向分销商或生产制造商的逆向流动。企业必须设计一个逆向物流系统，以保证这些废、次产品的回收，并保证它们的使用价值得以恢复。

三、逆向物流形成的原因

（一）逆向物流形成的社会原因

1. 经济的驱动

面对日益强大的消费者群体，在以服务营销为主导思想的全球化企业经营战略中，许多公司将逆向物流看成提升竞争力的重要法宝，来自顾客和供应商的退货行为与产品召回行为使企业必须考虑逆向物流的管理问题。逆向物流在经济上的动机有两个：一是增加废弃物处理费用，通过回收再利用，减少废弃物量节省费用。另一个是通过将再生配件和产品卖给其他消费者或利用于生产过程，以节省原材料的费用。新开发的再利用技术，利用更少的费用加强产品和原材料的再利用，成为更有利的动机。

随着社会的发展，逆向物流的经济价值也逐渐得到显现，国外许多知名企业把逆向物流战略作为强化其竞争优势、增加顾客价值、提高其供应链绩效的重要手段。其中 Cohen 通过实证研究发现，如果企业使用再制造方式的话，一年可以节省 40%～60% 的成本。

2. 环境的压力

经济全球化让各国开始密切关注环境保护问题，逆向物流越来越受到实践运营领域和管理研究领域的共同重视。随着资源枯竭的威胁加剧，垃圾处理能力日渐衰退，在众多工业化国家中，废品控制已经成为一个众人瞩目的焦点问题。因为对使用过的产品及材料的再生回复，逐渐成为企业满足消费市场需求的关键力量。一些国家在环境保护法规中强调生产企业在产品整个生命周期内的责任，或开始运用税收政策控制容易造成环境污染的产品，促使企业以"循环使用"理念取代"一次使用"的观念。而在顾客价值导向的今天，"绿环制造"已经成为市场竞争的又一招牌，消费者日益高涨的呼声要求企业最大限度地降低产品在试用期间对环境的危害作用，而且承诺对产品及其零部件的回收责任。

3. 法律的压力

当前，国际社会越来越严厉的环境保护法规和污染收费制度为企业的环境行为规定了一个新的约束性标准。政府的环境立法有效地推动了企业对他们所生产产品的整个生命周期负责，而消费者生活质量的提高和对环境污染的关注更加深了这种趋势。许多国家已经强制立法，责令生产企业对产品的整个生命周期负责，并要求他们回收处理所生产的产品或包装物品等。在美国，议会在过去的几年中引入了超过 2 000 个固体废品的处理法案；在欧洲，这种信息更加强烈，为了对电子废弃物进行管理欧洲会议和欧盟理事会颁布了《关于报废电子电气设备指令》，为了减少垃圾填埋法的废品处理方式制定了包装和包装废品的指导性意见，为了处理旧汽车德国颁布了《旧汽车法》。我国也越来越重视对废旧产品的处理问题。近几年来，国家新制定出约170项环境保护国家标准和行为标准，新颁布了500多项地方性法规。国家环保局提出的《"九五"期间全国主要污染物排放总量控制计划》和《中国跨世纪绿色工程规划》正在实施，并已逐步取得成效。

（二）逆向物流形成的具体原因

经济全球化、网络经济和电子商务的迅速发展，使得企业生产能力不断增强，营销速度加快，单位时间产品输出量增大，但与此同时也会带来一系列的问题。

1. 退货问题

退货问题包括产品过期造成的退货、客户无理由退货、产品不合格导致的退货、产品运输不合理形成的退货、订单处理疏忽造成产品的重复运输及错误运输所形成的退货、产品有危害导致客户不满意的退货等。

2. 产品召回问题

产品创新是许多企业追求的目标，但创新产品生产体系及生产工艺的不成熟性，增加了产品缺陷的风险。世界上许多大型企业（如IBM、英特尔、福特等），都有过产品召回的历史。随着产品召回制度的形成，产品召回的次数和数量呈增长趋势。产品召回的过程也是逆向物流形成的过程。

3. 报废产品回收问题

在市场空间争夺日益困难、显性生产成本已经很难再下降的情况下，通过报废产品的回收来进一步促使原料成本的下降，已经成为许多企业提高竞争力的下一步战略。国外许多发达国家（如日本、美国）已经从20世纪末开始重视报废产品的回收。我国制造业对报废产品的回收也已经开始实施。可以肯定，报废产品的回收将会成为我国企业逆向物流的主流业务。

四、逆向物流的分类

为了日后对逆向物流成本收益进行细致而有效的分析，我们有必要对逆向物流进行分类分析。当然，不同的分析角度会出现不同的分类方法，本书从逆向物流形成原因和回流物品特征等角度将其进行不同的分类。

（一）按逆向物流形成原因分类

按成因、途径和处置方式的不同，逆向物流可以被区分为投诉退货、终端使用退回、商业退回、维修退回、生产报废与副品，以及包装物等六大类别。

1. 投诉退货

此类逆向物流的形成可能是由于运输差错、质量等问题，它一般在产品出售短期内发生。在通常情况下，客户服务部门会首先进行受理，确定退回原因，做出检查，最终处理的方法包括退换货、补货等。电子消费品如手机、家用电器等通常会由于这种原因进入回流渠道。

2. 终端使用退回

终端使用退回主要是经完全使用后需处理的产品，通常发生在产品出售之后的较长时间。终端退回可以是出自经济的考虑，最大限度地进行资产恢复，例如轮胎修复等可以再生产、再循环的产品，也可能是受制于法规条例的限制，对诸如超过产品生命周期的一些白色和黑色家电等产品仍具有法律责任。

3. 商业退回

商业退回是指未使用商品退回返款，例如零售商的积压库存，包括时装、化妆品等，这些商品通过再使用、再生产、再循环或者处理，尽可能进行价值的回收。

4. 维修退回

维修退回是指有缺陷或损坏的产品在销售出去后，根据售后服务承诺条款的要求，退回至制造商，它通常发生在产品生命周期的中期。典型的例子包括有缺陷的家用电器、零部件和手机。一般是由制造商进行维修处理，再通过原来的销售渠道返还用户。

5. 生产报废和副品

生产过程的废品和副品，一般来说是出于经济和法规条例的原因，发生周期较短，而且并不涉及其他组织。通过再循环、再生产，生产过程中的废品和副品可以重新进入制造环节，得到再利用。生产报废和副品在药品行业和钢铁业中普遍存在。

6. 包装物

包装物的回收在实践中已经存在很久了，逆向物流的对象主要是托盘、包装袋、条板箱、器皿，考虑经济的原因，可以将重复使用的包装材料和产品载体通过检验清洗与修复等流程进行循环利用，降低制造商的制造费用。

（二）按回流物品特征分类

按照逆向物流回流的物品特征和回流流程，可以将逆向物流分成以下三类。

1. 低价值产品的物料

这种逆向物流的显著特征是它的回收市场和再使用市场通常是分离的，也就是说，这种物料回收并不一定进入原来的生产环节，而是可以作为另外一种产品的原材料投入到另一个供应链环节中。从整个逆向物流过程来看，它是一个开环的结构。在此类逆向物流管理中，物料供应商通常扮演着重要角色，他们将负责对物料进行回收、采用特殊设备再加工，而除了管理上的要求外，特殊设备要求的一次性投资也比较庞大。这些要求决定了物料回收环节一般是集中在一个组织中。高的固定资产投入一般都会强调规模经济的重要性，在这里也不例外。此类逆向物流对供应源数量的敏感性非常强，另外，所供应物料的质量（如纯度等）对成本的影响比较大，因此保证供应源的数量和质量将是物流管理的重心。

2. 高价值产品的零部件

这些产品主要是电子电路板、手机等。出于降低成本和获取利润等经济因素的考虑，这些价值增加空间较大的物品回收通常由制造商发起。此类逆向物流与传统的正向物流结合得最为紧密，它可以利用原有的物流网络进行物品回收，并通过再加工过程，还将进入原来的产品制造环节。在严格意义上，这才是真正的逆向物流。但是，如果进入回收市场的壁垒较低，第三方物流组织也可以介入其中。

3. 可以直接再利用的产品

最明显的例子便是包装材料的回收，包括玻璃瓶、塑料包装、托盘等，它们通过检测和清洗处理等环节便可以被重新利用。此类逆向物流由于包装材料的专用性而属于闭环结构，供应时间是造成供应源质量不确定的重要因素，因而管理的重点将会放在供应物品的时点控制上，例如制定合理的激励措施进行控制，通过标准化产品识别标志简化物品检测流程。不仅如此，我们还可以看到，由于在此类逆向物流的物品回收阶段产品对管理水平和设备的要求不高，因此可以形成多个回收商分散管理的格局，由原产品制造商对这些回收商统一管理。在这种情况下，我们也可以应用供应链伙伴关系理论对他们之间的合作机制进行研究。

五、逆向物流的特点

逆向物流形成的原因有多种，由此决定了它至少有以下几个特点。

1. 逆返性

逆返性是指产品或报废产品通过逆向物流渠道从消费者流向经销商或生产商。

2. 对于退货或召回产品，具有价值递减性

退货或召回产品的价值递减性是指产品从消费者流向经销商或生产商，其中产生的一系列运输、仓储、处理等费用都会冲减回流产品的价值。

3. 对于已报废产品，具有价值递减性

已报废产品价值递减性是指报废产品对于消费者而言，没有什么价值，随着逆向回流，报废产品在生产商终端可以实现价值再造。

4. 信息传递失真性递增

信息传递失真性递增是指产品从客户流向企业的过程中，退货原因的多级传递会造成信息扭曲失真，产生"长鞭"效应。

第五节 国际物流

一、国际物流概念及特点

（一）国际物流的概念

国际物流（International Logistics）关注不同国家之间的物品流动。所谓国际物流是指物品的供给地和接收地分别位于不同国家或地区的实体流动过程。由此可见，国际物流是相对于国内物流而言的，是跨越国境的物流活动方式，是国内物流的延伸。

由于物流跨越国境，因此国际物流的职能就要包括为物品通过海关而发生的作业，如报关、商品检验检疫、国际货物保险等职能。而一般的职能也会因为货物在国际之间流动而发生一定的变化，例如包装需要适应远洋海运的需要，包装的尺寸规格需要符合国际通行标准，木质包装需要灭害处理并提供证书等。

（二）国际物流的特点

（1）国际物流的参与者众多，专业领域差异巨大。比如实现货物所有权转移需要通过贸易代理商，货物运输需要通过海运承运人（船运公司），海关清关需要通过报关代理人，运输订舱需要通过货运代理人，国际物流单证需要通过银行等。

（2）国际物流环境差异巨大，物流作业复杂程度高。世界各国的经济发展程度存在差别，由此带来物流基础设施等的差异。除此之外，世界各国在信息传递、风险意识、组织管理、政府法令和语言文化上都存在差异，增加了物流的复杂性。

（3）国际物流系统构成复杂，物流节点众多。国际物流是一个复杂系统，包括运输、仓储、包装、港口作业、货物保险、海关、检验检疫、信息管理等众多物流节点。复杂系统带来了高不确定性，增加了物流风险。

（4）运输形式多样化，物流作业复杂。由于国际运输距离长、成本高，因此海运这种单位运输成本低廉的运输方式成为国际物流的首选，然而这种运输方式无法实现"门到门"的服务，因此需要与其他运输方式进行衔接，这就导致运输形式多样，增加作业复杂度。

（5）国际物流信息源多样，信息系统复杂。由于国际物流的参与者众多，因此信息源头较多、信息载体多样化、传递的信息方式多样，对信息编码、解码和传输提出了挑战，导致国际物流信息系统复杂。

（6）国际物流标准化要求严格，建设成本高。国际物流的参与者多、节点多，对物流标准化提出了更严格的要求。

国内物流与国际物流的差异如表11-1所示。

表 11-1　国内物流与国际物流的差异

项目		国内物流	国际物流
物流节点		少	多（海关、检疫检验、跨径结算）
运输工具		公路、铁路为主	水运、航空为主
信息传递		语音、文件与 EDI 信息	语音与文件效率低，EDI 信息标准化高
文件		较少	高度的文件需求
风险	货物运输	较低	较长的运输时间与货物换手处理
	财务	较小	高风险，涉及不同的货币、汇率与通货膨胀
组织	外包组织	较少	依赖承揽业、流通商和报关行
	政府组织	危险品、重量、安全与货物税的管制	海关、农产品与交通运输
文化		相同	文化的差异造成产品与市场需求的不同

二、国际物流的发展

（一）国际物流的产生

国际物流是伴随着国家之间的经济往来自古就存在的，无论是 2 000 多年前的"丝绸之路"，还是"资本主义革命"瓜分世界市场，都是国际物流活动活跃的时期。

二战结束后管理思想和管理方法纷纷出现，国际贸易日益频繁。布雷顿森林货币体系稳定了各国的货币兑换率进一步扩大了国际贸易规模。关贸总协定的诞生降低了贸易壁垒，促进了国际贸易的大发展。

20 世纪六七十年代，各种现代管理方法促进了全球经济增长，国际贸易增长迅速。受石油危机影响，降低物流成本、提高物流服务水平成为国际物流管理的目标。物流技术不断进步，大型货运轮船、宽体客机、集装箱技术应运而生。

20 世纪 80 年代是国际物流真正作为一个独立的管理领域来研究和实践的关键时期。德国、日本的崛起对欧美的经济发展模式提出挑战，"小批量、多品种"的精益生产模式与"标准化、大规模"的生产模式抗衡。物流技术为了应对新的生产运作模式，出现了准时制（JIT）等管理方式。计算机技术、自动化技术、新的信息通信手段（例如 EDI）、物流自动化、自动化仓库、自动化港口机械等的不断发展，大大提高了物流作业效率与安全性，降低了作业成本。

20 世纪 90 年代是全球经济一体化的新阶段。全球贸易和投资的壁垒不断降低，区域经济一体化发展迅猛，信息技术、互联网、条形码技术、卫星通信技术和物流信息化不断完善，极大地提高了物流的信息化和物流服务水平。建立全球物流信息系统，把国际物流推向全面信息化时代，是进入 21 世纪以来的一个明显特征。

（二）国际物流发展的趋势

国际物流的发展趋势与全球经济的发展趋势一脉相承。在今后相当长的一段时间内，从宏观经济看，世界经济发展不平衡依然存在，发展中经济体的增长动力强劲，区域经济发展方兴未艾，石油、煤炭等一次能源供给总体趋紧，环境保护问题日益突出；从微观经济看，企业国际化进程加快，企业间的国际战略联盟来势迅猛，企业的价值链延伸、规模扩大、产业集中度提高；从技术进步角度看，信息技术、互联网技术进一步发展，新型生产组织方式（如敏捷制造、虚拟生产）将得到更广泛的应用。这些变化都会影响国际物流的发展趋势，具体来说，国际物流的发展将会呈现以下趋势。

（1）国际物流市场规模增长，国际物流企业朝规模化、集约化方向发展。

（2）全球国际物流增长的同时区域物流增长迅猛。

（3）物流企业朝国际化方向发展，国际供应链一体化趋势加强。

（4）全球经济的可持续发展，绿色物流得到提倡。

（5）物流新技术广泛应用，电子物流蓬勃兴起。

【案例分析】

美国零售业的逆向物流管理之路

2002年美国零售业的返品价值约占零售总额的6.3%，从比例上看，返品占总体的比例不是太大，但其所拥有的价值量至少是数百亿美元之多。这不但占压了巨额的流动资金，增加了商家和厂家的营销成本，而且牵扯了各个营销环节管理者的时间和精力，也造成了一定社会生产力的浪费。对返品的物流管理即通常所说的逆向物流管理。

20世纪90年代以前，美国零售业界通常也采取由商家直接向生产厂家退货的较原始的返品处理方式，不但效率低、浪费大，而且返品处理的费用也相当高。据统计，美国零售业原来每年的返品处理费用约占销售总成本的4%。

逆向物流的开端——返品中心

美国部分生产厂家不堪返品处理烦恼，宁可在商品购销合同中预先约定扣除一定的返品比例，而不再接受返品，这也就是日后人们所熟知的"零返品"购销方式。世界上最大的日化用品生产商保洁公司就是"零返品"购销方式的积极倡导着。

从1990年开始，美国一些大型连锁零售商为提高返品处理效率，按照专门化和集约化原则，仿照正向物流管理中的商品配送中心的形式，采用逆向思维，分区域设立"返品中心"以集中处理返品业务。这成为逆向物流管理的开始。

1. 返品中心的四个功能

美国大型零售商公司累计在全美各地设立了近百个规模不等的返品中心。其中沃尔玛公司就设立了10家，凯马特公司拥有4家，Universal公司拥有2家，其他如宜家家居、塔吉特公司等较大的连锁零售商也都有自己的返品中心。此外，一些规模较小的连锁商业公司则采取几家合作的形式，设立返品处理中心。目前，美国通过返品中心处理的返品已占总数的6成以上，集约化处理已经成为逆向物流管理的主导方式。返品中心的主要功能是：

（1）接收系统内各零售店的所有返品。

（2）对返品进行甄别。按照返品的实际状况把它们分为可整修后重新销售、可降价批发销售、可向生产厂家退货、可作为慈善捐赠（在美国慈善捐赠可抵减税收）、可作为废品利用及无利用价值等几类，并做相关处理。返品处理中心内设有相当规模的再生工厂。

（3）对返品涉及的资金往来进行统一结算。

（4）对各厂家、各销售店、各类商品的返品状况及产生原因、返品的变动趋势等信息进行综合统计分析，并及时向总部提交相关报告。

2. 返品中心对美国零售商的两大贡献

（1）返品中心提高了返品的流通效率，降低了逆向物流耗费的成本，加速返品资金的回收。据分析，由于采用了返品的集中配送、返品票据的统一处理、发掘废弃商品残值等方式，逆向物流管理每年可为商家降低销售总成本的 0.1%～0.3%。以沃尔玛公司为例，通过逆向物流管理公司每年平均可节约资金 7.3 亿美元。

（2）集中处理返品可以大大减轻零售店和生产厂家的工作量，充分利用零售店卖场空间，同时也有利于收集掌握与返品相关的商品动态。

3. 逆向物流管理的新发展——专业化逆向物流管理公司的出现

由于大型零售公司的脚步逐渐向边缘地区延伸，有些零售店布局相对分散，不利于设立自己的返品中心对逆向物流实施集中管理。出于经济效益的考虑，一些大型零售公司委托第三方物流公司承担逆向物流管理业务。这些公司也由此逐步发展成为以逆向物流管理为主的专业化公司。专门从事逆向物流管理的公司在美国产生于 20 世纪 90 年代中期。比如 Genco 公司就是逐步发展起来的一个专业化公司，目前，Genco 公司已成为美国逆向物流管理业界的最大企业。

4. 专业化逆向物流管理公司的三大特点

专业化逆向物流管理企业的出现使逆向物流管理的科学化、集约化程度上升到一个新的高度。这些新兴逆向物流管理企业的特点如下。

（1）同时为多个商家和厂家提供返品处理服务，使得逆向物流管理的规模化效应更加突出。如 Genco 公司同时为在某一地区内处于竞争关系的沃尔玛、凯马特等多家零售商提供服务，甚至有些其他商家自己设立的返品中心也成为 Genco 公司的服务对象。

（2）专业分工更细，集约化与效率化程度更高。这些专业逆向物流管理公司又派生出许多专门充当逆向物流经纪人的公司、专门的返品运输公司、专门的返品仓储公司、返品整修公司、残次品销售公司和填埋无价值返品的公司等，分别承担返品处理业务的不同环节。

（3）采用了更完善的专业管理技术，最大限度地实现返品的经济价值。比如 Genco 公司把客户购货合同中从涉及的返品合同条件到返品收发、储运、结算、统计等各个环节都纳入统一的计算机系统管理。该公司仅专门从事逆向物流管理软件开发的工程师就有 70 名，他们开发的逆向物流管理软件"R-log"已成为逆向物流管理业界中使用最普遍的计算机软件。

这些专业化的逆向物流管理公司无疑代表着逆向物流管理的未来和方向。它们的出现也引起了日本、欧洲等零售商业发达国家的重视。日本的一些商业零售商已经着手学习、引进美国的逆向物流管理方法，取得了较好的效果。对于我国的零售业来说，学习借鉴美国先进的逆向物流管理理念和技术，提高我们的逆向物流管理水平，同样也有着积极意义。

资料来源：https://wenku.baidu.com/view/4cac011910a6f524ccbf8542.html.

案例思考题

1. 美国零售业逆向物流发展经历了哪几个阶段？各个阶段有何特点？
2. 美国零售业逆向物流的发展对我国零售业有何启示？

【实践技能训练】

通过实地调查当地物流企业的发展现状，讨论零售业自行回收退货与专业公司回收返品有何利弊，并讨论可否将退货物流与其他废弃物品的逆向物流渠道合并。

实训要求

1. 学生建立调查小组。
2. 教师提前给学生指出调查方向，配合学生拟订调查计划。
3. 学生根据调查结果，进行讨论。

参 考 文 献

[1] 魏际刚. 物流的经济分析：发展的视角 [M]. 北京：人民交通出版社，2005：4.
[2] 乐美龙. 国际物流 [M]. 上海：上海交通大学出版社，2012.
[3] 孙军. 物流经济学 [M]. 北京：清华大学出版社，2012.
[4] 洪家祥，高阔. 现代物流管理 [M]. 北京：清华大学出版社，2011.
[5] 约翰·科伊尔，爱德华·巴蒂，小约翰·兰利. 企业物流管理：供应链视角 [M]. 文武，陈志杰，张彦，等译. 北京：电子工业出版社，2003.
[6] 郭跃，陶晶. 物流学概论 [M]. 北京：中国传媒大学出版社，2012.
[7] 张书源，张文杰. 物流学概论 [M]. 上海：复旦大学出版社，2015.
[8] 陈海权，曾亮兵. 物流业知识读本 [M]. 北京：经济科学出版社，2012.
[9] 华细玲，张凤玉. 现代物流概论 [M]. 北京：中国商业出版社，2006.
[10] 高四维. 现代物流管理导论 [M]. 北京：科学出版社，2013.
[11] 詹姆斯 C 约翰逊，等. 现代物流学 [M]. 张敏，译. 北京：社会科学文献出版社，2003.
[12] 王述英，王青，刘彦平. 西方物流理论发展与比较 [J]. 南开经济研究，2004（2）：107-112.
[13] 徐寿波. 商品物流理论研究 [J]. 管理世界，2009（7）：1-9.
[14] 肖湘，周传丽. 物流理论研究新进展及其评析 [J]. 宏观经济研究，2005（2）：31-34.
[15] 陈建中. 加快物流业创新驱动发展的理论思考 [J]. 中国物流与采购，2013（22）：56-57.
[16] 李红启，常馨玉，李嫣然. 国外典型运输通道发展概况与启示 [J]. 综合运输，2014（9）：70-75.
[17] 郭文帅，荣朝和. 综合交通运输研究综述 [J]. 经济问题探索，2013（10）：170-176.
[18] 罗文丽. 菜鸟发布五大战略 [J]. 中国物流与采购，2015（12）：44-45.
[19] 许敏妮. 菜鸟物流模式对现代物流发展启示 [J]. 现代商贸工业，2016，37（7）：42-43.
[20] 赵皎云. 服装物流新技术、新机遇、新挑战：第三届中国服装行业现代物流技术

研讨会纪实 [J]. 物流技术与应用, 2011 (8): 28-35.

[21] 王鑫. 基于云仓网络和同城配送系统的本地生活电商构建 [J]. 中国物流与采购, 2015 (24): 86.

[22] 缪兴锋. 浅析物流自动化立体仓储系统设计新技术 [J]. 物流技术, 2006 (8): 47-49.

[23] 魏际刚. 物流技术的创新、选择和演进 [J]. 中国流通经济, 2006, 20 (3): 8-11.

[24] 王江华, 武少玲. 自动化配送新技术——"物流塔"运行模式研究 [J]. 物流技术, 2015, 34 (11): 299-301.

[25] 张昕. 末端物流共同配送模式及决策路径——基于电商物流和社区服务的供需分析 [J]. 财经问题研究, 2013 (3): 123-128.

[26] 张滨, 刘小军, 陶章. 我国跨境电子商务物流现状及运作模式 [J]. 中国流通经济, 2015 (1): 51-56.

[27] 郑钊. 我国物流金融业发展研究 [D]. 北京: 北京工商大学, 2010.

普通高等院校
经济管理类应用型规划教材

课程名称	书号	书名、作者及出版时间	定价
商务策划管理	978-7-111-34375-2	商务策划原理与实践（强海涛）（2011年）	34
管理学	978-7-111-35694-3	现代管理学（蒋国平）（2011年）	34
管理沟通	978-7-111-35242-6	管理沟通（刘晖）（2011年）	27
管理沟通	978-7-111-47354-1	管理沟通（王凌峰）（2014年）	30
职业规划	978-7-111-42813-8	大学生体验式生涯管理（陆丹）（2013年）	35
职业规划	978-7-111-40191-9	大学生职业生涯规划与学业指导（王哲）（2012年）	35
心理健康教育	978-7-111-39606-2	现代大学生心理健康教育（王哲）（2012年）	29
概率论和数理统计	978-7-111-26974-8	应用概率统计（彭美云）（2009年）	27
概率论和数理统计	978-7-111-28975-3	应用概率统计学习指导与习题选解（彭美云）（2009年）	18
大学生礼仪	即将出版	商务礼仪实务教程（刘砺）（2015年）	30
国际贸易英文函电	978-7-111-35441-3	国际商务函电双语教程（董金铃）（2011年）	28
国际贸易实习	978-7-111-36269-2	国际贸易实习教程（宋新刚）（2011年）	28
国际贸易实务	978-7-111-37322-3	国际贸易实务（陈启虎）（2012年）	32
国际贸易实务	978-7-111-42495-6	国际贸易实务（孟海樱）（2013年）	35
国际贸易理论与实务	978-7-111-49351-8	国际贸易理论与实务（第2版）（孙勤）（2015年）	35
国际贸易理论与实务	978-7-111-33778-2	国际贸易理论与实务（吕靖烨）（2011年）	29
国际金融理论与实务	978-7-111-39168-5	国际金融理论与实务（缪玉林 朱旭强）（2012年）	32
会计学	978-7-111-31728-9	会计学（李立新）（2010年）	36
会计学	978-7-111-42996-8	基础会计学（张献英）（2013年）	35
金融学（货币银行学）	978-7-111-38159-4	金融学（陈伟鸿）（2012年）	35
金融学（货币银行学）	978-7-111-49566-6	金融学（第2版）（董金玲）（2015年）	35
金融学（货币银行学）	978-7-111-30153-0	金融学（精品课）（董金玲）（2010年）	30
个人理财	978-7-111-47911-6	个人理财（李燕）（2014年）	39
西方经济学学习指导	978-7-111-41637-1	西方经济学概论学习指南与习题册（刘平）（2013年）	22
西方经济学（微观）	978-7-111-48165-2	微观经济学（刘平）（2014年）	25
西方经济学（微观）	978-7-111-39441-9	微观经济学（王文寅）（2012年）	32
西方经济学（宏观）	978-7-111-43987-5	宏观经济学（葛敏）（2013年）	29
西方经济学（宏观）	978-7-111-43294-4	宏观经济学（刘平）（2013年）	25
西方经济学（宏观）	978-7-111-42949-4	宏观经济学（王文寅）（2013年）	35
西方经济学	978-7-111-40480-4	西方经济学概论（刘平）（2012年）	35
统计学	978-7-111-48630-5	统计学（第2版）（张兆丰）（2014年）	35
统计学	978-7-111-45966-8	统计学原理（宫春子）（2014年）	35
经济法	978-7-111-47546-0	经济法（第2版）（葛恒云）（2014年）	35
计量经济学	978-7-111-42076-7	计量经济学基础（张兆丰）（2013年）	35
财经应用文写作	978-7-111-42715-5	财经应用文写作（刘常宝）（2013年）	30
市场营销学（营销管理）	978-7-111-46806-6	市场营销学（李海廷）（2014年）	35
市场营销学（营销管理）	978-7-111-48755-5	市场营销学（肖志雄）（2015年）	35
公共关系学	978-7-111-39032-9	公共关系理论与实务（刘晖）（2012年）	25
公共关系学	978-7-111-47017-5	公共关系学（管玉梅）（2014年）	30
管理信息系统	978-7-111-42974-6	管理信息系统（李少颖）（2013年）	30
管理信息系统	978-7-111-38400-7	管理信息系统：理论与实训（袁红清）（2012年）	35